KB030347

영유아 교수학습 방법 2판

Teaching-Learning Method for Young Children

| 손순복 · 정진화 · 박진옥 공저 |

학지사

2판 머리말

영유아를 위한 교수학습 방법은 영유아를 대상으로 한다는 독특성이 있고, 통합적 · 실천적 · 응용적인 특성이 강하다. 이로 인해 영유아를 교육하는 현장에서는 교수방법이 다양하게 해석되어, 적절한 방법으로 적용되기도 하지만, 가끔은 매우 자의적인 해석으로 전혀 다른 실행을 이끌어 내기도 한다. 특히 어린 영아와 유아는 발달 단계가 다르고, 이에 따라 교수학습에 접근하는 방법에 많은 차이가 있음에도 불구하고 예비교사교육이나 현장에서 유아교사로서의 역할이 영아교사의 역할로 잘못 해석되어 적용되는 것을 볼 수 있다.

따라서 이 책은 영유아 교육의 전반적인 영역에 기반을 두고, 영아교사와 유아교사로서 반드시 알아야 할 교수방법에 초점을 맞추어 내용을 구성하였다. 더불어 학습목표에 기반을 두되, 사례를 중심으로 실제 활동을 진행해 봄으로써 교사로서의 역량을 키울 수 있는 방향으로 집필하였다. 이에 따라 개정판은 초판의 틀을 가급적 유지하면서 필요한 내용을 상당 부분 보완하거나(제1장, 제3장, 제4장, 제5장, 제6장, 제8장, 제9장), 일부 보완(제2장, 제10장, 제11장, 제12장, 제13장)하기도 하였고, 완전히 새로 쓰기도 하였다(제7장).

개정판 집필의 방향은 다음과 같이 다섯 가지로 정리할 수 있다.

첫째, 유아교육기관을 평가하는 평가인증 통합지표를 포함하여 정책의 변화와 사회적 변화라는 큰 틀에서 규정하는 여러 기준에 따라 내용을 수정하고 보완하였다.

둘째, 초판에서의 다소 방대한 분량을 조절하고 이해하기 어려운 내용은 보다 알기 쉽고 간결하게 설명하였다. 그러나 영유아의 교수학습 방법이 다양한 데다 그 대상 연령의 폭이 넓다 보니 쉽게 단순화할 수 없는 측면들이 있었다. 내용을 더 줄일 것인가에 대한 고민이 많았으나 한 번이라도 예를 보는 것과 그렇지 않은 것의 차이가 크다고 생각하여 그대로 제시하였다.

셋째, 영유아를 교육하는 데 필요한 지식은 실제 경험 지식에 기초한 것이어야 한다. 이에 책의 장마다 교수활동의 실제에 대한 다양한 예화와 직접 시연해 볼 수 있는 활동을 포함시켜 현장에 기초한 실제적이고 경험적인 학습이 될 수 있도록 하였다.

넷째, 교사의 언어적 상호작용과 또래 간의 상호작용은 영유아가 무엇을 배우고 학습에 대해 어떻게 느끼는지를 결정하는 측면에 많은 영향을 미친다. 이에 영유아가 주의를 기울일 수 있고 적극적인 참여를 할 수 있도록 돕는 교사의 발문전략에 대해 영아교사와 유아교사의 발문의 차이를 비교하여 그 예화를 구체적으로 제시하였다.

다섯째, 유아교육기관인 유치원과 어린이집 간 '보육'과 '교육'이라는 용어를 구분하여 사용하고 있는 측면에 있어, 교육(보육)과정과 평가체제가 통합되었고 어린 영유아에게도 보육뿐만 아니라 교육의 과정이 중요하므로, '교육과정'으로 용어를 통일하여 표기하였다.

이 책은 총 4부 13장으로 구성하였다.

제1부는 영유아 교수학습 방법의 이해로, 제1장에서는 영유아 발달이론과 학습주기 및 학습과정을 중점적으로 다루었다. 교수학습주기와 과정에 대한 영아교육의 예화를 첨가하고 발달이론을 보다 쉽게 이해할 수 있도록 재구성하였으며, 학습정리를 위한 예제풀이를 첨부하였다. 제2장에서는 영유아 교수학습 방법의 유형을 살펴보고 유형마다 예화를 제시하였다.

제2부는 영유아와 교사 상호작용으로, 제3장에서는 상호작용의 의미와 교사의 발문전략을 살펴보고, 특히 영아교사와 유아교사의 상호작용을 비교하여 제시하였다. 또한 다양한 발문을 적용하여 실제 수행해 볼 수 있는 활동을 첨가하였다. 제4장에서는 또래 간 상호작용과 부적응 행동 지도에 대해 소개하였다. 상호작용에 대

한 내용을 알기 쉽게 재구조화하고, 부적응 행동 지도와 또래 간 갈등 중재 단계에 따라 실제 수행해 볼 수 있는 활동을 첨가하였다.

제3부는 영유아 교수방법으로, 제5장에서는 연간 · 월간 · 주간 · 일일 교육계획 수립 방법을, 제6장에서는 교육계획에 기초하여 교수학습활동을 실행하고 평가하는 방법을 정리하였다. 초판에서의 표준보육과정 이해에 대한 내용을 삭제하고 교수 계획과 실행 평가를 보다 단순화하여 제시하였으며, 보육정책과 유보통합평가인증 지표 기준에 따라 내용을 재정비하였고, 그에 따른 실제 수행활동을 첨가하였다.

제4부는 영유아 교수활동의 실제로, 제7장에서는 영유아의 연령에 따른 놀이 소개 방법, 놀이 개입과 철회 방법을 비교하여 소개하였다. 특히 영아와 유아의 놀이 지도 방법의 차이가 분명히 드러날 수 있도록 비교하여 정리하였으므로 연령별 지도 방법의 어려움이 해결될 수 있으리라 생각한다. 제8장과 제9장은 각각 흥미 영역별 핵심적으로 다루어질 수 있는 내용을 반영한 영아 자유놀이 교수방법 및 유아 자유선택활동 교수방법을 소개하였다. 제10장과 제11장은 대소집단활동 지도로서 유아반의 다양한 집단활동 운영 방법에 대해 소개하였다. 제8장~제11장은 초판 내용을 재구조화하고 실제 수행활동에서 교사의 상호작용 전략을 통해 반영된 교육과정의 요소를 분석해 볼 수 있도록 구성하였다. 제12장에서는 영유아 일상생활 지도, 그리고 제13장에서는 현장학습 및 행사를 다루었다.

이 책의 제1장은 손순복, 박진옥, 제2장은 박진옥, 제3장, 제4장, 제5장, 제6장, 제7장, 제9장, 제10장, 제11장은 손순복, 제8장, 제12장은 정진화, 제13장은 정진화, 손순복이 맡아 집필하였다.

완성된 원고를 보니 영유아교사가 알아야 할 내용이 넓고도 깊다는 생각이 든다. 이 책을 통해 영유아 교수학습에 대한 이론에 기초하여 다양한 교수방법을 교육현장의 상황에 따라 적용하는 데 도움이 될 수 있기를 바란다. 이 책의 출판을 위해 편집을 맡아 수고해 주신 학지사 여러분께 진심으로 감사드린다.

2018년 8월

저자 일동

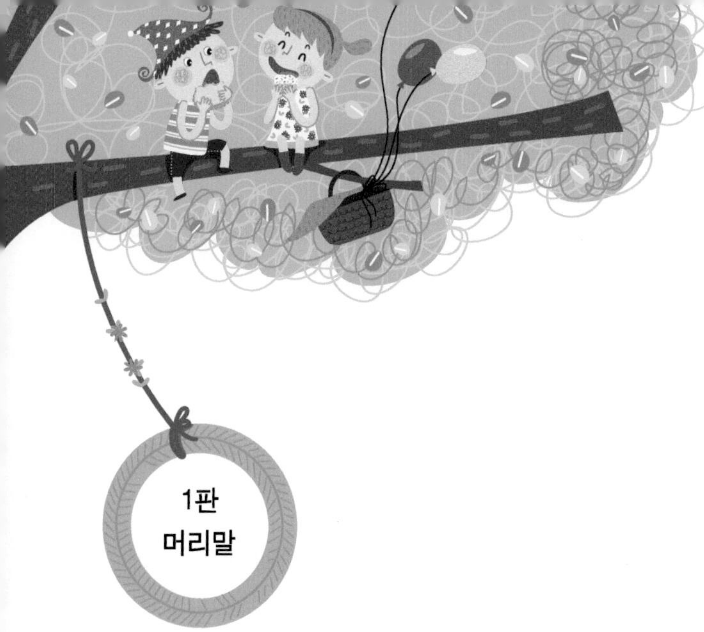

1판 머리말

영유아 교수학습 방법에 정답이 있는 것은 아니지만, 보다 나은 방법은 있다고 믿는다. 영유아 교수학습 방법의 많은 이론은 현장에서 다양하게 해석되어 적용되고 있다. 간혹 아주 적절하게, 가끔은 매우 자의적인 해석으로 전혀 다른 실행을 이끌어 내기도 한다.

이 책의 저자들은 학생들을 지도하고, 영유아 교육현장의 교사로서 영유아와 오랫동안 생활하면서 이론과 실제가 각각 영유아의 특성을 수용하는 방식으로 현장에 적용되는 방법을 고민했다. 영유아를 위한 교사가 되고자 공부하는 미래의 영유아교사들이 시행착오를 줄이고, 해답을 찾는 길에 조금이나마 근접하기를 바라는 마음에서 이 책을 집필하게 되었다.

물론 모든 상황에서의 적용 방법을 다 수록할 수는 없지만, 이 책을 통하여 교수학습 방법의 바른 적용을 위한 시작점을 찾게 되기를 희망한다.

제1부는 영유아 교수학습 방법의 이해로, 제1장에서는 영유아 발달이론과 교수학습 방법을, 제2장에서는 영유아 교수학습 방법의 유형을 다루었다.

제2부는 보육교사와 영유아 상호작용으로, 제3장에서는 보육교사의 역할을, 제4장에서는 긍정적 상호작용을 다루었다.

제3부는 영유아 교수학습으로, 제5장에서는 표준보육과정의 이해를, 제6장에서

는 교수학습활동 계획을 그리고 제7장에서는 교수학습활동 실행 및 평가를 다루었다.

제4부는 영유아 교수활동의 실제로, 제8장에서는 영유아 일상생활 지도를, 제9장에서는 영아 실내외 자유놀이 지도를, 제10장에서 유아 실내외 자유선택활동 지도를, 제11장에서는 대소집단활동 지도 I을, 제12장에서는 대소집단활동 지도 II를 그리고 제13장에서는 어린이집 행사를 다루었다.

이 책에서는 영유아 교육의 원리와 기본적인 교수학습 방법을 충분히 이해하고, 영유아의 개별적인 차이를 존중하여 다양한 교수학습 방법을 융통성 있게 적용할 것을 강조한다.

이 책을 통해 영유아 교수학습에 대한 이론을 기초로 다양한 교수방법을 교육현장 상황에 따라 적용할 수 있게 되기를 바라며, 영유아의 흥미와 욕구에 기초하여 교수활동을 계획할 수 있기를 바란다. 또한 어린이집 표준보육과정에 근거하여 현장에서 교수학습활동을 계획하고, 실제로 지도 · 평가하는 실제 지도 능력을 갖추게 되기를 바란다.

2015년 3월

저자 일동

차 례

제2부 영유아와 교사 상호작용

제3부

영유아 교수방법

제4부

영유아 교수활동의 실제

제1부

영유아 교수학습 방법의 이해

제1장 영유아 발달이론과 교수학습 방법

교수학습 방법에 대한 정의는 '교육(education)이란 무엇인가?'에 대한 것에서부터 출발한다. 교육이란 교육대상의 내부에 있는 자질과 잠재력을 외부로 이끌어 내어 계발시키고 성장하게 하는 것으로, 교육을 보는 관점에 따라 교수학습에 대한 정의가 달라진다. 이 장에서는 교수학습의 정의와 발달이론에 따른 영유아 교수학습 방법에 대해 학습한다.

1. 영유아 교수학습의 정의 및 과정

1) 교수학습의 정의

'교수(instruction, teaching)'란 '가르치는 것'이고, '학습(learning)'이란 '배우는 것'이다. 교수는 '지식과 기능을 가르치는 것'이지만, 넓은 의미에서는 '교사가 의도적으로 계획한 교육적 활동과 교육 내용'을 의미하는 것으로 기능적인 의미뿐 아니라 인성교육도 포함한다. 따라서 교수란 '학습이 일어날 수 있도록 도움을 주는 의도적이고 계획적인 활동'으로, '교사가 수업을 위해 준비, 계획, 실행 및 평가하는 모든 활동'이라 할 수 있다(변영계, 2005).

교수와 학습의 이상적 관계는 교사가 교육과정에 명시된 목표와 내용을 가르치면 학습자가 완전히 학습하는 것이다(한국교육심리학회, 2000). 그러나 학습은 교수한 것과 반드시 일치하지 않을 수도 있고, 교사의 가르침 없이도 일어날 수 있다. 교육과정, 교수, 학습의 관계는 [그림 1-1]과 같다.

따라서 영유아의 교수학습은 획일적인 결과가 나오지 않으며, 교사와 영유아의 사전 지식, 태도, 가치관, 생활, 정서 등이 합쳐져서 개인적 특성에 따라 개별적인 결과가 나오게 된다.

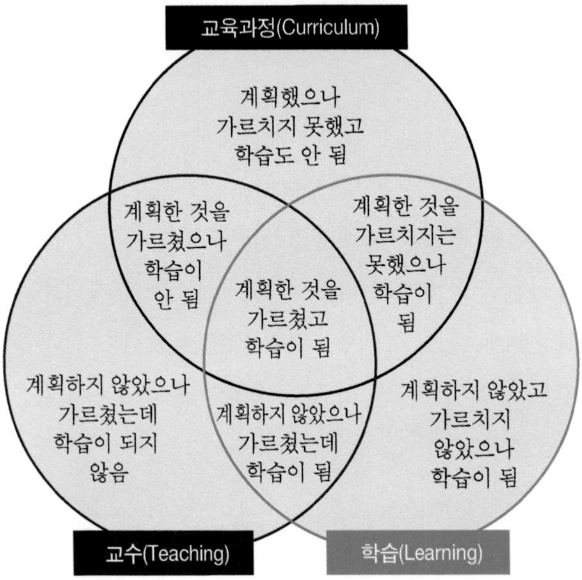

그림 1-1 ◆ **교육과정, 교수, 학습의 관계**

2) 학습주기 및 교수학습의 과정

(1) 학습주기

Bredekamp와 Rosegrant(1995)는 학습의 과정은 복잡하고 다양한 방법으로 설명될 수 있고, 그중 유용한 방법은 영유아가 새로운 기술을 획득하거나 새로운 지식을 얻을 때마다 학습주기에 따라 경험하도록 조직하는 것이라 하였다. 학습주기란 사람, 사물 및 사건에 대해 인식(awareness)하는 단계 → 모든 감각을 이용하여 탐색(exploration)하는 단계 → 일반화된 개념으로 탐구(inquiry)하는 단계 → 배운 것을 활용하고 적용(utilization)하는 단계의 순서가 반복적으로 순환하는 것을 말한다. 순환하는 주기는 하루 정도로 짧을 수도 있고, 1년의 긴 기간이 될 수도 있다. 즉, 한 가지 활동을 진행해 가는 과정에서 이루어질 수도 있고 주제를 전개해 가는 초기, 중기, 후기의 활동 속에서 순환적으로 나타날 수도 있다.

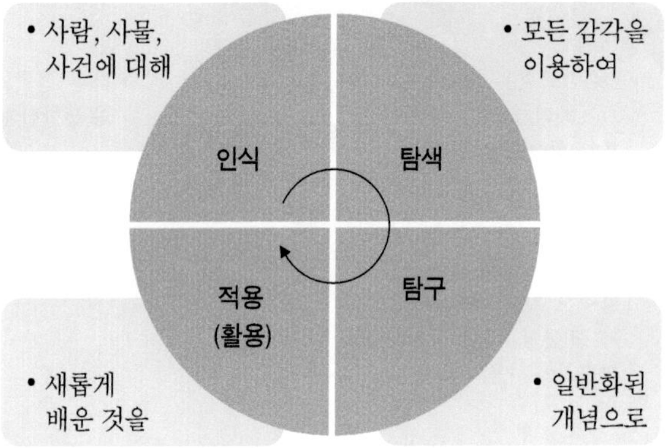

그림 1-2 ◆ **학습주기**

학습주기는 영유아가 그들의 생활에서 흥미 있고 관심 있는 주제를 능동적인 방법으로 탐색하고 탐구하도록 하기 위해 교사가 어떻게 동기를 유발시키고, 어떤 방법으로 탐색을 조장할 것이며, 탐구를 위한 질문이나 어떤 자료를 활용하여 어떻게 활동하도록 도울 것인지를 계획하는 데 있어 매우 중요하다.

(2) 교수학습의 과정

교수학습을 계획하고 실행하기 위해서 교사는 우선 영유아를 관찰하여 영유아가 현재 그들의 학습주기에서 어느 위치에 있는지를 파악해야 한다. 그 학습주기에 따라 교수학습 과정은 영유아의 인식을 돕기 위한 활동자료의 '제시단계' → 목표한 활동에 적합한 활동자료의 '탐색단계' → 탐색한 경험을 놀이로 통합하도록 유도하는 '놀이단계' → 놀이단계를 심화 · 확장하도록 돕는 '놀이확장 단계'로 이루어진다(Bredekamp & Rosegrant, 1995; [그림 1-3] 참조).

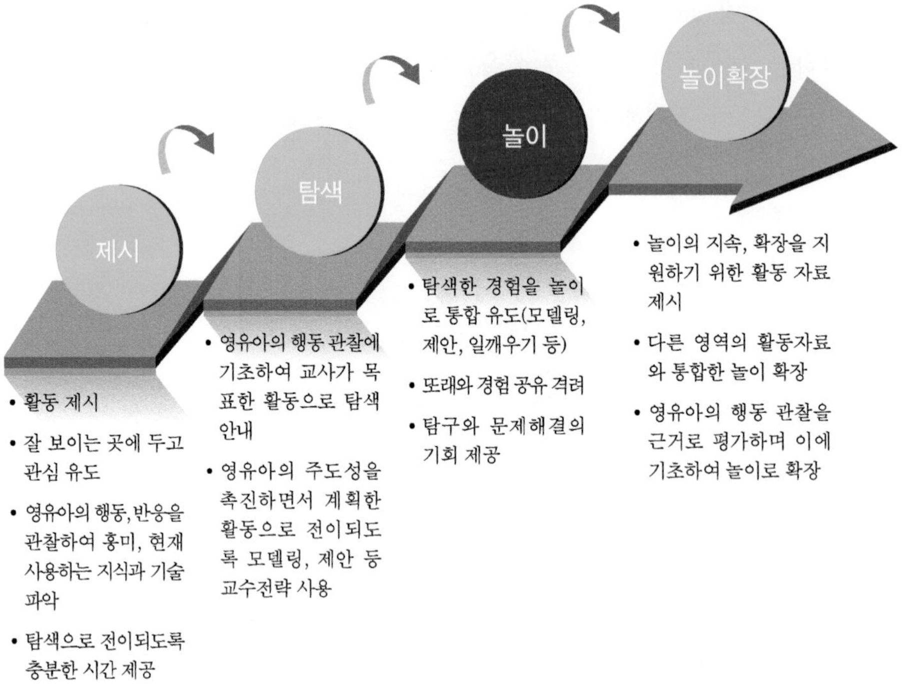

그림 1-3 ◆ **교수학습의 과정**

학습주기에 따른 교수학습의 과정으로 이루어지는 실제 활동의 예를 보면 〈표 1-1〉과 [그림 1-4]와 같다. 〈표 1-1〉은 5세 유아 활동의 예로서, 교사는 5세반 유아들에게 전날 또는 당일에 실외놀이를 나가기 전, 실내 자유선택활동 시간에 '페트병으로 만든 분수놀이' 활동을 계획하고 "물이 가장 잘 흐를 수 있도록 페트병에 각자의 생각대로 구멍을 뚫어보자."라고 한다. 실외놀이 활동으로 '페트병으로 만든 분수놀이'를 주 중 내내 활동할 수 있도록 계획한다.

표 1-1 ◆ '페트병으로 만든 분수놀이' 활동계획의 예

구분 \ 요일	월	화	수	목	금
실외놀이 활동	※ 페트병으로 만든 분수놀이 → - 페트병과 다양한 그릇에 물을 담아 흐름을 탐색하기 - 페트병과 다양한 그릇의 물의 흐름을 알아보고 비교하기 - 유아가 원하는 방법으로 사용해 보기				

<표 1-1>과 같이 계획한다고 할 때, 실외놀이 공간에 교사가 큰 대야 또는 풀장에 물을 담아 제시해 두고 유아들이 제작한 페트병으로 분수놀이를 하도록 한다(제시단계). 첫날에는 유아들이 마음껏 물을 담아 보고 물이 흐르는 것을 관찰하면서 놀이가 지속될 수 있도록 지켜보거나 적절한 상황에서 격려한다(탐색단계). 오후 시간 또는 다음 날로 이어서 놀이를 하며, "어떤 페트병에서 물이 가장 많이 쏟아져 나올까?" "페트병의 옆 구멍에서 나오는 물과 아래 구멍에서 나오는 물이 어떻게 다를까?" 등 유아의 이전 경험, 탐색한 결과 등에 비추어 물의 흐름에 대해 분석하고 친구의 것과 비교해 보도록 한다(놀이단계). "우리가 만든 이 페트병 분수로 무엇을 할 수 있을까?"라고 하면서 유아의 놀이를 관찰하고 놀이의 확장을 돕는 개입을 한다. 잔디에 물 주기, 텃밭에 물 주기 등의 활동을 할 수 있다(놀이확장 단계).

[그림 1-4]는 영아 활동의 예로서 교수학습의 과정에 따라 활동이 확장되어 이루어지는 경우다. 영아반 교사가 실외 공간에 붓과 물을 준비해 두고 "여기 물이랑 붓이 있네."라며 관심을 유도하자 영아들이 모여든다. 교사는 영아들의 반응을 지켜보다 "선생님은 붓으로 그려봐야지~, 우와~! 물로 그림이 그려지네."라고 모델링해 주자 영아들도 붓을 들고 와 조심스럽게 긁적여 본다(제시). 오후 실외놀이에서 교사가 영아들의 경험을 일깨워 주고자 "우리 얇은 붓으로도 그렸었지." 하고는 영아의 반응을 지켜보다 "여기 큰 붓도 있다."라며 마음껏 탐색해 볼 수 있도록 한다(탐색). 여러 가지 붓으로 한참을 놀이하던 영아가 물을 벽면에 뿌리며 "선생님! 붓 없이도 그릴 수 있어요~!"라며 새로운 발견에 놀라워한다. 그리고 교사를 바라보더니 물 붓기를 계속하며 스스로 놀이를 창안해 본다. 물이 말라 없어지자 "어? 없어?"라며 물을 부어도 보고 붓으로 반복 칠하기를 한다(놀이-확장).

실외 공간에 붓과 물을 준비해 두고 관심 유도하며 제시하는 모습

오후 실외놀이에서 영아의 경험을 일깨워 주며 탐색을 즐기도록 안내하는 모습

새로운 발견을 해가며 놀이를 촉진하는 모습

재료를 첨가하는 등 놀이를 확장하는 모습

그림 1-4 ◆ **영아 '물로 그림을 그려요' 교수학습 과정의 예**

2. 교수학습에 대한 발달이론적 기초

교수학습의 방법에 대해 철학이나 심리학적 이론들은 서로 다른 견해를 내놓고 있다. 여기서는 다양한 견해 중에서 대표적인 심리학적 이론인 성숙주의, 행동주의, 구성주의 교수학습의 관점에 대하여 알아본다.

1) 성숙주의

성숙주의에서는 모든 성장은 기본 방향이 정해져 있고 이는 사전에 결정된 유전적인 요소로 이루어진 성숙이라는 틀 안에서 발달하므로 부모나 교사는 영유아의 발달 신호와 단서를 이해하면서 자연스러운 성장과정을 지원해 주어야 한다고 보며, 성숙주의 이론의 기본 관점을 다음과 같이 제시하였다(이기숙, 장영희, 이윤경, 정미라, 심성경, 손순복, 김영아, 2017).

- 발달의 내적 시간표: 환경이나 학습의 효과보다는 유전적 요인에 의한 잠재적 능력과 성숙 요인이 결정적 요인으로 작용한다. 따라서 교육은 빨리 성장하도록 기대하고 재촉하는 것이 아니라 영유아에게 스스로 성장할 기회를 주면서 지켜봐 주는 것이 적절하다고 보는 것이다.
- 발달과정은 동일한 순서로 진행: 걷기 전에 먼저 서야 하는 것과 같이, 성장과 발달의 과정에는 일정한 패턴이 존재하고 이는 신경조직과 생리학적인 성숙에 따른 것으로 본다. 따라서 양육자는 발달의 일반적인 경향과 순서에 대한 이해가 우선 되어야 함을 알 수 있다.
- 발달의 개인차 존재: 전반적인 성숙과 발달과정의 순서는 동일하게 진행되지만 개인의 유전적 요인이나 상황으로 인하여 성장 및 발달의 속도와 양상의 차이가 있다고 본다. 따라서 성숙주의 이론은 개별적인 발달적 특성 및 차이를 이해하는 것이 중요하다.
- 발달의 전제조건 준비도: 영유아가 보이는 준비도는 그와 관련된 학습을 위한 준비가 되었음을 나타내 주는 요인으로, 발달의 주도권이 성인이 아니라 영유아에게 있다고 본다. 따라서 영유아의 단계적 성장에 따른 흥미와 요구, 행동에 대한 관찰과 통찰을 통해 준비도를 파악하여 그에 적절한 교육적 환경과 지원을 제공해 주는 것이 중요하다.

성숙주의 이론은 Gesell의 표준행동목록을 통해 각 연령 수준에서 기대되는 행동의 기준치를 제시해 줌으로써 영유아의 발달과정에 대한 전반적인 이해를 가능하도록 하였다.

2) 행동주의

행동주의는 인간의 성장 발달에 있어서 유전보다는 환경의 중요성을 강조한다. 교육을 지식, 기능, 가치가 한 세대에서 다음 세대로 전달되는 것으로 보며, 모든 행동은 경험의 산물이라고 가정한다. 초기의 행동주의자들은 심리학이 과학이어야 한다고 주장하였다. 측정 가능하고 관찰될 수 있는 외현적 행동이 관심의 대상이며, 관찰될 수 없는 인간의 내면은 무시하였다. 또한 조건화가 인간의 행동을 변화시키는 학습의 원동력이라고 주장하였으며, 학습에 따른 행동의 변화를 발달로 보았다. 행동주의에서는 발달의 단계에 대한 제시는 없다. 행동주의 학자 중 20세기 전반의 학습이론을 주도하고 연합설(connectionism)을 제창한 Thorndike와 Bandura의 사회학습이론을 간단히 살펴보면 다음과 같다.

Thorndike는 학습의 법칙을 효과의 법칙(law of effect), 연습의 법칙(law of exercise), 준비성의 법칙(law of readiness)으로 제시하였다(안영진, 2006).

- 효과의 법칙: 만족스러운 결과(reward)가 수반된 반응은 나타날 확률이 증가하고, 불만족스러운 결과(처벌, punishment)가 수반된 반응은 나타날 확률이 감소한다. 예를 들면, 영유아가 교사에게 인사를 했을 때 교사가 칭찬을 하면 같은 상황이 되었을 때 영유아는 인사를 더욱 잘하게 되지만, 인사를 제대로 하지 못했다고 꾸중을 들었다면 인사하기를 두려워하거나 꺼리게 된다.
- 연습의 법칙: 반복 연습이 학습을 촉진한다. 예를 들면, 영유아가 숟가락, 젓가락 사용 방법을 학습할 때 여러 번 반복해서 연습을 하게 되면 더욱 잘하게 된다.
- 준비성의 법칙: 준비가 갖추어진 반응은 그렇지 않은 반응에 비해 쉽게 학습할 수 있다. 예를 들면, 읽기학습을 위해서는 왼쪽에서 오른쪽으로의 방향감, 시각적 변별력 등의 읽기 준비단계의 학습이 되어 있어야 한다. 즉, 읽기학습을 시작하기 전에 교사는 유아들에게 글자를 왼쪽에서 오른쪽으로 짚어 가며 읽어 주어 읽기를 위한 방향감을 연습하고, 다양한 자료를 통해 시각적 변별을 연습하며 읽기의 준비를 시키는 것을 말한다.

행동주의로 분류되는 Bandura의 사회학습이론은 모방, 공격성, 행동치료 등의 연구에 중요한 공헌을 하였다(이재연, 1996). Bandura는 관찰학습을 강조하였으며,

모델링, 선택적 모방 및 자기효능감에 대해서 언급하였다.

- 관찰학습: 인간의 사회적 행동이나 성격은 외적 강화 없이도 타인의 행동을 관찰함으로써 획득된다. 부모는 자녀에게 가장 중요한 모델이며, 자녀는 부모의 행동을 관찰함으로써 부모와 유사한 행동, 가치관 및 언어 습관을 형성한다. 특히 개인의 성역할과 부모역할에 대한 영유아의 태도는 부모의 행동을 관찰한 결과로 확립될 가능성이 크다.
- 모델링: 오늘날의 사회학습이론은 관찰 자체보다 관찰 과정에서 일어나는 개인의 인지나 사고를 중요시한다. Bandura의 이론은 가장 최근에는 모델링에 기초한 사회학습 접근이 아니라, 자신과 타인에 대해 어떻게 생각하고 추론하는가를 강조하는 사회인지적 접근을 강조한다.
- 선택적 모방: 영유아의 모방은 타인의 행동을 관찰하면서 점점 더 선택적이 된다. 자기 칭찬과 자기 비난을 하는 타인을 관찰함으로써, 그리고 자신의 행동 가치에 대한 피드백을 통하여 영유아는 특정 상황에서 개인적 표준과 자기효능감을 발달시킨다.
- 자기효능감: 자기효능감이란 행동을 수행할 수 있다는 자기확신감으로, 만약 자신이 성공적으로 수행할 수 있다는 기대가 성립되면 필요한 행동을 수행하려는 결정을 내린다(장휘숙, 2013). 자기효능감에 대한 판단은 활동과 상황의 선택은 물론, 어려움에 직면했을 때 우리가 얼마나 노력해야 하는가를 결정하기 때문에 중요하다. 자기효능감이 강한 영유아는 특정 과제를 더 오랫동안 지속하고 과제학습 상황에서 자신이 지닌 기술을 잘 활용할 수 있으나, 자기효능감이 낮은 영유아는 제대로 활용하지 못한다. 자기효능감은 실패 경험보다는 성공 경험이 많을 때 높아진다(장휘숙, 2013).

3) 구성주의

구성주의에서는 영유아의 발달을 유전적 요인과 환경과의 상호작용의 결과라고 본다. 구성주의는 영유아가 지식을 구성하고 확장해 나가는 과정과 이러한 지식이 영유아의 행동에 미치는 영향을 밝혀 주는 이론이다. 구성주의자들은 인간이 경험하는 실제의 세계는 독립된 것이 아니라 각 개인이 부여한 의미에 의하여 성립한다고 본다. 그러므로 한 사물을 보는 입장도 여러 가지가 있을 수 있으며, 어떤 사건이나 개념에 대해서도 서로 다른 많은 의미와 견해가 있을 수 있다(황윤한, 2003). 예를 들면, 영유아들이 밀가루 점토를 길게 또는 짧게 만들어 서로 길이를 비교해 보는 활동을 하는가 하면, 어떤 영유아는 동그란 빵을 만들거나 납작하게도 만들어 보면서 사물의 모양을 변형시켜 보는 경험을 통해 보존 개념을 형성한다. 또 다른 영유아는 페트병의 구멍을 통해 물줄기가 뻗어 나가는 것을 보고 수압의 차이를 경험한다. 즉, 영유아의 개념 형성에 영향을 미치는 요인은 개별적인 경험의 결과임을 알 수 있다.

Piaget의 구성주의적 인식론과 Vygotsky의 사회문화적 인지이론에 근거한 구성주의의 이론에 대하여 간단히 살펴보면 다음과 같다.

(1) Piaget의 이론

Piaget(1952)는 지식이 구성되는 것에 대해 아주 어린 영아라도 이미 알고 있는 것이 있으며, 기존에 있는 개념들을 바탕으로 동화와 조절의 과정을 거쳐 평형화를 이룸으로써 지식을 점진적으로 구성해 나간다고 하였다(Morrison, 2004).

영유아가 새로운 경험을 하게 될 때 인지적 갈등을 느끼면 이를 해소하고자 하는 욕구가 일어나게 된다. 이 새로운 경험을 자신이 가지고 있는 인지구조와 일치시키는 동화가 일어난다. 동화된 내용이 기존의 인지구조에 없거나 확장 또는 변형되어야 할 필요가 있을 때 기존의 도식을 수정하여 조절하게 된다. 이와 같이 동화나 조절을 통해 적응이 되면 평형화가 이루어져 새로운 도식이 만들어진다(Morrison, 2004). 영유아가 이러한 과정을 통해 인지구조를 재조직하고, 기존의 지식을 재구성해 나간다는 것이 Piaget의 주된 논리다. Piaget의 지식의 구성에 대한 주요개념을 살펴보면 다음과 같다.

- 도식: 도식(scheme)은 개념으로 설명할 수 있다. 예를 들면, 영유아들에게 "파인애플이란 무엇인가?"라고 할 때 '과일(종류)' '먹는 것(용도)' '껍질이 딱딱하고 뾰족뾰족하다(모양 또는 형태)' '속이 노랗다(색상)' 등 파인애플이 가진 각각의 속성을 통해 이해한다. 이를 파인애플에 대한 도식을 형성했다라고 할 수 있으며, 이 도식은 경험을 통한 동화와 조절의 과정을 거치면서 새롭게 구성된다.

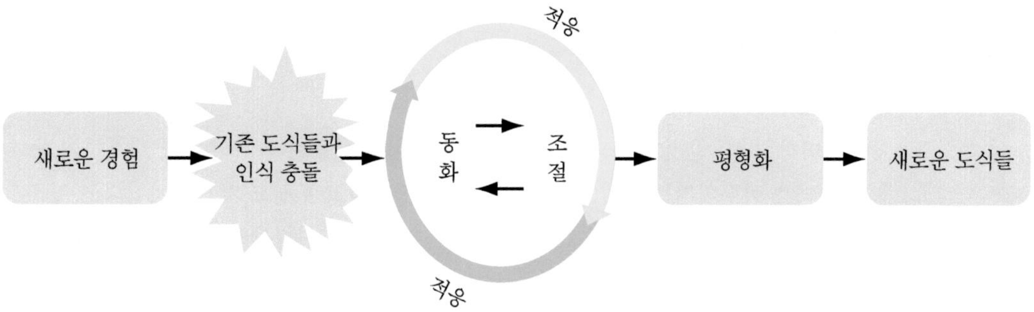

그림 1-5 ◆ **지식의 구성과정**

출처: Morrison(2004). p. 116.

- 동화와 조절: 동화(assimilation)란 새로운 지각물이나 자극, 사건을 이미 가지고 있던 도식이나 행동양식에 통합되도록 하는 인지과정을 말한다. 반면, 조절(accommodation)은 기존의 인지구조를 수정 · 보완하거나 변형함으로써 새로운 도식을 만들거나 낡은 도식을 알맞게 고치는 것이다(Morrison, 2004). 인간의 모든 경험 속에는 동화와 조절이 포함되며, 동화와 조절은 일생을 통해서 계속되는 현상이다.
- 평형화: 평형화(equilibrium)란 동화와 조절 간의 균형을 말한다. 만약 새로운 자극에 대해 동화가 성공적으로 이루어지면, 영유아는 그 자극에 대한 평형을 순간적으로 경험하게 된다. 그러나 새로운 자극을 성공적으로 동화하지 못하게 하는 사건이 일어나게 되면, 도식을 자극에 맞게 수정하거나 새로운 도식을 만들어 낸다. 그래서 조절이 이루어지면 결국은 평형에 이르게 된다. 동화와 조절 간의 평형 없이는 인지발달이 이루어질 수 없으므로, 평형은 유기체가 지향하는 필연적인 조건이다(Morrison, 2004).

Piaget의 이론에서 영유아의 인지적 발달은 질적으로 상이한 네 단계를 거쳐 이루어진다. 감각운동기(0~2세)에 감각과 운동 활동으로 인지 발달을 이루고, 전조작기(2~7세)에 인지체계가 상징적이면서도 전조작적 사고로 구성되며, 구체적 조작기(7~9세)에 아동의 사고는 더 조직화되고, 형식적 조작기(10세 이후)에 사고가 복잡하며 추상적인 추론체계로 변형된다(장휘숙, 2013).

구성주의 교수법에서 다루는 지식의 예

- 물리적 지식: 만지기, 느끼기, 맛보기, 움직이기 등 주변 환경의 물체 탐색하기 등에 의해 이루어지는 지식(예: 조개껍데기는 딱딱하고 무겁고 거칠고 차갑다는 것을 인지하는 것). 영유아프로그램의 과학교육은 주로 자연현상의 물리적 속성들을 관찰하는 것임(Smith, 2007).
- 논리수학적 지식: 사물, 사건, 행동 간의 관계에 대한 지식(예: 이것과 저것의 다른 점은 무엇인가? 비슷한 점은?). 문제해결과 지속적인 학습에 필수적인 지식의 복합적 형태로, 유아는 물리적 지식을 구성할 때 논리수학적 지식을 함께 사용. 유아교육에서 논리수학적 지식 획득을 위해 끊임없이 장려하는 교사의 역할이 필요함.
- 사회적 지식: 사람과 사람 혹은 언어와 언어를 통해 전수된 지식. 문화적으로 동의된 관습과 전통에서 유래한 문자, 사물의 이름, 사회적 관습, 식사예절 등과 같은 행동에 요구되는 사회적 규칙으로, 타인의 지시나 타인을 모방함으로써 직접적으로 학습될 수 있는 지식을 말함.

‖ **예시** ‖ 놀잇감 정리 시간

- "활동실 바닥에 놀잇감들이 흩어져 있네." - 물리적 지식 제공
- "놀잇감을 치울 때 비슷한 것끼리 놓을 수 있겠니?" - 논리수학적 지식 제공
- "다른 친구가 잘 찾을 수 있도록 놀잇감을 원래 있던 자리에 갖다 두자." - 사회적 지식 제공

출처: Bodrova & Leong(1999)에서 발췌하여 수정함.

(2) Vygotsky의 이론

Vygotsky의 이론에서는 지식이 사회문화적 배경을 바탕으로 하고 있음을 강조한다. 한 개인의 지식구조는 매우 개별적 인지구조 작용에 의해 구성되기는 하지만, 자기가 속한 사회와의 직접적인 교류에 의해서 이루어지며 그 사회로부터 결코 분리될 수 없는, 사회 공동체로부터 인정받거나 용납되는 지식으로 본다. Vygotsky 연구의 이론적 핵심을 구성하는 기본적인 원리는 다음과 같다(Bodrova & Leong, 1999).

첫째, 영유아는 자발적인 자기조절을 통해 지식을 구성한다.
둘째, 발달은 사회문화적 맥락과 분리될 수 없다.

셋째, 학습은 발달에 선행되기도 하고 발달을 주도하기도 한다.

넷째, 언어가 정신 발달에 핵심적인 역할을 한다.

Vygotsky 이론의 주요개념 중 근접발달지역과 비계설정에 대해 알아보면 다음과 같다.

- 근접발달지역: 근접발달지역(Zone of Proximal Development: ZPD)은 '영유아가 독립적으로 문제해결을 하는 실제적 발달 수준과 성인의 안내나 더 능력 있는 동료와의 협동을 통해서 문제해결을 하는 더 높은 잠재적 발달 수준 사이의 거리'를 말한다(Bodrova & Leong, 1999). Vygotsky는 잠재적 발달 수준을 측정하는 것이 실제적 발달 수준을 측정하는 것만큼 중요하다고 하였다(Bodrova & Leong, 1999).
- 비계설정: 비계설정(scaffolding)은 영유아가 근접발달지역 안에서 자신의 능력만으로는 해결할 수 없는 문제해결 및 과제 실행을 가능하게 하기 위한 성인의 도움의 양을 조절하는 것을 말한다. 즉, 영유아의 학습 초기단계에 지원을 많이 한 후 점차적으로 지원을 감소시켜 나가다 영유아 스스로 학습이 가능해지면 온전히 책임지고 해 나가도록 한다(Rosenshine & Meister, 1992). 이때 교사가 할 일은 최종 목표로 정한 행동을 영유아가 독립적으로 수행할 수 있도록 비계설정을 해 오던 것을 적절한 때에 철회하는 일이다. 비계설정을 제공할 때에는 근접발달지역을 고려하여야 한다.

근접발달지역에 머물도록 도움의 양(비계설정)을 어떻게 조절할 것인가?

- 영유아의 능력 이상의 과업에 대해서는 성인이 책임진다.
- 영유아가 근접발달지역 내에 있는 과업을 하는 동안에는 격려, 모델링, 비지시적 제안, 직접적 제안, 일깨워 주기, 함께 구성하기, 시범 보이기 등으로 도움을 제공하여 수행할 수 있도록 돕는다.
- 영유아가 쉽게 완수할 수 있는 과업에 대해서는 영유아에게 전적인 책임을 준다.

‖ **예시** ‖ 10을 세겠다고 하는 유아에게 처음에는 3까지, 그다음에는 5나 7까지 세게 하는 것이 아니라 10을 세게 한다. 즉, 과제를 좀 더 쉽게 만드는 것이 아닌 도움의 양을 변화시켜 가는 것이다.

- 교사는 수를 세는 것과 대상물을 가리키는 것 모두 책임을 진다. 교사가 대상물을 가리키면서 수세기를 한다. 유아는 교사가 하는 것을 관찰한다.
- 대상물을 가리키는 것은 함께하지만 교사는 가만히 있고 유아가 수를 센다.
- 유아 혼자서 가리키는 일과 수세기를 하도록 한다.

출처: Bodrova & Leong(1999)에서 발췌하여 수정함.

제2장

영유아 교수학습 방법의 유형

영유아를 위한 교수학습 방법은 가르치는 사람 또는 그 시대가 요구하는 교육의 신념, 학습을 주도하는 사람이 가르치는 교사인지 배우는 학습자인지에 따른 주도적 역할, 그리고 학습의 형태가 개별인지 집단인지 등 집단의 규모에 따라 접근하는 방법이 다르다.

이 장에서는 영유아 교수학습의 원리에 대해 알아보고, 각각의 분류 기준에 따른 교수학습 방법의 유형에 대해 구체적으로 학습한다.

1. 영유아 교수학습의 원리

영유아 교수학습의 원리는 자발성의 원리, 개별화의 원리, 다양성의 원리, 융통성의 원리, 구체성의 원리, 탐색의 원리, 통합의 원리로 나뉜다.

1) 자발성의 원리

자발성(spontaneity)이란 자신의 내부에서 나오는 힘으로, 능동적으로 스스로를 활동시키는 능력을 말한다. 자율성의 원리, 자기활동의 원리, 흥미의 원리와 같은 의미로 보며, 영유아는 스스로 배우고자 하는 능동적이고 자발적인 동기가 있을 때 가장 잘 배운다.

학습자는 교사가 하자고 하는 활동은 '공부'라고 생각하고 자신이 선택한 것은 '놀이'라 여기며 즐거운 것이라 생각한다. 즐거움은 영유아에게 더 효과적인 학습이 일어나도록 한다. 따라서 교사는 영유아의 자발적 동기를 끌어내기 위해 발달단계나 능력에 맞는 교재・교구와 영유아의 생활과 놀이를 중심으로 자발적인 흥미나 욕구와 같은 내적 동기에서 시작하는 활동을 제공함으로써 영유아가 더 오랫동안 몰입하도록 도와야 한다.

2) 개별화의 원리

개별화란 영유아 개개인의 특성에 따라 적절한 교수학습 방법을 적용하는 것으로, 개별화의 원리는 영유아의 학습이 발달에 적합해야 한다는 데 근거를 두고 있다. 발달의 적합성(development appropriateness)에는 연령의 적합성(age appropriateness)과 개인의 적합성(individual appropriateness)의 개념이 포함된다(위영희, 문혁준, 이희정, 한성희, 박정원, 2013).

영유아는 발달 수준, 사전 경험, 문제해결 방법, 흥미, 학습동기, 능력, 학습속도 등 다양한 면에서 개인차가 있다. 영유아는 자신을 둘러싸고 있는 주변 환경을 이해하고 표현하는 데 개인적인 특성이 매우 강하므로 세계를 이해하고 자신을 표현하는 방법이 개별 영유아에 따라 다르다는 것을 전제로 개별화에 기초한 교수학습이 이루어지는 것이 바람직하다.

3) 다양성의 원리

영유아 교수학습에 있어서 다양성이란 학습활동, 교수학습 방법, 교재・교구, 교육환경을 다양하게 마련하는 것이다. 같은 활동을 해야 하는 경우에도 활동자료를 다양하게 준비하고, 놀이 방법을 다양하게 변화시킬 수 있도록 계획단계에서부터 다양한 준비를 하는 것이다. 그런 다음 영유아가 자기 스스로 선택한 활동을 능동적으로 탐색하고, 주도적으로 활동을 하도록 하며, 다양하고 균형 있게 활동할 수 있도록 지원해야 한다. 활동적인 활동과 조용한 활동, 실내활동과 실외활동, 개별활동과 집단활동, 교사 주도 활동과 영유아 선택활동 등의 균형이 있어야 한다.

4) 융통성의 원리

융통성의 원리는 교육과정 구성의 중요 원칙의 하나로 영유아를 위한 교육활동을 미리 계획할 때에도 융통성을 부여하지만, 일단 계획이 진행되는 중에도 영유아의 흥미, 이해의 정도에 맞추어 변경시켜야 한다는 원칙이다. 아동중심 교육과정 모형의 중요한 원칙이고, 이러한 융통성으로 교육 내용의 형식화 및 고정화를 피할 수 있으며, 영유아의 학습탐구를 더욱 조장할 수 있다(서울대학교 교육연구소, 1995). 따라서 교사가 활동을 계획하였어도 그날의 일기 변화와 유아의 흥미, 주변 환경의 변화에 따라 융통성 있게 변화할 수 있는 여지를 열어 두어야 한다.

5) 구체성의 원리

구체성의 원리는 영유아는 오감을 통해 보고, 만지고, 맛보고, 냄새 맡고, 듣는 구체적인 경험을 통해 사물에 대해 더 잘 이해해 가는 것을 말한다. 즉, 추상적인 언어적 설명이나 상징 같은 것보다는 사진이나 실물과 같은 구체성이 강한 매체와 신체로 직접 체험하고 현상을 경험하도록 하는 것이 효과적이다. 영유아는 모든 사물과 사건에 대한 무궁무진한 호기심을 가지고 주변 환경을 탐색하며, 물리적 환경과 사물을 접하며 스스로 탐색함으로써 학습한다.

영유아의 학습은 이러한 구체성의 원리에 의한 단계적 학습 순서에 의해 이루어지는 것이 바람직하다. 단계적 학습은 "단순한 것에서 복잡한 것으로, 익숙한 것에서 낯선 것으로, 자신이 관련된 것에서 타인이 관련된 것으로, 전체에서 부분으로, 구체적인 것에서 추상적인 것으로, 행동적 학습에서 상징적 학습으로, 탐색적 학습에서 목표 지향적 학습으로, 부정확한 학습에서 보다 정확한 학습으로, 충동적 학습에서 자기통제적 학습으로 이루어진다"(Kostelnik, Soderman, & Whiren, 1993: 위영희 외, 2013에서 재인용).

6) 탐색의 원리

탐색의 원리는 영유아 스스로 자신을 둘러싸고 있는 외부 세계를 호기심을 가지고 탐색하고, 직접 경험하는 것을 좋아한다는 원리다. 영유아는 스스로 세상을 경험하고 탐색할 시간과 자신이 학습한 것에 대해 반성할 시간을 가질 때 가장 잘 학습할 수 있다(위영희 외, 2013). 따라서 영유아를 위한 활동을 계획할 때에는 영유아 스스로 능동적으로 발견하는 과정을 통해 여러 가지 문제해결의 기술 및 물리적 지식, 논리수학적 지식, 사회적 지식을 학습하도록 해야 한다.

7) 통합의 원리

통합의 원리는 영유아의 신체 · 언어 · 사회성 · 정서 · 인지 발달 등 제 영역을 통합적으로 교육과정에 구성하고 계획하는 것을 말한다. 영유아의 흥미에 바탕을 두고 한 주제에 대해 내용이 통합되고, 활동 영역 간에 연결이 잘 되도록 구성하여 전개해 가도록 한다. 예를 들면, 4세 누리과정 교사용지도서 중에서 '건강과 안전' 주제를 살펴보면, 자유선택활동으로 쌓기놀이 영역에서 '음식 영양탑 구성하기', 역할놀이 영역에서 '세계 요리사 대회', 언어 영역에서 '우리 가족이 좋아하는 음식', 과학 영역에서 '우리 몸에 좋은 음료', 대소집단활동에서 동시 <양치대장 이> 등 주제가 통합된 활동으로 이루어진다.

이와 같이 한 주제를 중심으로 통합된 일과(intergrated day)가 운영되면 영유아는 일관성 있고 통합된 활동을 하게 되고, 주제의 심화와 확장으로 효율적 학습이 이루어지게 된다. 또한 주제가 전개되는 동안 그 주제와 관련된 사물이나 사건, 상황을 일상생활에서 관심 있게 관찰하게 되며, 의미 있는 활동으로 연결할 수 있게 된다.

2. 영유아 교수학습 방법의 유형

영유아 교수학습 방법의 유형에는 교육신념에 따른 교수학습 방법, 주도적 역할에 따른 교수학습 방법, 집단 규모에 따른 교수학습 방법으로 나뉜다. 이에 대해 살펴보면 다음과 같다.

1) 교육신념에 따른 교수학습 방법

(1) 분류 기준

영유아기의 독특한 발달 특성으로 인해 이 시기의 교수학습 유형은 명확하게 구분하기가 어렵다. 대부분의 유아교육기관에서는 여러 가지 교수학습 방법의 유형을 함께 사용하거나 활동에 따라 통합적으로 사용하는 경우가 많은데, 교수학습 방법의 유형에 대한 분류 기준은 학자에 따라 다양하다.

교육신념에 따른 접근으로는 성숙주의, 행동주의, 구성주의로 분류하기도 하고, 행동주의, 성숙주의, 정신분석, 구성주의의 네 가지로 구분하기도 하며, 인본주의를 포함하여 구분하기도 한다. 여기서는 성숙주의, 행동주의, 구성주의 발달이론의 관점에 맞추어 영유아 교수학습 방법을 제시한다.

(2) 교수학습 방법

다음의 사례는 유아 교수학습 시 유아의 대답에 대한 교사의 반응이다. 교육의 신념과 어떻게 관련되는가?

유아 교수학습 시 유아의 대답에 대한 교사 반응의 예

교사: 여기 11개의 컵이 있어. 컵 하나에 꽃을 한 송이씩 꽂는다면 꽃은 몇 송이가 있어야 할까?

유아: 열 송이요.

- 교사 반응 1

교사: 아니야, 함께 세어 보자. 하나, 둘…… 열한 송이. 자, 몇 송이가 필요할까?

유아: (잠깐 생각을 하더니) 열 개?

교사: 아니야, 열한 송이야. 다시 세어 보자.

- 교사 반응 2

교사: 아! 그래? 10이라고 생각하는구나? (아직 가르칠 때가 아니라고 생각함.)

- 교사 반응 3

교사: 좋아. 열 송이의 꽃을 각각의 컵에 한 송이씩 꽂아 볼래?

유아: (열 송이의 꽃을 컵에 꽂아 보고 모자란다는 것을 알게 됨.)

교사: 어때?

유아: 모자라요. 더 필요해요. (꽃을 더 많이 가져와서 넣어 봄.)

교육신념에 따른 교수학습의 방법에 대해 이영석(2001)의 분류를 부분적으로 수정하여 살펴보면 다음과 같다.

① 성숙주의 관점

- 관찰에 기초한 교수학습 방법: 영유아의 흥미, 욕구, 발달 수준 등을 객관적으로 이해하여 영유아의 개별적 특성에 맞는 교육을 하기 위한 방법이다. 영유아의 발달과 성숙 수준에 맞지 않는 성취를 강요하거나 재촉하지 않고 영유아 관찰을 통하여 적절한 시기를 잘 포착해서 영유아의 흥미, 욕구, 발달 수준에 적합한 바람직한 학습으로 안내한다.
- 놀이를 통한 교수학습 방법: 영유아가 자발적으로 놀이활동에 참여하도록 다양한 놀이 환경을 제공하는 방법이다. 놀이는 영유아의 발달에 있어서 가장 중요한 요소다. 놀이는 내면 세계의 자발적이고 적극적인 표상활동이다. 상상놀이, 역할극 놀이, 상징놀이 등 다양한 놀이를 할 수 있는 기회를 제공함으로써 학습이 이루어지도록 한다.
- 발문학습법: 교사가 영유아에게 발문을 통하여 영유아의 사고를 명료화하고, 사고를 확장시키는 방법이다. 영유아의 사고를 자극하고 확장하기 위해서는 한 가지 정답을 요구하는 닫힌 질문 형태보다는 개방적인 열린 형태의 질문을

하는 것이 바람직하다.

- 시청각 학습법: 실물, 모형, 그림, 사진, 연극, 시범, 견학, 게시판, 프로젝트 등 구체적인 시청각 교재 · 교구를 가지고 다양한 감각적 자극을 주는 방법이다. 풍부하고 다양한 시청각 자료는 학습동기를 유발하고, 학습의 효과를 높이며, 정확한 사고를 하도록 돕는다.
- 탐색학습법: 영유아가 주변 환경, 사물, 대상을 직접 접하면서 그 특성이나 성격을 파악하는 교수학습 방법이다. 자유선택활동 시간에 다양한 교재 · 교구를 준비하여 영유아가 직접 탐색하도록 한다. 영유아의 개인적 특성에 따라 흥미를 보이고 탐색하고자 하는 것이 다르므로 영유아 스스로 탐색하도록 지원한다.

② 행동주의 관점

- 설명학습법: 전통적인 교수방법으로, 정해 놓은 지식의 내용을 교사가 언어적인 교수방법으로 직접 가르치는 방법이다. 영유아에게도 성인의 직접적인 설명과 가르침이 필요한 정보나 지식, 개념이 많이 있다. 사회적으로 정해 놓은 약속, 사물이나 대상의 명칭, 생일, 국경일, 규칙, 전통, 안전 등은 직접적인 가르침을 통해 알게 되는 것이다. 설명학습은 인지 발달의 추상적 단계인 중학교 이후에 특히 효과적이라고 할 수 있는데, 설명학습법의 진행단계를 보면 다음과 같다(유민임, 2007).

1단계: 교사의 과제 제시와 설명–"여기까지 선을 그어 보자. 선이 구부러지지 않게 똑바로 그려야 해."
2단계: 교사의 시범과 영유아의 수행–교사가 시범을 보이고 영유아가 따라 하도록 한다. 필요하면 보조를 해 주기도 한다.
3단계: 피드백–영유아가 수행을 잘하였다면 칭찬하고, 잘못된 것은 수정한 후 다시 해 보도록 한다.

- 모델링 학습법: 영유아에게 가장 영향력 있는 학습 촉진자(agent)의 행동을 모방하여 학습하는 것이다. 영유아의 생활에서 가장 큰 영향을 주는 모델이 누구인가에 따라 학습효과의 강도가 결정될 수 있다. 영유아가 평소에 좋아하거나

존경하는 사람이 있다면, 그 사람의 행동과 언어는 영유아에게 직접적인 영향을 미칠 수 있다. 영유아의 주요 모델링 대상이 교사라면 교육효과는 상대적으로 높아질 것이지만, 영유아가 본받아야 할 모델로서 역할이 낮다면 교육효과는 그만큼 낮아지게 된다.

- 강화학습법: 행동주의 심리학자인 Skinner의 강화원리에 의해 영유아의 학습활동을 조건화하는 방법이다. 강화는 반응 뒤에 주어지는 보상을 통해 행동이 증가하는 과정을 말하며, 좋아하는 것(선물, 칭찬 등)을 줌으로써 행동을 증가시키는 것을 정적 강화라 하고, 싫어하는 것(잔소리 등)을 제거함으로써 행동을 증가시키는 것을 부적 강화라고 한다. 강화와 반대의 접근 방법으로 행동을 감소시키는 것을 벌이라고 하는데, 체벌과 같이 싫어하는 것을 주는 것을 정적 벌이라고 하고, 좋아하는 것을 제거함으로써 행동을 감소시키고자 하는 것을 부적 벌이라고 한다.

③ 구성주의 관점

구성주의 관점에서는 영유아가 인지적·사회적 지식을 능동적으로 구성해 가는 학습자라고 믿는다. 영유아는 이미 마련되어 있는 지식을 발견하는 자가 아니라 지금-여기에서 적합한 지식을 창조해 나가는 자라고 본다. 그러므로 구성주의 교수방법의 일차적 구성요소는 교수학습 과정에 주체적으로 참여하는 영유아라고 할 수 있다. 자율학습(self-regulated learning)을 할 수 있는 인지적 능력을 가진 영유아 스스로 학습 목표와 방법을 설정하고 관리하며, 교사는 영유아의 학습을 돕는 조언자이면서 동료 학습자의 역할을 담당한다.

구성주의 관점에서의 영유아 교수학습 방법은 탐구학습법, 발견학습법, 문제해결 학습법, 협동학습법, 프로젝트 접근법 등이 있다.

- 탐구학습법: 탐구학습에서 가장 기본적이면서도 중요한 전제는 영유아가 능동적으로 참여하는 아동중심적 교수학습 방법이다. 탐구학습을 돕는 교사는 영유아가 탐구하고자 하는 내용이 무엇이든 간에 그 가치를 인정해 주는 허용적인 태도를 가져야 한다. 교사는 설명이나 개념 전달로 답을 제시하기보다는 영유아의 호기심과 사고를 자극하는 질문을 많이 하고, 영유아-교사, 유아-유아 간의 토의가 활발하게 이루어지도록 장려해야 한다.

- 발견학습법: 발견학습의 이론적 근거는 Bruner에 의해 비롯되었으며, 발견의 행위에서 발견의 결과보다는 발견의 과정이 중요하다고 강조한다. 교사의 지시를 최소한으로 제한하거나 교사의 지시 없이 영유아가 독자적으로 직접 대상이나 사물과의 접촉을 통해 그들이 갖고 있는 특성, 속성의 기능 등을 알아내는 교수학습 방법을 말한다(유민임, 2007).
- 문제해결 학습법: 문제란 영유아가 상황에 직면하였을 때 의혹, 곤란 및 장애가 일어난 상태로, 문제해결 학습은 이러한 문제를 영유아 스스로 해결해 나가는 과정이나 절차를 터득하는 기술이다.

  이 학습법은 영유아가 교수학습 상황에서 문제에 부딪혔을 때 시작된다. 영유아는 당면한 문제를 해결하기 위해 필요한 정보와 기술을 다양한 방법으로 찾아보고, 도출된 여러 가지 대안을 비판적으로 검토함으로써 문제해결력을 기르게 된다. 문제해결 학습법은 당면한 문제에 대한 해결 방법을 스스로 찾아나간다는 점에서 자기주도적 학습이 가능하도록 돕는다. 문제해결 학습법의 진행단계를 보면 다음과 같다(김경배, 김재건, 이홍숙, 2001).

1단계: 문제의 발견–문제가 무엇인지 확인하고 전체적인 상황과 관련지어 생각한다.

2단계: 문제의 명료화–문제를 진단하기 위해 생각해야 할 문제에 초점을 명료화 한다.

3단계: 해결 방안 탐색–문제해결을 위해 제시된 여러 방안을 체계적으로 검토하고 잠정적인 해답을 내린다.

4단계: 해결의 종합화–논리적인 추론을 거쳐 최선의 해결 방안을 종합적으로 채택한다.

- 협동학습법: 유아들이 공통의 학습목표를 가지고 함께 모여 소집단으로 활동을 하는 학습 방법으로, 또래와의 상호작용에 기초한다. 협동학습 상황에서는 유아들이 함께 계획을 세우고 방법을 결정하며, 서로의 의견을 조정하는 협동적 계획 과정이 중요하다. 이 협동적 과정을 통해 유아는 자신의 의견을 이야기하고 다른 친구와 의견에 차이점이 있다는 것을 알게 되며, 공동의 목표를 위해 서로 조정하는 등의 기회를 갖게 할 뿐 아니라 소속감이나 집단의식도 경

험할 수 있다(한국유아교육학회 편, 1997). 협동학습은 1단계 대집단 수업 안내, 2단계 소집단 학습활동, 그리고 3단계 평가활동으로 진행된다. 협동학습 시 교사가 유의할 점은 다음과 같다.

첫째, 직접 교수보다는 안내자의 역할을 한다.

둘째, 유아들이 함께할 수 있는 활동 상황을 제공한다.

셋째, 과정보다 결과를 중시하지 않도록 유의한다.

넷째, 유아가 유능한 다른 유아에게 밀려 뒤로 물러서 있거나 지나치게 의존적으로 되지 않도록 각자가 역할을 분담하고 기여할 수 있도록 한다.

다섯째, 유능한 유아가 지나치게 많은 역할을 감당하지 않도록 유의한다.

- 프로젝트 접근법: 프로젝트는 유아가 일상에서의 관심거리를 수업시간에 공통적인 주제로 선정하여 탐구하는 활동을 말한다. 이는 한 명이나 소집단 또는 대집단의 유아가 특정 주제를 깊이 있게 탐구하는 방법으로(지옥정, 2017), 기존의 유아교육기관에서 다양하게 접목시킬 수 있으며, 방법(method)이나 모델(model)이라는 말보다 접근(approach)이라는 말을 사용하고 있다(Katz & Chard, 1989).

프로젝트 접근법은 다음과 같은 단계로 진행된다(지옥정, 2017).

1단계: 준비단계-주제 선정하기, 교사의 예비 주제망 구성하기, 자원 목록 만들기

2단계: 도입단계-유아의 사전 경험 파악하기, 교사와 유아의 공동 주제망 구성하기, 질문 목록 작성하기

3단계: 전개단계-조사, 탐구, 현장 견학, 전문가 면담하기

4단계: 표상활동 단계-그림 그리기, 기록하기, 그래프나 도표 작성하기, 조형물 만들기, 극놀이 등의 다양한 방법으로 표상하기

5단계: 평가 및 마무리 단계-전시, 발표, 초대 및 평가하기

2) 주도적 역할에 따른 교수학습 방법

(1) 분류 기준

교수학습에 있어서 주도적인 역할을 누가 하느냐에 따라 아동중심의 교수학습법과 교사중심의 교수학습법으로 나눌 수 있다. 아동중심 교수학습법은 영유아가 자신의 흥미에 따라 활동을 선택하고 스스로 학습을 주도하는 것이다. 이는 자발적인 동기에 의해 활동이 이루어지고 발달이 따라오기 때문에 자유선택활동을 강조한다. 따라서 영유아에게는 자유롭게 놀이할 수 있는 풍부한 환경을 제공해 주는 것이 중요하다. 교사는 영유아의 흥미, 감정, 행동의 개인차를 존중하고 인정해 주며 수용해 주어야 하지만, 교사-영유아 간의 상호작용보다는 또래 간의 상호작용이 이루어질 수 있도록 돕고 격려해 주어야 한다.

반면, 교사중심 교수학습법에서는 계획된 학습목표를 수행하기 위해 구조적이고 통제적인 분위기가 형성된다. 교사가 주도적으로 학습활동을 제시하고, 영유아는 따라가는 수동적인 수용자 역할을 한다. 현대에 와서는 아동중심 교육이 강조되면서 상대적으로 교사주도적 방법이 배제되어야 한다는 분위기가 형성되었지만, 필요한 경우에는 교사주도적 접근이 사용되기도 한다. 아동중심과 교사중심의 교수학습법을 살펴보면 다음과 같다.

(2) 교수학습 방법

① 아동중심 교수학습법

영유아 주도의 교수학습법은 영유아가 개별적으로 직접적인 경험과 탐색, 탐구 및 발견 학습의 기회를 가지게 되므로 결과보다는 과정을 중요시하게 된다. 또한 영유아의 흥미, 감정, 능력, 욕구 등의 개인차를 존중하므로 발달에 적합한 교육활동이 이루어질 수 있으며, 또래 유아와의 상호작용 및 풍부한 환경과의 상호작용이 활발하게 일어나게 되어 사회성 발달과 자기효능감 등 긍정적 자아개념 형성을 돕는 데 기여한다. 이런 관점에서 앞서 제시한 구성주의 교수학습 방법인 탐구학습법, 발견학습법, 문제해결 학습법, 협동학습법, 프로젝트 접근법 등은 모두 아동중심 교수학습법이라 할 수 있다. 그러나 아동중심 교수학습법 중에서 탐구학습법이나 발견학습법 등은 과정을 중시하므로 학습시간이 오래 걸릴 수 있으며 또한 교사 대 유아의 비율이 높은 경우에는 개별적 관찰, 상호작용 및 평가 시 어려움이 있다.

② 교사중심 교수학습법

교사중심 교수학습법으로는 행동주의 교수학습법인 설명학습법이나 Bruner의 연구에 기초하여 Weil이 처음 제시한 방법인 개념학습법을 들 수 있다.

교사중심 교수학습법의 장점은 영유아가 꼭 알아야 할 지식, 개념, 정보, 기술 등을 잘 전달할 수 있다는 것이다. 사회적인 규칙, 약속, 생일, 날짜와 요일, 국경일 등의 사회적인 지식은 교사 주도적인 방법으로 가르치는 것이 더 바람직하다. 또한 시행착오를 겪지 않고 짧은 시간에 학습 내용을 효과적으로 가르칠 수 있으며, 동시에 대집단을 대상으로 학습 내용을 전달하기가 용이하다. 반면, 교사가 모든 교수학습 과정에서 주도적이 되므로 교사의 흥미, 편견, 인성 등이 교사의 능력과 기술에 반영되고, 영유아의 학습상황에 영향을 미칠 수 있다. 뿐만 아니라 교사가 계획한 지식을 일방적으로 전달하기 때문에 주입식 수업이 되기 쉽고, 수준 높은 토의와 능동적인 참여가 이루어지기 어렵다. 영유아는 개별적인 흥미와 요구가 달라서 개인의 특수한 여건이나 어려움, 개인차를 고려해야 하기 때문에 영유아에게 전적으로 적용되기는 어렵다(김진영, 백혜리, 최윤정, 2010).

3) 집단 규모에 따른 교수학습 방법

(1) 분류 기준

집단의 형태에 따라 여러 유형의 상호작용이 일어날 수 있으므로 하루 일과 계획을 세울 때에는 각 시간의 단위활동마다 집단의 형태를 다양하게 계획한다. 집단의 형태는 대집단, 중집단, 소집단 및 개별로 나눌 수 있으며, 하루 일과 운영 시 다양한 집단의 형태로 이루어질 수 있도록 계획하는 것이 바람직하다. 집단의 형태는 인적 자원의 지원 여부에 따라 달라질 수 있으므로 최대한 지원받을 수 있는 인력의 수를 고려하여 계획한다. 20명을 기준으로 한다면 대집단의 형태는 20명, 중집단의 형태는 10명, 소집단의 형태는 4~5명 정도로 나눌 수 있다.

(2) 교수학습 방법

① 대집단활동

대집단활동은 영아는 적절하지 않으며, 유아의 경우에는 학급의 전체가 참여하게 되는 활동의 형태다. 학급의 전체 유아가 대집단으로 모이는 것은 전체 유아 간의 의견을 모으거나, 학급의 유아들이 모두 인지해야 할 사항이 있을 때 또는 개념이나 주제와 관련하여 유아들의 사전 이해 정도를 확인하거나 알고 있는 지식을 공유하고자 할 때 등이다.

전통적으로 대집단활동은 교사가 일방적으로 유아들에게 가르치는 형태였으나 이는 유아에게는 바람직하지 않다. 교사는 개별적 특성이 다양한 많은 유아를 다 같이 모아 놓고 참여를 유도하고 흥미를 지속시키기 위해서는 많은 노력을 하여야 한다. 따라서 인력 지원이 가능한 경우라면, 가급적 대집단 형태를 지양하고 중집단 형태로 활동하는 것이 더 바람직하다.

② 중집단활동

중집단은 대집단 구성원을 2개의 팀으로 나누어 활동하는 형태라 할 수 있다. 중집단활동을 하기에 적합한 활동으로는 이야기 나누기, 동시 감상, 보여 주며 이야기하기, 생각 모으기 등이 있으며, 유아 수의 절반은 교사와 활동실에서 활동을 하고, 나머지 절반은 다른 교사의 보호 아래 실외놀이를 하다가 적합한 시간에 교대할 수 있다. 또는 자유선택활동을 하게 하고, 중집단 형태로 활동할 수도 있다.

③ 소집단활동

소집단의 인원을 몇 명으로 규정하느냐에 대한 명확한 제한은 없다. 대체로 4~6명 정도의 유아가 한 집단으로 구성되는데, 학급의 규모와 학급을 지원할 수 있는 성인의 수에 따라서 그 수가 달라질 수 있다. 우리나라에서는 20~30명의 전체 집단을 2~3개의 집단으로 나누어 활동하는 경우에도 소집단이라고 한다. 즉, 중집단 형태도 소집단에 포함시키고 있다.

소집단활동은 유아의 수행 수준의 개인차가 큰 활동이나 유아의 창의적 욕구를 세세히 지원해야 하는 활동에서 많이 활용된다. 예를 들면, 자유선택활동 시간에 미술 영역에서 가위와 끈 묶기, 크레파스, 물감 등을 동시에 사용해야 한다면, 소집단 형태에서 교사의 집중적인 지원이 되어야 할 것이다. 또한 전체 집단으로 하기에 위험이 수반되는 활동도 소집단으로 진행한다. 유아 스스로 물이나 불의 통제가 어렵고, 안전상의 문제가 있는 요리활동이나 과학활동은 소집단으로 하는 것이 효과적이다.

소집단활동은 인적 자원의 지원이 있을 때에는 아무 문제가 없으나 교사 혼자 학급을 운영해야 할 경우에는 어려움이 따른다. 앞의 예시에서처럼 자유선택활동 시간 내에 소집단활동을 진행할 때, 교사가 소집단활동에만 집중을 하게 되면 다른 영역에서의 유아들의 놀이가 어떻게 일어나는지 볼 수 없게 된다. 따라서 교사는 학급의 어떤 위치에 머물더라도 전체 학급을 시각화할 수 있어야 한다. 또 다른 예를 들어 보면, 똑같은 활동을 하기 위해 전체 유아를 소집단으로 나누어 동시에 활동하는 경우가 있다. 20명을 4~5명으로 나누어 똑같은 요리활동, 과학활동 및 미술활동을 하는 것을 볼 수 있는데, 이는 대집단 형태로 활동을 하되 배치 형태만 다르게 한 것이 되므로 소집단활동으로서의 효율성은 떨어진다. 만약 인력 지원이 가능하다면 이런 형태의 소집단활동도 무방하다.

④ 개별활동

하루 일과 운영 시 개별 형태로 적합한 활동과 개별활동이 일어나는 시간을 보면, 등원 후 학급 영유아들이 모두 모이는 시간 전의 자유놀이 시간, 계획적으로 실행하여 놀이하는 자유선택활동, 실외 자유선택활동, 점심식사 후에 시차적으로 이루어지는 이 닦기 활동 등이 있다.

어떤 활동을 꼭 대집단이나 소집단으로 해야 한다는 규칙은 없다. 일과의 흐름, 활동의 구성, 학급 유아의 특성, 교사의 의도나 목적, 교사의 수 등에 따라 집단의 형태는 달라질 수 있다. 어떤 활동을 어떤 집단으로 구성하는 것이 가장 효과적인지 판단하는 것은 교사의 몫이며, 이를 잘하는 것이 교사의 능력이다.

제2부

영유아와 교사 상호작용

제3장

영유아교사의 역할과 상호작용

사회적인 변화에 따라 부모의 역할이 유아교육기관으로 많은 부분이 이양됨으로 인해 유아교육기관에서의 질적인 애착관계 형성에 있어 문제가 심각하게 대두되고 있다. 이에 따라 교사의 역할이 매우 강조되고 있으며, '보다 나은 양육 캠페인(Better Baby Care Campaign)'을 통해 애착 형성과 관련된 영유아 양육의 기준을 설정하고자 하는 운동이 일어나고 있다. 그만큼 교사와 영유아 간의 상호작용의 질의 중요성이 강조되고 있다.

이 장에서는 영유아교사의 역할에 대해 관계 형성자 · 의사소통자 및 반응자 · 교수자 · 기록자 및 평가자 · 보살핌 제공자로서의 역할로 나누어 알아본다. 더불어 영유아교사로서의 역할을 수행하면서 영유아로 하여금 놀이 참여를 돕고, 놀이를 발전시켜 나가며 학습이 일어나도록 도울 수 있는 다양한 상호작용의 전략에 대해 학습한다.

1. 영유아교사의 역할

1) 관계 형성자 역할

영유아는 상황에 관계없이 가정에서와 같은 수준의 양육이 제공되기를 기대하고, 가정에서와 같은 정도의 사랑을 요구한다. 교사는 영유아와 긴밀한 애착관계를 형성하면서 객관적이고 적절한 관계를 유지하는 것이 필요하다. 즉, 영유아 개인과 친밀한 애착관계를 맺되, 반 전체 영유아 간의 균형을 잘 조절하도록 해야 한다. 영유아교사에게는 어머니를 대신하는 것이 아니라 '마치 엄마와 같은' 전문적인 기술과 역량이 필요하다. 전미유아교육협회(National Association for the Education of Young Children: NAEYC)와 같은 단체들에서도 애착 지향적인 환경 조성을 위해 노력한다. 이들은 어린이집이 유치원과 같이 교육에 중점을 두는 것을 반대하면서 영아와의 애착관계를 중요시함을 강조하였다. 예를 들면, 한 번에 한 명의 아기를 안고 수유를 하고, 얼굴을 마주 보고 숟가락으로 떠먹이는 것을 권장하며(이는 단순한 영양 공급을 넘어서서 사회적 상호작용을 강조하는 것이다.), 분리불안 문제해결을 위해 1970~1980년대에는 금기시하였던 담요, 고무젖꼭지 등의 애착 대체물 사용을 권장한다. 그리고 부모와 헤어지고 만나는 등·하원에 더 많은 시간을 사용하도록 권장하고 있다(Mercer, 2006).

2) 의사소통자 및 반응자 역할

영유아의 개별적인 요구와 흥미를 잘 관찰한 후에 적절한 교재·교구를 제공해 주고, 교육활동을 마련하며, 영유아-영유아, 영유아-교사, 영유아-환경의 상호작용을 촉진시키는 것은 교사의 중요한 역할이다. 즉, 교사는 풍부하고 다양한 자료를 준비하고 계획한 활동을 하루 일과 속에서 실행하면서 영유아와 언어적·비언어적 상호작용을 끊임없이 하게 된다. 이때 교사는 영유아의 의견을 경청하고, 적절한 대답을 해 주며, 영유아의 요구에 민감하게 반응해 주고, 영유아의 발달적·지적·의사소통적 능력을 고려해야 한다.

특히, 영아교사는 영아의 욕구에 신속히 대처하는 민감한 반응자 역할을 하여야 한다. 영아교사는 영아의 울음소리, 여러 신호와 단서에 대한 식별 능력이 있어야 하며, 영아의 기질에 따라 적절한 양육 기술로 반응하는 민감성을 갖추어야 한다. 반응적인 교사는 영아의 언어적 · 비언어적 요구에 민감하게 반응하고 적절하게 상호작용을 한다. 이때 영아의 발달적 · 지적 · 의사소통적 능력을 고려해야 한다. 또한 영유아교사는 동료, 자원봉사자 및 학부모와 밀접하게 상호작용함으로써 영아의 일상생활이나 특별한 요구 등에 대한 의견을 교환할 수 있어야 한다.

자기중심성이 강한 영아가 집단에서 생활하게 되면서 그들의 행동이 통제받는 때가 있다. 이것은 자칫 영아로 하여금 교사가 자신을 온통 부정하는 느낌을 갖게 할 수 있으므로 매우 사려 깊게 반응해야 한다. 교사는 영아의 능력과 발달에 적합한 기대를 보여 주어 영아로 하여금 바람직한 행동이 무엇인지 인식할 수 있도록 하며, 동시에 일관성 있는 최소한의 제한을 해야 한다. 예를 들면, 놀잇감을 던지는 영아가 있을 때 '놀잇감을 던지면 나쁜 아이'라는 제한보다는 "이 놀잇감은 이렇게 가지고 노는 거야."라고 알려 주는 것이다. 거부적 행동이나 부정적인 행동에 관심을 보이기보다는 긍정적이고 수용 가능한 행동을 제안함으로써 영아에게 선택한 행동에 따른 가치 있는 경험을 제공한다.

영아의 행동을 제한하여야 하는 가장 중요한 준거는 안전이다. 위험한 곳은 가까이 하지 않게 하고, 만지지도 못하게 해야 한다. 행동을 제한하고 통제하는 목적은 영아 스스로 행동을 통제해야 하는 때와 방법을 배우도록 하는 데 있다.

3) 교수자 역할

영유아의 학습활동은 흥미에서 비롯되어 활동을 선택하고, 활동에 대한 다양한 대안을 모색하며 새로운 것을 창조하기도 한다. 이러한 활동의 과정에서 교사는 영유아를 격려함으로써 영유아가 다양한 학문의 기술을 습득하고 문제해결을 할 수 있도록 지원한다. 이때 교사는 개방적이고 비판단적이며 수용하는 태도로 융통성 있고 온화한 학습 환경을 형성해 줌으로써 영유아의 학습을 촉진시키도록 한다.

교사와의 상호작용의 질은 영유아의 발달에 중요하게 관여한다. 교사는 재촉하지 않고 탐색의 기회를 충분히 주며, 지지적이고 상호 교환적인 상호작용을 통하여 영유아의 놀이가 유지 · 확장되도록 지원한다.

영아교사는 의도적으로 가르치는 행위를 하지 않도록 한다. 영아교사는 영아의 발달 수준을 고려하여 활동을 계획했더라도 영아교사가 주도적으로 이끌어서는 안 된다. 교사가 갖는 발달적 기대를 영아에게서 달성하기 위해서는 우선 환경을 설정하고, 영아가 충분히 탐색하고 즐기면서 노는 활동이 일어날 때까지 지켜보고, 그들의 행동을 관찰하여 특성을 파악하여야 한다. 활동 내용을 관찰하면서 교사가 의도한 활동에 대해 안내할 시점이 언제인지 잘 판단하도록 한다. 영아 교수활동의 중심은 영아 스스로 충분히 탐색하고 놀이를 구성해 가도록 지켜보면서 적절한 때에 지원하는 것이다.

이와 같은 교수활동을 위해 교사는 학습활동을 계획 · 조직 · 평가하는 과정을 수행한다. 교사는 영유아의 발달 수준과 유아교육기관의 상황, 부모나 지역사회의 요구, 국가수준 교육과정 등을 기초로 하여 균형 있고 통합적인 교육과정과 활동계획을 수립해야 한다. 교사가 수립한 교육계획은 영유아의 요구나 흥미, 상황에 따라 융통성 있게 운영되어야 하고, 교육활동을 수행하고 난 후 교사는 그 활동에 대한 평가와 함께 반드시 영유아의 반응을 관찰하여 그 결과를 다음 교육계획에 반영해야 한다.

4) 기록자 및 평가자 역할

교사는 영유아에 대해 정확하게 이해한 것에 기초하여 적절한 교육계획을 작성하고 영유아의 전인적 발달을 도와야 한다. 이를 위해 교사는 영유아의 발달 정도를 평가할 수 있는 눈을 가져야 하고, 영유아의 발달과 특성에 대해 관찰하고 기록한 내용을 평가할 수 있어야 한다. 관찰 내용을 효과적으로 기록하기 위해서는 평가할 행동을 분명히 하고, 타당한 관찰 방법 및 도구를 사용한다. 최대한 많은 상황을 관찰하고, 다양한 방법을 사용하여 영유아에 대한 정보 자료들을 수집한다.

영유아를 평가할 때 '개별화'와 '변화'를 염두에 두고 영유아 개개인의 변화를 알아내어 이를 가시화하는 평가가 되어야 한다. 평가 결과로 얻어진 정보는 차기 교육과정 계획 및 수정에 사용한다. 평가가 적절하게 활용된다면 교육과정이 개개인의 필요에 부합하는지의 여부를 아는 것뿐만 아니라 '효과가 있는 것'과 '효과가 없는 것'을 인식하게 해 주어 구체적이고 체계적인 교육과정을 수립 · 수정해 갈 수 있다. 또한 평가는 부모에게 영유아에 대한 구체적인 정보를 제공한다. 평가는 영유아의 성장의 증거로 활용되는 것이 바람직하며, 그동안의 변화와 현재의 발달,

앞으로 나갈 진보의 방향에 대해 이해를 돕는 것이어야 한다.

5) 보살핌 제공자 역할

영유아교사는 가정과 같은 따뜻하고 편안한 환경을 구성하고 영유아를 편안하게 수용해 줌으로써 영유아를 신체적 · 정신적 위험에서 안전하게 보호하고 정상적인 발달을 보조하는 역할을 수행해야 한다. 즉, 등원할 때 영유아의 안색과 상태를 체크하여 건강 상태 확인하기, 신발 바르게 정리하기, 예의 바르게 인사하기, 옷과 가방 정리하기 등 기본 생활 습관을 지도하며, 영유아가 먹고, 배변하고, 낮잠을 자는 등의 일상적 활동에서 영유아의 건강을 돌보고, 안전을 지켜 주는 따뜻한 보살핌을 제공해야 한다.

영아를 담당하는 교사의 경우 보살핌 제공자의 역할이 보다 중요하다. Nodings (1992)는 보살핌의 윤리적 측면을 강조하여 '관계 형성'이라고 하였다. Nodings (1992)는 보살펴 주는 교사와 보살핌을 받는 영아 간의 상호작용은 대부분 행동적인 보살핌이 많으며, 이런 가운데 교사의 따뜻한 마음과 정서적인 지지가 녹아 있는 보살핌이 필요하다고 하였다. 영아는 교사에게 관심 받기를 원하며, 교사의 애정 어린 관심은 영아에게 안정감을 준다.

2. 상호작용

1) 상호작용의 의미

영유아가 무엇을 배우고 학습에 대해 어떻게 느끼는지를 결정하는 많은 측면은, 영유아들이 외부로부터 받는 다양한 자극이나 교사가 계획한 교육활동에 대해 주의를 기울이게 하고 적극적으로 참여하도록 동기를 부여하는 교사의 언어적 상호작용과 또래 간의 상호작용에 있다고 볼 수 있다.

일반적으로 상호작용은 '둘 이상의 사물이나 현상이 서로 원인과 결과가 되는 작용, 즉 두 대상이 서로 작용을 주고받는 것'을 의미한다. 교육학에서의 상호작용은 '교사가 영유아의 성장과 발달을 위해 교육적인 경험이 가능한 상황을 설정(교육계획)하고 안내하되, 영유아의 흥미와 관심에 따라 교사의 계획을 조정해 주어 영유아에게 의미 있는 학습이 될 수 있도록 돕는 것'을 말한다. 즉, 교사는 영유아가 경험할 수 있고 즐길 수 있는 활동을 계획하여 제시하고, 영유아가 무엇에 관심이 있는지 주의 깊게 관찰한 후, 영유아가 의도하는 바가 교사의 계획과 다르다면 교사의 계획을 수정할 수 있어야 한다. 영유아를 위한 교육은 참여자에게 관심이 있고 의미 있는 내용에 관해 대화(dialogue)를 나누는 방식으로 이루어져야 하고, 교사의 역할은 영유아가 스스로 할 수 있는 길을 제공하는 데 있어야 한다. 상호작용의 의미에 대한 이해를 돕기 위해 실제 활동의 예를 제시하면 [그림 3-1]과 같다.

교사 계획

① 교사는 밀가루 점토를 길게 늘어뜨리거나 뭉치는 놀이를 하며 길게 늘이기, 뭉치기 등의 단어를 말하고, 소근육활동을 돕기 위한 교육 내용을 계획하여 제시해 준다.

② 놀이 시 영아가 밀가루에 관심을 보일 때 교사가 계획한 내용을 모델링해 준다. "선생님은 밀가루 점토를 길게 늘어나게 해 봐야지."라고 하자, 한두 명의 영아가 교사를 따라 "길게"라고 말한다.

영아가 의도하는 것

③ 그러나 세 명 정도의 영아는 관심을 보이지 않고 밀가루를 가져가 빵 만들기 놀이를 시작한다.

④ 이때 교사의 계획, 즉 길게 늘이기를 강요하지 않고 영아가 의도하는 대로 교육적 경험이 가능한 발문을 함으로써 교육 내용을 조정하였다. "배고픈데 빵 좀 주세요!"라고 교사가 개입하여 '길다'의 언어 내용 뿐 아니라 예술경험 영역의 '가작화 상황'에 대한 교육요소를 경험하게 한다.

그림 3-1 ◆ **교사-영유아 간 상호작용의 의미를 설명한 예**

2) 상호작용의 유형

교사의 상호작용에 대해 Gowen(1995)은 지지, 모방, 칭찬, 비지시적 제안, 직접적 제안, 모델 보이기 등의 전략을 사용함으로써 영유아 상징놀이의 질을 높이고, 영유아의 여러 발달 영역에 긍정적인 효과를 가져올 수 있다고 하였다. Bredekamp와 Rosegrant(1995)는 교사의 상호작용 유형을 교사의 지시 정도에 따라 비지시적 유형에서 지시적 유형까지 여덟 가지로 구분하여 '인정하기, 모델 보이기, 조성하기, 지지하기, 비계설정하기, 함께 구성하기, 시범 보이기, 지시하기'의 순으로 제시하였다. 이러한 상호작용 유형은 바람직한 활동실에서 나타나는 필수적인 구성요소들로서 여덟 가지 교수 유형 중 어떤 한 유형에만 의존하는 것은 비효과적임을 강조하였다(이기숙, 김정원, 이현숙, 전선옥, 2008).

이와 같이 Gowen 그리고 Bredekamp와 Rosegrant가 분류한 교사와 영유아 간의 상호작용 유형을 분석해 보면, 크게 '격려하는 발문'과 '놀이참여로 이끄는 발문'으로 나누어 볼 수 있다. 여기서는 교사와 영유아 간의 상호작용 전략을 '격려하는 발문'과 '놀이와 활동 참여로 이끄는 발문'으로 나누어 살펴본다.

발문이란?

모르는 입장에 서 있는 사람을 향하여 던지는 물음을 '질문'이라 한다면, 교사가 영유아의 학습활동을 조성하기 위해 던지는 문제 제기를 '발문'이라 한다(김진영, 백혜리, 최윤정, 2010).

(1) 격려하는 발문

격려는 교사와 영유아 간의 신뢰적인 관계 형성 및 관계 개선을 위한 가장 중요한 교수기술 중 하나다. 격려 속에서 성장하는 영유아는 자신감과 자아존중감을 갖게 된다. 교사의 격려하기는 영유아가 일과 속에서 뭔가를 하려고 하거나 하고 있을 때 또는 해낸 것에 대해 장점에 초점을 맞추어 칭찬해 주는 전략이다. 격려하는 교사의 발문으로는 영유아가 하고 있는 그대로를 지지하기, 행동과 그 행동의 결과를 인정하기, 믿음 주기, 모방하기로 나누어 볼 수 있다([그림 3-2] 참조).

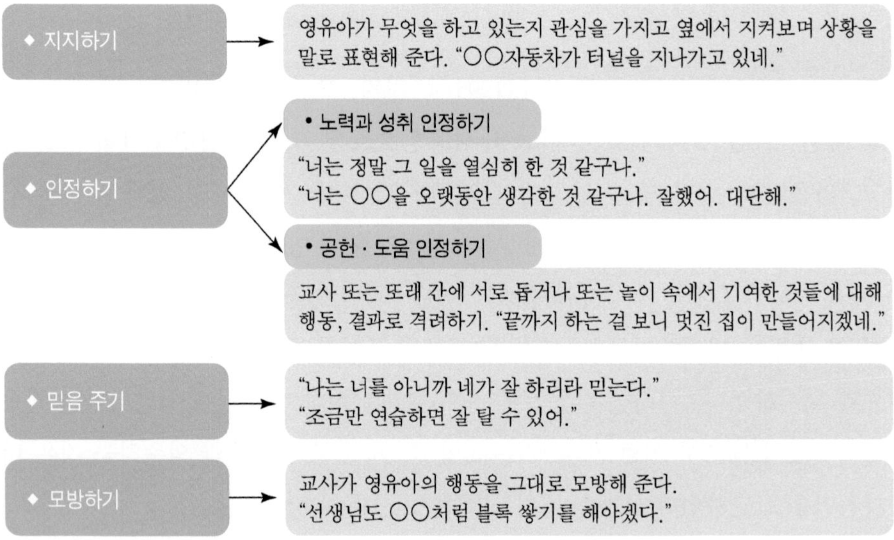

그림 3-2 ◆ **격려하는 교사의 발문 예**

① 지지하기

영유아가 무언가를 하고 있거나 하려는 상황에서 영유아의 행동이나 상황을 있는 그대로 받아들여 말해 주는 것이다.

- 놀이상황에서 지지하는 예: 영아가 벽돌블록을 나란히 붙여 놓고 자동차를 굴리고 있을 때, 교사가 스펀지 블록을 길 위에 세워 굴을 만들어 주자 영아가 자동차를 굴 밑으로 왔다 갔다 하며 놀고 있다. 교사가 "○○이 자동차가 굴다리 밑으로 지나가고 있네!"라고 지지해 줌으로써 교사가 함께 놀이하지 않아도 영유아가 관심을 받고 있다는 것을 느낄 수 있어 심리적 안정감을 갖게 된다.

"○○이 자동차가 굴다리 밑으로 지나가고 있네!"

그림 3-3 ◆ 놀이상황에서 지지하는 격려의 예

- 일상 양육활동에서 지지하는 예: 하루 일과 중 일상 양육활동에서 지지해 주며 격려할 수 있다. 이때 영유아가 보이는 행동, 영유아와 관계를 하고 있는 교사 또는 또래 간의 행동이나 상황 등에 대해서도 지지해 줌으로써 다른 사람의 감정을 이해하고 주변에서 일어나는 상황에 관심을 갖도록 할 수 있다.

1. 마사지를 해 주자 다리를 쭉쭉 뻗는 영아에게 그 행동을 말로 표현하여 격려해 준다.

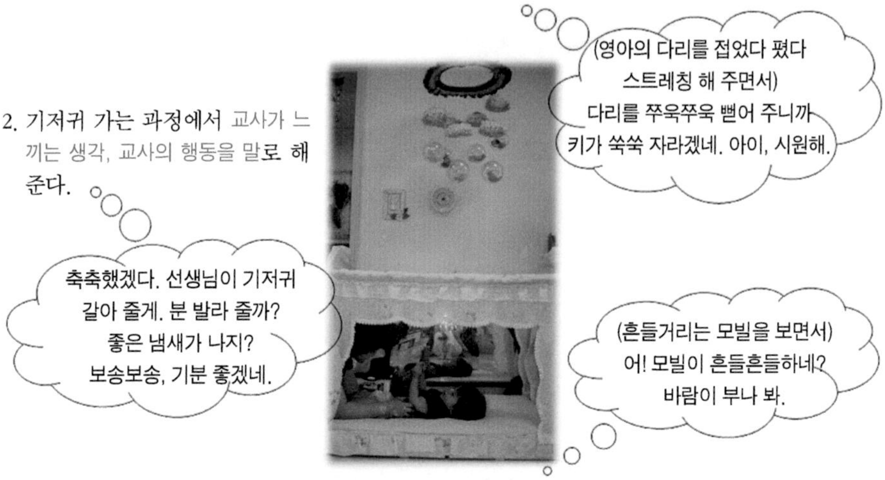

3. 기저귀 갈이 영역 주변에 영아들이 좋아하는 놀잇감 2~3개를 준비해 두고 놀게 하거나 모빌을 보며 주변 상황을 말로 해 준다.

그림 3-4 ◆ 일상 양육활동에서 지지하는 격려의 예

② 인정하기

영유아가 뭔가를 성취하기 위해 노력하고 있는 모습 또는 해낸 것에 대한 노력과 성취를 인정해 준다. 또한 또래와의 놀이 안에서 공헌한 것 또는 또래와의 사이에서 서로 도움 주고받기, 성인과의 관계에서 협력한 것 등 도움이나 공헌한 사실이 어떻게 도움이 되었는지에 초점을 맞추어 인정해 준다. 즉, 영유아가 행동한 것과 그 결과가 어떻게 되었는가에 초점을 맞추어 말한다. "'○○(행동)'을 해 주어서 '○○(결과)'가 되었구나, 고마워."라는 방법으로 말해 준다. 이때 성취한 것이 결과물로 드러나도록 요구하기보다 노력과 향상을 인정해 준다.

- 노력과 성취 인정하기 예: 레고로 공룡을 만드느라 집중하고 있다면, "집중해서 만드는 걸 보니 멋진 공룡이 탄생하겠는걸!" 또는 만드는 것을 끝냈다면, "오랫동안 하더니 결국 해냈구나! 대단하다." "너는 ~을 더 잘하게 되었구나." 등 노력하는 과정이나 변화된 것 등을 인정해 준다.

쌓기놀이 영역에서 공룡 만들기를 할 때, 책에서 다양한 공룡의 모습을 찾아 종이에 그려 그 도면을 보면서 공룡을 만들고 있다. 교사가 다가가 "정말 오랫동안 연구해 가면서 공룡을 만들고 있구나? 대단해."라고 노력하는 것에 대해 인정하는 격려를 한다.

그림 3-5 ◆ **인정하는 격려의 예**

- 공헌 · 도움 인정하기 예: 교사가 간식 준비를 위해 책상 위를 닦고 있을 때 유아가 다가와 "선생님, 제가 도와 드릴게요."라고 한다. 유아가 도와주는 모습을 보며, 교사는 유아가 도움을 주는 행동과 그 행동의 결과가 어떻게 될 것인지를 말로 표현해 준다. "○○이가 책상 위를 닦아 주어서(행동) 친구들이 깨끗한 곳에서 간식을 먹을 수 있겠다(결과)." 또는 "선생님이 빨리 끝낼 수 있었네,

고마워!"라고 할 수 있다. 영유아가 공헌을 통해 행복을 느끼도록 해 주는 작업으로는 인형 옷 빨기, 설거지, 간식 · 식사 시간 돕기, 게시판에서 오래된 자료 떼어 내기, 물고기 먹이 주기, 서로 협력하여 낮잠 매트 개기, 이불 개기 등이 있다. 가치 있는 일을 한 것에 대해 스스로가 충분히 즐길 수 있도록 하는 것이 중요하다.

③ 믿음 주기

영유아를 신뢰하고 있음을 보여 주어 스스로를 믿게 함으로써 자신감을 갖게 할 수 있다. "그래, 이것도 할 수 있을 거야." "넌 잘 해낼 거야." 등의 방법으로 격려한다. 만일 영유아가 관심을 얻기 위해 또는 혼자 하는 것을 자신 없어 하면서 주춤거리거나 도움을 청할 때, "너는 전에 ~을 할 수 있었어. 그치? 그러니까 이것도 할 수 있을 거야."라고 한다. 영유아가 퍼즐을 들고 와 "선생님 못하겠어요!"라고 할 때 "지난번에 코끼리 퍼즐 맞출 때 이렇게 생긴 모양을 맞춰 보니까 완성되었지? 이것도 그렇게 맞춰 볼까? 넌 잘 해낼 거야."처럼 영유아의 능력을 믿고 있다고 말해 주는 것을 말한다.

④ 모방하기

모방하기는 Gowen(1995)의 상징놀이 촉진을 위한 교사 상호작용 전략 중 하나로, 교사가 영유아가 하고 있는 놀이를 그대로 따라 하며 "선생님도 ○○처럼 ~해 봐야지."라고 모방해 주는 것이다. 이렇게 함으로써 영유아는 자신이 하고 있는 놀이가 소중하고 가치 있는 것임을 느끼게 된다.

영아가 밀가루 점토를 동글동글 구슬처럼 만들어서 책상 위에 놓더니 납작하게 누른다. 교사가 남아 있는 밀가루 점토를 동그랗게 만들어 책상 위에 놓고 손바닥으로 누르며 "선생님도 희연이처럼 납작하게 만들어야겠다."라고 한다.

그림 3-6 ◆ **모방하며 격려하는 예**

(2) 놀이와 활동 참여로 이끄는 발문

교사와 영유아 간의 상호작용 유형에서 격려하는 전략이 영유아가 뭔가를 하려고 하거나 하고 있을 때 또는 해낸 것에 대해 말해 주는 것이라면, 영유아를 놀이 또는 활동으로 이끌기 위한 교사의 발문은 영유아가 관심을 갖도록 유도하거나 놀이나 활동이 유지 또는 확장되도록 돕기, 영유아 스스로 발견하고 탐구하며 문제해결하기를 돕는 등의 언어적 상호작용을 말한다. 예를 들면, 블록을 구성하거나 역할놀이를 할 때, 컵을 들고 왔다 갔다 하는 영아에게 "저 차 마시고 싶어요. 차 한잔 주시겠어요?"라며 극놀이 상황을 조성해 줄 수 있다. 가게놀이를 하는 상황 속에 교사가 손님으로 들어가 "식사하러 왔어요. 안내하시는 분은 누구신가요?"라며 놀이를 조직해 주거나, 식사를 마치고 떠나는 상황을 연출하여 "다 먹은 그릇은 어디에 두나요?" "식사 잘하고 갑니다." 등의 모델 보이기를 하면서 사회적 기술이나 기본 생활 지도가 이루어질 수 있도록 할 수 있다. 또한 실외놀이 중 무조건 뛰어다니기만 하는 유아들에게 "우리 '여우야, 여우야' 게임할까?"라며 함께 놀이하는 상황을 제안할 수 있다. 교사는 이와 같은 다양한 놀이개입 전략을 사용하여 영유아가 교육과정의 요소들을 경험하고 학습하도록 안내한다.

영유아를 놀이와 활동 참여로 이끄는 교사의 발문을 살펴보면 다음과 같다.

모델 보이기	비지시적 제안	일깨워 주기	직접적 제안	시범 보이기	지시하기

① 모델 보이기

교사는 영유아를 놀이로 안내하거나 놀이를 관찰한 후 영유아의 옆에서 병행놀이를 하며 놀이에 참여하도록 돕는다. 또는 바람직한 행동 방법을 모델로 보여 준다. 즉, 영유아가 인사를 잘하도록 하기 위해 교사가 먼저 인사를 공손히 하는 것을 보여 준다.

영아-교사

- 등원 시: 엄마의 품에 안겨 등원하는 영아와 인사를 나누기 위해 교사는 영아보다는 엄마와 정중하게 인사를 나누며 인사하는 모습을 보여 준다. 엄마와 헤어질 때 "안녕히 다녀오세요!"라며 교사가 영아 대신 인사를 나눈다. 이런 모

습을 반복적으로 관찰한 영아는 어느새 자연스럽게 교사와 인사를 나눌 수 있게 된다.

- 놀이 시: 영아가 듀플로 블록을 길게 끼우며 놀이할 때, '반복되는 규칙성에 관심'을 갖도록 돕기 위해 교사가 옆에서 다른 듀플로 블록 끼우기를 하며, "빨간색 블록, 노란색 블록 또 빨간색 블록, 노란색 블록을 차례대로 끼워야겠다." 라고 말하며 놀이를 보여 준다. 이때 영아의 반응을 보고 영아가 블록 끼우기를 하면 "○○가 빨간색, 노란색 블록을 차례대로 끼웠네, 잘했어!"라며 지지하는 격려를 한다.

유아-교사

- 식사 시: 식사를 하면서 입 안에 음식을 넣고 말을 하는 것이 예의에 어긋난다는 것을 보여 주기 위해 말을 걸어오는 유아에게 즉각적으로 반응해 주기보다는 입 속에 음식이 있다는 것을 손짓 또는 표정 등 비언어적으로 알리며 다 씹어 삼킨 뒤, "선생님 입 안에 음식이 있어서 삼킨 후에 말하려고 했어."라며 모델링한다.
- 놀이 시: 3세 유아가 자동차를 굴리며 활동실을 돌아다녀 다른 영역에서 놀이하는 또래에게 방해가 되는 경우, 교사는 벽돌블록으로 길을 만들어 "모든 자동차는 이 길로 다닐 수 있습니다. 여기는 자동차가 다니는 길입니다."라고 말한다. 이때 유아의 반응을 살피면서 유아가 블록 길 위에서 자동차 굴리기를 하면 "☆☆ 자동차가 도로 위에서 달리니까 더 빨리 가네!"라며 인정해 주는 격려를 한다.

② 비지시적 제안

놀이 또는 활동에서 실마리를 제공하거나, 조언 또는 암시 등으로 새로운 놀이로 나아가도록 유도하거나, 다시 생각해 볼 수 있도록 하는 느낌의 말 등을 말한다. 즉, "~인 것 같은데?" 등으로 영유아가 스스로 다음 단계의 놀이를 찾아갈 수 있도록 하는 교사의 발문이라고 할 수 있다.

영아-교사

- 실외놀이터에서 자동차를 타고 있는 영아에게 주유소 놀이로 전환하도록 하기 위해 교사가 "○○이의 자동차 기름이 다 된 것 같은데?"라며 실마리를 제공한다. 영아의 반응을 보며 교사는 소형 주유기를 옆에 놓으며, "여기는 ☆주유소입니다."라고 함으로써 영아가 스스로 주유소 놀이를 찾아 할 수 있도록 암시를 준다.

유아-교사

- 5세 후반의 유아들이 밀가루 반죽 만들기 순서표를 보며 반죽을 만드는 중에 한 유아가 밀가루 두 컵을 더 넣어야 한다고 한다. 교사가 "밀가루 한 컵에 물 50ml가 필요한데, 밀가루를 두 컵 더 넣으려면 물은 얼마가 더 필요할까?"라고 하자, 유아가 즉시 100ml라고 한다. 이때 교사는 "정말? 100ml가 필요하다는 거니?"라며 유아의 내면화된 지식 수준을 파악함과 동시에 탐구기술을 활용하여 문제해결을 해 보도록 돕는다.

③ 일깨워 주기

영유아에게 스스로 문제를 해결할 기회를 제공하는 것을 말한다. "왜 그럴까?" "어떤 방법이 있을까?" "무엇을 할까?" "또 다른 생각이 있니?" 등의 확산적 발문을 해 줌으로써 영유아가 스스로 사고하여 판단하고 문제를 해결해 볼 수 있도록 돕는다. 이때 교사는 영유아의 현재 발달을 고려하여 앞으로 발전할 수 있는 도전적인 수준의 활동을 제공하고, 영유아의 반응을 관찰하여 근접발달지역 내에서 머물 수 있도록 비계설정을 해 준다.

영아-교사

- 이 전략은 감각운동기에 있는 영아에게는 극히 제한적일 수 있다. 2세 후반의 영아반에서 '인형 목욕시키기' 놀이를 할 때, 깔판을 혼자 갖겠다는 영아와 그것을 빼앗으려는 영아 간에 다툼을 중재하면서 "어떻게 하면 싸우지 않고 깔판을 갖고 놀 수 있을까?"라고 한다. 영아는 아직 논리적으로 사고하여 해결

하기 어렵기 때문에 교사가 선택할 수 있는 기회를 제공하는 발문으로 상호작용한다. "이렇게 펼쳐 두고 둘이 같이 놀까?" 또는 옆에 있는 다른 놀잇감을 제시하며 "먼저 이걸로 놀고 친구가 다 놀고 나면 갖고 놀기로 할까? 어떻게 하고 싶니?"라고 할 수 있다.

유아-교사

- 유아가 자신이 그린 그림을 가져와 "이건 뱀의 혀인데 두 쪽으로 갈라져 있어요."라고 할 때, 교사는 "우리는 안 갈라져 있는데 뱀의 혀는 왜 그럴까?"라며 '이유'를 스스로 찾아볼 수 있도록 생각을 일깨워 준다. 유아가 "잘 모르겠어요."라고 할 때, 교사는 답을 주는 대신 "잘 모르겠어. ……그럼, 어떻게 알아볼 수 있을까?"라며 '문제를 제언'하는 일깨워 주기를 한다.
- 유아가 점토로 만든 작품을 가져와 "어디에 말리지요?"라고 하면, 교사는 즉각적인 답을 주는 것이 아니라 "선생님이 책을 보니 그늘지고 바람이 잘 통하는 곳에 말리면 좋대. 그런 곳이 어디에 있지?"라며 유아가 스스로 말릴 곳을 찾아볼 수 있도록 한다.

④ 직접적 제안

놀이가 유지 · 확장될 수 있도록 직접적으로 돕는 유형이다. 영유아의 놀이가 다음 단계로 진행할 수 있도록 하거나 놀이를 유지시키고자 할 때, "~을 하기로 하자." "~을 할까?" "~하는 것은 어때?" "~에 대해 말해 주겠니?" 등의 교사의 발문으로 놀이를 조성하거나 직접적으로 제안한다.

영아-교사

- 교사가 극놀이 상황을 유도하기 위해 블록을 들고 "우리 이거 전화라고 하자." 라고 하거나, 실외놀이 시 모래밭에 다양한 동물 모형을 숨겨 두고 "여기 모래밭에 어떤 동물들이 있는지 찾아볼까?"라며 놀이에 참여하도록 돕는다.

유아-교사

- 유아가 그림을 다 그렸다며 교사에게 가져온다. 이때 교사가 "그래, 네 파일에 넣어 두자." 보다 "네 그림에 대해 이야기해 줄래?"라고 함으로써 활동이 끝나는 상황을 교사가 직접적 제안을 하면서 유아의 활동이 작품에 대한 감상으로 확장될 수 있도록 한다.

⑤ 시범 보이기

영유아의 놀이가 잘못된 방향으로 진행되거나 안전에 문제가 있다고 생각될 때, 교사가 직접 시범을 보여 주면서 영유아가 이를 보고 그대로 따라 해 보도록 하는 것을 말한다. 이 유형은 교사가 매우 적극적인 참여자가 된다.

영아-교사

- 2세 영아가 이 닦기를 할 때, 교사가 "선생님처럼 칫솔을 잡고 이렇게 위로 아래로 하며 닦는 거야."라며 시범을 보일 수 있다.

유아-교사

- 유아가 줄넘기 줄을 친구들에게 휘두르고 있는 경우, "친구가 있는 곳으로 하면 다칠 수 있으니까 두 손으로 이렇게 잡고 친구 없는 곳에서 하자."라고 한다.

⑥ 지시하기

이 전략은 여러 가지로 정의될 수 있지만, 영유아가 한 가지 방법으로 활동을 하도록 특별한 지시를 하는 직접 교수 유형이다. 예를 들면, 요리 활동을 할 때, "여기 요리하는 순서표 보이니? 이 순서표 대로 해야지."라는 지시적 언어를 말한다.

상호작용의 유형 연습해 보기

활동명: 내가 좋아하는 책 친구에게 읽어 주기		대상 연령	4~5세
주제	어린이집/유치원과 친구	소주제	어린이집/유치원에서의 친구
활동목표	• 좋아하는 책을 친구에게 읽어 줄 수 있다. • 들은 이야기의 줄거리를 말하고 그리거나 써 본다.	교육과정 요소 답:	
활동자료	글이 많지 않고 내용이 간단한 그림동화책, 쓰기 도구		
활동방법			

a. 책 읽기에 관심을 보이는 유아에게 읽고 싶은 동화책을 선택하도록 하고 처음에는 교사가 읽어 준다.
　답: (　　　　　　　　　　　　　) - "읽고 싶은 책을 골라 볼래? 선생님이 읽어 줄게."
b. 책을 읽고 싶어 하는 유아들이 모여들면 친구와 서로 책 읽어 주기를 교사가 제안한다.
　직접적 제안 -(답:　　　　　　　　　　　　　)
c. 친구에게 들은 이야기를 회상해 본다.
　일깨워 주기 -(답:　　　　　　　　　　　　　)
　비지시적 제안 -(답:　　　　　　　　　　　　　)
d. 서로 읽어 주고 회상해 보기를 하며 자연스럽게 쓰기나 그리기 활동으로 연계해 본다.
　모델 보이기 -(답:　　　　　　　　　　　　　)
　인정하는 격려(그림을 그리고 있다면) -(답:　　　　　　　　　　　　　)

<답안의 예시>
a: 직접적 제안
b: "△△가 ○○ 친구에게 책을 읽어 줄래?" 등
c: "친구가 읽어 준 책에는 어떤 이야기가 있었니?
　"호랑이가 무엇을 달라고 했더라?"(책 내용 중 특징적인 힌트나 실마리를 제공)
d: "선생님은 호랑이가 떡 먹는 것을 그려봐야겠다."
　"○○ 호랑이는 무늬가 움직이는 거 같애."

제4장

긍정적 상호작용

영유아의 교수학습에서 상호작용이 강조되는 이유는 대부분의 교수학습 상황이 영유아-교사 간의 종속적 관계에서 진행되어 교사 주도적 학습이 됨으로써 영유아의 놀이를 도리어 방해하거나 근접발달지역을 볼 수 있는 기회를 놓치게 되기 때문이다. 이는 영유아의 발달과 학습의 단서를 놓치는 결과가 된다. 특히, 문제 상황이 발생하거나 또래 간 갈등 상황에서 교사의 교수법에 대한 결여가 두드러지게 드러나는 것을 보게 된다. 따라서 교사는 영유아-교사 간뿐 아니라 또래 간의 상호작용이 의미 있고 긍정적으로 이루어질 수 있도록 또래 간의 상호작용을 격려하고, 교사와 영유아 간의 부적응 상황이나 또래 간 갈등 상황에서 문제해결을 돕는 교수전략을 습득하고 숙달해야 한다.

이 장에서는 또래 간 상호작용, 문제 상황에서의 긍정적 행동 지도 전략에 대해 학습한다.

1. 또래 간 상호작용

영유아의 사회적 유능감을 발달시키는 데 있어 가장 중요한 대상은 또래다. 교사는 또래 간의 상호작용이 보다 자주 이루어질 수 있도록 영유아의 놀이 상황이나 행동, 언어적 · 비언어적 모습 등을 잘 관찰하여 또래 간 상호작용의 기회를 제공하고 격려하며 긍정적인 모델을 자주 보여 주어야 한다.

여기서는 또래 간 놀이 촉진을 위해 놀이로 인계하기, 또래 간 배려하기, 또래 간 도움 주고받기, 또래 간 경험 나누기, 또래와 사이좋게 지내기 등 영유아 간의 친사회적 행동을 증진하는 기법에 대해 살펴본다.

1) 또래 간 놀이로 인계하기

교사가 영유아의 놀이에 참여하고 있는 경우, 대체로 영유아는 또래보다는 교사와의 상호작용에 집중하게 되고, 교사가 놀이의 중심에서 놀이의 주인공이 되어 있는 경우를 자주 발견하게 된다. 이렇게 되면 교사는 같은 영역에서 놀이하는 영유아는 물론이고 다른 영역에서 놀이하는 영유아가 무엇을 어떻게 하고 있는지 알 수 없게 된다. 이러한 상황은 교사와 특정 영유아 간의 주고받기식의 놀이로만 반복될 수 있어 또래 간 상호작용을 조성해 줄 수 있는 기회를 갖는 데 어려움이 있다. 교사는 또래 간의 상호작용이 일어날 수 있도록 놀이의 중심을 영유아에게 인계하여야 한다.

[그림 4-1]은 '목욕탕 놀이' 상황에서 또래 간의 놀이가 될 수 있도록 놀이를 인계하는 과정의 예를 제시한 것이다.

〈놀이 상황〉

① 목욕탕 놀이 중 B 유아가 교사에게 로션을 발라 준다.
② A 유아는 두 손으로 머리를 만지작거리며 바라만 보고 있다.
③ 그때 C 유아도 로션 병을 들고 와 교사에게 발라 준다.
④ 그때까지도 A 유아는 교사와 또래의 행동을 지켜만 보고 있다.
⑤ 교사의 바로 눈앞에서 남자아이 둘이 다툼이 일어나고 있으나 교사는 보지 못하고 있다 (D).
⑥ 또 다른 유아들도 교사에게 몰려들어 로션 바르기에 참여한다(E).

〈교사의 또래 간 놀이로 인계하기 예〉

① (B 유아가 교사에게 로션을 발라 주었으므로) C 유아가 왔을 때, 교사는 C 유아에게 "고마워, 난 발랐으니까 A한테 로션이 필요한지 물어보겠니?" 또는 교사가 A 유아에게 "A야, 너도 로션 발라 달라고 할까?"라고 할 수 있다.
② 이렇게 또래 간 놀이를 연결해 주고 교사는 한 발 물러나 또래끼리 놀이가 유지되는지 지켜보다가 다른 영역으로 이동한다. 이 장면에서는 또래 간 갈등이 일어나고 있는 곳으로 이동한다.

그림 4-1 ◆ **또래 간 놀이로 인계하는 예**

2) 또래 간 배려하기

영유아기는 자기중심적인 특성으로 인해 다른 사람의 감정을 파악하고 공감하는 능력을 갖는 것은 어려운 과업이다(Piaget & Inhelder, 1963; 홍순정, 1996에서 재인용). 따라서 교사는 영유아가 유아교육기관에서 관계를 형성하게 되는 또래, 교사, 가족, 이웃, 동식물 등과 관련하여 배려해야 할 행동이나 상황이 나타나는 기회를 잘 파악하고, 교사가 상대의 입장을 언어적으로 설명해 주거나 모델 보이기를 통해 타인의 필요와 요구에 반응하고 공감해 줌으로써 영유아가 배려를 배울 수 있도록 돕는다.

① 영아 또래 간 배려

영아가 넘어져 울고 있을 때, 교사가 다른 영아들에게 "○○이가 넘어져서 많이 아픈가 봐. 우리가 가서 위로해 줄까?"라고 할 수 있다.

② 유아 또래 간 배려

쌓기놀이 영역에서 집중해서 블록을 쌓고 있는 또래들 옆을 왔다 갔다 하는 유아에게 "친구들이 쌓은 것에 닿으면 무너질 수 있겠다. 다른 길로 갈까?" 등으로 친구에게 피해를 줄 수 있는 상황을 미리 파악하여 배려하도록 한다.

3) 또래와 도움 주고받기

(1) 도움 주고받기를 격려하기

영유아는 매우 자기중심적인 관점으로 세상을 보기는 하나, 격려나 타인의 모델링을 통해 다른 사람을 돕는 행동을 곧잘 한다. 교사는 영유아가 스스로 친구를 돕는 행동이 나타나는 순간을 세심하게 관찰하고 그 순간마다 격려한다. 또는 영유아가 친구를 도울 수 있도록 안내하고, 그런 상황에서 격려함으로써 영유아가 스스로 얻게 되는 성취감을 즐길 수 있도록 돕는다. 이것은 곧 자아존중감을 확립하는 최선의 방법이 된다.

또래 간에 도움을 주고받는 모습을 격려하는 예는 [그림 4-2]와 같다.

2세반 정리정돈 시 놀잇감 바구니를 두 영아가 들고 갈 때, 교사는 "둘이 힘을 합해서 정리하니까 힘들지 않겠다. 아이고, 잘하네."라고 격려할 수 있다. 또는 영아가 혼자 뭔가를 하고 있을 때, 다른 영아에게 "○○가 혼자하고 있네. △△가 같이 도와줄 수 있겠니?"라고 할 때, 영아가 도움을 주면 "△△가 도와줘서 ○○가 좋아하겠다." 라며 도움을 받은 영아의 느낌을 교사가 대신 말해 주고, "○○가 좋아하니까 선생님도 기분이 좋은걸."이라고 격려해 주면 또래 관계가 증진될 수 있다.

그림 4-2 ◆ 또래 간에 도움 주고받기를 격려하는 예

(2) 도움 요청하기와 도움 주는 기술 가르치기

또래 간에 도움을 주고받거나 도움을 요청할 때, 교사가 직접 지원하거나 대신 말해 주는 것이 아니라 영유아가 스스로 도움을 요청하고 도움이 필요한지 의사를 묻도록 함으로써 상대방을 존중하는 태도와 사회적 유능성을 기를 수 있는 기회를 제공한다. 그 사례를 보면 다음과 같다.

사례

또래 간 도움 요청하기와 도움 주고받기의 사회적 기술 증진시키기 예

◆ 상황: A 유아가 교사와 함께 레고블록으로 코끼리를 만들면서 B 유아가 만든 것과 똑같이 만들고 싶다고 계속 칭얼거린다. 그러자 B 유아가 대뜸 나서며 "야! 내가 만들어 줄게."라고 한다.

◆ 도움이 필요한 유아에게 도움을 요청하는 기술 가르치기

교사: 선생님은 네(A 유아에게) 생각대로 만든 것을 보고 싶어. 선생님이 도와줄까?
A 유아: B가 만든 것처럼 하고 싶단 말이에요.
교사: 그럼, B에게 가서 '나도 너처럼 만들고 싶은데 도와줄래?'하고 부탁해 보자.

이러한 방법을 통해 어휘력이 부족한 유아가 또래에게 직접 도움을 요청하는 사회적 기술을 학습할 수 있게 된다.

◆ 도움을 주겠다고 나서는 B 유아에게 바람직한 사회적 기술 가르치기

B 유아가 "내가 만들어 줄게."라고 할 때, 교사는 "B가 도와줄 거야? 고마워."라고 할 수도 있겠지만, "B가 도와줄 거야? 그러면 A에게 내가 도와줄까 하고 물어보자. A가 네 도움을 받고 싶은지 아닌지 알 수가 없잖아."라고 함으로써 유아가 친구의 의사를 존중하고 배려하는 사회적 기술을 학습할 수 있도록 한다.

4) 또래 간 경험 나누기

자신이 만든 작품이나 편지를 주고받거나 주고받을 수 있도록 격려할 수 있다. 예를 들어, 그림편지를 써서 주었다면 "△△가 그림편지를 써서 친구에게 주었구나? 친구가 좋았겠다." 등 긍정적인 정서를 서로 표현할 수 있는 기회를 자주 제공하고 이를 격려한다. 또는 "○○가 만든 것에 대해 친구에게 이야기해 줄까?"라는

교사의 직접적인 제안으로 작품을 소개하기도 하고, 유아의 작품을 모두 펼쳐 두고 "○○이가 그린 자동차와 ☆☆이가 그린 동물원을 나란히 두니까 자동차를 타고 동물원에 놀러가는 것 같네!"라며 모델 보이기를 하면서 "친구들이 그린 그림으로 이야기 만들기를 할까?" 등 각자의 경험 또는 작업한 것들로 스토리텔링을 해 볼 수 있는 기회를 제공한다. 이처럼 평소 한 것에 대해 교사의 격려를 자주 받은 영유아들은 교사가 개입하지 않아도 자연스럽게 서로가 이룬 것에 대해 이야기를 나눈다.

유아들이 자신이 만든 작품을 게시판에 직접 게시하며 자기 작품에 대해 친구에게 소개한다.
"네 그림이랑 내 거랑 붙여서 나비처럼 만들까?"
"나는 물감으로 칠하고 색종이 꽃을 접어서 붙였어. 너는 크레파스로 그렸네?"

그림 4-3 ◆ 작품을 게시하며 또래 간에 격려하는 예

5) 또래와 사이좋게 지내기

영유아가 함께 놀이를 하고 있거나 서로를 안아 주고 아껴 주는 모습이 보일 때 또래 간의 행동을 격려할 수 있다.

- 영아 또래 간

서로 마주 보고 웃고, 껴안아 주는 모습을 보며,

- "○○이와 △△가 재미있는 일이 있나 보구나! 무슨 일인지 궁금하다."
- "○○이와 △△가 서로 '사랑해.' 해 주는 거야? 좋겠다!"라고 격려해 줄 수 있다.
- (그런 후 상대방 친구가 좋아하거나 보고 있다면) "그래, ○○ 때문에 저 친구가 정말 좋아하는 것 같지?" 또는 "저 친구가 ○○를 보고 있어!"라며 "친구가 좋

아하니까 선생님도 기분이 좋구나!"라고 해 준다.

- 유아 또래 간

친구들이 놀고 있는 옆에서 같이 놀고 싶어 하는 유아를 발견한 경우,

- "친구가 기차를 만들고 있네. 어떻게 하면 친구가 함께 놀아 줄까?"라며 유아가 놀이에 들어가는 기술을 사용해 볼 수 있도록 한다. 유아가 어떻게 해야 할지 머뭇거리거나 어휘력이 부족하다고 느끼면 교사가 문장을 만들어 주며("내가 기찻길을 만들게 같이 놀자고 말해 봐.") 유아가 말해 볼 수 있도록 돕는다. 그러나 거절당했을 때 자칫 더 위축될 수 있으므로 "만약 친구가 싫다고 하면 선생님과 다른 방법을 찾아보자."라는 말을 덧붙여 줌으로써 거부에 대한 불안감을 덜어 주는 것도 바람직하다.

2. 영유아 부적응 행동 시 상호작용

교사는 하루 일과 중에 나타나는 다양한 상황에서의 영유아의 부적응 행동에 대해 긍정적인 방법으로 해결하는 전략을 알아야 하고, 이러한 상황을 학습의 기회로 삼아 사회적 기술을 익힐 수 있도록 돕는다. 교사의 요구와 영유아의 욕구가 갈등을 일으킬 때, 유용하게 사용할 수 있는 기법으로 반영적 경청과 나-전달법(I-massage)이 있다. 이 기법은 영유아의 행동에 대해 교사 자신의 말과 행동을 조절하면서 영유아의 욕구도 존중할 수 있다. 또한 또래 간에 갈등이 생겼을 때 이들의 생각의 차이를 해결하기 위한 효과적인 언어로 영유아를 지도할 수 있다(Fields & Fields, 2006). 부적응 상황 시 영유아-교사 간 상호작용과 또래 간 갈등 중재를 위한 상호작용에 대해 알아본다.

1) 부적응 상황 시 영유아-교사 간 상호작용

유아교육기관에서 영유아와 교사는 매일의 일과를 보내면서 많은 문제 상황에 직면하게 된다. 공공생활에서 지켜야 할 규칙에서부터 기본적인 습관에 이르기까지 지도하는 과정에서 교사는 알게 모르게 부정적인 언어와 행동을 하고 있다. 몇

가지 예를 살펴보자.

- 간식을 기다리는 유아에게 "바르게 앉아 있지 않으면 간식 못 먹어요."
- "실외놀이 나갈 거야."라고 하는데 들은 척도 않고 계속 놀고 있는 영아에게 "넌 안 데려갈 거야. 너만 거기 있어!"
- 집단 활동 중 집중하지 못하고 산만한 유아에게 "자꾸 그러면 너만 안 시켜 줄 거야."
- 울고 있는 영아에게 "왜 자꾸 우는데……."

이와 같은 교사의 부정적인 말과 행동들은 영유아와의 관계에서 신뢰와 자존감을 무너뜨리는 결과를 초래한다. 영유아와 교사 간의 부적응 상황에서는 누가 문제를 소유했느냐에 따라 반영적 경청을 사용하거나 나-전달법으로 문제를 해결할 수 있다.

반영적 경청과 나-전달법 상호작용을 실천하기 위해서는 먼저 문제 상황을 겪는 사람, 즉 좌절감이나 어려움을 소유하고 있는 사람이 영유아인지, 교사인지를 파악해야 한다.

문제의 소유란?

- '문제를 누가 갖고 있느냐?' 하는 문제의 소유에 관한 것
  - 교사의 문제 소유: 교사의 권리나 행동을 방해하거나 침해하는 행동
  - 영유아의 문제 소유: 영유아 자신의 문제 때문에 화를 내거나 좌절감, 적응을 못하여 나타나는 행동
- 문제 상황을 겪는 사람이 영유아이면 반영적 경청하기
- 문제 상황을 겪는 사람이 교사이면 나-전달법 사용하기

(1) 반영적 경청하기

반영적 경청은 영유아가 느끼고 의미하는 것을 파악하는 것으로, 문제 상황을 경험하는 사람이 영유아일 경우에 도움이 된다. 교사가 문제 상황을 겪고 있는 영

유아의 숨은 의미를 끄집어내어 줌으로써 '나는 이해되고 수용되었다.'라는 느낌과 영유아에게 다시 생각해 볼 수 있는 기회를 제공하게 된다(Dinkmeyer & McKay, 1992).

◆ 반영적 경청하기 방법

① 영유아가 교사에게 느낌을 전달할 때, 교사는 영유아가 전달하는 말이나 행동뿐 아니라 그 이면에 숨은 마음을 읽어 낸다.
② 읽어 낸 느낌을 묘사할 단어를 생각해 낸다.
③ 생각해 낸 단어를 문장에 넣어 말해 준다.

◆ 반영적 경청하기 예시

신발을 빨리 신으려고 서두르지만 신발을 제대로 신지 못하는 유아를 보고
① 혼자서 질문: '저 아이의 저 행동은 뭘까?'
② 읽어 낸 느낌을 묘사할 단어: '일등으로 줄 서고 싶어서 그러나 보다.'
③ 생각해 낸 단어를 넣어 문장으로 말하기: "빨리 신고 나가 일등으로 줄을 서고 싶은데 신발이 잘 신어지지 않는구나?"

반영적 경청 시 주의할 점은 반응하는 교사의 말이 시험적일 수 있다는 것이다. 교사가 영유아의 느낌을 정확하게 읽어 낼 수 있다고 확신할 수는 없다(<표 4-1> 참조).

(2) 나-전달법 사용하기

나-전달법은 문제 상황을 겪고 있는 사람이 교사일 경우 교사 자신의 느낌을 나타내어 말하는 것이다. 즉, 문제의 소유권을 교사가 가졌을 때 나-전달법으로 말한다. 나-전달법은 어조와 표정(비언어적 요소)이 매우 중요하고, 반드시 상대를 평가하지 않는 태도가 필요하며, 화를 내면서 전달하는 나-전달법은 적대감을 나타내는 표현이 된다는 것을 잊지 말아야 한다(Dinkmeyer & McKay, 1992).

◆ 나-전달법 사용 공식

1단계: 교사에게 방해가 되는 행동을 말로 한다(비난하지 않고 단순히 서술만 한다.).
⇒ 네가 ~하면(행동 서술)

2단계: 행동의 결과 때문에 생긴 교사의 느낌을 말한다.
⇒ 나는 ~라고 느낀다(느낌 서술)

3단계: 결과를 말한다. 말할 때 '왜냐하면'을 강조함으로써 영유아는 행동 자체가 아니고 행동으로 인한 결과와 관계가 있다는 것을 알게 된다.
⇒ 왜냐하면(결과 서술)

나-전달법은 한 가지 상황에 대해 세 가지, 즉 행동, 느낌, 결과를 말하는 것이다. 나-전달법을 반드시 3단계로 해야 하는 것은 아니며, 2단계의 교사의 '느낌'을 상황에 따라 뺄 수도 있다. '느낌'을 뺀 행동, 결과를 사용할 때에는 행동 '~하면'으로 말하고 그 결과를 말해 준다. 이와 같이 영유아의 행동으로 인해 그 결과가 어떠한지를 말해 줌으로써 영유아는 자신이 뭔가 잘못해서 야단을 맞는다는 느낌이 아니라 그 행동의 결과 때문임을 알게 되어 자존감이 상하지 않는다.

<표 4-1>은 문제가 누구의 것인가를 결정하고 반영적 경청과 나-전달법을 사용하는 예시다.

표 4-1 ◆ 반영적 경청과 나-전달법 상호작용의 예

문제 상황	문제 소유	반영적 경청	나-전달법
혼자 밖에 나와 자동차 놀이를 하다 교사가 다가오자 울어 버린다.	영유아	① "선생님이 더 놀지 못하게 할까 봐 속상했구나." 또는 "혼자 나왔다고 야단맞을까 봐 걱정되었구나."	
"정리가 끝나면 바깥놀이 나갈 거니까 문 앞에 모이자." 라고 하는데도 들은 체도 않고 놀잇감을 갖고 놀고 있다.	교사		② "○○이가 오지 않으면 선생님이 너무 속이 상해. 왜냐하면 우리가 밖에 나갈 수가 없단다." 〈3단계로〉

손님이 방문하셨다. 아이가 선생님과 손님을 계속 방해한다.	교사		③ "○○가 방해하면 선생님이 손님과 이야기를 나눌 수가 없단다."〈2단계로〉
아이가 뛰어가다 넘어져서 울고 있다.	영유아	④ "넘어져서 많이 아프겠구나!"	

앞의 예시 ①은 문제 상황을 경험하는 사람이 영유아이므로 반영적 경청을 한다. 교사가 영유아의 숨은 뜻을 "선생님이 더 놀지 못하게 할까 봐 속상했구나."라고 파악하고 말했으나 영유아가 더 크게 운다거나 잘못 파악했다고 생각되면, 반영적 경청은 시험적이므로 다시 생각해 본다. 사전에 야단맞은 적이 있다면 "혼자 나왔다고 야단맞을까 봐 걱정되었구나."라고 다시 반영하여 말해 준다. 반면, ②와 ③의 경우는 문제 상황을 경험하는 사람이 교사이므로 나-전달법으로 말하되, ②의 경우 행동, 느낌, 결과의 공식으로, ③의 경우는 행동, 결과를 사용한 예시다.

(3) 행동 결과에 따른 문제해결 방법

반영적 경청과 나-전달법으로 문제해결이 되지 않고, 문제가 이미 발생하여 예방책을 사용할 수 없는 상황이 되었을 때, 벌로 다스리는 대신 행동과 관련된 결과(related consequences)에 따라 영유아의 문제행동을 지도할 수 있다. 이는 영유아의 행동의 한계를 명료화하고 허용되는 행동과 그렇지 않은 행위를 분명하게 판단할 수 있도록 하는 방법으로, 준대로 받기, 제외와 박탈, 반환의 방법이 있다(Fields & Fields, 2006). 이러한 방법은 자신의 행동에 대한 통제가 어려운 영아에게 적용하기에는 무리가 있으므로 영아의 경우 행동과 그 결과에 대해 언어적으로 말해 주면서 바람직한 행동으로 안내한다.

① 준대로 받기: 준대로 받기(reciprocity)는 다른 사람에게 했던 행동이 자신에게 되돌아오는 결과를 경험하는 것으로 '대접받고 싶으면 대접하라.'는 원칙이다. 예를 들면 다음과 같다.

◆ 상황: A 유아: (B 유아와 친구들이 놀이하고 있는 게임에) 나도 같이 하고 싶어. 끼워 줘.

B 유아: 안 돼, 너는 하지 마.

B 유아: (그런 후 다른 놀이에서 A 유아에게) 나도 시켜줘.

A 유아: 싫어! 아까 나 안 시켜 줬잖아! (B 유아가 교사에게 이른다.)

◆ 지도의 예

1. 문제의 소유: B 유아
2. 반영적 경청: "A가 시켜 주지 않아 속상했구나."
3. 준대로 받기: "네가 아까 친구를 시켜 주지 않아서 친구도 지금 너를 끼워 주지 않는 것이란다."

② 제외와 박탈: 다른 사람에게 피해를 입힌 영유아의 행동이 변할 때까지 더 이상 그 놀이를 함께 하지 못하도록 함으로써 반성할 시간을 제공하는 것이다. 제외(exclusion)는 그 공간 또는 놀이에서 제외시키는 것으로, 만약 모래놀이에서 상황이 발생하였다면 모래놀이에서는 제외되지만 다른 놀이는 할 수 있도록 한다. 박탈(deprivation)은 물건을 잘못 사용한 영유아의 행동이 변할 때까지 더 이상 그것을 이용하지 못하게 하는 것으로, 물건의 올바른 사용법과 행동을 습득하도록 하는 방법이다.

◆ 상황: 실외놀이에서 모래놀이를 할 때 모래는 모래밭 안에서만 놀기로 하는 규칙을 사전에 알고 있으면서도 한 유아가 자전거 트랙이 있는 곳으로 모래를 퍼내고 있다.

◆ 제외 방법 지도의 예

1. 문제의 소유: 교사
2. 나-전달법: "○○가 모래를 퍼내면 모래가 없어지고 친구들이 다치게 돼."(행동, 결과)
3. 제외: "약속을 지키지 않았기 때문에 이곳에서는 놀이할 수가 없구나. 하지만 네가 규칙을 지킬 수 있는 다른 놀이는 할 수 있어."

③ 반환: 반환(restitution)은 다른 사람에게 해를 입혔거나 기회를 잃게 한 경우, 그것을 보상하거나 다른 것으로 대체하는 것이다. 유아 스스로 잘못을 저지른 나쁜 사람이 아니라 유아가 책임감을 갖도록 하면서 피해를 당한 사람을 책임 있게 돕는 경험을 가질 수 있도록 한다. 예를 들면, 자신의 잘못으로 친구에게 상처를 입혔을 때 친구에게 약을 발라 주고 치료하는 것을 돕도록 한다.

◆ 상황: 한 유아가 모래를 뿌려서 친구의 옷을 더럽히고 있다.

◆ 지도의 예

1. 문제의 소유: 교사
2. 나-전달법: "네가 모래를 뿌려서 ○○이 옷에 모래가 붙어 떨어지지 않는구나."
3. 반환 방법: "네가 털어 주고, 그래도 안 되면 네 여벌을 빌려 주어야겠다."

---

2) 또래 간 갈등 중재를 위한 상호작용

영유아가 힘을 사용하여 문제를 해결하려는 경우는 대개 자신이 원하는 것을 다른 방법으로는 얻지 못한다고 생각할 때다. 자기가 갖고 싶은 놀잇감을 친구가 갖고 있거나 열심히 쌓은 블록을 지나가다 무너뜨렸을 때처럼 영유아는 다양한 상황에서 좌절을 겪게 되고, 이때 사회적 전략이나 기술 등의 부족으로 공격적 성향을 드러 낸다. 이러한 상황은 또래 간 갈등으로 이어지는데, 이때 교사는 영유아가 서로 해를 끼치지 않는 범위 내에서 자신의 공격성을 조절하고 적절히 발산할 수 있도록 도와야 한다.

(1) 또래 간 갈등 중재의 원칙

첫째, 감정을 수용해 주며 진정시킨다. 또래 간 갈등이나 문제 상황이 발생하였을 때는 서로 감정이 흥분되고 격해져 있는 상태이므로 우선 진정시켜야 한다.

둘째, 영유아 모두 자신의 입장을 이야기할 수 있는 기회를 제공하고, 교사는 이를 신중히 듣는다. 이때 교사는 어느 편에도 서지 않는 객관적 중재자가 되어야 한다. 즉, 영유아가 서로의 입장을 이해할 수 있도록 "무슨 일이 있었는지 이야기해 주겠니? 누가 먼저 말해 줄래?"라고 교사가 중재할 수 있다. 이때, 영유아 양측의 이야기를 듣고 교사가 상황을 판단하여 급히 결론을 내리거나 정리해 주지 않도록 한다.

셋째, 허용되지 않는 행동과 책임에 대한 행동 기준을 분명하게 말해 준다. 때리거나 빼앗거나 몰래 가져가는 것은 안 된다는 것을 단호하게 말하며, 말로 하거나 허락을 받아야 하는 등의 올바른 기준을 말해 준다.

넷째, 유아의 경우 해결 방안을 스스로 찾아볼 수 있도록 브레인스토밍 한다. "어떻게 하면 싸우지 않고 놀이할 수 있는지 방법을 찾아보자." 등 유아들이 자유롭게 방법을 찾아볼 수 있도록 기회를 준다.

다섯째, 추후 적용 과정을 살피며 모니터링하고 선택한 해결 방법으로 하고 있다면 격려하고, 그렇지 않다면 왜 지키지 않는지 다시 브레인스토밍 할 수 있다.

유아 간 갈등을 중재할 때 교사는 다음과 같은 점을 고려해야 한다.

- 서로 수용할 수 있는 해결책인 '상호 주관적 협상'을 하도록 교사가 중재한다. 어느 한쪽은 수용되고 다른 쪽은 양보해야 하는 해결이 아닌, 나도 되고 너도 되는 해결 방법을 찾을 수 있도록 한다. 이러한 해결책은 모든 사람의 필요와 생각을 반영하기 때문에 영유아가 다른 사람의 관점을 고려해 볼 수 있도록 돕는다.

◆ 상황: 4세반 쌓기놀이 영역에서 한 무리의 유아들이 블록으로 동물원을 만드려고 한다. 이때 한 유아가 블록으로 탑을 쌓고 있어 블록이 부족하고 공간이 좁다며 갈등을 겪고 있다.

◆ 상호 주관적 협상의 예

"○○는 동물원을 만들고 싶고, △△는 탑을 쌓고 싶구나. 어떻게 하면 동물원도 만들고 탑도 쌓을 수 있을지 방법을 찾아보자."

- 부탁하는 기술을 배울 수 있도록 한다. "그럼 '네가 다 쓴 다음에 나 좀 쓸게.' 라고 부탁해 볼까?" 또는 (영유아가 부탁을 한 후 다른 활동을 선택해서 놀 때) "네

가 빼앗지 않고 부탁을 해 줘서 정말 기쁘다. 친구도 아마 너를 더 좋아할 거야."라며 교사가 언어적으로 반응해 준다.

- 무조건 양보하라고 하지 않는다. "네가 빌려주고 싶지 않으면 '빌려주고 싶지 않아!'라고 말할 수 있어."라고 말함으로써 자신을 방어할 수 있는 능력을 키우도록 돕는다.
- 문제해결을 할 때 유아들이 찾은 해결 방법을 존중한다. 유아들이 찾은 방법이 교사의 생각에는 미숙하더라도 크게 벗어나거나 잘못된 방법이 아니라면 적용해 볼 수 있는 기회를 준다.

(2) 또래 간 갈등 중재의 5단계

영유아 개인의 문제 상황이나 또래 간 갈등 상황이 발생한 경우, Gartrell(2003)이 제안한 갈등 중재 5단계를 사용하면 유용하다(박은혜, 곽아정, 김난실, 김현주, 김희진, 유청옥, 이혜경, 2014). 여기서는 Gartrell(2003)이 제안한 또래 간 갈등 중재 5단계를 일부 보완하여 제시한다.

① 유아 또래 간 갈등 중재 5단계

유아 또래 간 갈등 중재는 진정시키기 → 서로의 입장 이해하기 → 행동 기준 말해 주기 → 브레인스토밍 하기 → 적용 후 점검하기 단계로 중재한다. 그 내용을 간단히 정리하면 다음과 같다.

진정시키기

- 갈등 시 일시적 분리하기
  - (해결 과정의 한 부분임-처벌이 아님) 이때 다치지 않도록 하기 위해 분리했음을 말로 알린다.
- 감정 수용해 주기
  - 간결한 말로 감정과 상황을 읽어 준다(격앙된 상황에서는 비언어적 수용-토닥이기, 고개 끄덕이기).

⬇

서로의 입장 이해하기

- 각자의 입장을 말할 기회 주기
- 연령이 낮은 유아일 경우 친구의 감정 읽어 주기, 친구의 행동 의도를 읽어 주기

⬇

행동 기준 말해 주기

- 허용되지 않는 행동을 분명하게 말해 주기. 필요한 경우, 허용되지 않는 행동에 대해 책임지기

⬇

브레인스토밍 하기

- 교사의 도움을 받아 문제해결을 위한 가능한 방법 찾기
  - "어떻게 하면 싸우지 않고 이 문제를 해결할 수 있을까?"
- 스스로 해결을 제안할 준비가 되어 있지 않을 경우, 교사가 직접적인 중재 시도

⬇

적용 후 점검하기

- 적용 과정을 살피며 격려하고 모니터링하며 점검하기
  - 해결 방법대로 하고 있다면 격려해 준다. "○○가 화가 났을 텐데 친구를 때리지 않고 말로 잘하는구나."
- 실행되지 못하고 있다면, 왜 안 되고 있는지 점검해 보고 다시 브레인스토밍 하기

출처: 박은혜 외(2014)에서 발췌하여 일부 수정, 보완.

- 진정시키기: 또래 간에 서로 신체적 가해를 하며 다투거나 빼앗는 행위가 나타날 때, 교사는 즉각 유아를 분리시킨 후 "너희가 다칠까 봐 떼어 놓은 거야."라고 말해 주며 "서로 많이 화가 났구나." 등 감정을 수용해 주고 안정되기를 기다린다.
- 서로의 입장 이해하기: "어떻게 된 것인지 말해 줄래?" 등 각자의 입장을 말할 기회를 준다. 연령이 낮은 유아이거나 말이 서툰 유아일 경우, "○○가 하는 것을 ☆☆도 하고 싶었나 봐."라고 상대방의 입장을 대신 말해 준다.
- 행동 기준 말해 주기: "사람을 때리는 것은 안 되니까 말로 해야 하고, 남의 것을 빼앗거나 가져가는 것은 안 되므로 허락을 받아야 해."라고 허용되는 것과 허용되지 않는 행동에 대해 명확하게 말해 준다.
- 브레인스토밍 하기: "어떻게 하면 둘 다 만족할 수 있을지 방법을 찾아 보자." 등으로 중재한다. 해결 방법을 찾는 시간이 길어지면 "좋은 방법을 찾으면 선생님한테도 이야기해 줘."라며 유아들끼리 협의하도록 하고 교사는 잠시 자리를 떠나도 좋다. 이때, 스스로 문제해결을 할 수 있도록 기회를 주었으나 방법을 찾지 못하고 있으면, 교사가 다시 개입하여 "둘이서 해결하는 것이 어렵니? 선생님이 도와줄까?" 등 긍정적으로 해결할 수 있는 대안을 제시해 준다.
- 적용 후 점검하기: 유아들이 서로 협의한 방법으로 적용을 하는지 관찰하고, 잘하고 있으면 "○○가 다 놀고 ☆☆한테 주었구나. 약속을 잘 지켰네."라고 격려해 준다.

② 영아 또래 간 갈등 중재 5단계

영아 또래 간 갈등 중재는 진정시키기 → 서로의 입장 읽어 주기 → 행동 기준 말해 주기 → 대안 제시하기 → 적용 후 격려하기 단계로 중재할 수 있다. 그 내용을 간단히 정리하면 다음과 같다.

진정시키기

- 갈등 시 일시적 분리하기
  - (해결 과정의 한 부분임-처벌이 아님) 이때 다치지 않도록 하기 위해 분리했음을 말로 알린다.
- 감정 수용해 주기
  - 간결한 말로 감정과 상황을 읽어 준다(격앙된 상황에서는 비언어적 수용-토닥이기, 고개 끄덕이기).

⬇

서로의 입장 읽어 주기

- 친구의 감정 읽어 주기, 친구의 행동 의도를 읽어 주기

⬇

행동 기준 말해 주기

- 허용되지 않는 행동을 분명하게 말해 주기

⬇

대안 제시하기

- 교사의 도움을 받아 문제해결을 위한 가능한 방법 찾기
  - 관심 돌리기: 다른 것으로 관심을 돌릴 수 있도록 대안을 제시하며 놀이로 안내한다.
  - 선택권 주기: 이것과 저것 중에 어떤 것을 원하는지 선택하도록 하며 놀이로 안내한다.

⬇

적용 후 격려하기

- 적용 과정을 살피며 격려하고 모니터링하기

- 진정시키기: 유아와 마찬가지로 또래 간에 서로 신체적 가해를 하며 다투거나 빼앗는 행위가 나타날 때, 교사는 즉각 영아를 분리시킨 후 "○○이와 ☆이가 다칠까 봐 떼어 놓은 거야."라고 말해 주며 "서로 많이 화가 났구나." 등 감정을 수용해 주고 안정되기를 기다린다. 영아들은 자주 감정이 격앙되는 경우가 발생하므로 비언어적으로 토닥이거나 안아 주며 기다린다.

- 서로의 입장 읽어 주기: 영아는 언어적 표현이 미숙하기 때문에 "☆이가 갑자기 빼앗으니까 ○○이가 깜짝 놀랐나 봐."라고 ☆이한테 ○○이의 입장을 대신 읽어 준 다음, ○○이에게 "☆이도 ○○이 자동차를 갖고 싶었나 봐."라고 말해 준다.
- 행동 기준 말해 주기: 연령이 낮은 영아일지라도 되는 것과 안 되는 것의 행동 기준을 말해 주어야 한다. "친구가 가진 것을 무조건 빼앗는 것은 안 돼. 말로 하는 거야." "'○○아, 자동차 빌려 줘.'라고 말해 보자." 등 명확하게 말해 준다.
- 대안 제시하기: 영아의 경우, "똑같은 것이 여기도 있네. 이거 가질래?" 또는 "우리 저기 가서 자동차 탈까? 아님 그네 타러 갈까? 와! 더 재미있겠는데?" 등 대안을 제시하거나 선택할 수 있는 기회를 제공한다. 1세 후반 또는 2세 영아가 다른 영아에게 양보 또는 놀고 난 후 주었다면 교사는 "○○가 △△이 먼저 놀게 주었네. 고맙다, 그렇지?"라고 하거나 양보한 영아에게 "△△가 참 고마워하겠다!"라고 말해 준다. 이러한 교사의 반응은 영아의 관대한 행동을 촉진시킨다.
- 적용 후 격려하기: 영아 간 갈등해결에서는 대안을 제시하거나 다른 곳으로 관심을 유도하며 교사와 함께 활동이 이루어지므로 영아를 유심히 관찰하며 그 상황을 격려해 준다.

갈등 중재 5단계로 다음의 갈등을 중재해 보기

만 3세 성주가 모형 자동차를 굴리고 있다. 그 모습을 보고 있던 현무가 "내 거야!"라며 팔을 뻗어 낚아채듯이 빼앗고는 돌아선다. 그러자 성주가 "내가 먼저 갖고 놀았단 말이야."라며 달려들어 서로 자동차를 끌어당기며 싸우고 있다.

<갈등중재>

제3부

영유아 교수방법

제5장 교수학습활동 계획

제6장 교수학습활동 실행 및 평가

제5장

교수학습활동 계획

국가수준의 보육 및 교육과정인 표준보육과정(누리과정 포함)과 유치원교육과정(누리과정 포함)에서 추구하는 인간상으로 영유아를 키우기 위한 교육(보육) 목표가 설정되면 교육(보육) 목표를 실제적으로 잘 성취하기 위한 교육(보육) 내용을 선정한다. 이러한 교육(보육) 내용을 잘 다루기 위해 교육(보육)계획안을 작성한다.(이하 보육 → 교육으로, 표준보육과정과 유치원교육과정 → 국가수준 교육과정으로, 3~5세 보육(교육)과정 → 누리과정으로 표기함)

이 장에서는 국가수준의 교육과정에서 제시한 교육 내용을 영유아가 경험 또는 학습할 수 있도록 어떻게 교육계획을 세워야 하는지에 대해 학습한다.

1. 교육과정의 운영

교사는 영유아의 전인발달을 돕는 균형 잡힌 교육과정 운영을 위해 국가수준 교육과정에서 제시하고 있는 교육 내용을 숙지하고, 그 내용을 영유아가 경험하고 학습할 수 있도록 교수학습활동을 계획한다.

교사는 교육과정을 운영하기 위해 연간 · 월간(주제별) · 주간(소주제별) · 일일 교육계획으로 교수 계획을 수립한 후 교육활동 및 수업을 준비하게 된다. 이때 어떠한 교수학습 방법을 적용할 것인지 염두에 둔다. 실제 수업활동에서의 교수학습 방법을 살펴보면, 준비된 교수학습활동을 실행한 다음에 학습자의 경험이나 학습한 내용, 환경 등 교수활동에 대한 평가를 한다. 교수학습활동에 대한 평가는 교육과정 운영 평가와 영유아 개별 평가를 포함한다. 이렇게 평가한 결과는 다음 날, 다음 주 또는 다음 해의 교수학습활동 계획에 반영하는 순환적인 과정으로 이루어진다. [그림 5-1]은 교육과정 운영의 순환 과정을 보여 주는 그림이다. 즉, 교수학습활동이 이루어지기 위해서는 교수 계획을 수립하고 그 계획에 기초하여 실행 후 평가하고 그 결과를 이후 계획에 반영하는 과정이 반복된다.

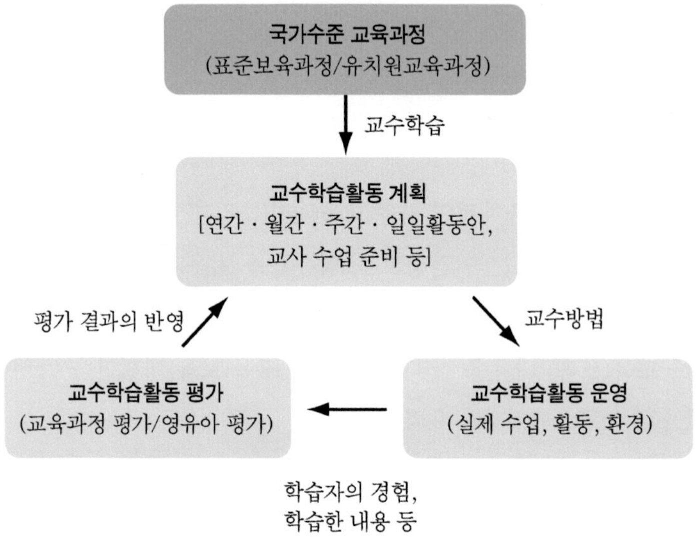

그림 5-1 ◆ **교육과정 운영의 순환 과정**

2. 교수학습활동 계획의 수립

1) 교수학습활동 계획의 수립 절차

교수학습활동 계획의 수립 절차는 다음과 같다.

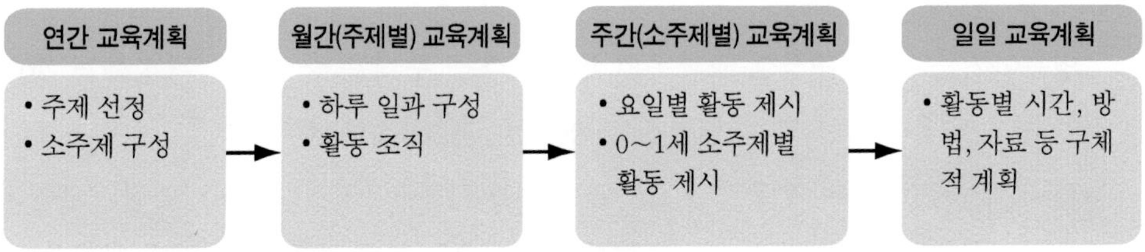

그림 5-2 ◆ **교수학습활동 계획의 절차**

첫째, 영유아가 경험 가능하고 주변 환경과 지역사회의 특성을 고려한 연간 주제를 선정하는 것이 우선된다. 주제가 선정되면 선정된 주제에 대한 핵심 개념을 찾아 소주제를 구성한다.

둘째, 소주제와 통합되는 활동을 찾는다. 활동은 국가수준 교육과정의 교육 내용이 골고루 포함되도록 선정한다. 이러한 활동은 하루 일과의 범주별(일상생활, 자유선택활동, 대소집단활동)로 난이도를 파악하여 계열성 있게 조직한다.

셋째, 조직된 활동은 매 주간 어떤 요일에 무슨 활동을 계획할 것인지를 파악하여 요일별로 활동을 배치한다. 이때 활동 간의 연계가 잘 이루어질 수 있도록 한다.

넷째, 요일별로 계획된 활동과 지난주 또는 이전 경험에서 지속되는 활동들을 교육과정의 요소가 골고루 반영될 수 있도록 매일 하루 일과의 시간대별로 계획한다. 이때 어떤 활동 방법으로 운영할 것인지, 실내와 실외 중 어느 공간에서 운영할 것인지, 어떤 교수매체로 활동할 것인지 등을 구체적으로 계획한다.

2) 연간 교육계획

연간 교육계획은 1년간 다루어야 할 주제를 선정하는 것이 우선된다. 1년 동안의 교수학습을 위한 주제를 선정할 때, 주제의 적절성 · 시기 · 기간 등에 대한 전년도의 평가 내용을 반영하여 새로운 주제를 첨가하거나 이미 제시된 주제를 변형 · 재구성하여 사용한다. 이때 동일 연령의 담당교사 간에 주제를 먼저 검토하고, 전체 연령의 담당교사와 주제의 난이도를 고려한다. 또한 국가적 · 지역적 행사와 유아교육기관 행사 등도 확인하여 월, 일까지 구체적으로 계획한다. 연령에 따른 주제를 선정하는 기준을 살펴보면 다음과 같다.

(1) 주제 선정

영유아기는 발달 특성상 교과목의 형태보다는 주제를 중심으로 편성하는 것이 적합하다. 영유아 교육과정 운영은 전통적인 교과과정에서 제시하는 국어나 수학 등의 교과로 편성하여 가르치지 않는다. 그 대신 영유아가 학습해야 할 국가수준의 교육과정이 있고, 이 교육과정에 제시된 교육 내용을 중심으로 한 주제 활동을 통해 학습한다. 즉, 영유아는 '발달과 관련'되며 '흥미 있어' 하는 '주제'를 중심으로 전인발달을 돕는 활동을 선정하고, 영유아는 활동을 통해 의미 있는 경험을 함으로써 개념과 기술을 습득한다. 영아반과 유아반의 연간 주제를 선정하는 기준에 대해 살펴보면 다음과 같다.

① 영아반 주제 운영과 선정 기준

0~1세반의 주제는 발달의 특성과 각 시기의 발달 과업을 중심으로 주제를 선정하되, 주제를 독립적으로 분리하기보다는 1년 동안 진행되는 모든 주제와 연관된 활동으로 계획하고 운영한다. 2세반의 주제는 누리과정과의 연계성을 고려하여 계절, 지역사회의 특성 등 생활 속에서 경험 가능한 주제로 선정한다. 영아교육과정 운영을 위한 주제 선정의 원칙은 다음과 같다(보건복지부, 2013b).

- 0세는 월령에 따른 발달적 차이가 크고, 양육활동이 놀이활동에 비해 많은 부분을 차지하므로 연간 주제는 0세의 발달 특성과 발달 과업을 중심으로 1세와의 연계성을 고려하여 주제를 선정한다.
- 1세는 0세에 비해 놀이활동이 점점 늘어나므로 연간 주제는 1세의 발달 특성과 발달 과업, 적응 등을 반영하되, 0세와 2세와의 연계성을 고려하여 선정한다.
- 0~1세의 주제 운영 시 두 개의 주제가 동시에 운영될 수도 있다. 예를 들면, 3, 4월에 '낯설어요' 주제를 운영했으나 5월에 신입 영아가 들어왔다면 '느껴보아요'와 '낯설어요'의 두 주제로 운영할 수 있다.
- 0~1세는 유아교육기관이나 지역사회 행사 등과 연계하지 않아도 된다.
- 2세는 0~1세에 비해 스스로 경험할 수 있는 일이 많아지고 놀이활동 비중도 점차 커지므로 연간 주제를 차츰 주변에서 경험 가능한 주제, 즉 유아교육기관, 나, 친구, 가족으로 관계를 확장해 나가고 동시에 계절의 변화, 유아교육기

관 행사, 홍미와 관심 등을 반영한 주제를 선정할 수 있다.

<표 5-1>은 영아반 연간 주제의 예를 보여 주고 있다. 0~2세 영아의 연간 주제를 살펴보면 0세 6개, 1세 7개, 2세 9개의 주제로 구성되어 있으며, 하나의 주제가 1개월 또는 2개월까지 운영될 수 있다. 2세 주제의 경우, 3~5세 주제와 연계성 있게 선정되었음을 알 수 있다.

표 5-1 ◆ 영아반 및 유아반 주제 예

번호	0세	1세	2세	3~5세(누리과정)
1	낯설어요	새로운 것이 낯설어요	어린이집이 좋아요	유치원/어린이집과 친구
2	느껴 보아요	느낄 수 있어요	봄나들이 가요	나와 가족
3	움직여요	놀이할 수 있어요	나는요	우리 동네
4	놀이는 재미있어요 I	나는 할 수 있어요	재미있는 여름이에요	동식물과 자연
5	놀이는 재미있어요 II	움직이는 것이 재미있어요	나는 가족이 있어요	건강과 안전
6	좋아해요	좋아하는 놀이가 있어요	동물놀이해요	생활 도구
7		새로운 것도 좋아요	알록달록 가을이에요	교통기관
8			겨울과 모양을 즐겨요	우리나라
9			나는 친구가 있어요	환경과 생활
10				봄
11				여름
12				가을
13				겨울

출처: 보건복지부(2013a, 2013b)에서 발췌하여 보완함.

② 유아반 주제 운영과 선정 기준

유아반의 주제는 유아교육기관과 지역사회 등 일상생활의 경험과 밀접한 관계가 있으며, 유아가 홍미 있어 하고, 계절, 유아교육기관이나 지역사회 행사 등 주변에서 쉽게 접하고 관심을 갖는 것이 주제가 될 수 있다. 주제를 선정한 다음 1년의 과정으로 구성한다. 유아반 주제를 선정하는 기준과 배치는 다음과 같다.

- 주제를 구성할 때에는 1인 교사 또는 2인의 교사가 협의하여 각자 맡은 학급의 연령에 적합한 주제를 선정한다.
- 유아에게 가장 친숙하고 직접적이며 자주 경험하는 것에서부터 점차 넓은 개념의 주제로 난이도를 고려하여 배열한다. 예를 들면, 나-친구-가족-우리 이웃-우리나라-세계 여러 나라 순으로 전개한다.
- 선정된 주제 중 먼저 계절과 행사에 관련되는 주제를 해당 계절 또는 월에 배치한다.
- 직접 경험이 가능한 주제를 우선 배치하고 난이도 순으로 배열한다.
- 주제의 경우, 영유아의 흥미가 높고 주변 환경의 자원이 풍부할 때에는 1, 2로 나누어(예: 동물 1, 동물 2) 배열할 수 있다.
- 주제는 연령에 따라 달라질 수도 있고 다른 연령과 동일하게 선정할 수도 있다. 주제는 계획된 대로 운영하기보다는 유아교육기관의 자원과 사회적 변화 등에 따라 첨삭하여 융통성 있게 운영한다.

(2) 소주제 구성

소주제는 각 주제의 핵심 개념을 파악하여 구성한다. 즉, 주제에 대한 영유아의 관심, 연령별 적절성, 유아교육기관의 자원 등을 고려한 다음, 몇 주간을 운영할 것인지의 기간을 정하게 된다. 이때, 전년도에 실시된 교육과정의 실행, 평가를 반영하여 각 주제마다 다루고자 하는 소주제 및 실행 기간을 정하고 배열한다. 하나의 주제에 대해 소주제는 3~7개 정도가 될 수 있으며, 영아의 경우 하나의 소주제를 1주에서 2~3주까지도 다룰 수 있다(보건복지부, 2013b). 유아는 대체로 하나의 소주제가 1주간 진행된다.

① 영아반 소주제 구성

1세반의 소주제(<표 5-2> 참조)와 2세반의 소주제(<표 5-3> 참조)를 비교해 살펴보면 다음과 같다.

1세반에서는 하나의 소주제가 1~3주까지 진행된다. 반면, 2세반에서는 매주 소주제를 다르게 계획하되, 4번째 주제(재미있는 여름이에요)의 6주와 7주, 9번째 주제

(나는 친구가 있어요)의 5주와 6주의 경우에는 하나의 주제가 2주 동안 진행되도록 계획되어 있다. 이는 여름휴가와 신학기 준비 기간을 고려한 계획으로 볼 수 있다.

표 5-2 ◆ 1세반의 소주제 구성 예

순서	주제	주	소주제	순서	주제	주	소주제
1	새로운 것이 낯설어요 (8주)	1	어린이집에 왔어요	4	나는 할 수 있어요 (6주)	1	즐겁게 할 수 있어요
		2				2	
		3	만나고 친해져요			3	말할 수 있어요
		4				4	
		5	우리 반에 무엇이 있을까요?			5	찾을 수 있어요
		6				6	
		7	밖으로 나가 보아요	5	움직이는 것이 재미있어요 (7주)	1	바깥놀이는 재미있어요
		8				2	
2	느낄 수 있어요 (10주)	1	만져 보아요			3	몸을 움직여요
		2				4	
		3	살펴보아요			5	
		4				6	움직이게 할 수 있어요
		5	들어 보아요			7	
		6		6	좋아하는 놀이가 있어요 (9주)	1	그림책으로 놀아요
		7				2	
		8	맡아 보고 맛보아요			3	춤추고 놀이해요
		9				4	
		10	온몸으로 느껴 보아요			5	
3	놀이할 수 있어요 (8주)	1	놀잇감은 재미있어요 1			6	흉내 내요
		2				7	
		3	놀잇감은 재미있어요 2			8	응가, 쉬 놀이가 좋아요
		4				9	
		5	물놀이는 재미있어요	7	새로운 것도 좋아요 (4주)	1	함께 놀아요
		6				2	
		7	까꿍놀이는 재미있어요			3	선생님이 좋아요
		8				4	

출처: 보건복지부(2013b).

표 5-3 ◆ 2세반의 소주제 구성 예

순서	주제	주	소주제	순서	주제	주	소주제
1	어린이집이 좋아요 (7주)	1	나는 ○○반이에요	5	나는 가족이 있어요 (5주)	1	엄마, 아빠가 좋아요
		2	엄마, 아빠와 헤어질 수 있어요			2	우리 가족을 흉내 내요 1
		3	우리 반 선생님과 친구들이에요			3	우리 가족을 흉내 내요 2
		4	재미있는 놀잇감이 있어요			4	우리 가족을 소개해요 1
		5	내가 좋아하는 놀잇감이에요			5	우리 가족을 소개해요 2
		6	편안하게 지내요	6	동물놀이 해요 (6주)	1	여러 가지 동물이 있어요
		7	안전하게 놀아요			2	엄마동물 아기동물
2	봄나들이 가요 (5주)	1	바깥놀이가 재미있어요			3	동물처럼 소리를 내어 보아요
		2	안전하게 바깥놀이해요			4	동물처럼 움직여 보아요
		3	꽃구경은 즐거워요			5	○○반이 좋아하는 동물
		4	벌레가 꿈틀꿈틀해요			6	동물을 사랑해요
		5	봄나들이 갈까요	7	알록달록 가을이에요 (6주)	1	가을이에요
3	나는요 (5주)	1	나는 ○○○이에요			2	가을나들이
		2	내 몸을 살펴보아요			3	나뭇잎이 물들어요
		3	나는 느껴요			4	자연물로 놀이해요
		4	내가 좋아하는 것이 있어요			5	알록달록 색깔나라
		5	혼자서도 잘해요			6	재미있는 그리기 나라
4	재미있는 여름이에요 (7주)	1	날씨가 더워졌어요	8	겨울과 모양을 즐겨요 (5주)	1	여러 가지 모양이 있어요
		2	비가 많이 와요			2	모양놀이 해요
		3	깨끗하게 씻어요			3	즐거운 성탄이에요
		4	물놀이가 재미있어요 1			4	추워요
		5	물놀이가 재미있어요 2			5	따뜻하게 지내요
		6, 7	여행을 가요	9	나는 친구가 있어요 (6주)	1	내 친구가 좋아요
						2	친구와 함께하는 놀이가 있어요
						3	우리는 ○○살(설날)
						4	형 · 언니가 되었어요
						5, 6	즐거웠던 우리반이에요

출처: 보건복지부(2013b).

② 유아반 소주제 구성

유아반의 소주제 구성은 어린이집의 경우에는 매주 다르게 계획되고, 유치원은 주제는 매주 다르게, 소주제는 일단위로 다르게 계획된다. 주제를 운영하는 체계가 어린이집과 유치원 간에 차이가 있다(<표 5-4> 참조).

표 5-4 ◆ 3~5세반의 연간 주제와 소주제 구성 예(유치원은 연간 생활주제와 주제의 구성임)

주제 (유치원은 생활주제)	3세반 소주제 (유치원은 주제)	4세반 소주제 (유치원은 주제)	5세반 소주제 (유치원은 주제)
어린이집/유치원과 친구	어린이집/유치원의 환경	어린이집/유치원의 환경	어린이집/유치원의 환경
	어린이집/유치원에서의 하루	어린이집/유치원에서의 하루	어린이집/유치원에서의 하루
	어린이집/유치원에서 만난 친구	어린이집/유치원에서 만난 친구	어린이집/유치원에서의 친구
	함께 놀이하는 어린이집/유치원	함께 만드는 어린이집/유치원	함께 만드는 어린이집/유치원
나와 가족	나의 몸과 마음	나의 몸과 마음	나의 몸과 마음
	소중한 나	소중한 나	소중한 나
	소중한 가족	소중한 가족	소중한 가족
	행복한 우리 집	가족의 생활과 문화	가족의 생활과 문화
우리 동네	우리 동네 모습	우리 동네 모습	우리 동네 모습
	우리 동네 생활	우리 동네 생활	우리 동네 생활
	우리 동네 사람들	우리 동네 사람들	우리 동네 사람들
		우리 동네의 전통과 문화	우리 동네의 전통과 문화
동식물과 자연	궁금한 동식물	궁금한 동식물	궁금한 동식물
	동물과 우리의 생활	동물과 우리의 생활	동물과 우리의 생활
	식물과 우리의 생활	식물과 우리의 생활	식물과 우리의 생활
	자연과 더불어 사는 우리	자연과 더불어 사는 우리	자연과 더불어 사는 우리
건강과 안전	즐거운 운동과 휴식	즐거운 운동과 휴식	즐거운 운동과 휴식
	깨끗한 나와 환경	깨끗한 나와 환경	깨끗한 나와 환경
	맛있는 음식과 건강	맛있는 음식과 건강	맛있는 음식과 건강
	안전한 놀이와 생활	안전한 놀이와 생활	안전한 놀이와 생활
생활 도구	다양한 생활 도구	다양한 생활 도구	다양한 생활 도구
	생활 도구를 움직이는 힘	생활 도구를 움직이는 힘	생활 도구를 움직이는 힘
	생활 도구로서의 미디어	생활 도구로서의 미디어	생활 도구로서의 미디어
		미래의 생활 도구	미래의 생활 도구

교통기관	여러 가지 육상 교통기관	여러 가지 육상 교통기관	교통기관의 종류
	고마운 육상 교통기관	고마운 육상 교통기관	고마운 교통기관
	항공/해상 교통기관	항공/해상 교통기관	교통기관의 변천 과정과 구조
	즐거운 교통 생활	즐거운 교통 생활	교통 통신과 교통 생활
우리나라	우리나라 사람들의 생활	우리나라 사람들의 생활	우리나라 사람들의 생활
	우리나라의 놀이와 예술	우리나라의 놀이와 예술	우리나라의 놀이와 예술
	우리나라의 역사와 자랑거리	우리나라의 역사	우리나라의 역사
		우리나라의 자랑거리	우리나라의 자랑거리
환경과 생활	물과 우리 생활	물과 우리 생활	물과 우리 생활
	돌, 흙과 우리 생활	돌, 흙과 우리 생활	돌, 흙과 우리 생활
	바람, 공기와 우리 생활	바람, 공기와 우리 생활	바람, 공기와 우리 생활
	빛과 우리 생활	빛과 우리 생활	빛과 우리 생활
	소리와 우리 생활	소리와 우리 생활	소리와 우리 생활
봄, 여름, 가을, 겨울	봄	봄	봄
	여름	여름	여름
	가을	가을	가을
	겨울	겨울	겨울

출처: 교육과학기술부, 보건복지부(2013a).

③ 혼합반 연간 주제 구성

혼합반은 연령의 폭이 넓기 때문에 교사가 연령의 발달적 특성을 이해하는 것이 우선되어야 하고, 구성원의 연령별 비율에 따라 연간 주제의 선정이 다를 수 있다. 예를 들면, 3, 4세가 혼합되어 있다면 앞서 제시한 연령별 주제와 소주제 중 두 연령에 공통적으로 있는 주제를 우선 선정한다. 5세 연령과 혼합되어 있다면 취학 전에 필요한 내용이 포함될 수 있도록 주제와 소주제를 선정한다.

3) 하루 일과 구성

주제와 소주제를 선정하여 배치하고 나면, 월간(주제별) 활동을 선정하여 하루 일과의 구성 범주에 따라 활동을 배치한다. 월간(주제별) 교육계획을 하기 전에 하루 일과의 구성에 대해 알아본다.

유아교육기관에서의 하루 일과는 영유아를 반갑게 맞이하는 등원에서부터 귀가까지 일상생활활동과 놀이활동 및 대소집단활동으로 구성한다.

(1) 영아반의 하루 일과 구성

영아반의 하루 일과 구성은 연령이 증가함에 따라 좀 더 세분화하여 구성한다. 공통적으로 등원 및 맞이하기, 일상생활, 실내외 놀이활동, 귀가 및 가정과의 연계로 구성한다. <표 5-5>에서는 영아반의 일상생활과 놀이활동의 영역 구분을 연령에 따라 제시하고 있다.

표 5-5 ◆ 영아반의 하루 일과 구성 예

활동명	0세	1세	2세
등원 및 맞이하기	등원 및 맞이하기	등원 및 맞이하기	등원 및 맞이하기
일상생활	수유 및 이유식	점심 및 간식	점심 및 간식
	낮잠	낮잠	낮잠
	기저귀 갈기	기저귀 갈기 · 배변활동	배변활동
실내 자유놀이	신체	신체	신체
	언어	언어	언어
	감각 · 탐색	감각 · 탐색	감각 · 탐색
		역할 · 쌓기	역할 · 쌓기
			미술
			음률
실외놀이	실외놀이	실외놀이	실외놀이
귀가 및 가정 연계	귀가 및 가정과의 연계	귀가 및 가정과의 연계	귀가 및 가정과의 연계

출처: 보건복지부(2013b).

영아반의 일상생활활동은 영아의 연령에 따라 용어가 다소 달라진다. 0세의 수유 및 이유식은, 1세와 2세에서는 점심 및 간식으로, 0세의 기저귀 갈기는 1세에서는 기저귀 갈기 · 배변활동으로, 2세에서는 배변활동으로 명명된다. 놀이활동의 흥미 영역은 연령이 증가함에 따라 세분화된다. 0세는 신체, 언어, 감각 · 탐색 영역으로 구성되고, 1세에서는 역할 · 쌓기 놀이 영역이 추가되며, 2세에서는 미술 · 음률 영역이 추가로 구성된다.

<표 5-6>은 영아반 중 1세아의 하루 일과 운영의 예시다.

표 5-6 ◆ 1세아의 하루 일과 운영 예

시 간	주요 일과	주요 활동 및 내용
7:30~8:30	통합교육	• 통합 활동실에서 놀이하기
8:30~9:20	등원 및 자유놀이	• 반갑게 인사 나누기 • 영아의 상태 살피기 • 부모와 대화, 영아의 소지품 확인 · 정리하기 • 부모와 인사하며 헤어지기 • 등원하는 대로 자유롭게 놀이하기
9:20~9:40	정돈 및 화장실 가기	• 놀잇감 제자리에 가져다 놓기 • 기저귀 갈기(화장실 사용이 가능한 영아는 교사의 도움받아 화장실 다녀오기)
9:40~10:00	오전 간식	• 교사의 도움받아 손 씻기 • 교사와 함께 간식 먹기
10:00~11:00	실내 자유놀이	• 발달 상황 및 요구를 고려하여 놀이하기 • 놀잇감 분쟁이나 문제를 해결할 수 있도록 돕기
11:00~11:20	정돈 및 화장실 가기	• 놀잇감을 제자리에 가져다 놓기 • 기저귀 갈기(화장실 사용이 가능한 영아는 교사의 도움받아 화장실 다녀오기)
11:20~12:00	실외놀이	• 자유롭게 움직이며 놀이하기 • 교사가 계획한 활동 해 보기(실외의 여러 가지 사물이나 현상을 탐색하도록 격려)
12:00~13:00	점심 및 양치하기	• 교사의 도움받아 손 씻기 • 점심 먹기(교사의 도움받아 양치하기)
13:00~15:00	낮잠 및 휴식 화장실 가기	• 개인용 이불과 매트 준비 • 기저귀 갈기(화장실 사용이 가능한 영아는 화장실 다녀오기) • 자장가나 조용한 음악을 들으며 잠자기 • 늦게 잠들거나 일찍 깨는 영아는 휴식을 갖거나 조용한 놀이하기 • 잠자고 일어나서 잠자리 정리하기
15:00~15:20	오후 간식	• 교사의 도움받아 손 씻기 • 교사와 함께 간식 먹기
15:20~17:00	오후 실내 자유놀이	• 실내에서 발달 상황 및 요구를 고려하여 놀이하기 • 놀잇감 분쟁이나 문제를 해결할 수 있도록 돕기

17:00~19:30	통합교육 귀가 및 부모와의 연계	• 통합반은 통합프로그램 운영 • 개인 소지품 정리, 전달사항 일일보고서에 기록 • 자유롭게 놀이하다가 부모가 오는 대로 귀가 • 부모와 영아의 하루 일과 및 특이사항 이야기 나누기

영아반은 하루 일과 구성 시 일상 활동과 놀이 활동으로 계획하되, 놀이 활동의 경우 정적인 활동과 동적인 활동이 개별적인 놀이가 되도록 하며 실내놀이와 실외놀이의 균형을 고려하여 이루어지도록 한다. 영아 하루 일과 구성 시 고려할 사항을 제3차 어린이집 평가인증 통합지표(보건복지부, 한국보육진흥원, 2018) 기준으로 살펴보면 다음과 같다.

- 영아반 하루 일과 운영 시, 실내 자유놀이 시간은 오전, 오후 2시간 30분 이상 충분히 놀이가 이루어지도록 하되, 연속해서 1시간 이상 놀이가 지속되도록 한다.
- 실외놀이의 경우, 0세반은 주 3회 이상 이루어지도록 하되, 하루에 30분 이상, 1세반은 매일 30분 이상, 2세의 경우 매일 1시간 이상 이루어질 수 있도록 운영한다. 우천, 미세먼지 등 실외놀이가 여의치 않을 경우, 실내 신체활동으로 대체할 수 있다.
- 오후 17:00 이후 연령을 통합하여 일과가 진행될 경우, 통합반을 담당하는 교사는 통합프로그램을 계획해 준다.

(2) 유아반의 하루 일과 구성

유아반의 하루 일과 구성은 일상생활활동, 실내 자유선택활동, 대소집단활동 및 실외활동으로 구성된다. 자유선택활동의 흥미 영역과 대소집단활동의 구분을 연령에 따라 살펴보면 <표 5-7>과 같다. 자유선택활동은 3, 4, 5세 모두 동일하게 쌓기놀이, 역할놀이, 미술, 언어, 수 · 조작, 과학 및 음률 영역으로 구성할 수 있다. 대소집단활동은 이야기 나누기, 문학, 음악 및 신체 표현, 수 · 과학, 미술 활동을 집단으로 구성할 수 있다. <표 5-8>은 유아반의 하루 일과 운영의 예시다.

표 5-7 ◆ 유아반의 하루 일과 구성 예

활 동	3세	4세	5세
등원/귀가		등원/귀가	
일상생활		점심 및 간식	
		낮잠	
		배변활동	
		정리정돈	
실내 자유선택활동	쌓기놀이 역할놀이 미술 언어 수 · 조작 과학 음률	쌓기놀이 역할놀이 미술 언어 수 · 조작 과학 음률	쌓기놀이 역할놀이 미술 언어 수 · 조작 과학 음률
대소집단활동	이야기 나누기 문학 음악 신체 수 · 과학 미술	이야기 나누기 문학 음악 신체 수 · 과학 미술	이야기 나누기 문학 음악 신체 수 · 과학 미술
실외활동	실외활동	실외활동	실외활동

출처: 보건복지부(2013b).

표 5-8 ◆ 4세반의 하루 일과 운영 예

시간	일과	내용
07:30~09:00	통합교육	• 통합 활동실에서 활동하기
09:00~09:30	등원 및 조용한 놀이	• 부모와 유아를 반갑게 맞이하며 인사 나누기 • 유아의 건강 · 심리 상태를 살피고 관찰하기 • 등원하는 유아를 맞이하면서 조용한 영역에서 놀이하기
09:30~09:50	오전 간식	• 손 씻은 후 간식 먹기/간식 접시 스스로 정리하기
09:50~10:10	일과 소개 및 놀이계획	• 인사 나누기 및 출석 부르기, 오늘의 날씨 소개하기, 하루 일과 소개하기 • 자유선택활동 시간의 각 흥미 영역 놀이 소개하기
10:10~11:10	자유선택활동	• 흥미 영역별 놀이하기 (새롭게 시작한 놀이, 전날부터 계속 진행되는 놀이 등)
11:10~11:30	정리정돈	• 놀이 정리하기
11:30~12:00	대소집단활동	• 이야기 나누기, 게임, 동시, 음률, 미술 활동 등 주제와 관련한 대소집단활동 • 대집단활동이 간식 후 곧바로 실시되면 이 시간에 일과 소개하기(예: 일과 소개 및 대소집단활동)
12:00~13:00	실외활동	• 교사가 준비한 실외놀이활동이나 대근육활동 등 놀이 • 오전 실내활동 연계 및 확장활동 • 날씨에 따라 실내 신체놀이로 대체
13:00~14:00	점심식사 이 닦기 지도	• 손 씻기 • 올바른 식습관 지도하기 • 올바른 방법으로 스스로 이 닦기
14:00~15:00	낮잠 및 휴식	• 낮잠을 원하는 유아는 낮잠 자기(만 4~5세반은 반드시 잠을 자야 하는 것은 아님) • 잠을 자지 않는 유아는 책을 보거나 조용한 놀이하기
15:00~15:20	오후 간식	• 바르게 앉아서 간식 먹기
15:20~17:00	실내 자유선택활동 및 평가	• 흥미 영역별 실내 자유선택활동하기 • 하루 일과 평가하기
17:00~19:30	통합교육 귀가 지도	• 통합반은 통합프로그램 운영 • 통합 활동실에서 놀이하다가 부모가 오는 대로 귀가하기 • 교사는 유아가 보호자와 귀가하는 것을 반드시 확인하기

유아반의 일과 활동은 정적인 활동과 동적인 활동, 개인 활동과 대소집단활동, 실내놀이와 실외놀이의 균형을 고려해야 한다. 유아의 연령에 따른 성숙도와 발달단계를 고려하여 각 집단에 맞는 활동을 제공해야 한다. 즉, 연령이 어린 반일수록 개별적인 학습활동을 중심으로 하여 간단한 소집단활동을 시도하고, 4~5세반의 경우 놀이가 심화되어 진행 중일 때는 일과의 융통성을 두어 자유선택활동 시간을 연장하거나 오후 자유선택활동과 연계하여 놀이가 확장될 수 있도록 배려해 준다. 특히, 5세반의 유아는 주의집중 시간이 길어져 대집단활동에 참여할 수 있으므로 자유선택활동 시간뿐만 아니라 집단활동 시간의 비율도 3, 4세반보다는 늘려갈 수 있다. 그러므로 5세반의 경우는 구조화된 프로그램의 시간을 늘려 계획안을 작성할 수 있다. 유아반 하루 일과 구성 시 고려할 사항을 제3차 어린이집 평가인증 통합지표(보건복지부, 한국보육진흥원, 2018) 기준으로 살펴보면 다음과 같다.

- 하루 일과 중 실내 자유선택활동은 2시간 30분 이상 충분히 이루어지도록 하되, 1시간 이상 연속해서 놀이가 지속되도록 한다.
- 실외놀이는 매일 1시간 이상 이루어지도록 한다. 우천, 미세먼지 등 실외 놀이가 여의치 않을 경우, 실내 신체활동으로 대체할 수 있다.
- 오후 17:00 이후 연령을 통합하여 일과가 진행될 경우, 통합반을 담당하는 교사는 통합프로그램을 계획해 준다.

4) 월간(주제별) 교육계획

소주제가 결정되면 각 소주제별, 일과 범주에 따라 활동을 계획한다. 활동은 주제와 연계성 있게 수립하되, 전년도에 실시된 교육과정의 실행 및 평가 내용을 반영하여 계획한다. 다시 말하면, 월간 교육계획은 교육일과(시간적 구분: 일상활동, 자유선택활동, 대소집단활동 등) 및 활동실의 물리적 공간 구분(실내 흥미 영역, 실외 공간)에 따라 조직한다. 각 활동은 난이도를 고려하여 계열성 있게 배치한다. 월간 교육계획 작성 시 고려할 내용은 다음과 같다(보건복지부, 중앙보육정보센터, 2013).

- 월간 교육계획의 주제와 소주제의 상호 연계성을 고려하여 계획한다.
- 각 소주제의 목표는 지식, 기술 및 태도를 고려한 용어로 기술한다.

- 월간 교육계획 시 국가수준 교육과정의 교육 요소를 골고루 다룰 수 있는 활동을 균형 있게 계획한다.

<표 5-9>는 0~1세반, <표 5-10>은 2세와 유아반의 월간 교육계획 작성 예를 보여 주고 있다. 1세반의 경우에는 매주 소주제를 다르게 선정하지 않는다. 1주 단위의 활동 선정 또한 의미가 없으므로 하나의 소주제가 1~3주 간 배치될 수 있다(<표 5-9> 참조). 반면, 2세반과 유아반의 월간 교육계획은 매주 새로운 활동을 계획한다(<표 5-10> 참조).

월간 교육계획을 반드시 계획해야 하는 것은 아니나 각 소주제의 활동이 표준보육과정 6개 교육 내용 영역 또는 누리과정 5개 교육 내용 영역의 내용을 균형 있게 담고 있는지, 그리고 활동이 난이도에 맞게 적절하게 배치되었는지를 한눈에 볼 수 있으므로 계획해 두면 좋다.

표 5-9 ◆ **1세반의 월간(주제별) 교육계획 예**

주제		느낄 수 있어요									
구 분	주	1주	2주	3주	4주	5주	6주	7주	8주	9주	10주
	소주제	만져 보아요		살펴보아요		들어 보아요		맡아 보고 맛보아요			온몸으로 느껴 보아요
등원 및 맞이하기		부모와 교사가 반갑게 인사하기				영아의 옷차림과 건강에 대해 이야기하기					
	점심 및 간식	즐겁게 먹어요				숟가락, 포크를 사용해요				꼭꼭 씹어 먹어요	
	낮잠	내 이불, 내 베개를 찾아요				편안한 옷을 입고 잠을 자요				이불을 덮고 잠을 자요	
	기저귀 갈기/배변활동	친구들도 기저귀가 있어요				기저귀를 휴지통에 버려요				쉬, 응가라고 표현해요	
실내 자유 놀이	신체	둥근 고리 끼우기 놀이해요	촉감 신발 신고 걸어요	굴러 가는 공을 따라가요	데굴데굴 색깔 물병	소리 나는 구슬밭을 지나가요	부엌 물건으로 '쿵짝 쿵짝'	향기 주머니 나무	코를 킁킁!!	바나나 주스를 만들어요	감각터널을 지나가요
	언어	내 이름을 부르면 대답해요	울퉁불퉁 종이에 끼적여요	이게 뭐야?	물로 끼적인 그림을 보아요	속닥속닥 작은 소리	소리나는 책 따라 소리내 봐요	코코코	음식 관련 그림책을 보아요	과일 이름을 말해요	몸을 부딪혀서 소리 내요
	감각 · 탐색	선생님과 로션을 발라요	누구의 기저귀 일까요?	색안경을 써요	신문지로 놀아요	누르면 소리가 나요	놀잇감으로 소리 내요	간식 냄새를 맡아요	음식봉지 2조각 퍼즐	과일을 맛보아요	손발로 물도장을 찍어요
	역할 · 쌓기	소꿉그릇에 밀가루 반죽을 담아요	촉감블록으로 놀이해요	원통블록으로 놀이해요	가방을 메고 다녀요	소리 나는 블록을 쌓아요	동물 소리 듣고 흉내 내요	우유팩을 쌓아요	주스 따르는 흉내 내요	모형 음식을 식판에 담아요	벽돌블록 건너 뛰어요
실외놀이		모래로 놀아요		색깔판으로 공원을 보아요		소리 나는 신발을 신고 걸어요		향기 나는 꽃과 풀을 찾아요		그늘이 시원해요	바람이 불어요
귀가 및 가정과의 연계		놀이 사진을 함께 보아요				'누가 있을까?' 목소리를 들어요				만났을 때 꼭 안아요	

출처: 보건복지부(2013b).

표 5-10 ◆ 2세반의 월간(주제별) 교육계획 예

구분	주 / 소주제	1주 가을이에요	2주 가을나들이	3주 나뭇잎이 물들어요	4주 자연물로 놀이해요	5주 알록달록 색깔나라	6주 재미있는 그리기 나라
등원 및 맞이하기		아침에 먹고 온 음식 이야기해 보기					
일상생활	점심 및 간식	바르게 앉아 먹기 / (새로운) 음식 먹어 보기					
일상생활	낮잠	자고 나서 내 베개를 정리해 보기					
일상생활	배변활동	배변 후 선생님의 도움받아(스스로) 옷을 올려 보기 / 지퍼, 단추 잠궈 보기					
실내 자유 놀이	신체	낙엽비가 내려요	나뭇잎처럼 움직여 보기	나뭇잎 징검다리 건너기	콩주머니 던지기	색풍선 놀이	같은 색깔 도미노
실내 자유 놀이	언어	과일, 열매 까꿍 카드	나들이 사진 보며 이야기 나누기	나뭇잎에 그림편지 쓰기	자연물(탐색) 그림책	색깔에도 이름이 있어요	내가 좋아하는 색깔이 있어요
실내 자유 놀이	감각 · 탐색	내 짝을 찾아 주세요 (과일 반쪽 찾기)	순가락으로 열매 옮기기	단풍잎(은행잎) 방석	조각 천 염색하기	색탁구공 옮기기	알록달록 색소금 만들기
실내 자유 놀이	역할 · 쌓기	낙엽을 청소해요	가을 소풍 놀이	나뭇잎(단풍잎, 은행잎) 왕관 쓰고 놀이하기	열매, 나뭇잎 소꿉놀이	삼색 밀가루 반죽으로 요리하기	삼색 밀가루 케이크 (생일놀이)
실내 자유 놀이	역할 · 쌓기	큰 나무, 작은 나무 쌓아 보기	블록 돗자리 만들기	가을 동산 만들기	나무 무늬 블록으로 식탁, 의자 구성하기	알록달록 색깔 길 만들기	무지개 촉감 블록 쌓고 무너뜨리기
실내 자유 놀이	미술	알록달록 가을나무 꾸미기	산책 가방 만들기	나뭇잎 왕관 만들기	솔방울에 색깔 입히기	색깔 공을 굴려 그림 그리기	까만 크레파스 그림
실내 자유 놀이	음률	열매 마라카스 흔들기	노래 <오리소풍>에 맞춰 춤추기	나무악기 연주하기	춤추는 씨앗 (큰북 두드리기)	리듬악기 두드리며 <가을바람> 노래 부르기	색스카프 흔들기
실외놀이		동물인형 목욕시키기	여러 가지 색, 모양의 나뭇잎이 있어요	가을나들이	나뭇 가지에 매달린 물체 탐색하기	흙으로 놀아요	색돋보기로 바깥풍경 관찰하기
실외놀이		여러 가지 색, 모양의 나뭇잎이 있어요	가을나들이	나뭇가지에 매달린 물체 탐색하기	흙으로 놀아요	색돋보기로 바깥풍경 관찰하기	무지개 낙하산 놀이
귀가 및 연계	귀가	가을 날씨를 이야기하며 귀가하기			나뭇잎의 변화를 살펴보며 귀가하기		
귀가 및 연계	가정 및 지역 사회 연계	가정과의 연계 - 가족과 함께 공원 산책 하기 지역사회와의 연계 - 공원으로 산책 가기(유아교육기관에서 가까운 근린공원으로 산책 가기)					

출처: 보건복지부(2013b).

5) 주간(소주제별) 교육계획

주간 교육계획은 월간 교육계획에서 제시한 교육활동을 요일별로 보다 분명하게 배치하는 것이다. 월간에 계획된 해당 주간의 활동을 그대로 요일별로 배치할 수도 있고, 일일교육 실행 및 평가한 결과에서 반영할 내용이 있을 경우 주간 교육계획에 반영하여 작성할 수도 있다. 0~1세반의 경우, 주간 요일별로 활동을 제시하지 않고 소주제별로 제시해도 무방하다. 주간 교육계획의 작성 방법은 다음과 같다.

(1) 주간 교육계획 작성 방법

- 월간(주제별) 교육계획에 제시된 활동을 영유아의 흥미, 교사의 판단에 따라 요일별로 안배하여 적절히 계획한다.
- 주간에 계획된 활동들은 영유아의 상황에 따라 융통성 있게 기간을 조절한다. 즉, 화요일에 계획한 활동이 당일 하루의 놀이로 끝날 수도 있고, 다음 날 또는 다음 주로 이어져 놀이가 지속 · 확장될 수도 있다.
- 모든 활동이 동일한 요일에 시작되지 않도록 한다. 주 첫날인 월요일에 모든 새로운 활동이 계획될 경우 계획된 월요일에 시작한다는 의미이므로, 이는 교사와 영유아를 모두 지치게 만드는 것이다. 또한 새로운 활동을 금요일에 시작할 경우, 다음날이 휴일이므로 영유아의 흥미가 단절될 수 있다. 가급적 주중인 화 · 수 · 목요일에 계획한다. 또한 준비물이 있고 교사가 깊이 개입해야 할 활동들은 하루에 겹쳐 계획되지 않도록 요일을 안배한다.

(2) 연령별 주간 교육계획

① 0~1세반의 주간 교육계획

<표 5-11>에서 보여 주듯이, 1세반의 경우, 요일별 활동을 제시하지 않고 소주제 '만져 보아요'를 2주간 실시하면서 주간별로 활동을 제시하고 있음을 볼 수 있다. 자유놀이 시간에 제시된 활동을 보면, 각 흥미 영역에 1개 정도의 활동이 계획되어 있다. 이는 영아의 발달 특성상 집중 시간이 짧고 반복적으로 놀이하는 것을 즐기기 때문에 너무 많은 새로운 활동을 제시하면 혼란스러울 수 있다. 대신 지난 주에 계획되었던 활동들에 대해 영아의 반응, 흥미도, 상황에 따라 예기치 않게 달라진 점 등을 평가하여 다음 주 교육계획으로 연장하거나 반영하여 다시 계획할 수

있다(보건복지부, 중앙보육정보센터, 2013). 이를 볼 때, <표 5-11>에 제시된 흥미 영역별 활동은 1주차 활동과 2주차 활동이 구분되어 있는 것처럼 보이나 1주차에 계획된 활동이 2주까지 지속될 수도 있으며 1주간 활동으로 끝날 수도 있음을 알 수 있다.

1세아의 경우, 0세아와 주간 교육을 계획하는 방법은 동일하되, 실내 자유놀이 시간의 흥미 영역 구분에서 역할 · 쌓기 영역을 더 첨가하여 구성해 주는 것에 차이가 있다.

표 5-11 ◆ 소주제로 구성된 1세반의 주간 교육계획 예

구분 \ 소주제		1주	2주
		만져 보아요	
등원 및 맞이하기		부모와 교사가 반갑게 인사하기	
일상생활	점심 및 간식	즐겁게 먹어요	
	낮잠	내 이불, 내 베개를 찾아요	
	기저귀 갈기/배변활동	친구들도 기저귀가 있어요	
실내 자유놀이	신체	둥근 고리 끼우기 놀이해요	촉감신발 신고 걸어요
	언어	내 이름을 부르면 대답해요	울퉁불퉁 종이에 끼적여요
	감각 · 탐색	선생님과 로션을 발라요	누구의 기저귀일까요?
	역할 · 쌓기	소꿉그릇에 밀가루 반죽을 담아요	촉감블록으로 놀이해요
실외놀이		모래로 놀아요	
귀가 및 가정과의 연계		놀이 사진을 함께 보아요	

출처: 보건복지부(2013b).

영아는 대소집단활동 없이 놀이활동으로 일과가 운영되는데, 흥미 영역이 제한적이다. 국가수준 교육과정에서의 예술경험, 사회관계 영역의 내용들은 어떻게 학습하는가?

사회관계 영역의 내용은 유아교육에서는 잠재적 교육과정으로, 등원에서 귀가까지 또래, 교직원, 부모, 지역사회와의 연계활동 등을 통해 학습할 수 있고, 0~1세아의 경우 예술경험 내용은 '감각 · 탐색, 역할 및 쌓기놀이' 등과 연계하여 활동할 수 있다.

② 2세반의 주간 교육계획

2세반과 3~5세반은 주간 교육계획 시 놀이활동이 요일을 안배하여 계획된다. 2세반 주간 계획안 작성방법은 다음과 같다.

- 자유놀이 시간의 흥미 영역이 보다 세분화되어 예술경험 영역의 내용을 핵심 목표로 다룰 수 있는 미술 영역과 음률 영역이 첨가될 수 있다.
- 0~1세아와 달리 2세반은 대체적으로 한 주에 하나의 소주제로서 그 소주제와 통합된 활동을 요일별로 계획해 준다(<표 5-12> 참조).
- 어린이집의 경우, 토요일 교육 신청 영유아가 있으면 통합교육으로 운영한다.

표 5-12 ◆ 2세반의 주간 교육계획 예

주제	알록달록 가을이에요			소주제	가을이에요	
구분		월	화	수	목	금
등원 및 맞이하기		아침에 먹고 온 음식 이야기해 보기				
일상생활	점심 및 간식	바르게 앉아 먹기 (새로운) 음식 먹어 보기				
	낮잠	자고 나서 내 베개를 정리해 보기				
	배변활동	배변 후 선생님의 도움받아(스스로) 옷을 올려 보기 지퍼, 단추 잠궈 보기				
실내 자유 놀이	신체	낙엽비가 내려요				
	언어	과일, 열매 까꿍 카드				
	감각·탐색		내 짝을 찾아 주세요(과일 반쪽 찾기)			
	역할·쌓기	낙엽을 청소해요.		큰 나무, 작은 나무 쌓아 보기		
	미술		알록달록 가을나무 꾸미기			
	음률			열매 마라카스 흔들기		
실외놀이		동물인형 목욕시키기			여러 가지 색, 모양의 나뭇잎이 있어요	
귀가 및 가정과의 연계	귀가	가을 날씨를 이야기하며 귀가하기				
	가정과의 연계	가정과의 연계 – 부모와 함께 공원 산책 하기				

출처: 보건복지부(2013b).

참고 어린이집의 경우, 토요일 교육 신청 영아가 있으면 토요일을 계획안에 표기함.

③ 유아반의 주간 교육계획

유아반은 영아반과 달리 대소집단활동이 하루 일과 중에 포함된다. 대소집단활동으로는 이야기 나누기, 게임, 동화, 동시, 동작, 미술, 음악 등의 활동을 계획할 수 있다. 이러한 활동을 각 발달 수준에 맞게 횟수를 조절하여 배치한다. 예를 들면, 이야기 나누기는 5세의 경우 매일 계획해도 무방하나 3~4세는 주 1~2회 정도로 연령에 따라 활동을 조절하여 계획한다.

표 5-13 ◆ 유아반의 주간 교육계획 예

일시	20○○년 1월 15일 수요일				날씨	흐림
주제	생활 도구				소주제	다양한 생활 도구
목표	다양한 생활 도구에 대해 관심을 갖고 편리한 도구에 대해 안다.					
구분		월	화	수	목	금
등원		어린이집/유치원, 가정에서 사용하는 생활 도구에 관심 갖기				
오전 자유 선택 활동	쌓기놀이	내 책상을 만들어요			종이벽돌 도미노 놀이	
	역할놀이			부엌 놀이를 해요		
	미술	생활 도구 본뜨기		비밀 그림을 그려요		
	언어			도구의 이름을 찾아요		좋아요
	수·조작		조작: 컵으로 놀아요		어떤 도구로 잴까요?	
	과학	편리한 깔때기			드라이버를 안전하게 사용해요	
	음률		신기한 자석		가위 안전송	
대소집단활동		동시: 필요해요	이야기 나누기: 점점 편리해져요 음악: 무엇이 필요할까요?	동작: 꽁꽁 감아라, 술술 풀어라	동화: 내가 제일 멋진 도구야 게임: 나는 안전왕	요리: 달걀찜 만들기
실외활동		뚝딱뚝딱 길을 내자		받아라 버튼		
점심 및 낮잠		좋아하는 음식과 싫어하는 음식 함께 먹어 보기				
오후 자유선택활동		실외: 모래와 실이 만나면?		기억게임 도형 이용하여 도구 그리기		
귀가 및 가정과의 연계		가정에서 가족이 사용하는 다양한 생활 도구 찾아보기				

출처: 보건복지부(2013a).

참고 어린이집의 경우, 토요일 교육 신청 유아가 있으면 토요일을 계획안에 표기함.

④ 혼합반의 주간 교육계획

Katz(1995)는 혼합 연령 학급의 경우, 교사의 교수학습 방법이 적절하고 영유아를 중심으로 운영될 때 영유아에게 발달적으로 도움이 될 수 있지만, 그렇지 않을 경우 연령이 낮은 영유아가 연령이 높은 영유아나 유능한 또래에게 소외되거나 위축되는 등 문제점을 드러낼 수 있다고 하였다(이완정, 2005). 따라서 교사는 연령이 높은 유아에게 적절한 책임을 맡겨 동생을 돌볼 수 있는 기회를 줌으로써 형은 자존감과 주도성을 키울 수 있고 동생은 형을 보면서 보다 수평적 관계에서 높은 수준의 학습의 기회를 가질 수 있다. 이러한 혼합 연령의 특성을 고려하여 혼합반의 교육과정은 연령별 인적 구성의 특징에 따라 활동 비율과 활동의 수준을 조정하여 제시해야 한다.

<표 5-14> 혼합반의 주간 교육계획 예시를 보면, 4~5세 혼합반에서 높은 연령인 5세를 중심으로 활동을 계획하고 낮은 연령인 4세를 위한 활동은 5세 활동에서 수준을 조정하거나 별도의 활동으로 제시한 것을 볼 수 있다. 실내 자유선택활동 시간의 언어 영역에서 5세에게 '바다그림책 만들기' 활동을 계획했다면, 4세는 5세와 같은 자료를 이용하되, 바다와 관련된 그림을 오려 붙이며 자신의 그림에 대해 이야기해 보는 활동으로 계획한다. 또한 미술 영역에서는 5세 활동으로 '물의 오염 포스터 그리기' 활동을 계획하되, 4세는 다른 자료를 활용한 활동으로 '콜라주'를 계획하여 연령의 수준을 고려하고 있다.

혼합 연령 주간 교육계획의 작성 시 고려 사항은 다음과 같다.

- 혼합 학급의 영유아 수가 연령별로 비슷하게 구성되어 있다면, 높은 연령을 중심으로 활동을 계획하고 낮은 연령의 영유아에 해당하는 활동을 <표 5-14>처럼 계획할 수 있다.
- 낮은 연령의 영유아 수가 월등히 많다면 낮은 연령 수준에 맞춘 활동을 계획하되, 마찬가지로 높은 연령의 영유아에 적합한 활동을 별도로 계획하도록 한다.
- 4세와 5세가 혼합되어 있는 반이라면 5세의 발달적 특징과 초등학교 준비를 위한 요구 등을 고려하여 5세만 별도로 집단 또는 개별로 활동할 수 있는 교육계획을 한다. 예를 들면, 4세까지는 이야기 나누기 시간을 자주 갖지 않아도 무방하지만 5세는 이 시간을 통해 남의 이야기를 듣고 자신의 생각을 표현하

표 5-14 ◆ 혼합반의 주간 교육계획 예

주제		여름			소주제	물
목표		물의 소중함을 알고 깨끗한 물을 만들 수 있는 방법을 찾아본다.				
요일		월	화	수	목	금
등원		'물을 오염시키지 않으려면' 가정 연계활동 선생님과 친구에게 소개하기				
실내 자유선택활동	쌓기놀이	하수 처리장 구성하기		수영장 만들기		
	역할놀이		동극: 빗물웅덩이		분리수거 쓰레기통 만들기	
	미술	폐식용유를 이용한 시스루 아트		물의 오염 포스터 그리기 4세 - 콜라주		
	언어	바다그림책 만들기 4세 - 바다그림 오려 붙이기		내가 만약 더러운 물이라면?		
	수·조작		바다생물 빨래집게로 집기 4세 - 같은 것끼리 모으기		같은 숫자 찾아 색칠하기	
	과학		실험: 깨끗한 물 만들기		실험 도구 제작하기	
	음률		신체표현: 물방울	4세 - 빗방울 음악 들으며 스카프 놀이		
대소집단활동		이야기 나누기: 물의 오염	4세 - 전이활동 손유희: 올챙이 개구리		게임: 하늘, 땅, 바다	인터넷 동화: 방울이의 물 여행
실외놀이활동		거미 관찰하기		비누방울 만들어 놀이하기 4세 - 비누방울 잡기 놀이		
점심 및 낮잠		좋아하는 음식과 싫어하는 음식 함께 먹어 보기				
오후 자유선택활동		실외: 모래를 이용한 깨끗한 물 실험하기				
귀가 및 가정과의 연계		물을 오염시키는 것들이 무엇인지 알아오기				

참고 어린이집의 경우, 토요일 교육 신청 유아가 있으면 토요일을 계획안에 표기함.

는 등 토의나 주제와 관련된 개념활동을 할 수 있는 기회를 제공해야 한다. 이 때 5세만을 위한 공간을 별도로 제공하거나 활동실의 한 영역을 활용할 수 있도록 배려한다.

6) 일일 교육계획

일일 교육계획은 주간 교육계획에 제시된 활동이 하루 일과에서 어떤 내용과 방법으로 이루어질 것인가를 일과의 순서대로 계획한다. 일일 교육계획은 교육활동에 대한 준비 및 진행, 활동 방법, 공간 및 집단 구성 등에 관한 사항을 미리 계획하여 기록함으로써 교사가 어떤 교수활동을 할 것인지를 시각화하는 것이다. 교사가 영유아의 발달을 위해 무엇을 어떻게 도울 것인가를 구체적으로 계획하고 진행하면 마음의 여유를 가질 수 있고, 영유아의 흥미나 요구를 쉽게 파악할 수 있으며, 우연히 일어나는 상황 등에 융통성을 갖고 대처할 수 있다.

(1) 일일 교육계획의 내용

일일 교육계획은 주간 교육계획에 계획된 활동을 중심으로 매일매일 세밀하고 구체적으로 작성한다. 계획안을 작성할 때에는 지난 해 교육일지에 기술해 둔 실행 및 평가된 내용과 이전 교육활동을 실행하고 평가한 내용을 참고하여 이를 반영한 일일 교육계획을 세운다. 영유아를 따뜻이 맞이하는 등원에서 시작하여 일상생활활동, 자유선택활동, 대소집단활동, 귀가까지 계획한다.

- 점심 · 간식, 배변활동, 낮잠, 정리정돈 등 일상생활활동의 교육 내용을 계획한다. 대체로 일상에 대한 내용은 행동으로 익혀 습관화하기 때문에 긴 기간 계획하게 되는데, 그러다 보니 같은 내용이 연간 내내 의례적인 계획으로만 거치는 경우를 볼 수 있다. 일상생활활동에 대해 각 시간대별로 연령을 고려한 계획이 이루어져야 한다.
- 자유선택활동 시간은 오전과 오후에 충분한 시간 동안(종일반: 2시간 30분 이상) 진행되도록 계획한다.
- 실내 자유선택활동 시간은 놀이를 조직하거나 구성해야 하는 역할놀이나 쌓기놀이 등이 충분히 이루어지도록 1회 계획 시 1시간 이상 지속해서 이루어질

수 있게 계획한다.

- 오후의 실내 자유선택활동은 오전에 진행된 활동을 연계하여 놀이하거나 좀 더 편안하고 자유롭게 영유아 스스로 선택한 놀이를 하도록 한다.
- 자유선택활동은 매일 모든 흥미 영역의 활동을 다 계획해야 하는 것은 아니나 몇몇 영역의 활동으로만 편중되지 않도록 주의한다.
- 실외놀이는 하루 1회 또는 2회로 나누어 계획할 수 있으며, 매일 1시간 이상은 실행되도록 계획한다(0세는 주 3회 이상 30분 이상, 1세는 30분 이상). 실외놀이 활동은 새로운 활동, 자유선택활동 시간에 진행되었던 활동, 또는 확장된 활동, 대소집단활동 등 다양하게 구성할 수 있다.
- 이야기 나누기, 동화, 동시, 게임, 신체표현, 노래 부르기, 악기놀이, 미술활동 등 자유선택활동 시간에 진행되는 대부분의 활동을 집단활동으로 실시할 수 있다. 활동의 종류, 연령에 따라 대집단 또는 소집단 활동으로 계획하여 진행한다. 영아의 경우, 집단으로 활동을 계획하지 않는 것이 바람직하다.
- 집단활동은 매일 계획되어야 하는 것은 아니며, 활동들 중 적절히 선택하여 계획한다.
- 대소집단활동은 활동의 종류, 집단의 유형에 따라 다를 수 있으나 30분을 넘지 않도록 계획한다.
- 대소집단활동은 가급적 유아의 집중도나 피로도 등을 고려하여 오전에 배치하는 것이 좋다.

(2) 일일 교육계획 작성 방법

일일 교육계획은 매일 영유아가 경험(학습)할 내용을 교사가 예측하여 계획해 주는 것이다. 교사는 하루 일과를 마치고 교육활동과 영유아의 행동을 평가하며 다음날 일일 교육계획을 작성한다. 이때, 주간 교육계획안 해당 요일에 제시되어 있는 활동, 금일 실행한 활동 중 다음날 지속해서 계획해 줄 내용, 금일 실행한 내용 중 내일 계획에 반영될 것, 지난 주간 내용 중 일일 계획에 반영할 내용을 파악하여 기술하고 교사는 내용을 인지하고 있도록 한다. 일일 교육계획을 작성하는 일반적인 방법에 대해 알아본다.

- 일일 교육계획을 위해, 지난 주간 또는 전날에 계획된 활동 중 실행되지 못한

활동이 있을 경우 다음 주에 다시 계획해 줄 것인지 아니면 끝낼 것인지를 결정한다.

- 지난 주간 또는 전날에 계획되어 실행된 활동 중 영유아의 흥미 또는 교사가 판단할 때 더 확장된 내용으로 다루어질 수 있다고 판단되면 다음 주 또는 다음 날에 이어서 계획해 준다.
- 일일교육에서 진행될 활동이 정해지면 적절한 시간대를 구성한다.
  - 활동의 시간대는 고정되는 것은 아니며, 특히 실외놀이의 경우, 계절에 따라 일과의 시간대를 조절해 주어야 한다. 여름은 이른 아침시간에 실외활동을 계획하거나 오후해거름 시간에 계획하여 뜨거운 햇빛을 피하여 놀이할 수 있도록 배려한다.
  - 하루 일과 운영 시간대를 정할 때는 공동으로 사용하는 실외놀이터, 실내시설의 규모 및 공간에 따라 실외놀이나 신체활동실 놀이시간 등을 타 학급 교사와 협의하여 계획한다.
- 계획한 활동의 교구·교재, 자료 등을 준비한다. 전날 또는 오전에 제시한 자료의 경우, 반복하여 기록하지 말고 생략해도 좋다.
- 모든 학급의 교육계획에는 유아교육기관의 행사, 안전교육, 소방대피훈련, 견학, 날씨, 식단 등의 내용을 일관되게 계획에 포함한다.
- 일일 교육계획 서식은 시간 및 활동명, 활동방법, 준비물 및 유의점 등의 내용이 포함되도록 하되, 동일한 주제 하에 반복 계획되는 내용은 생략해도 좋다.

다음은 일일 교육계획안을 작성하는 다양한 서식과 방법 중, 현장에서 가장 많이 활용되고 있는 두 가지 예시다.

① 일일 교육계획안 작성 예 1

<표 5-15>는 일일 교육계획 작성 방법을 반영하여 종일 수업일과에 맞추어 작성한 일일 교육계획안의 예시 중 하나다.

표 5-15 ◆ 일일 교육계획안 예시 1

학급명	○○반(0세)	날 짜	20○○년 4월 5일 화요일
주 제	선생님 품은 따뜻해요		
목 표	영아와 함께 놀이를 통해 보다 친밀하고 안정된 애착관계를 형성한다.		
시 간	**활동 내용 및 방법**	**준비물/유의점**	**실행/평가**
07:30 ~09:00	• 통합교육 - 통합 활동실에서 자유놀이하기		
09:00 ~09:30	• 등원 및 맞이하기 - 영아들과 개별적인 상호작용을 하며 반갑게 맞이하기 - 영아의 기분상태 파악하여 시진하기 • 오전 간식(이유식) 및 기저귀 갈기 - 음식에 관심을 가지며 즐겁게 이유식 먹어 보기 - 세면과 입 닦기, 기저귀 살피기	이유식, 우유, 숟가락, 턱받이, 기저귀 갈이대	
09:30 ~10:30	• 오전 실내 자유놀이 언어 영역: 사물 그림책 - 사물 그림책을 읽어 주면 듣고 아는 사물의 이름 명명하기 감각·탐색 영역 • 멜로디 오리 - 움직이는 오리 따라 걷기(1수준: 교사의 도움받아 걷기) - 움직이는 오리의 모습 탐색하기	그림책 멜로디 오리	
09:30 ~10:30	• 선생님 품에서 보아요 - 교사의 품에 안겨 우리 반 활동실 살펴보기 - 영아를 안고 활동실의 이곳저곳을 이야기해 주며 탐색하기 신체 영역: 매달린 공 잡기 - 손을 뻗어 방울 달린 공 잡기 - 손으로 쳐서 움직이는 공 잡아 보기	방울 달린 공 매달아 두기	
10:30 ~10:40	• 정리정돈 및 씻기 - 놀잇감 제자리에 찾아 놓아 보기 - 교사의 도움받아 손 씻기	비누, 수건	
10:40 ~11:10	• 오전 수유(이유식) 및 이 닦기/낮잠 준비 - 조용한 음악을 들으며 편안한 수유 시간 갖기 - 세면과 영아용 손가락 칫솔로 이와 잇몸 닦기 - 영아용 개별 매트에 누워 낮잠 준비하기	영아용 손가락 칫솔	
11:10 ~13:00	• 오전 낮잠 - 창가의 커튼을 닫아 너무 밝지 않도록 하기 - 브람스의 <자장가>를 들으며 편안하게 낮잠 자기	개인 침구, 음악 CD	

13:00 ~14:00	• 기저귀 갈기 및 이유식(수유) - 기저귀 살피기 - 음식에 관심을 가지며 즐겁게 이유식 먹어 보기		
14:00 ~15:00	• 오후 실내 자유놀이 신체 영역: 매달린 공 잡기 감각·탐색 영역: 멜로디 오리 언어 영역: 까꿍놀이 책 보기 - 교사가 영아의 손을 잡고 다양한 느낌의 사물을 만져 보며 이름 말해 보기 "까꿍, 토끼가 나왔네."	까꿍놀이 책	
15:00 ~15:30	• 오후 간식 및 기저귀 갈기 - 음식에 관심을 가지며 즐겁게 간식 먹어 보기 - 기저귀 살피기	영양죽, 귤	
15:30 ~16:00	• 산책 및 실외 자유놀이 - 유모차 타고 산책 다녀오기 - 옥상 놀이터에서 외기욕 하기	유모차, 물티슈, 구급약	
16:00 ~17:00	• 오후 실내 자유놀이 신체 영역: 매달린 공 잡기 감각·탐색 영역: 바스락 바스락 - 소리 나는 감각놀잇감을 숨긴 뒤 찾아보기		
17:00 ~19:30	• 통합반은 통합프로그램 운영 신체 영역: 매달린 공 잡기 언어 영역: 책 보기 • 부모가 오는 대로 귀가하기(부모와 영아에 대해 대화하기)	세탁물 보내기	
일일 평가			

일일 교육계획안 작성 예시 1은 자유놀이활동(유아반은 자유선택활동), 실외놀이활동 등 모든 활동을 기술할 때 활동 목표와 활동 방법에서 상호작용은 생략한 활동 내용을 진행 순서대로 기술하고 있다. 즉, 당일 새롭게 제시하는 활동, 전날 또는 지난주에 진행된 활동, 오전에 이루어진 활동 등을 다음 계획에 반복해서 계획해 주더라도 생략하지 않고 동일 내용을 반복해서 기술해 주고 있다.

② 일일 교육계획안 작성 예 2

또 다른 방법으로 작성한 일일 교육계획안을 보면 <표 5-16>과 같다.

표 5-16 ◆ 일일 교육계획안 예시 2

5세반 일일 교육계획				
주 제	세계는 하나	날 짜	20○○년 9월 30일 (월) 날씨: 오전에 흐린 후 맑음	
소주제	세계 속의 우리나라	출결 사항	출석: 28/30명	결석: 2명
목 표	세계 속의 우리나라에 대해 알아본다.		결석 아동: 엄○○, 이○○	
일과 운영	계 획			실행 및 평가
통합교육 07:30~09:00	• 통합 활동실에서 자유놀이			
등원 및 조용한 놀이 09:00~09:30	* 등원: 교사와 친구에게 인사 나눈 후 자신의 가방 정리하기 * 조용한 영역 놀이: 언어, 미술, 수 · 조작 영역에서 자유로이 놀이하기			
오전 간식/ 물 양치질 09:30~09:50	<누룽지죽, 깍두기/파인애플> - 바른 자세로 식탁 가까이 앉아 식사하기 - 식사 후 자신의 자리 둘러보며 정돈하기 * 양치질-물 양치를 한 후 입 주변을 휴지로 닦기			
일과 소개 및 놀이 안내 9:50~10:10	* 새로운 놀이 소개 - 금일 새롭게 시작하는 세 영역의 활동을 구체적으로 소개하기 * 지난 주 활동에서 확장 또는 변환되는 활동 내용 소개 - 지난 주 활동에서 확장되는 수 영역의 내용을 첨가하여 소개하기			
오전 실내 자유선택활동 10:10~11:10	[쌓기놀이 영역] * 우리나라 문화유산 구성하기 목표: 우리나라 문화유산에 관심을 갖고 위치와 방향을 고려하여 블록으로 구성할 수 있다. 방법 1. 우리나라 문화유산 사진 탐색 후 전개도 그리기 - 관찰한 문화유산에 대해 설계도를 그려 보자. 2. 각자 그린 전개도에 근거하여 문화유산 만들기 - △△의 설계도대로 문화유산을 구성해 보겠니? - 어떤 자료로 만들면 가장 잘 만들 수 있을까?			

<table>
<tr><td rowspan="8">오전 실내
자유선택활동
10:10~11:10</td><td>[역할놀이 영역]
* 우리나라를 소개해요
목표: 우리나라 문화유산을 소개하는 사람이 되어 손님에게 안내해 본다.
방법 1. '안내원과 손님' 역할 관련 동영상 보며 역할 나누기
- 어떤 역할을 할 것인지 서로 의논해 보자.
2. 안내원과 손님이 되어 말하면 듣고 역할해 보기
- (안내원 역할에게) 손님이 들어오는데 뭐라고 말해야 할까?</td></tr>
<tr><td>[언어 영역]
(→) 내가 할 수 있는 나라 사랑 책 만들기
(→) '세계 여러 나라' 관련 그림책 읽기
(→) '우리나라 소개' 안내 멘트 쓰고 친구에게 말해 보기</td></tr>
<tr><td>[수 · 조작 영역]
(→) 우리나라 문화 · 세계 문화 벤다이어그램
- 우리나라 문화와 세계 문화의 같은 점 및 다른 점 적기
- 내가 만든 벤다이어그램 친구에게 소개하기</td></tr>
<tr><td>[과학 영역]
(→) 물의 팽창력 실험하기</td></tr>
<tr><td>[미술 영역]
(→) 전통 문양으로 장신구 만들기</td></tr>
<tr><td>[음률 영역]
* 판소리와 오페라 감상하며 춤추기
목표: 세계와 우리나라의 음악을 듣고 느낌을 몸으로 표현할 수 있다.
방법 1. '판소리'와 '오페라' 감상하기
- 무엇이 다르니?
2. 판소리/오페라에 맞춰 자유롭고 창의적으로 춤추기
- 어떻게 달랐어? 다른 것을 동작으로 표현해 볼 수 있겠니?</td></tr>
<tr><td>[컴퓨터 영역]
(→) 세계지도를 검색해 세계 속의 우리나라 크기 알아보기
- 세계지도를 검색하여 출력하기
- 세계지도 속의 우리나라 찾아보기</td></tr>
<tr><td></td></tr>
<tr><td>정리정돈 및
평가
11:10~11:30</td><td>- 내가 사용한 놀잇감 스스로 정리하기
- 놀이 평가하기(만든 작품 소개하기 등)</td></tr>
<tr><td>대소집단
활동
11:30~12:00</td><td><이야기 나누기>
* 세계가 알고 있는 우리나라
목표: 세계 속 우리나라의 특징에 대해 알고 말할 수 있다.
방법 1. 컴퓨터 영역에서 출력한 세계지도 탐색하기
2. 세계 속에 알려진 우리나라의 특징과 관련된 슬라이드를 보며 이야기 나누기</td></tr>
</table>

	3. 이야기 나눈 것을 회상하며 다시 한 번 슬라이드 보기 4. 내가 생각하는 우리나라에 대해 자랑하기
손 씻기/점심 /양치질하기 12:00~13:00	<잡곡밥, 갈비탕, 해물콩나물찜, 감자조림, 가지초무침, 배추김치> - 반찬 골고루 먹기 - 입 안의 음식 다 삼킨 후 말하기
휴식 및 낮잠 13:00~14:00	- 편하게 누워 바흐의 음악을 들으며 휴식 및 원하는 유아는 낮잠 자기 - 자신의 매트와 이불 스스로 정리하기
실외 자유선택활동 14:00~15:00	* 복합놀이기구 * 무궁화 꽃이 피었습니다 * 사방치기
손 씻기 및 오후 간식 15:00~15:30	<미니카스테라/우유> - 포크 바르게 사용하기 - 다 먹은 후 입 주위를 물로 헹구기
오후 실내 자유선택활동 15:30~17:00	[쌓기놀이] (→) 세계에서 유명한 우리나라 문화유산 만들기 [수 · 조작] (→) 세계의 어린이 퍼즐 맞추기
통합교육 귀가 지도 17:00~19:30	* 통합반에서 자유놀이 [미술 영역] 전통문양 장신구 만들기(1수준: 모양 종이 자유롭게 구성하기) [음률 영역] 판소리와 오페라 감상하며 춤추기 - 유아의 특이사항에 대해 부모와 이야기하기
평 가	

- 놀이활동에서 당일 새롭게 제시되는 활동은 활동의 목표와 방법을 구체적으로 계획한다(단위활동안대로 작성). 주로 하나의 활동에서 여러 영역의 교육 내용을 포함하고 있거나 교사가 내용과 방법을 익혀 두기 위해서 구체적으로 계획해 두면 활동 운영이 수월하다(오전 자유선택활동의 쌓기놀이 · 역할놀이 · 음률 영역과 집단활동의 이야기 나누기 활동 참조).
- 전날 또는 지난주에 진행된 활동, 오전에 이루어진 활동 등이 내용 그대로 지속해서 다시 계획된 활동은 '(→)'로 기록해 둔다[언어 · 과학(물의 팽창력 실험하기) · 미술 영역과 오후 자유선택활동 쌓기놀이 · 수 · 조작 영역 활동 참조].
- 전날 또는 지난주 활동을 실행한 후 심화 · 확장된 내용 또는 변형된 내용 중 당일 계획에 반영된 내용은 '-'로 표시하고 내용을 기술한다(수 · 조작 영역 활동 중 '우리나라 문화 · 세계 문화 벤다이어그램' 활동 참조).

※ 일일 교육계획안 예시1과 예시2의 작성 방법을 비교하여 분석해 보자.

(3) 연령별 일일 교육계획 시 고려할 점

영아반과 유아반, 혼합 연령의 일일 교육계획 시 고려할 내용과 일일 교육계획의 다양한 작성 방법 중 쉽고 편리하게 쓸 수 있는 방법의 예를 들면 다음과 같다.

① 영아반

영아를 위한 일일 교육계획은 유아보다 일상적 양육활동을 더 많이 배정하고, 대집단활동보다는 개별활동을 적절하게 배정하되, 필요 시 활동과 활동 사이에 잠시 모일 수 있는 전이활동 시간(1세와 2세 영아반에서 다른 공간으로의 이동을 위해, 식사를 기다리며)을 계획할 수 있다. 또한 탐색과 움직임이 많은 연령의 특성을 고려하여 실외놀이뿐만 아니라 실내놀이 공간에도 신체활동을 계획하여 충분한 움직임을 경험할 수 있도록 한다.

- 영아의 일일 교육계획은 일과 시간대를 자주 바꾸어 주기보다는 일관성을 유지하며 계획하는 것이 좋다. 즉, 실내 자유놀이 → 배변활동 → 실외놀이 → 손 씻기 → 점심시간으로 계획했다면 이러한 순서를 지속적으로 유지하도록 계획한다. 일정하게 반복되는 일과는 영아로 하여금 다음에 무엇을 하고 어디로 이동할 것인지를 예측할 수 있게 해 주어 심리적인 안정감을 가질 수 있고, 익숙한 환경에서 능동적으로 활동할 수 있게 해 준다(보건복지부, 중앙보육정보센터, 2013).
- 지나치게 세분화된 일과 계획을 하면 교사가 주도적으로 진행할 우려가 있으므로 해당 학급의 영아의 상황을 반영하여 융통성 있게 수립하도록 한다.

② 유아반

- 3세 유아를 위한 일일 교육계획은 발달 수준을 고려하여 대집단활동보다는 자유선택활동과 소집단활동을 위주로 계획하는 것이 바람직하다.
- 4세와 5세반의 경우, 발달 특성과 신체 리듬을 고려할 때 자유선택활동이나

대소집단활동 시간 등을 동일하거나 유사하게 배정할 수 있다. 3세보다 다양하고 심도 있는 활동을 경험할 수 있도록 계획한다.

- 4세와 5세 연령은 어느 정도 스스로 피로를 조절할 수 있는 능력이 생긴다. 따라서 반드시 낮잠시간을 계획하지 않아도 되지만, 오후의 신체 리듬을 고려해 볼 때 20~30분 정도 조용한 놀이 또는 잠시 누워 휴식을 취하는 것이 바람직하다(보건복지부, 한국보육진흥원, 2018).

③ 혼합 연령반

혼합반은 발달의 차이가 클수록 서로 수준이 맞지 않다 보니 또래끼리 어울리는 경향이 많다. 따라서 연령 간에 협력할 수 있는 활동을 안배하거나 1인 교사 또는 2인 교사 배치 여부를 고려하여 일일교육을 계획해야 한다. 예를 들면, 앞서 제시한 혼합 연령의 주간 교육계획에서 자유선택활동 시간의 언어 영역 활동인 '바다그림책 만들기'를 할 때 4세 유아가 글을 쓰고 싶어 한다면 5세 유아와 협력할 수 있도록 안내할 수 있다. 4세 유아가 그림을 오려서 붙이면 글씨를 쓸 수 있는 5세 유아가 "네가 불러 주면 내가 써 줄게."라고 말하며 협력하여 활동을 할 수 있다. 또한 1인 교사일 경우, 특히 집단활동 운영 시 연령이 낮은 유아의 집중 시간과 발달을 고려한 계획이 되어야 하며, 2인 교사일 때에는 분반 또는 소집단 형태로 계획하되, 보다 상세하고 구체적으로 계획하도록 한다.

표 5-17 ◆ **혼합반의 일일 교육계획안 작성 예**

주 제	여 름	소주제	물
목 표	물의 소중함을 알고 깨끗한 물을 만들 수 있는 방법을 찾아본다.		

일과 운영	계획	실행 및 평가
- 중 략 -		
오전 실내 자유선택활동 10:10~11:10	언어 영역 * 바다그림책 만들기 - 32절 또는 16절 크기의 종이와 잡지, 상품 광고간지, 화보 등 다양한 바다그림이 있는 자료를 제시한다. - 바다에서 볼 수 있는 것들을 오려 붙인다. - 바다에 대한 자신의 경험, 이야기를 쓴다. - 표지를 만들고 자신이 만든 것들을 풀 또는 스테이플러를 이용해 책으로 묶는다. <4세> * 바다그림 오려서 붙이기 - 8절 크기의 종이 또는 스케치북에 바다와 관련된 그림을 오려서 붙인다. - 유아가 말하는 것을 교사가 써 준다. 이때 연령이 높은 유아의 도움을 받아 쓸 수 있도록 안내한다. - 중 략 -	
- 이하 생략 -		

제6장

교수학습활동 실행 및 평가

교수활동 계획은 매일의 교육활동에서 영유아의 행동 결과로 나타난다. 계획된 활동은 영유아에 의해 실제 학습되기도 하고 그렇지 않기도 한다. 교사에 의해 계획된 활동이든, 당일 영유아의 관심 또는 교사의 제안에 의해 시작된 활동이든 영유아가 한 것이면 교육실행이라고 본다. 이 실행된 내용은 교육일지에 기록하고. 기록한 내용을 평가하여 다음 교육계획에 반영함으로써 교육의 질을 향상시킨다.

이 장에서는 교육실행의 의미를 알고, 실행을 기록하고 평가하는 방법에 대해 학습한다.

1. 교수학습활동 실행

1) 교수학습활동 실행의 의미

교수학습활동의 실행은 하루 일과 중 영유아가 학습한 모든 내용을 말한다. 교사가 계획했으나 영유아의 관심 부족 또는 안내되지 않아 실행되지 않은 내용도 있고, 계획되지 않았으나 놀이 중 교사의 새로운 제안 또는 영유아의 관심과 흥미에 따라 나타난 내용도 있을 것이다. 여기서 교사가 계획했으나 실제 영유아가 실행하지 않은 것은 실행이라고 할 수 없다. 따라서 교수활동 운영에서 실행이란 교사가 계획한 활동을 영유아가 실제 행한 내용과 교사가 계획하지는 않았지만 영유아가 다룬 내용 모두라고 할 수 있다. 이러한 내용들을 한눈에 볼 수 있게 기록하고, 이를 평가한 결과를 다음 날 또는 다음 주나 내년도의 계획에 반영하여 기록하는 것이 교육일지다. 여기서는 교육일지 작성 방법에서 실행 부분의 기록에 대해 설명한다.

2) 교수학습활동 실행 기록 방법

교수학습 활동 실행을 기록하는 방법은 다양하다. 그중 '기본적인 실행 기록 방법'과 교사의 수고와 시간을 덜어 주는 '효율적 실행 기록 방법'을 소개하고자 한다.

(1) 기본적인 실행 기록 방법

기본적으로 교수학습활동 실행을 기록한다는 것은 계획한 내용이 그대로 실행된 것, 계획한 내용이 심화되고 확장된 것, 계획하지 않았는데 이루어진 것, 계획했으나 실행되지 않은 것 등의 내용 모두를 기록으로 남기는 것을 뜻한다. <표 6-1>은 기본적인 교수학습활동 실행을 기록한 것이다.

표 6-1 ◆ 기본적인 실행 기록 방법의 예

	〈계획〉		〈실행〉
a	• 오전 간식(이유식) 및 기저귀 갈기 - 음식에 관심을 가지며 즐겁게 이유식 먹어 보기 - 세면과 입 닦기, 기저귀 살피기	계획한 활동을 그대로 실행 →	이유식을 먹으면서 그릇에 담긴 음식을 손으로 가리키며 '어, 어' 하며 관심을 보였다. 이유식을 먹은 후 얼굴에 묻은 음식과 입을 닦아 주었다.

b	• 오전 간식(이유식) 및 기저귀 갈기 - 음식에 관심을 가지며 즐겁게 이유식 먹어 보기 - 세면과 입 닦기, 기저귀 살피기	계획된 활동을 확장하여 실행 →	• 이유식을 먹으면서 그릇에 담긴 음식을 손으로 가리키며 '어, 어' 하며 관심을 보였다. 이유식을 먹은 후 얼굴에 묻은 음식과 입을 닦아 주었다. • 음식이 앞에 놓이면 손으로 먹으려고 한다. 식판 빈칸에 한 숟가락 덜어 주었더니 손으로 집어먹기도 하고 숟가락을 사용하기도 하였다. 다음 식사 때에는 식판 빈칸에 조금 덜어 주어 손으로도 먹어 볼 수 있도록 해야겠다.
c	• 선생님 품에서 보아요 - 교사의 품에 안겨 활동실의 이곳저곳을 탐색하기	계획된 활동은 실행되지 못하고 다른 활동이 실행 →	• 영아가 다른 놀이에 열중하여 '선생님 품에서 보아요'는 실행되지 못하였다. • 자동차 모형을 보자기 속에 숨기고 찾아보는 활동이 이루어졌다.

<표 6-1>에서 보면 'a'의 기록은 계획한 내용 그대로 실행된 내용을 '실행란'에 서술식으로 기록한 것이고, 'b'는 계획된 활동이 그대로 실행되고 계획에는 없는 '손으로 먹는' 다른 내용도 이루어졌다. 이 모두가 실행란에 기록된 것이다. 'c'는 계획되었으나 이루어지진 않았기 때문에 실행된 내용은 아니지만 왜 실행되지 않았는지 실행되지 않은 것에 대해 실행란에 기록되었다. 또한 'b' 실행란에는 개선점을 기록하여 다음 계획에 반영할 내용도 평가되어 있다. 이와 같이 실행은 매일 계획된 내용뿐 아니라 계획되지 않았으나 실행된 내용에 이르기까지 모든 내용을 기록으로 남기고 있다.

그러나 이러한 기록 방법은 자세한 일과 운영을 볼 수 있어 좋은 점은 있으나 기록에 대한 시간의 소모와 교사의 업무 과중을 초래할 수 있다.

(2) 효율적 실행 기록 방법

교사가 기록의 양을 줄이고, 시간을 효율적으로 사용하면서 실행된 내용을 남길 수 있는 기록 방법을 소개하면 다음과 같다.

- 계획한 활동이 심화 · 확장하여 실시된 내용은 실행란에 기록한다. 계획한 활동을 진행하면서 내용이 더 풍부해졌거나 축소된 것을 실행란에 기재한다(이기숙 외, 2008). 즉, 계획한 내용이 실행되었으면 계획란에 그대로 두고 계획에 없이 실행된 내용만 실행란에 기록하는 것을 말한다. 활동이나 놀이의 내용뿐만 아니라 준비물, 시간의 변경, 즉 계획된 시간보다 연장되거나 줄어든 경우도 변경된 내용에 기재한다.
- 동일한 주제 하에 계속 제시되는 교재 · 교구, 활동 등은 수정 · 보완 · 첨가된 부분이 있을 경우에만 기술한다(이기숙 외, 2008). 교육 내용을 계획하고 기록하는 것은 여러 가지 의미가 있지만 교수학습할 내용을 교사가 시각화하는 의미도 있다. 따라서 한 번 기록된 내용이나 제시된 준비물을 교사가 인지하고 있다면 다시 기재하는 수고를 하지 않아도 된다. <표 6-2>의 화요일 오전 준비물과 오후에 반복되는 활동 준비물을 비교해 보면 오후는 생략되어 있음을 알 수 있다.
- 계획한 내용이 실행되지 않았으면 계획란에서 실행되지 않은 부분에 줄을 그어 표시하거나 '×'로 표시한다.
- 실행 · 평가 결과는 다음 날 또는 내년도 교육계획에 반영하여 유용하게 사용한다. 교육계획을 하고 그에 기초하여 실행한 내용을 반성적으로 평가하고(<표 6-2> 화요일 일지의 실행칸의 '✓' 표시 부분), 개선할 내용은 다음 계획(<표 6-3>의 '영아가 알고 있는 그림을 반복하여 탐색하기'와 준비물의 '끈 조절' 부분)에 반영한다.

이와 같은 교수활동 실행 기록 방법에 기초하여 작성된 다양한 방법의 교육일지 중 두 가지를 소개하면 다음과 같다.

① 교육실행 및 평가 기록법(교육일지) 작성 예시 1

제5장 <표 5-15>의 일일 교육계획안의 교육계획을 실행하고 그 결과를 기록한 교육일지(<표 6-2> 참조)와 이 일지에서 평가한 내용을 다음 날 반영하여 계획한(<표 6-3> 참조) 교육일지 작성의 예를 보면 다음과 같다.

표 6-2 ◆ 일일 교육일지 예시 1

학급명	○○반(0세)	날 짜	20○○년 4월 5일 **화요일**
주 제	선생님 품은 따뜻해요		
목 표	영아와 함께 놀이를 통해 보다 친밀하고 안정된 애착관계를 형성한다.		
시 간	**활동 내용 및 방법**	**준비물/유의점**	**실행/평가**
07:30 ~09:00	• 통합교육 - 통합 활동실에서 자유놀이하기		
09:00 ~09:30	• 등원 - 영아들과 개별적인 상호작용을 하며 반갑게 맞이하기 • 오전 간식(이유식) 및 기저귀 갈기/씻기 - 손 닦고 턱받이하고 간식 먹기 - 음식에 관심을 가지며 즐겁게 이유식 먹어 보기 - 세면과 입 닦기, 기저귀 살피기	이유식, 우유, 숟가락, 턱받이, 기저귀 갈이대	- 음식이 앞에 놓이면 손으로 먹으려고 한다. 식판 빈칸에 손으로 만질 수 있도록 한 숟가락 덜어 주어야겠다.
09:30 ~10:30	• 오전 실내 자유놀이 언어 영역: 사물 그림책 - 사물 그림책을 읽어 주면 듣고 아는 사물의 이름 명명하기 감각·탐색 영역 • 멜로디 오리 - 움직이는 오리 따라 걷기(1수준: 교사의 도움받아 걷기) - 움직이는 오리 모습 탐색하기 • 선생님 품에서 보아요× - 교사의 품에 안겨 우리반 활동실의 이곳저곳을 탐색하기× 신체 영역: 매달린 공 잡기 - 손을 뻗어 방울 달린 공 잡기 - 손으로 쳐서 움직이는 공 잡아 보기	그림책 멜로디 오리 방울 달린 공 매달아 두기	- 그림책을 보여 주며 이야기를 하자 영아들이 다가와 '구우 구우' 하며 손가락으로 가리켰다. 반복적으로 이야기를 해 주자 관심을 갖고 책장을 넘겨 가며 보기도 한다. <u>같은 책을 반복적으로 읽어 주어야겠다.</u> ✓ - '선생님 품에서 보아요'는 교사가 미처 제공하지 못함. + 자동차 모형을 보자기 속에 숨기고 찾아보는 활동이 이루어졌다. - <u>줄이 길어 서로 엉키는 모습을 보였다. 길이를 짧게 묶어 줘야겠다.</u> ✓
10:30 ~10:40	• 정리정돈 및 씻기 - 놀잇감 제자리에 찾아 놓아 보기 - 교사의 도움받아 손 씻기	비누, 수건	- 스스로 손을 씻으려고 하는 영아가 있었다. 물을 조절해 주고 기다려 주자 씻은 후 손을 내민다. "혼자서 씻었구나? 잘했어!" 하자 뿌듯해 한다.

10:40 ~11:10	• 오전 수유(이유식) 및 이 닦기 / 낮잠 준비 - 조용한 음악을 들으며 편안한 수유 시간 갖기 - 영아용 손가락 칫솔로 이와 잇몸 닦기 - 개별 매트에 누워 낮잠 준비하기		- 3월에 비해 이유식 먹는 양이 늘어났다. 이유식의 양을 늘려 줘야겠다.
11:10 ~13:00	• 오전 낮잠 - 커튼을 닫아 너무 밝지 않도록 하기 - 자장가를 들으며 편안하게 낮잠 자기	개인 침구, 음악 CD	- 칭얼거리며 잠들지 못하는 영아가 있어 안아서 토닥거려 주자 잠이 들었다.
13:00 ~14:00	• 기저귀 갈기 및 이유식(수유) - 기저귀 살피기 - 즐겁게 이유식 먹어 보기		
14:00 ~15:00	• 오후 실내 자유놀이 신체 영역: 매달린 공 잡기 감각·탐색 영역: 멜로디 오리 언어 영역: 까꿍놀이 책 보기× - 교사와 함께 다양한 느낌의 사물을 만져 보며 이름 말해 보기. "까꿍, 토끼가 나왔네."×	까꿍놀이 책	- 오전 놀이보다 더 익숙하게 공 잡기를 한다. - 멜로디 오리를 반복해서 따라다니다 소리가 나지 않자 손으로 가리키며 다시 해 달라 하였다.
15:00 ~15:30	• 오후 간식 및 기저귀 갈기 - 즐겁게 간식 먹어 보기 - 기저귀 살피기	영양죽, 귤	
15:30 ~16:00	• 산책 및 실외 자유놀이 - 유모차 타고 산책 다녀오기 - 옥상 놀이터에서 외기욕 하기	유모차, 물티슈, 구급약	- 외투를 입을 때 "팔 벌려 줄래? 옷 입혀 줄게." 하자 팔을 벌려 주었다.
16:00 ~17:00	• 오후 실내 자유놀이 신체 영역: 매달린 공 잡기 감각·탐색 영역: 바스락 바스락 - 소리 나는 감각놀잇감을 숨긴 뒤 찾아보기		- 소리 나는 놀잇감으로 놀이하다가 교사 뒤로 놀잇감이 굴러가자 이리저리 보다가 찾아냈다. 앞뒤 용어를 말로 표현해 주어야겠다. ✓

17:00 ~19:30	• 통합반 놀이활동 신체 영역: 매달린 공 잡기 언어 영역: 책 보기 • 부모가 오는 대로 귀가하기(부모와 영아에 대해 대화하기)	세탁물 보내기	- 놀이를 잘하다가 엄마가 오면 친구를 밀치거나 엄마에게 짜증내는 행동을 보이는 영아가 있었다. 부모와 상담할 필요가 있으며, 지도 방법을 찾아야겠다. - 부모가 오는 대로 귀가
일일 평가	• 감기 걸린 영아들이 많아져서 놀이 중간에 자주 손 씻기를 하나 손을 빠는 영아의 경우 보다 위생에 대한 관리가 이루어지도록 세심한 배려가 있어야겠다. ※ 공놀이 같은 움직임이 큰 활동은 주간 내내 지속적으로 이루어지도록 제시해 주어 시각운동, 협응력, 소근육 기술이 발달할 수 있도록 도와야겠다. ✓		

교육일지 예시 1의 작성은 다음과 같은 방법을 적용하였다.

- 계획한 활동 내용이 그대로 실행되었으면 계획란에 그대로 둔다. <표 6-2>의 오전 실내 자유놀이의 감각 · 탐색 영역의 '멜로디 오리' 활동의 경우, 실행란에 아무런 기록이 없는 것은 실행되지 않은 것이 아니라 계획된 내용대로 실행되었으므로 계획란에 그대로 두었다.
- 교사가 계획했으나 영유아가 활동하지 않은 것은 계획란에 '×'로 표시한다. 교사가 계획했으나 영유아의 관심이 없거나 안내되지 않아 실행되지 못할 수도 있다. 이럴 경우, 이 교육일지에서는 해당 내용에 '×'로 표시하였다. <표 6-2>의 오전 실내 자유놀이의 감각 · 탐색 영역 '선생님 품에서 보아요'와 오후의 언어 영역 '까꿍놀이 책 보기' 활동은 실행되지 못하였음을 알 수 있다.
- 계획한 내용이 심화 · 확장된 것은 실행란에 '-'로 표시한다.
- 계획한 활동을 변형 또는 다른 활동으로 대체하여 실행한 내용은 '+'로 표시한다. 오전 실내 자유놀이의 감각 · 탐색 영역 실행란에 '자동차 모형을 보자기 속에 숨기고 찾아보는 활동'은 계획과 관련되지 않은 전혀 다른 활동임을 알 수 있다.
- 실행 · 평가 결과는 다음 교육계획에 반영한다. <표 6-3>의 오전 실내 자유놀이의 언어 영역 '사물 그림책-영아가 알고 있는 그림을 반복하여 탐색하기'와 신체 영역 '매달린 공 잡기'의 준비물에 '끈 조절'은 화요일 실행란에 평가한 부분을 수요일 계획에 반영한 내용이다.

표 6-3 ◆ 일일 교육일지 예시 1

학급명	○○반(0세)	날 짜	20○○년 4월 6일 **수요일**
주 제	선생님 품은 따뜻해요		
목 표	영아와 함께 놀이를 통해 보다 친밀하고 안정된 애착관계를 형성하도록 한다.		
시 간	활동 내용 및 방법	준비물/유의점	실행/평가
오전 실내 자유 놀이 09:30 ~ 10:30	언어 영역: 사물 그림책 - 사물 그림책을 읽어 주면 듣고 아는 사물의 이름 명명하기 - 영아가 알고 있는 그림을 반복하여 탐색하기 감각·탐색 영역: 링 끼우기 - 천으로 된 링을 반복하여 끼웠다 빼기 - 천의 느낌 탐색하기 "동그라미가 보들보들하네." 신체 영역: 매달린 공 잡기	책 링, 인형 매달린 공 (끈 조절) (전날 평가가 반영되어 계획된 내용임)	
- 이하 생략 -			

② 교육실행 및 평가기록법(교육일지) 작성 예시 2

제5장 <표 5-16>의 일일 교육계획안을 실행하고 평가한 결과를 기록한 교육일지 작성의 예를 보면 <표 6-4>와 같다.

표 6-4 ◆ 일일 교육일지 예시 2

<table>
<tr><th colspan="2">5세반 교육일지</th><th>날짜 20○○년 9월 30일</th></tr>
<tr><td colspan="3">- 중 략 -</td></tr>
<tr><th>일과 운영</th><th>계 획</th><th>실행 및 평가</th></tr>
<tr><td colspan="3">- 중 략 -</td></tr>
<tr><td>일과 소개
및
놀이 안내
9:50~
10:10</td><td>• 새로운 놀이 소개
- 금일 새롭게 시작하는 세 영역의 활동을 구체적으로 소개하기 ○
* 지난주에서 지속되는 활동 내용 소개
- 지난주 활동에서 확장되는 수 영역에서 내용을 첨가하여 소개하기 ○</td><td>• 잘 놀지 않는 영역 놀이도 해 보기
(지난주에 놀이하지 않은 영역 계획하기)</td></tr>
<tr><td>오전 실내
자유선택
활동
10:10~
11:10</td><td>[쌓기놀이 영역]
* 우리나라 문화유산 구성하기
목표: 우리나라 문화유산에 관심을 갖고 위치와 방향을 고려하여 블록으로 구성할 수 있다.
방법
1. 우리나라 문화유산 사진 탐색 후 전개도 그리기 ○
- 관찰한 문화유산에 대해 설계도를 그려 보자.
2. 각자 그린 전개도에 근거하여 문화유산 만들기 ○
- △△의 설계대로 문화유산을 구성해 보겠니?
- 어떤 자료로 만들면 가장 잘 만들 수 있을까?

[역할놀이 영역]
• 우리나라를 소개해요
목표: 우리나라 문화유산을 소개하는 사람이 되어 손님에게 안내해 본다.</td><td>• 석가탑의 경우, 아래로부터 점점 위로 올라갈수록 좁아지게끔 만들어야 한다며 아래 기둥을 만듦. 4개의 기둥을 세우고 위에 판을 올렸으나 무너져 다시 아랫부분에 단위블록을 더 채워 위에 판을 올리고 조금 더 좁게 기둥을 세워 위로 올려 쌓음
<u>내일은 미륵사지 5층 석탑, 창덕궁 등을 만들어 볼 수 있도록 정밀하게 잘 보이는 화보를 제시해 주어야겠음</u></td></tr>
</table>

	방법 1. '안내원과 손님' 역할 관련 동영상 보며 역할 나누기 ○ - 어떤 역할을 할 것인지 서로 의논해 보자. 2. 안내원과 손님이 되어 말하면 듣고 역할해 보기 × - (안내원 역할에게) 손님이 들어오는데 뭐라고 말해야 할까?	
	[언어 영역] → 내가 할 수 있는 나라 사랑 책 만들기 ○ → '세계 여러 나라' 관련 그림책 읽기 ○ → '우리나라 소개' 안내 멘트 쓰고 친구에게 말해 보기 ×	+ 세계 여러 나라의 수도 사진을 보며 손인형으로 말하고 듣기 • 쌓기놀이 영역에 구성하고 있는 문화유산과 관련하여 안내 멘트를 주로 적음. 화보에 적힌 글자를 보고 따라 쓰기(예: 다보탑) + 자음, 모음 글자 카드를 조합하여 단어 만들어 소리 내어 읽기
	[수 · 조작 영역] → 우리나라 문화 · 세계 문화 벤다이어그램 - 우리나라 문화와 세계 문화의 같은 점 및 다른 점 적기 ○ - 내가 만든 벤다이어그램 친구에게 소개하기 ×	• 우리나라 문화와 세계 문화가 너무 광범위하여 유아가 알고 있는 문화유산 중 두 가지를 선택하여 비교하는 것으로 진행 + 돌림판을 돌려 나온 지령에 따라 세계 여행 판 게임하기 + 채집한 도토리 크기 순으로 나열하기
	[과학 영역] → 물의 팽창력 실험하기 ×	+ 막대자석으로 자석구슬 미로를 따라 이동시키기 + 지난주에 채집한 도토리를 돋보기로 관찰 후 똑같이 그려 보기
	- 중 략 -	
- 중 략 -		
실외 자유선택 활동 14:00~15:00	* 복합놀이기구 ○ * 무궁화 꽃이 피었습니다 ○ * 사방치기 ×	+ 가을 하늘 탐색하기 + 도토리 주워 수세기
손 씻기 및 오후 간식 15:00~15:30	<미니카스테라/우유> ○ - 포크 바르게 사용하기 - 다 먹은 후 입 주위를 물로 헹구기	• <u>카스테라와 우유를 함께 먹도록 안내하는 것이 필요하였음</u>

- 이하 생략 -

교육일지 예시 2의 작성은 다음과 같은 방법을 적용하였다.

- 계획한 활동 내용이 그대로 실행되었으면 <표 6-2>에서는 계획란에 그대로 둔 반면, <표 6-4>에서는 '○'로 표시하였다.
- 교사가 계획했으나 영유아가 활동하지 않은 것은 '×'로 표시하였다. 새롭게 계획된 활동 중 쌓기놀이 영역의 활동은 제시한 두 가지 내용을 모두 실행하였으나 역할놀이 영역 활동은 하나의 내용만 실행되었음을 알 수 있다. 또한 언어 · 수 · 과학 영역의 지난주에서 연계된 활동과 지난주 평가가 반영되어 계획된 내용 중 일부는 실행되지 않았음을 알 수 있다.
- 계획한 내용이 심화 · 확장된 것은 실행란에 '•'로 표시하고, 변형 또는 다른 활동으로 대체되어 실행된 내용은 <표 6-2>와 같이 '+'로 표시하였다.
- 실행란에 각 단위활동을 평가하여 개선할 내용은 문장에 밑줄을 그어 표시하였다(쌓기놀이 영역과 오후 간식시간 참조).

(3) 혼합반 교육실행 및 평가 기록법(교육일지)

혼합반에서는 놀이활동뿐만 아니라 일상활동이나 기본 생활 지도에서도 연령별 발달의 특성을 고려하여 지도하고 평가한다. 예를 들면, 4세 유아에게는 '바닥에 흘린 음식 정리하기'라면 5세에게는 '식사 후 깨끗이 정리하기'로 지도할 수 있다(보건복지부, 2013a). 낮잠시간의 경우, 5세 유아와 혼합된 학급 구성이라면 어린 연령은 낮잠을 재우고 5세 유아는 조용한 활동이나 보조 인력의 도움을 받아 다른 공간에서 교육활동을 할 수 있도록 배려한다.

특히, 집단활동 시 전체 유아가 모든 활동에 참여하도록 강요하지 말아야 한다. 대집단보다는 소집단활동으로 운영하되, 1인 교사일 경우에는 자유선택활동 시간에 소집단으로 진행하거나 발달 수준이 높은 유아가 리더가 되어 또래 유아와 협력하도록 함으로써 형제애를 경험하고 공동체 의식을 기를 수 있도록 돕는다. 혼합연령반의 교육 실행 결과를 기록할 때는 어느 한 연령에 치우치지 않도록 수준을 고려하여 평가한다.

2. 교수학습활동 평가

1) 평가의 필요성 및 목적

영유아 교육에서 평가란 교수활동의 실행 결과에 따른 교육 목표의 성취 여부를 파악하는 과정이다. 결과보다 과정을 중요시하는 영유아 교육의 특성으로 영유아의 경험에 주로 초점을 맞추다 보니 양적 평가보다는 질적 평가의 측면이 강조된다. 질적으로 성취를 평가하기는 매우 모호하고 교사의 능력과 질이 더 요구된다. 이는 평가를 쉽게 간과해 버리게 되는 요인이 되기도 한다. 그러나 영유아가 무엇을 경험하고 그 결과로 어떠한 발달을 이루었는지, 그리고 활동 과정에서의 경험이 영유아 발달의 전 영역에 어떠한 영향을 미치는지를 파악하는 일은 해당 영유아를 위한 추후의 교육계획을 작성하는 데 매우 유용하다. 뿐만 아니라 그 결과는 운영자나 부모, 교육정책 입안자에게도 유용한 자료가 될 수 있다.

영유아의 행동을 관찰하여 기록한 것과 영유아의 일과 활동을 통해 영유아가 활동한 모든 것(그림, 활동을 기록한 사진, 글 쓴 것, 읽은 책의 목록, 관찰 기록한 내용, 부모와의 면담자료 등을 수집한 것)은 영유아를 평가하고 교육과정의 성취를 평가할 수 있는 소중한 자료다. 교사는 이러한 모든 것을 종합하여 평가함으로써 영유아의 전인적인 발달을 파악하고 지원할 수 있어야 한다. 영유아의 평가와 더불어 교사 자신의 수업계획과 교수활동 실행에서의 교수방법, 영유아 학습을 위한 환경 준비 등에 대해 반성적인 사고를 통한 평가 또한 필요하다. 이러한 근거들은 최선의 교육과정 운영을 위한 교육 진단과 수정 · 보완을 하는 데 중요한 자료로 활용될 수 있다.

2) 평가의 내용

교수학습활동 평가는 교육과정에 대한 평가, 영유아와 교사에 대한 평가로 실시될 수 있다. 여기서는 교육과정과 영유아 평가에 대한 내용과 방법에 대해 알아보고, 이후의 교육과정 계획에 어떻게 반영되는지에 대해서도 살펴본다.

(1) 교육과정에 대한 평가

교육과정에 대한 평가는 연간·월간·주간·일일 교육을 계획에 따라 실행하고 그 결과를 평가하는 것이다. 교육 내용이 통합적으로 편성되고 운영되었는지, 연령에 적합하게 수립되고 실행되었는지, 주제나 교육 환경이 적절했는지, 교사의 교수학습 방법이 영유아의 흥미와 교육 내용을 포함하고 있는지 등 교수활동 전반에 대한 평가를 매일, 매주, 매월, 매년에 일정한 주기를 갖고 실시한다. 이를 위해 자료를 수집하고 평가하여 그 결과를 추후 교육과정에 반영하는 과정으로 진행된다.

교육과정을 평가하는데 '오늘은 보람 있었다.' 또는 '힘든 하루였다.'로 평가한다면, 영유아는 어떤 교육 내용을 학습한 것일까?

국가수준 교육과정에는 신체운동·건강(영아는 기본생활), 의사소통, 자연탐구, 예술경험, 사회관계 내용을 연령별, 수준별(영아)로 제시하고 이를 영유아가 학습할 수 있도록 교사는 연간, 주간, 일일 교육계획을 세워 실행한다. 교육과정에 대한 평가도 그러한 내용을 다루는 과정, 성취한 결과들이 나타나야 한다. 교사가 계획해서 제시한 활동을 영유아가 실행하면서 교육과정에 있는 어떤 내용과 관련되는지에 대해 영유아의 반응과 교사의 반성적 생각으로 평가한 내용을 기록해야 한다. 말하자면 교사의 감상문은 교육평가에 도움이 되지 않는다.

① 연간 교육평가

지난 1년간 교육활동한 매일의 기록물인 일일 교육일지에서 연간 주제 및 행사와 관련된 내용을 검토하여 다음의 내용을 추출해 낸다.

- 주제가 영유아의 발달에 적합하고 흥미를 이끌 수 있었는가?
- 각 연간 주제의 진행 시기와 진행하는 기간이 적절했는가?
- 유아교육기관 관련 행사나 지역사회 관련 행사는 적절했는가?
- 유아교육기관 자원과 지역사회 환경을 고려한 주제였는가?

이렇게 추출한 내용은 새로운 학기가 시작되기 전 다음 학년도 연간교육을 계획하면서 반영한다.

다음은 전년도의 주제를 실행하고 평가하여 다음 해에 반영한 예다.

예시 • 5세반 연간 주제 선정 시 '우리나라' 주제는 어떤 한 기간에만 계획할 것이 아니라 1년 내내 어떤 주제에서든 우리나라와 관련된 내용을 녹여 내고자 연간 계획에는 넣지 않았다(<표 6-5> 참조).

표 6-5 ◆ 전년도 연간 주제에 '우리나라'가 계획되지 않은 예

기 간	대주제	소주제
		- 중 략 -
6월 3주~ 7월 2주	월드컵과 세계 여러 나라	• 축구 경기에는 규칙이 있어요 • 미니 월드컵 • 다양한 나라와 다양한 사람들이 있어요 • 함께 사는 세계는 좋아요
		- 중 략 -

1년을 마무리하고 다음 해 계획을 위해 평가한 결과, 1년 중 어떤 주제에서도 우리나라와 관련된 내용을 다루지 못했다. 이를 다음 연간 주제 계획에 반영하여 우리나라 주제를 세계 여러 나라와 연계하여 11월과 12월경에 계획하였다(<표 6-6> 참조).

표 6-6 ◆ 전년도 실행 및 평가를 다음 해 연간 주제 계획에 반영한 예

기 간	대주제	소주제
		- 중 략 -
11월 2주~ 12월 2주	우리나라와 세계 여러 나라	• 우리나라 계절의 변화를 느껴 보아요 • 우리나라 음식들이에요 • 우리나라의 옛날과 지금의 생활을 비교해 보아요 • 우리나라에는 고유한 놀이와 문화가 있어요 • 다양한 나라와 다양한 사람들이 있어요 • 함께 사는 세계는 좋아요
		- 중 략 -

② 주간 교육평가

주간 교육에 대한 평가 또한 연간 교육평가와 마찬가지로, 일일 교육 실행 및 평가 기록에서 한 주간의 교육과정 내용을 되돌아보고 다음에 제시한 내용을 검토하여 다음 주 계획에 반영한다.

- 계획된 주간 교육활동 중 실제로 진행된 활동과 진행되지 않은 활동, 계획되지 않았지만 추가로 진행된 내용 또는 활동이 있는지 파악한다.
- 일일 교육 내용이 다음날의 교육 내용과 연계성 있게 진행되었는지를 검토한다.
- 검토한 내용 중 영유아의 관심과 흥미의 지속성, 교육 내용이 더 심화되고 확장되어 나타날 가능성이 높은 활동들은 다음 주 교육계획에 반영한다.

주간 교육평가는 한 주의 교육이 끝나는 금요일에 실시하여 다음 주까지 지속해야 할 활동 및 내용은 다음 주 일일 교육계획에 반영해 넣는다.

주간 교육평가에서 계획한 활동이 실행되지 않은 것, 계획되지 않았으나 자연스럽게 나타난 활동 등 일일 교육 실행 및 평가한 내용 중 다음 연도에 반영할 내용을 주간계획안에 옮겨 적어 두면 다음 해 주간 교육계획에 유용하게 사용할 수 있다. <표 6-7>이 그 예를 보여 주고 있다.

표 6-7 ◆ 주간 교육평가 후 다음 교육계획에 반영하기 위해 기록한 예

달님반(2세) 주간 교육계획안							
주제	동물			소주제	동물의 생김새가 달라요		
목표	다양한 동물의 움직임, 생김새에 관심을 갖는다.			일시	6월 2주		
구분		월	화	수	목	금	토
등원 및 맞이하기		가져온 물건 자기 수납장에 스스로 넣기					
일상생활	점심 및 간식	식사 전후에 '잘 먹겠습니다' '잘 먹었습니다' 말해 보기					
	낮잠	내 베개는 스스로 정리하기					
	배변활동	바지의 지퍼, 단추 스스로 잠궈 보기					
실내 자유놀이	신체 영역	뱀과 개구리 되어 보기 동물꼬리 추가					
	언어 영역	누구의 소리일까요?(동물 소리 듣고 맞추기) ~~동시: 느린 달팽이와 빠른 새앙쥐~~					

	감각 · 탐색 영역	마카로니 수저로 옮기기 / 동물 사진 퍼즐 맞추기(3조각) / 고리 끼워 뱀 만들기 / 동물의 부분 사진을 보고 전체 알아맞추기
	역할, 쌓기놀이 영역	동물 집 만들기 / 레인보우 공놀이 / 동물인형으로 동물 흉내내기 / 동물 모자, 꼬리 달고 동물 흉내 내기
	미술 영역	동물 모양 종이로 인형 만들기 / ~~동물 모양을 대고 따라 그려 보기~~
	음률 영역	~~노래: 누구일까?~~ / '숲 속 작은 집' 노래 부르기
실외놀이		게임: 뱀 꼬리 잡기 / ~~비눗방울 놀이~~
전이활동		신체표현: 느리게, 빠르게 움직여 보기
귀가 및 가정과의 연계		- 하루 중 특이사항 안내하기 - 준비물 확인하기
주간 평가		

※ (파란색: 확장 · 심화된 내용/빨간색: 기본적으로 제시되어 있는 놀이감으로 활동/~~줄긋기~~: 미실행 활동)

한 주 동안 평가한 일일 교육평가에서 확장 · 심화된 내용, 계획되지 않은 내용이 실행된 것, 계획했으나 이루어지지 않은 활동이나 내용을 주간 교육계획안에 <표 6-7>과 같이 표시해 두고 후년도 계획에 반영하면 영유아가 선호하는 활동, 첨가된 내용들을 한눈에 볼 수 있어 효과적이다. 이렇게 기록된 내용은 주간 교육평가로 활용할 수 있다. 매주 금요일에 앞과 같이 표시하고 다음 주에 반영할 내용은 주간 평가란에 서술하여 다음 주 일일 교육계획에 반영해 넣는다. 이번 주에 실행되지 않은 활동이어도 다음 주에 다시 계획할 수 있다.

③ 일일 교육평가

교육과정을 실행하고 나면 매 단위활동에 대한 평가와 하루 일과 전반에 대한 평가가 이루어진다. 교육실행에 대한 평가는 교사의 기분, 감정 상태 등에 대한 기록으로 일관되거나 영유아의 관찰 내용이나 반응으로만 끝나는 평가가 되지 않도록 하며, 교사의 실천 행동에 대해 반성적인 생각을 기록하도록 한다. 일일 교육실행 후 다음과 같은 내용으로 평가해 볼 수 있다.

- 활동의 목표는 성취했는가? 성취하지 못했다면 원인은 무엇인가?
- 활동 내용은 적절했는가? 적절하지 못한 내용은 무엇인가?
- 교수매체의 적절성(활동에 필요한 자료의 준비와 자료의 적절성)은 어떠했는가?
- 활동의 전개 방법과 활동 진행 시간은 연령별 영유아의 수준을 고려하였는가?
- 영유아의 흥미와 관심을 고려하여 융통성 있게 진행하였는가?
- 향후 활동 계획에 반영 및 수정, 개선 사항 등에 대한 내용으로 평가되었는가?
  - 연간 주제, 주간(월간) 교육활동, 일일 교육계획에 반영될 내용이 있는가?
- 교육계획과 실행의 차이는 어떠한가?
- 당일 새로 소개된 활동에 대한 평가를 포함하여 지난주 또는 전날에서 이어져 진행되는 활동에 대한 평가가 이루어지고 있는가?
- 교사의 역할(교수전략)에 대한 평가가 이루어지고 있는가?
- 자료를 첨가하거나 환경을 재구성해 주었는가?
- 영유아의 개별적 상황과 생리적 리듬 상태를 고려하였는가?

<표 6-8>에 제시한 일일 교육평가 내용을 분석해 보자.

먼저 <표 6-8>의 일일평가 내용을 살펴보면, '1. 등원'에서는 교사의 역할에 대해 평가되어 있고(교사의 시범과 언어적 설명이 필요함), '2. 전이활동'에서는 교수매체(실물 사진을 제시해야겠음)에 대해, '3. 자유선택활동 시간의 탐색 영역'에서는 활동 내용(더 다양한 길을 계획하여 다양한 촉감을 경험해 보고 느껴 볼 수 있는 활동을 할 수 있도록 제시해야겠음)에 대해, '4. 양치질'에서는 환경 재구성(찾기 쉬운 위치에 놓아줘야겠음)에 대해, '5. 실외활동'에서는 활동 내용의 부적절(수준이 높음. 신체표현을 자유롭게 해 보는 활동으로 계획)에 대해 교사의 반성적 생각으로 평가되어 있음을 알 수 있다.

표 6-8 ◆ 일일평가란에 단위활동을 평가한 예

시 간	활동 내용 및 방법	준비물	실 행
07:30 ~09:00	• 등원 및 통합교육	- 생 략 -	- 생 략 -
일일평가	1. 등원: 옷걸이에 가벼운 외투는 걸 수 있는 영아들이 있었다. 부피가 큰 옷은 어려워 했다. 교사의 시범과 언어적 설명이 필요하다. 2. 전이활동: 탈 것 그림을 제시했으나 영아들이 혼돈스러워했다. 자동차의 특성이 명확히 드러나지 않았다. 실물 사진을 제시해야겠다. 3.탐색 영역: 영아들이 다양한 길에서 자동차를 굴려 보는 활동에 흥미를 느꼈다. 자동차를 굴려 보는 데 그치지 않고 자동차 길을 밟아 보는 활동으로 확장되었다. 더 다양한 길을 계획하여 다양한 촉감을 경험해 보고 느껴 볼 수 있는 활동을 할 수 있도록 제시해야겠다. 4. 양치질: 자신의 칫솔을 찾지 못하는 영아가 있었다. 칫솔에 캐릭터 스티커를 붙여 주어 찾기 쉬운 위치에 놓아줘야겠다. 양치질할 때 개별 지도가 필요하다. 5. 실외활동: 하늘, 땅 지시어 게임을 영아가 하기에는 수준이 높았다. '하늘' '땅'이라는 어휘 자체에 관심을 가지며 교사가 움직이는 대로 따라 뛰어다녔다. 어휘에 맞는 신체표현을 자유롭게 해 보는 활동으로 계획해야겠다.		

(2) 영유아를 위한 평가

영유아에 대한 평가는 교육평가에서 가장 중요한 요인이며, 교육과정 수립에 핵심적인 역할을 한다. 영유아기는 발달 단계상 조금은 다른 규칙에 의해 지배를 받고 자기 나름의 특별한 방법으로 자신을 드러낸다. 즉, 영유아는 머리로 생각하기보다 손으로 만지며 사고하고 발로 동동 구르며 사회화한다. 또는 손으로 사회화하고 발로써 사고할 수도 있다(Cohen, Stern, & Balaban, 1997). 따라서 영유아를 평가하기 위해서는 영유아의 행동, 언어적 · 비언어적 특성을 포함하여 교육활동의 과정에서 어떤 경험을 하며 그 과정에 개별 영유아의 발달이 얼마나 최적화되어 있는지를 관찰하고 분석하여 평가해야 한다. 여기서는 영유아 평가를 위한 평가 내용과 평가가 이루어지는 과정에 대해 살펴본다.

① 영유아 평가의 내용

영유아를 평가하는 일은 교사의 교육계획이 설정된 목표에 도달하였는지, 만약 제대로 달성되지 않았다면 그 요인은 무엇인지, 어떻게 교육과정을 수정 · 보완해야 할 것인가에 대한 합리적인 근거를 제공해 주기 때문에 교사에게 필수적인 과정이다(황해익, 송연숙, 정혜영, 유수경, 2013).

영유아 평가는 국가수준의 교육과정에 제시한 내용에 근거하여 평가할 수 있다. 즉, 교육 내용에 기초하여 일련의 교육의 과정을 수립하고 수립된 놀이 및 활동, 영유아의 관심과 흥미에 따라 영유아가 경험하고 학습하는 과정과 학습한 결과가 교육과정 내용을 얼마나 충족하고 있는가를 평가한다. 평가의 기준이 되는 교육 내용은 영아의 경우, 0~2세 교육과정의 기본 생활, 신체운동, 의사소통, 사회관계, 예술경험, 자연탐구 영역에 제시된 내용과 세부 내용이며, 유아는 누리과정의 신체운동 · 건강, 의사소통, 사회관계, 예술경험, 자연탐구 영역에 제시된 내용과 세부 내용이 평가 기준이 된다(보건보지부, 한국보육진흥원, 2018).

② 영유아 평가의 과정

영유아 평가의 과정은 다양한 방법으로 자료를 수집하고, 수집한 자료를 요약하여 전문가의 관점으로 해석하며, 해석한 정보를 종합하여 평가하는 과정으로 진행된다. 이러한 과정에서 해석하거나 평가한 내용은 일일 교육계획 또는 주간 교육계획에 반영하거나 다음 해의 연간 · 주간 · 일일 교육계획에 반영하는 과정으로 순환된다([그림 6-1] 참조).

‖ 자료수집 ‖

영유아 평가를 위한 자료 수집의 대표적인 것으로 관찰과 작업 표본을 모은 포트폴리오라고 할 수 있다. 관찰은 다양한 활동 영역에서의 활동 내용을 시간대

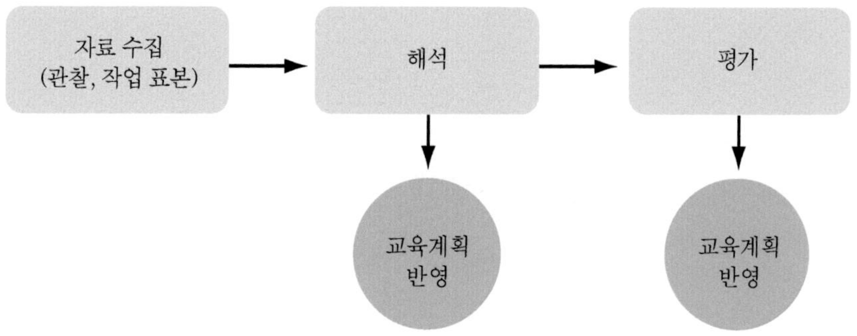

그림 6-1 ◆ **영유아 평가의 과정**

에 따라 객관적으로 관찰하고 규칙적으로 기록해서 평가함으로써 영유아의 개별적인 발달 상황을 파악할 수 있다. 영유아에게는 다양한 관찰방법 중 일화기록법이 가장 많이 활용되는데, 교사의 역할을 수행하면서 활용하기에 용이하다. 일화기록법 외에 평정척도나 체크리스트를 활용할 수 있다. 그러나 '예/아니오'로 체크 또는 척도로서만 평정하는 것은 지양되어야 한다. 일화기록법과 병행하여 질적인 측면으로 자료를 수집하는 것이 영유아의 발달 특성상 더 적절하다.

관찰 기록 외에 영유아의 활동 결과물, 부모 면담 등 영유아가 제공하는 작업의 표본들을 체계적으로 모아 분석하여 관찰 기록한 내용과 함께 활용한다. 수집한 영유아의 작품에는 날짜와 영유아가 자신의 작품에 대해 표현하게 된 배경, 영유아의 설명, 느낌, 특정 행동, 함께한 친구의 이름 등을 적어 둠으로써(전남련, 권경미, 김덕일, 이미순, 2005) 그 작품을 통해 영유아의 학습과 발달을 이해하는 데 도움을 받을 수 있다.

‖ 해석 ‖

영유아에 대해 수집한 자료는 교수계획에 반영하여 수업에 참조하거나 영유아 개인의 발달 수준 등을 이해하기 위해 자료를 분석하여 해석(요약)한다. 교사가 해석한 결과에서 영유아에 대한 의미 있는 정보를 추출해 냄으로써 영유아의 현재 발달 상태를 파악할 수 있고, 어떤 과정을 거쳐 현재의 상태가 되었는지를 파악할 수 있다(김희진 외, 2011). 이와 같이 영유아의 행동의 결과를 모아 교사의 전문적 관점으로 해석하고, 해석한 내용을 재구성하여 주기적으로 평가한다(<표 6-9> 참조).

‖ 총평가 ‖

영유아의 행동을 관찰하고 일화기록 또는 평정척도나 체크리스트로 평가한 내용, 영유아의 작업 표본에서 추출한 내용 등 영유아에 대한 모든 정보에서 읽어 낸 근거를 재구성하여 종합적으로 평가한다.

표 6-9 ◆ 영유아 관찰 기록과 작품 표본에서 수집한 자료를 해석한 예

신체운동 · 건강	사회관계	의사소통	예술경험	자연탐구	일상생활활동
4/30 * 색종이 접기 튤립을 접을 때 왼손과 오른손을 사용하여 모서리를 잘 맞춤. 모서리가 맞닿아 불룩 올라온 부분을 양손으로 지그시 눌러 납작하게 만듦 해석: 색종이를 접을 때 손가락과 양손을 잘 사용함 - 중 략 -		6/5 작품: 재미있는 단어 찾기 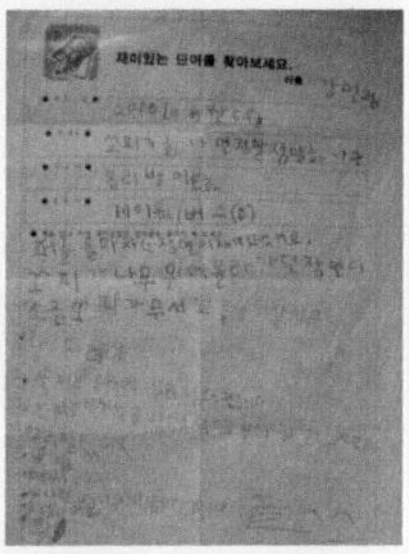			5/23 * 젓가락 사용 밥을 먹을 때 숟가락과 젓가락을 번갈아서 사용함. 밥도 젓가락으로 도려내어 포크처럼 음식을 찌름. 젓가락을 잡을 때 오른손 전체로 젓가락을 감쌈 해석: 젓가락 사용법이 바르지 못함 지도: 젓가락 사용법 지도 필요
6/20 * 지퍼 채우기(하원 시) 왼손으로 왼쪽 옷의 지퍼 밑부분을 잡고 오른손으로 오른쪽 옷의 지퍼 밑부분을 잡아 지퍼를 끼움. 살짝 올려보다가 지퍼 밑부분이 끝까지 채워지지 않은 것을 확인하고 다시 끼움 해석: 성인의 도움 없이 스스로 지퍼를 채우고 올릴 수 있음	- 생 략 -	그림책을 읽고 가장 재미있는 단어를 찾아보는 활동 시 장면과 동화책의 내용을 기억나는 대로 쓰고 옆 친구에게 쓴 대로 읽어 줌 해석: 동화 내용을 기억해서 문장으로 씀. 받침 없는 글자는 쓸 수 있으나 받침이 있으면 틀리기도 함	- 생 략 -	- 생 략 -	- 중 략 -
7/9 * 가위질 네모, 세모, 동그라미 모양을 선을 따라 가위질을 하였는데, 자른 모양이 고르지 않고 부분적으로 모양이 잘려 나가기도 함 해석: 가위질을 연속적으로 하여 종이를 오릴 수는 있으나 능숙하지 못함		- 생 략 -			- 생 략 -

<표 6-10>은 누리과정 교육 내용 영역별로 총평가한 내용 중 신체운동 · 건강 영역의 소근육 발달에 대한 내용만 모아 둔 것이다. 평가는 분기별, 학기별 또는 연간으로 나누어 할 수 있으며, 평가한 내용을 기초로 영유아의 지도는 물론 부모 면담, 교육계획 등의 기초 자료로 활용할 수 있다.

표 6-10 ◆ 발달 영역별로 기록한 행동 결과를 평가한 예

연 령	5세
신체운동 · 건강	• 소근육 발달: 색종이를 접거나 지퍼 채우기와 같이 양손을 같이 사용하여 정교한 동작을 할 수 있다. 가위질, 젓가락질 하기가 가능하나 능숙하지는 못하며, 젓가락과 같은 도구를 잡는 방법이 잘못되고 그 기술이 능숙하지 못하다. • 대근육 발달: - 생 략 -
의사소통	그림책을 읽고 재미있는 장면을 그림 또는 글로 쓰고 읽기가 가능함. 단어와 문장에 대한 의미를 이해하지는 못함. - 생 략 -
자연탐구	- 생 략 -
사회관계	- 생 략 -
예술경험	- 생 략 -

총평가하는 방법을 정리하면 <표 6-9>의 소근육 발달에 대해 해석한 내용과 같이 신체운동 · 건강 영역의 '4월 30일 색종이를 접을 때 손가락과 양손을 잘 사용함' '6월 20일 성인의 도움 없이 스스로 지퍼를 채우고 올릴 수 있음' '7월 9일 가위질을 연속적으로 하여 종이를 오릴 수는 있으나 능숙하지 못함' 등으로 할 수 있다. 이 외에도 다른 영역에 소근육 관련 내용이 있는지를 찾아본다. 일상생활활동 영역의 '5월 23일 젓가락 사용법이 바르지 못함' 내용이 소근육에 해당함을 알 수 있다.

이러한 내용을 모은 후 재구성을 하면 <표 6-10>의 총평가한 내용이 된다.

제4부

영유아 교수활동의 실제

제7장

영유아 실내외 놀이 운영 방법

영유아는 자신이 원하는 것을 자유롭게 선택해서 놀이할 때 가장 잘 놀고, 자유놀이를 통하여 발달 과정에서 습득해야 할 지식이나 태도, 기능을 습득한다. 특히, 영아는 하루 일과 중 먹고, 자고, 배설하는 등의 일상 활동을 제외한 대부분의 시간을 실내와 실외의 공간에서 놀이를 하며 보낸다. 이때 놀이에 개입하는 교사의 발문과 개입의 시점, 그리고 놀이에서 빠져나오는 철회의 순간을 잘 파악함으로써 영유아 주도적인 놀이가 될 수 있다. 특히, 실외놀이는 폐쇄 공간인 실내를 벗어나 자연에서 놀이하고 트인 공간에서 움직여 보는 것만으로도 영유아의 경험이 확장될 수 있으므로 영유아의 하루 일과에서 매우 중요하다.

이 장에서는 영아 자유놀이와 유아 자유선택활동의 의미, 교사의 놀이 개입과 철회의 방법, 놀이 개입 시 교사의 자세에 대해 연령별 지도의 차이를 알아보고, 영유아 실외놀이 운영 방법에 대해 학습한다.

1. 영유아 실내놀이 운영 방법

영아와 유아의 놀이가 이루어지기 위해서는 교사가 각 흥미 영역에 어떤 놀이가 새롭게 제시되고 지난 놀이가 계속 이어지는지 등 놀이 소개가 끝난 후에 시작되는데, 영아와 유아에게 놀이를 소개하는 방법에는 차이가 있다. 또한 교사가 놀이에 들어가고 놀이에서 나오는 시점도 연령에 따라 차이가 있다. 따라서 여기서는 놀이시간에 각 흥미 영역에서의 놀이지도에 대한 교수법을 학습하기에 앞서, 영아반의 자유놀이와 유아의 자유선택활동의 의미에 대해 알아보고, 영아반에서의 놀이 소개와 유아반에서의 놀이 소개 방법을 짚어 보며 그 차이에 대해서도 살펴본다. 또한 교사의 놀이 개입 시점과 철회하는 순간에 대해서도 알아본다.

1) 영아 자유놀이와 유아 자유선택활동의 의미와 목적

실내 놀이시간은 영아반의 경우, '자유놀이', 유아반은 '자유선택활동'의 명칭을 사용하고 있다. 이들 용어에 대해 살펴보면, 『유아교육사전』(1999)에는 "자유놀이란 유아들이 스스로 계획하고 그 놀이의 진행이나 놀이 내용의 선정 등 일체를 유아들의 자발적인 의사에 바탕을 둔 놀이 형태"라고 정의하고 있다. 자유선택활동에 대해서는 "흥미영역별로 다양하게 준비해 놓은 활동들을 유아들이 자유롭게 선택하여 개별 혹은 소집단으로 실내외에서 활동하는 것"으로, 운영 방법은 "유아가 활동에 대한 계획을 하고, 계획한 것을 실행한 후에, 유아와 교사가 함께 활동에 대한 평가를 할 수 있는 기회를 갖는 것"으로 정의하고 있다.

그러나 자유놀이와 자유선택활동의 의미를 명료하게 구분하기에는 모호함이 있고 또 혼재되어 사용하기도 하나, 실제 놀이시간 운영에서는 차이가 있다. 유아반에서의 자유선택활동은 교사가 의도하는 계획을 소개하면, 유아는 어떤 흥미 영역에서 무슨 놀이를 할 것인지 계획하고 선택하며 놀이한 후, 놀이과정과 성취 정도에 대해 유아 스스로 또는 유아-교사가 함께 평가해 볼 수 있다. 반면, 영아반에서의 자유놀이는 자유로운 놀이 자체에 초점을 두고 발달적 측면에서 지원하게 된다. 즉, 영아의 발달 특성상 어떤 영역에서 무슨 놀이를 할 것인지 '계획하고 선택하는 것'이나 놀이에 집중하는 시간 또한 짧기 때문에 '선택한 놀이를 실행하고 목표수준을 평가하는 것'에는 어려움이 있다. 그러나 자유놀이라고 해서 영아가 놀고 싶은 놀잇감으로 마음대로 놀게 둔다는 의미는 아니다. 교사는 영아의 수준과 관심을 관찰하고 그에 따라 반응해 주면서 교육적 성취에 도달할 수 있도록 적절히 개입하여 상호작용하며 놀이를 지원해야 한다.

"인간성을 통찰하는 사람은 유아의 자유놀이 속에서 그 유아의 장래를 읽을 수 있다."라고 자유놀이에 대해 말한다(한국유아교육학회 편, 1999). 이영자, 이기숙, 이정욱(2009)은 자유선택활동 시간은 '그 날의 주된 교수학습활동의 시간으로서 그 목적을 [그림 7-1]과 같이 제시하고 있다.

통합교육의 시간 →	학습해야 할 하나의 개념을 각 영역의 놀이경험을 통해 반복·통합하여 습득할 수 있다.
능동적 학습의 시간 →	자발적으로 놀이에 참여하여 구체적인 사물을 직접 다루며 학습이 이루어질 수 있다.
개별학습의 시간 →	집단활동처럼 교사 주도하에 영유아가 이끌려 가는것이 아니라 개개인의 흥미와 요구에 따라 놀이가 이루어진다.
인간관계를 학습하는 시간 →	유아-유아, 유아-성인 간의 상호작용이 긴밀하게 이루어지므로 바람직한 인간관계를 체험하고 배운다.
영유아의 기쁨이 되는 시간 →	개개인의 자유와 흥미가 존중되는 시간으로, 어떤 영유아에게 기쁨이 다른 영유아를 분노 또는 슬프게 해서는 안 되며 질서의 테두리가 있어야 한다.

그림 7-1 ◆ **자유선택활동 시간의 목적**

여기서 자유란 공간, 환경, 개인의 신념과 가치 등이 외부의 구속이나 무엇에 얽매이지 않는 자유로운 상태를 뜻하며, 선택은 자신에게 필요한 것을 고르는 결정을 말한다. 예를 들어, 유아가 형들이 사용하는 네모 칸 공책을 가져와 "나도 형이랑 같은 공책에 글씨 쓸 수 있어."라며 스스로 선택하고 글씨를 쓰고 즐거워한다면, 이는 유아의 자유로운 선택활동이라고 할 수 있다. 반면, 자유선택활동 시간에 역할놀이 영역에서 교사가 "자, 지금부터 시장놀이를 할 텐데, ○○는 주인을 맡고 △△는 손님이 되는 거야."라고 교사에 의해 주도되었다면 자유선택활동이라고 할 수가 없다(Smith, 2007).

따라서 자유놀이 및 자유선택활동 시간은 교사가 각 흥미 영역에 기본적으로 필요한 자료와 교육을 위해 계획된 활동 자료를 준비해 주고, 영유아는 자신의 흥미와 요구에 따라 활동을 스스로 선택하여 놀이한다. 이러한 놀이 경험을 통해 신체, 언어, 사회, 정서, 인지 발달 등 모든 발달이 통합적으로 이루어질 수 있도록 하는 것이 목적이다(이영자 외, 2009). 목적을 성취할 수 있도록 돕기 위해 교사는 동기를 부여하는 격려와 다양한 놀이 개입 전략으로 유아의 효율적인 학습이 이루어질 수 있는 교육적인 지원을 해야 한다.

2) 영유아 놀이 소개 방법

교사가 자유놀이와 자유선택활동 시간 운영을 위해 활동을 계획하고 그 활동을 소개함으로써 영유아는 놀이를 통해 무엇을 경험하고 성취할 것인지 방향을 설정할 수 있다. 놀이를 소개하는 방법은 영아와 유아 대상에 따라 차이가 있다. 그에 대해 알아본다.

(1) 영아 자유놀이 소개 방법

영아반의 놀이는 유아처럼 집단으로 모여 놀이를 계획하거나 안내하는 시간을 별도로 갖고 놀이를 시작하지 않는다. 일정한 소개 방법이 있거나 원칙이 있는 것은 아니나, 대체로 사전 경험이 지속될 수 있도록 계획하는 경우와 새로운 활동을 계획하고 영아의 관심을 유도하여 영아가 놀이에 참여하는 방법으로 안내할 수 있다.

① 사전 경험한 활동을 계속하여 계획하는 경우

교사는 영아가 무엇에 관심을 갖는지, 이전의 놀이를 지속하려 하는지 주의 깊게 지켜본 후 다시 계획해 줄 것인지를 결정한다.

- 영아가 놀이를 시작하려 하거나 시작했다면 "○○가 ~을 하려고 하는구나." 또는 "~하고 있구나."라고 격려하며 충분히 탐색할 수 있는 시간을 준다.
- 영아가 관심은 갖는데 어떻게 해야 할지 모르고 있다면, 교사는 "나는 ~으로 ~게 해 봐야지."라며 교사가 계획한 방법으로 모델 보이기를 하면서 영아가 놀이에 참여하도록 돕는다.

② 새롭게 계획해 주는 활동일 경우

활동을 위한 놀잇감 또는 자료를 해당 영역의 잘 보이는 곳에 놓아두고 영아가 관심을 보이면 지켜보다가 격려 또는 모델링하며 개입한다. 놀이에 관심을 보이는 영아가 없으면 놀이에 들어가지 못하고 있는 영아를 데리고 영역으로 들어가 "여기 ~가 있네." 또는 "와! 여기 새로운 놀잇감이 있다." 등으로 영아의 관심을 끈다. 그런 후 교사는 놀이 방법을 모델 보이기 또는 직접적 제안 등으로 놀이에 참여하도록 돕고 영아의 행동을 관찰한다. 영아반의 새로운 활동을 소개하고 전개되는 과정을 '겨울 풍경 사진 보기'([그림 7-2]) 활동을 통해 알아본다.

① 겨울과 관련된 사진을 활동실 벽면에 게시해 두었으나 영아들이 특별히 관심을 갖지 않자, "○○아! 여기 뭐 달라진 것 없니?"라며 관심을 가질 수 있도록 유도한다.(제시단계)

② 영아가 벽면에 게시된 사진을 떼어 내어 자신의 얼굴에 붙여 보거나 손으로 가리키며 "눈사람 있다." "이거 뭐야?" 등 사물의 이름을 명명하기도 하고 질문도 한다.(탐색단계)

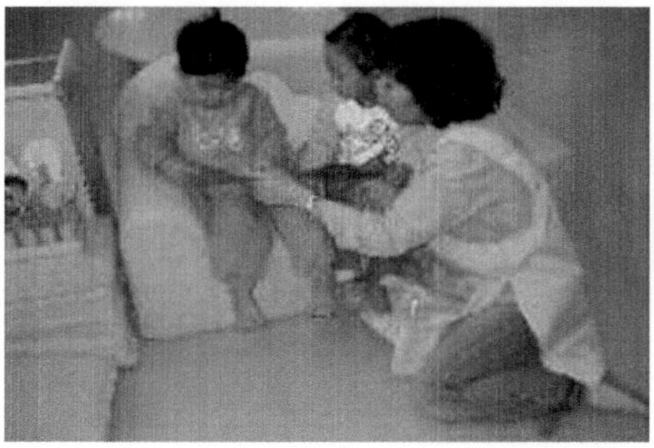

③ 이때 교사는 "나도 ○○가 가진 눈사람이 너무 좋아." "△△ 사진에는 썰매가 있네." 등으로 영아놀이가 유지되면서 충분히 탐색할 수 있도록 돕는다.(놀이단계)

④ 영아들의 관심이 확장되어 겨울 그림책을 가져와 "읽어 주세요." 등 확장된 놀이로 이어지고 있다.(확장단계)

그림 7-2 ◆ 영아반의 새로운 활동 소개 방법과 활동 전개과정 예

③ 다른 시간과 연계할 활동일 경우

교사는 실내놀이와 실외놀이 간 활동을 연계하여 영아의 놀이가 유지되고 확장될 수 있도록 안내한다. 예를 들어, 동화를 읽어 주다 나비, 개미, 꽃 등 관찰 가능한 곤충이나 식물 등에 호기심을 갖도록 할 수 있다. '우리 놀이터에 나가면 나비를 볼 수 있을지 몰라, 이따가 나비가 어디 있나 찾아보자, 와! 나비를 찾으면 선생님은 나비처럼 날아봐야지!' 등으로 관심을 이끌며 영아의 반응을 살핀다. 또는 놀이터에서 나뭇잎을 주워 와 자유놀이 시간에 전지에 붙여보는 활동을 할 수 있을 것이다. 이와 같이 교사는 각 시간 간의 놀이가 통합될 수 있도록 안내해 준다.

(2) 유아 자유선택활동 소개 방법

유아반의 자유선택활동을 소개하는 방법은 대략 세 가지 형태로 구분할 수 있다. 활동 방법까지 구체적으로 소개하는 방법, 활동의 명칭만 소개하고 유아가 자유롭게 놀이하도록 하거나 놀이하는 중 활동 방법을 안내하는 방법, 다른 시간(집단 또는 실외)에 진행될 활동과 연계하여 활동하는 방법이 있다.

① 활동 방법 및 내용을 구체적으로 소개하는 경우

당일 새롭게 제시하는 활동, 전날에서 이어지는 활동의 심화 또는 확장되는 내용, 다른 시간의 활동을 새로운 방법으로 놀이하고자 할 때, 교사는 학급 전체 유아를 대상으로 활동 방법과 이 활동을 통해 경험할 교육 내용을 소개한다. 예를 들면, 다음과 같다.

- 새로운 활동 '자석에 붙는 것과 붙지 않는 것'을 소개하는 경우([그림 7-3] 참조), "오늘 과학 영역에서는 이 낚싯대로 바구니에 담긴 물고기를 낚을 거야. 어떤 물고기는 낚을 수 있고, 어떤 물고기는 낚이지 않을 거야. 낚이는 것과 낚이지 않는 것을 여기 있는 관찰지에 그림을 그리거나 써 보기로 하자."라고 소개한다(교육과정 요소인 '자연탐구 > 물체와 물질 알아보기, 간단한 기계와 도구 활용하기 / 의사소통 > 쓰기'의 내용이 반영되어 있음을 안내).
- 전날 놀이한 활동 내용을 심화 · 확장된 놀이로 계획하여 소개할 경우, 전날 놀이 상황을 사진 또는 동영상을 찍어 보여 주며, "어제까지는 동물원을 이렇게 만들면서 어떤 동물이 살고 있나 놀이했었지? 오늘은 동물의 크기에 알맞

교구를 소개할 때 보자기 같은 것으로 덮어 두었다가 소개하면 호기심과 집중력을 높일 수 있다.

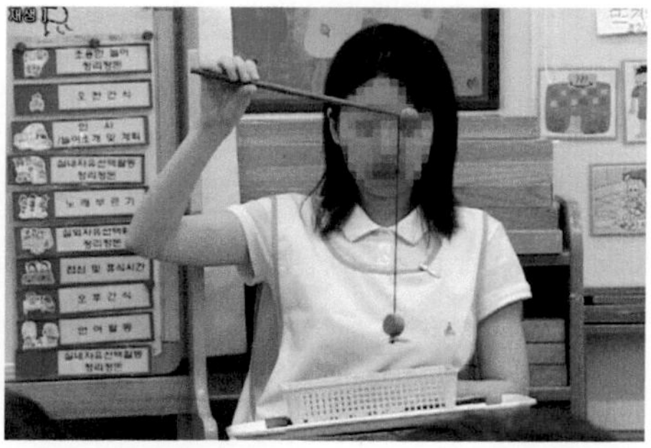

새롭게 소개하는 활동의 구체적인 활동 방법과 그를 통해 경험할 수 있는 교육 내용을 소개한다.

그림 7-3 ◆ **유아반에 새롭게 제시하는 활동 소개 예**

은 동물의 집을 지어 보자. 큰 동물이 살 수 있으려면 어떤 집을 지어야 할까? 여러 마리가 한 집에 살려면 얼마나 큰 집을 지어야 할까? 생각해서 지어 보자."라고 소개한다(교육 내용이 확장되어 '자연탐구 > 과학적 탐구하기 > 생명체와 자연환경 알아보기'에서 자연탐구 > 수학적 탐구하기 > 기초적인 자료 수집과 결과 나타내기'의 요소까지 포함된 내용으로 안내).

② 활동의 명칭만 소개하고 놀이 중 교사 안내 또는 유아가 창안한 놀이의 경우

전날 또는 지난 주 활동 내용이 그대로 이어져 진행될 활동이거나 유아가 원하는 방법으로 활동하도록 계획하는 경우를 말한다. 유아가 시행착오를 통해 알아가는 과정을 격려하며 다른 유아와 협의하여 놀이 방법을 창안하는 기회를 제공한다.

- 전날 활동한 내용만 소개할 경우, "어제 △△방법으로 놀았는데 오늘도 같은 방법으로 놀이해 보자."라고 소개한다.
- 새로운 활동이지만 유아가 놀이 방법을 창안하여 활동할 수 있도록 계획할 경우에는 교구를 보여 주며, "이 놀잇감은 여러 가지 방법으로 놀이할 수 있어. 각자의 생각대로 놀이해 보자."라고 소개할 수 있다.

③ 다른 시간(집단 또는 실외)과 연계될 활동을 소개하는 경우

이야기 나누기, 동화 및 동극, 신체표현, 노래 부르기, 미술활동 등의 활동 중 자유선택활동 시간에 제시해 주어 반복 또는 새로운 활동 방법으로 놀이가 진행될 수 있도록 활동을 소개한다. 또는 실내활동을 실외활동과 연계시켜 안내하거나 실외활동을 실내활동으로 연계시켜 소개한다.

- 대집단활동으로 동화를 들려준 뒤, 자유선택활동 시간에 언어 영역에 내준다. "이 그림동화를 언어 영역에 둘 테니 읽어 보기도 하고, 친구에게 들려주기로 하자."
- 대집단활동에서 빔 프로젝트로 코끼리의 모습과 움직임을 관찰하며 "코끼리처럼 걸어 보자." "코끼리는 먹이를 어떻게 먹더라?" 등의 활동을 한다. 활동을 평가하며, "오늘 관찰한 코끼리를 자유선택활동 시간에 그림으로 그려 보자."라고 소개한다.
- 실내 자유선택활동으로 과학 영역에서 '개미 관찰하기'를 하고 실외놀이에서 개미의 움직임을 관찰할 것을 안내한다. 또는 실외놀이 시, 나뭇잎 또는 곤충을 채집하여 실물화상기를 이용해 확대해 보며 관찰한 것에 대해 이야기 나누기를 할 수 있다.

3) 놀이 개입과 철회 방법 및 고려할 점

영아의 놀이에 교사가 개입할 때에는 놀이 방법을 개별 영아에게 안내하며 놀이에 개입하게 되고, 유아의 경우는 집단으로 모여 소개한 후 시간차를 두고 유아를 놀이에 보낸 뒤 교사의 개입이 이루어진다. 교사의 영아의 자유놀이 개입과 유아의 자유놀이 개입에 대해 알아보며, 그 차이에 대해서도 파악한다.

(1) 놀이 개입과 철회 방법

① 놀이에 개입하는 방법

교사는 놀이 상황에 들어가기 전에 영유아가 지금 무엇을 하고 있는지, 무슨 생각을 하고 있는지, 최상의 발달이 일어나는 순간에 무엇이 필요한지 등을 관찰하고 개입한다(Smith, 2007). 그런 후에 영유아와 놀이를 해야 할 것인가, 하지 말아야 할 것인가를 결정하도록 한다. 즉, 놀이 개입 시 영유아가 이미 놀이를 시작했다면 교사

는 영유아의 놀이를 관찰한 후 격려 또는 역할을 맡으며 놀이에 적절히 개입한다.

교사는 관찰을 위해 관찰기록 수첩과 필기도구를 준비하여 주머니에 넣고 다니며 영유아의 놀이 상황, 또래 간의 관계, 문제가 되는 행동, 문제해결 방법 등을 관찰하여 기록한 다음, 영유아가 어떻게 놀고 어떤 내용을 학습하고 점검하는지 문제가 무엇인지를 파악한다. 그 결과, 영유아가 교사의 도움을 필요로 하는지 스스로의 생각으로 해결할 수 있는지를 판단하고 개입 여부를 결정한다.

놀이에 개입한 교사는 관찰자로서, 놀이의 조직을 돕고자 함께 구성놀이 또는 역할자로서 놀이에 참여한다. 이러한 과정에 관찰자로서 한 발짝 물러나 지켜보며 격려 또는 간단한 질문을 사용하고, 개별적인 놀이를 하는 유아가 도움이 필요할 때 도움 주기를 하며 영유아의 놀이를 유지 · 확장시키는 상호작용의 전략들을 사용한다. 영유아 스스로 놀이가 잘 이루어지면 교사는 놀이를 떠나 다른 영역에서의 놀이를 돕거나 관찰한다([그림 7-4] 참조).

놀이에 참여하여 함께 놀이하는 교사

유아 스스로 놀이에 열중할 때 관찰자로서의 교사

개별 유아에게 도움을 주는 교사

교사가 개입을 철회해도 유아들끼리 놀이하는 모습

그림 7-4 ◆ **교사의 놀이 개입 시 다양한 모습**

영아교사의 경우, 놀이에 개입하여 활동을 전개할 때 영아의 결과물을 기대하기보다는 교사의 계획이 당일 영아의 반응에 따라 계획대로 실행되지 않을 수 있다는 것을 항상 염두에 두고, 교사가 일방적으로 시작하거나 교사의 방법으로 이끌어 가지 말아야 한다. 영아가 탐색해 본 후 관심을 보일 때 교사가 자연스럽게 접근하여 활동을 제시하며 상호작용하도록 한다. 따라서 영아를 위한 활동은 뚜렷이 목표점을 제시하기보다는 '해 보는 경험'의 수준으로 목표를 설정한다. 즉, '경험해 본다' '느껴 본다' '움직여 본다' '관심을 가진다' '흉내 내 본다' '표현해 본다' 등의 '주요 경험'의 수준으로 학습자인 영아의 입장에서 목표가 제시되어야 한다.

그러므로 교사는 영아가 놀이할 때 활동을 끝까지 마무리 하도록 강요하지 않아야 한다. 또한 영아의 흥미를 잘 살펴 개별지도가 될 수 있도록 하며, 모든 영아가 동일한 방법으로 활동하기를 유도하지 않는다.

놀이 개입에서 철회까지 갖춰야 할 교사의 태도를 순서적으로 정리해 보면 [그림 7-5]와 같다.

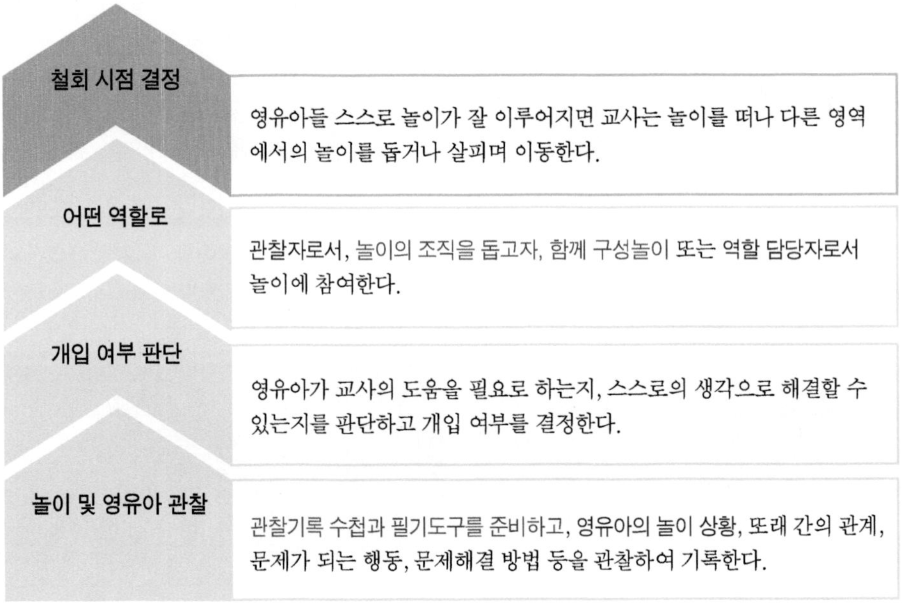

그림 7-5 ◆ **놀이 개입에서 철회까지 갖춰야 할 교사의 태도**

② 놀이에서 철회하는 방법

교사는 놀이에 참여하여 또래 간 또는 영유아 혼자 놀이에 집중할 수 있도록 지원하고, 놀이에서 물러나야 하는 시점을 잘 파악하여 적절한 순간에 물러나야 한다. 놀이에서 빠져나오는 방법은 대체로 다음의 세 가지 형태로 나타난다.

- 영유아가 놀이에 몰두해 있을 때: 놀이가 조성되고 영유아 혼자 또는 또래 간에 놀이에 몰두하게 되면 교사는 놀이 속에서 한 발 물러나 지켜보다 말없이 놀이 공간을 떠난다. 이때 교사가 다른 영역으로 가기 전에 활동실 전체를 살펴보며 교사의 개입이 필요한 곳이 어디인지 파악한 후 이동한다.
- 교사가 역할을 맡고 있으면서 놀이를 떠나야 할 때: 교사가 영유아와의 놀이 안에서 역할을 맡고 있다가 놀이를 떠날 때에는 역할을 유지하면서 떠난다. 예를 들면, 역할놀이 영역에서 음식점 놀이를 하고 있는 상황이나 놀이를 조직해 주고자 손님으로 놀이에 개입했다가 철회할 때에는 "잘 먹고 갑니다."라고 하며 손님의 역할로서 나온다.
- 교사의 철회를 영유아가 원치 않을 때: 교사의 철회를 유아가 원치 않을 때에는 교사는 떠나야 하는 상황이나 이유를 분명하게 설명하고 나오거나 잠시 더 머물렀다가 놀이에서 떠난다. 예를 들면, 다른 영역에서 놀이하는 유아가 도움을 요청할 때 "친구가 도움이 필요하대. 친구들과 놀고 있어."라며 나올 수 있다.

(2) 놀이 개입 시 고려할 점

- 영유아에게 장려할 활동과 제지해야 할 활동을 분별할 수 있도록 일관성 있게 지도한다.
- 교사는 영유아의 자유선택활동 시간 전체를 시각화하고 대처할 수 있어야 한다. 교사는 모든 영유아가 잘 보이는 위치에서 영유아와 놀이에 참여하면서 수시로 고개를 들어 전체 영유아를 관찰한다.
- 영유아가 놀이의 주도권을 갖고 진행되도록 배려한다. 즉, 활동자료가 더 필요하거나 상대에게 요구나 요청을 해야 할 때 교사가 해 주기보다 영유아가 해 볼 수 있는 기회를 준다.
- 또래 간에 일어나는 문제나 갈등에 대해서는 영유아 스스로 해결해 볼 수 있도록 기회를 제공한다.

- 성차에 대한 편견을 갖지 않도록 환경이나 역할 등을 남녀 모두 함께해 볼 수 있는 기회를 제공한다.
- 영유아로 하여금 한 가지 놀이에만 집착하지 않고 다양한 놀이 활동에 골고루 참여하도록 돕는다.
- 영유아의 놀이에 적절히 개입하고 놀이 확장을 돕기 위해 교사는 반드시 관찰을 하고, 관찰을 통해 어떻게 놀이를 격려해 줄 것인지 고려한다.
- 영아의 경우, 놀잇감으로 인한 갈등을 방지하기 위해 같은 놀잇감을 여러 개 구비하고 영아 간의 상호작용을 증진시킬 수 있도록 지원한다.
- 영아는 같은 연령이라 하더라도 월령이나 개인적인 발달 속도에 따라 수준의 차이가 있음을 인정하고 다양한 수준의 활동을 준비하고, 되도록 개별 영아 혹은 소집단으로 영아와 상호작용한다.
- 영아는 한 활동을 하다가 다른 활동으로 옮겨 가기도 하고, 다시 돌아와서 활동을 계속하기도 하므로 끝까지 하도록 강요하지 않는다.
- 되도록 각 영역 간 활동들이 서로 관련을 갖고 통합적으로 이루어질 수 있도록 계획한다. [그림 7-6]은 봄철의 꽃 활동이 실외놀이와 실내 자유선택활동의 언어 및 역할놀이 영역과 통합된 예다.

실외에서 봄의 꽃을 관찰한다. 교사는 꽃의 사진을 찍어 온다.

⇨

꽃의 사진을 활동실의 끼적이기판에 붙여 둔다. 그림을 관찰하기도 하고 끼적이기도 해 본다.

⇨

봄철의 꽃 모형을 벽돌블록에 붙여 쌓기놀이 영역에 제공해 준다. 영아들은 실외에서 본 꽃밭을 활동실 내에서 구성해 본다.

그림 7-6 ◆ **실외놀이와 실내 흥미 영역 활동과의 통합의 예**

2. 영유아 실외놀이 운영 방법

1) 실외놀이의 의미와 목적

실외놀이는 영유아의 교수학습을 위한 중요한 매체가 되므로 교사는 실내와 실외 공간에서의 놀이가 서로 연계성을 갖고 이를 통하여 다양한 학습이 이루어질 수 있도록 운영해야 한다. 실외놀이는 영유아가 능동적인 주체로서 자연을 직접 경험하고 감각과 신체를 통해 자연을 느끼며 인식하도록 돕는다. 이를 통해 긴장이 완화되고 기쁨과 즐거움을 경험하며 자연과 관련된 다양한 경험이 가능한 공간이다. 즉, 실내놀이에서는 통제될 수밖에 없는 큰 움직임이나 소리 지르기, 긴장감 등 내적 에너지를 실외놀이에서 마음껏 발산할 수 있고, 또래 간의 상호작용, 자연 생물과의 직접적인 상호작용이 활발해지는 등 영유아들의 다양한 욕구를 충족시킬 수 있다.

실외 공간의 활동 영역은 공간의 특성 및 영유아의 연령 등에 따라 달라질 수 있지만 신체활동 영역, 자연학습 및 탐구 영역, 물 · 모래 놀이 영역, 작업 영역, 보관 영역, 개방된 공간, 조용한 공간 등으로 구분하여 구성할 수 있다. 이러한 다양한 영역에서의 놀이가 이루어질 수 있도록 교사는 매일 실외활동을 계획해 주어 안전하면서도 위험에 대처할 수 있는 능력을 기르고, 영유아의 도전을 자극하며, 놀이를 통해 문제해결력을 증진시킬 수 있도록 한다.

그림 7-7 ◆ **실외놀이 영역 전경**

2) 실외놀이 시 고려할 점

- 실내에서 실외 공간으로 이동 시 반드시 교사가 먼저 실외 공간을 돌아보고 출입구의 문 잠금, 놀이 도구 배치, 모래에 물 뿌리기(모래 날림 방지), 놀이기구 안전문제 확인(여름에는 미끄럼틀 화상 방지를 위해 물 뿌리기 등), 유리 조각, 폐자재 등 놀이 공간의 안전문제를 체크한다.
- 실외놀이 시 교사는 전체 유아를 한눈에 볼 수 있는 위치에 있어야 하고, 많은 유아가 동시에 몰려드는 공간 가까이에 머물면서 다툼이나 안전문제가 발생했을 때 신속하게 개입할 수 있도록 한다.
- 놀이기구를 이용한 대근육활동 시 교사는 사전에 놀이기구의 안전상태(나사의 헐거움 상태, 균열, 정전기 등)를 반드시 확인하고, 놀이 중에 다른 놀이도구로 인해 사고가 유발되지 않도록 수시로 살펴보고 환경을 재구성한다.
- 영유아들이 하나의 놀이기구 주변에 몰려들어 혼잡하지 않도록 고려한다.
- 실외놀이에서 지켜야 할 사항을 명확하고 일관되게 제시하여 영유아가 잘 인지할 수 있도록 한다.
- 실외 공간은 햇빛이 잘 드는 곳도 필요하지만, 나무 또는 천막 등으로 그늘진 공간을 만들어 주어 잠시 휴식하거나 조용한 놀이를 할 수 있도록 한다.
- 실외 공간이 없는 경우에는 건물의 옥상에 안전한 실외놀이 공간을 마련하도록 하며, 옥상놀이도 여의치 않다면 실내 유희실 등에 대근육활동을 위한 기구를 준비해 둔다.
- 실외 공간은 실내 자유놀이 시간과 대소집단활동 시간에 이루어지는 대부분의 활동이 가능하다. 놀이기구 이용하기, 물 · 모래 놀이 등 대근육활동을 비롯하여 집단 게임, 신체표현, 동식물 키우기, 미술활동 등 다양한 놀이가 이루어질 수 있다. 이들 활동에 따른 안전문제를 반드시 고려하여 계획한다.
- 퇴근 전, 놀이터나 모래놀이 공간을 통풍이 잘 되는 그물 등으로 덮어 두어 동물의 오물 등이 들어가지 않도록 한다([그림 7-8] 참조).
- 놀이를 마친 후에는 영유아와 교사가 함께 놀이 도구를 정리하며 영유아의 옷에 묻은 먼지, 모래를 털어 내고 실내로 이동하도록 한다.

그림 7-8 ◆ **모래놀이 덮개 예**

3) 실외놀이 시 영역별 지도 방법

교사는 영유아가 실외에서 풍부하고 다양한 놀이를 할 수 있도록 놀이 환경을 제공해야 한다. 실외놀이에서 가장 많이 이루어질 수 있는 주요 활동 영역인 신체활동 영역, 물 · 모래 놀이 영역, 자연학습 및 탐구 영역, 조용한 영역의 시설물과 자료 및 교사의 지도 방법에 대해 알아본다.

(1) 신체활동 영역

실외놀이가 실내놀이와 다른 가장 주된 차이는 신체 전반의 활동을 강조한다는 점이다. 충분한 공간을 제공하여 영유아가 뛰어다닐 때 안전에 문제가 발생하지 않도록 한다. 실외 공간에서는 신체를 이용한 균형 잡기 놀이가 많이 이루어지며, 놀이기구를 이용한 대근육활동, 언어적 지시어 따라 동작하기, 자기조절력을 키워 주는 게임 등 다양한 놀이가 이루어질 수 있다.

① 시설 및 자료

신체활동을 높이기 위해 복합놀이기구, 그네, 미끄럼틀, 시소, 놀이집, 게임 도구(공, 골대, 고리 던지기, 작은 터널), 트램펄린, 훌라후프, 자전거, 평균대, 널빤지, 안전사다리, 끌차, 높낮이가 다른 건너기 · 뛰기대, 흔들말, 정글짐, 타이어 등을 이용한다.

그림 7-9 ◆ **영아용 실외 신체활동 놀이기구**

② 지도 방법

- 실외에서는 영유아의 활동 반경이 넓어지므로 놀이할 수 있는 곳에 대해 명확히 이야기한다(예: "선생님이 보이는 곳에서 놀이하자." "여기 턱 안에서만 놀이하자."). 놀이할 수 있는 공간을 확인하기 위해 놀이 시작 전에 함께 놀이 영역의 경계를 걸어 보는 것도 좋다.
- 교사의 목소리가 들리지 않을 것을 대비하여 신호 악기와 신호 약속을 한다.
- 놀이기구들을 안전하게 사용할 수 있도록 개별적으로 상호작용한다.
- 자동차를 끌고 다닐 경우 실내와는 다른 바닥면을 경험하도록 한다.
- 유아교사는 규칙이 있는 게임 또는 언어적 지시가 있어야 움직이는 게임 등을 제공하여 뛰고 걷기, 균형 잡기, 자기조절력 등의 발달을 돕는다. 즉, 가라사대 게임, 지도자 따라 하기 게임, 수건 돌리기 등의 게임이나 얼음땡 놀이, 무궁화 꽃이 피었습니다 등 자기조절을 증진하는 데 도움이 되는 활동 등을 계획한다. 이와 같은 놀이를 할 때 일방적으로 교사가 지시를 내리기보다는 교사가 시작은 하지만 놀이가 익숙해지면 유아들 중에 원하는 친구가 할 수 있도록 놀이를 인계해 주어 또래 간 놀이를 장려한다.
- 손뼉 치기, 박자 맞춰 뛰기 등 악기나 신체를 이용한 활동을 계획하여 균형 잡기나 신체를 통제하는 능력을 발달시킬 수 있도록 돕는다. "선생님이 소고를 치면 박자에 맞춰 걸어 보자. 선생님이 느린 박자로 치면 천천히 걷는 거야." 또는 "반대 방향으로 걸을 수 있을까?" 등의 개입을 한다.

(2) 물 · 모래 놀이 영역

신체적인 움직임에 부담을 느끼는 영유아의 경우, 익숙한 소꿉놀이나 물 · 모래 놀이를 할 수 있는 공간을 제공한다.

① 시설 및 자료

물 · 모래 놀이대와 놀잇감, 속이 빈 블록, 대형 플라스틱 블록, 플라스틱 삽, 갈고리, 크기와 모양이 다른 여러 개의 통, 옆 · 아래로 구멍이 뚫린 페트병, 깔때기, 소꿉놀이용 그릇, 다양한 길이의 파이프(수로 만들기용), 주전자, 체, 고무 또는 플라스틱 재질의 인형, 욕조나 대야 등 모래밭 근처에는 수도시설이 설치되어 있어야 하고, 모래놀이와 흙놀이, 물놀이 공간이 구성되어야 한다. 이 공간은 지붕이 있는 그늘진 곳에 마련하고 안전하고 깨끗한 흙과 모래, 그리고 물을 사용할 수 있도록 준비한다.

그림 7-10 ◆ **그늘막이 마련된 물, 모래 놀이 영역의 모습**

② 지도 방법

모래놀이는 소근육, 감각 및 상상력을 도울 수 있는 실외놀이로, 물을 사용할 수 있는 곳과 인접하거나 같은 공간에 두면 모래놀이 외에 수로놀이, 연못 만들기 등 보다 풍부한 놀이로 확장될 수 있다. 모래놀이 공간은 유아들의 협동놀이보다는 개별적인 놀이가 더 많이 이루어지며, 놀잇감에 대한 분쟁과 모래로 인한 안전문제가 자주 발생한다.

- 교사는 안전문제 발생을 항상 염두에 두고 사전에 영유아와 함께 규칙을 만들

어 지키도록 지도한다.

- 놀이기구를 이용한 놀이 공간과 모래놀이 영역 주변에서 영유아들을 등지지 않도록 하며, 놀이에 방해되지 않는 위치에서 영유아들을 관찰하고 놀이의 발전을 돕는 상호작용을 한다.
- 실외놀이에서 영유아는 흙과 모래, 물, 나뭇가지 등으로도 다양한 놀이 활동을 할 수 있다. 단, 흙과 모래 등은 영아의 경우 집어먹지 않는 정도의 성숙이 이루어진 후에 소개한다. 그 이전에는 고무칩 등의 탄력이 있는 부드러운 바닥에서 놀이를 할 수 있도록 한다.
- 복합놀이기구가 없는 경우에는 영유아의 흥미나 성장 정도, 계절에 따라 이동할 수 있는 놀잇감들을 활용할 수 있다. 예를 들면, 여름에는 물놀이하기, 물총 쏘기, 가을에는 낙엽 줍기, 바닥에 분필로 그림 그리기 등의 활동을 제공할 수 있다.

(3) 자연학습 및 탐구 영역

신체활동과 더불어 실외놀이로 대표할 수 있는 활동이 자연을 탐구하는 활동이다. 실내의 과학 영역이나 집단활동에서는 영유아가 자연현상을 이해하고 자연과 환경과의 관계를 탐구하는 경험이 극히 제한되어 있다. 따라서 실외에 작은 공간이라도 텃밭을 만들거나 나무나 꽃을 심어 놓으면 영유아가 직접적인 경험을 통해 동식물을 관찰하고 기르거나 돌봄으로써 동식물의 생태를 경험할 수 있는 공간이 된다. 최근 들어, 여러 가지 가축이 옮기는 전염병으로 인해 유아교육기관 내에서 동물을 기르기가 쉽지 않으나 영유아는 동물을 매우 좋아한다.

① 시설 및 자료

자연을 탐구하는 활동이 이루어지기 위해서는 나무, 꽃, 화분, 물뿌리개, 동물사육장, 동물(병아리, 토끼, 오리 등), 실외에서 모은 것을 담을 바구니, 수도시설 등이 필요하다.

텃밭에 거름 주기

눈, 손, 발로 비를 느껴요!

마당에서 벌레 관찰하기

그림 7-11 ◆ **자연학습 및 탐구 영역 활동 예**

② 지도 방법

- 텃밭에는 영유아가 직접 재배가 가능하고 긴 기간이 걸리지 않으면서 꽃이 피거나 열매를 맺는 것들을 기르는 것이 좋다. 딸기, 토마토, 무, 가지, 호박, 고추, 오이, 벼, 감자, 고구마 등 직접 재배해서 조리하거나 삶아서 먹을 수 있는 채소들을 가꾸어 볼 수 있다.
- 텃밭에 거름을 주거나 돌을 고르는 등 씨앗 또는 모종을 심는 시기, 가꾸기 및 거둬들이는 과정까지 연간 계획을 세워 역할을 분담하여 관리하면 영유아는 책임감을 가지며 자랑스러워한다. 예를 들면, 채소를 잘 먹지 않는 영유아에게 거둬들인 것을 직접 조리해서 친구들에게 나누어 주는 역할을 맡기면 채소에 대한 거부감 없이 채소를 먹게 되기도 한다.
- 텃밭을 가꾸는 것뿐만 아니라 토마토나 해바라기 등의 지지대를 유아가 직접 만들어 세우도록 하여 과학적 · 수학적 경험을 확장시킨다.
- 마당의 잔디, 풀, 벌레 등을 언제든지 관찰하고 탐색할 수 있도록 교사가 민감하게 살피고 적절히 개입한다.
- 실외놀이는 비나 눈이 오는 상황에서도 많은 경험을 제공할 수 있다. 우산 쓰고 비 떨어지는 소리 듣기, 우산 끝에 떨어지는 빗물 감상하기, 여름철에 웅덩이에서 물 첨벙이기, 빗물을 손으로 받으며 느껴 보기 등의 자연현상에 대해서 다양한 경험을 제공한다. 겨울철에도 텃밭에 보리를 뿌려 두고 새싹이 돋아나면 보리밟기, 눈 온 후 눈으로 소꿉놀이하기 등의 활동을 계획하여 계절의 변화를 직접 느끼고 체험할 수 있도록 한다.
- 영아의 경우, 관찰한 후 변화에 대하여 이야기하도록 격려한다. 이때 성장에 대한 개념을 가르치기 위해 애쓰기보다 영아의 표현을 수용한다.

• 영아는 시간의 경과에 따른 변화를 인지하기에 어려움이 있으므로 사진으로 남겨 회상해 보도록 한다. 그러나 이는 꼭 알아야 하는 것은 아니다.

(4) 조용한 영역

실외놀이터 구석에 나무 그늘, 모형 집 또는 영유아가 들어갈 수 있는 큰 상자 등을 준비하여 영유아가 혼자 있거나 조용히 놀이하고 싶을 때 들어가 놀이할 수 있도록 한다.

① 시설 및 자료

파고라, 실외용 놀이집, 놀이집에 들어갈 소품들, 아크릴 화판 또는 작업 이젤, 종이, 크레파스, 그림물감, 굵은 붓, 비닐 옷, 낮은 책상, 야외용 자리, 작품 건조대, 책 등이 있으면 효과적이다.

그늘막과 테이블 및 작업 이젤 | 실외 벽면에서의 물감놀이 | 낙엽 주워 구성하기

그림 7-12 ◆ **조용한 영역의 시설 및 자료, 활동하는 모습 예**

② 지도 방법

조용한 영역은 아픈 영유아나 혼자 또는 조용히 앉아 놀이하고 싶은 영유아를 위해 필요한 공간이다. 실외 공간에 파고라를 설치하거나, 천막 등 그늘을 만들어 주거나, 나무 밑에 테이블을 만들어 줄 수 있다. 이런 설치가 여의치 않으면 야외용 자리를 준비해 둔 다음 책이나 필기도구, 퍼즐, 끼우는 교구 등 조용히 활동할 수 있는 교구를 실내에서 가지고 나가 놀이할 수 있도록 한다. 또한 작업 이젤을 설치해 주고 비닐, 종이, 붓, 색연필, 크레파스 등을 준비해 두어 영유아가 원할 때 자연스럽게 활동할 수 있도록 한다. 이젤 설치가 어렵다면 실외 울타리나 놀이기구의 빈 공간에 종이나 비닐을 부착해 두고 그림을 그리거나 물감놀이가 가능하도록 한

다. 실외활동이 끝난 후 조용한 영역에서 동화를 읽어 주는 것으로 활동을 마무리 할 수도 있다.

표 7-1 ◆ 실외놀이 활동의 실제

활동명: 물에 넣어 봐요

- 대상 연령: 2세
- 활동목표: 사물을 물에 넣어 보고 변화를 즐긴다.
- 활동자료: 수조, 물에 넣어 보고 싶은 다양한 물건
- 활동방법

① 수조에 담긴 물을 발견하고 관심을 갖는다.
"물이 담겨 있네."
"물에다 손을 담가 볼까?
"손을 꺼내 보자."
"손에 물이 묻었구나."
"손을 물에 담그니까 물이 묻었네."
"다른 것들을 담그면 어떻게 될까?"
② 영아가 담그고 싶은 물건들을 가져온다.
교사가 준비한 물건들 중 담가 보고 싶은 것들을 선택하여 담가 본다.
"어떤 것들을 담가 보고 싶니?"
"물에 넣으면 어떻게 될까?"
"너희가 담가 보고 싶은 것들을 가져오자."
③ 교사는 영아의 활동을 관찰하고, 설명하고, 질문한다.
"희숙이는 물에 넣고 흔들어 보고 싶구나."
"공이 어떻게 되었니?"
"신문지는 … 어, 색깔이 변했네!!"
④ 탐구의 결과를 말해 본다.
"신문지를 물에 넣으니 어떻게 되었어?"
"손으로 물을 흔들었더니 다른 물건들이 어떻게 움직였어?"
(영아들이 신체로 움직임을 표현하는 것을 격려한다.)
"아, 그렇게 흔들흔들 움직였구나."

- 참고
① 교사는 영아의 선택에 따라 일어나는 상황을 있는 그대로 받아들이고 함께 해결하는

자세를 취한다. "신문지를 넣었더니 찢어져 버렸네. 어떻게 하지? 다른 물건들을 넣을 수가 없게 되었어." (만화영화의 캐릭터와 같은 목소리로) "도와줘요, 빨강반!! 우린 이 물을 바꿔야 해요. 힘센 사람이 필요해요." 등으로 돌발 상황도 놀이처럼 해결해 나간다.

② 영아가 가져오는 물건들 중 물에 넣었을 때 문제가 발생하는 것들은 신중하게 처리해야 한다. 기본적으로 영아의 요구를 수용하되, 학급 내에서 감당하기 힘든 문제가 발생할 것이 있다면 미리 예측해 보고 결과를 설명해 주어 영아가 합리적인 선택을 할 수 있도록 한다.

③ 신문지, 물감 등을 넣었을 때 발생하는 상황은 새로운 탐구로 연결하는 전환점이 될 수 있으므로 제한하지 않도록 한다.

제8장
영아 자유놀이 지도

영아의 하루 일과 중 먹고, 자고, 배설하는 등의 일상생활 관련 활동을 제외한 나머지 시간은 대부분 자유놀이로 이루어진다. 영아는 자유놀이를 통하여 발달 과정에서 습득해야 할 지식이나 태도, 기능을 학습하게 된다. 이를 위해 교사가 놀이 영역에 교구를 제시하고 영아와 적절한 상호작용을 하기 위해 노력하는 것은 매우 중요하다. 영아는 교사가 제시하는 교구를 가지고 놀이하고, 교사와의 상호작용을 통해 세상을 탐색하고 학습을 해 나가게 된다.

이 장에서는 영아 자유놀이의 교육적 의의를 살펴보고, 자유놀이 지도를 위해 흥미 영역별 환경 구성과 자료, 지도 방법에 대해 학습한다.

1. 영아 자유놀이의 교육적 의의

영아의 하루 일과는 놀이에서 시작하여 놀이로 끝난다 해도 과언이 아니다. 최초의 놀이는 신체를 활용하여 이루어지고 점차 사물을 활용하는 놀이로 발전한다. 놀이를 통해 신체, 정서, 사회, 언어, 인지 발달과 아울러 창의성 발달을 이룬다. 교사는 영아의 놀이를 지원함으로써 영아의 전인적 발달을 지지할 수 있다. 영아를 위한 발달적 · 교육적 지지를 위해 영아교사가 하는 일은 다음과 같다.

1) 신체 발달 지지하기

활동실을 영아의 발달을 지지할 수 있는 적절한 놀이 공간으로 구성해 줌으로써 영아의 불안정한 움직임으로 인한 충돌을 막을 수 있다. 영아가 자유로운 움직임을 보장 받음으로써 신체적 움직임의 자유로움도 보장을 받을 수 있고, 궁극적으로 신체적 발달을 도모할 수 있다.

2) 정서 발달 지지하기

영아를 위한 활동실은 영아의 발달에 적절한 놀잇감들로 안전을 고려하여 배치해 줌으로써 영아의 놀이를 지지하는 상호작용이 충분히 이루어질 수 있다. 교사는 영아가 선택한 놀잇감들이 영아 개인에게 어떤 의미가 있는지 충분히 파악하고 지지함으로써 영아가 안정감을 갖고 놀이에 집중할 수 있도록 지원한다. 예를 들어, 영아를 위한 헝겊접시는 영아가 음식을 담는 용도로 놀이할 수 있을 뿐 아니라 모자처럼 머리에 쓰고 다닐 수도 있다. 이때 교사는 "그건 접시이지? 음식을 담는 거야." 라고 하지 않고 "아! 그렇게 머리에 쓰니까 모자가 되었네."라고 함으로써 자신의 놀이가 지지받고 있음을 느끼고 긍정적인 자아정체감을 가질 수 있도록 돕는다.

3) 사회성 발달 지지하기

기본적으로 영아는 혼자 놀이를 하거나 병행적 놀이를 한다. 그러한 과정에서 영아는 활동실에서 함께 생활하는 다른 영아의 놀이에 관심을 갖게 된다. 의사소통은 되지 않지만 바라보기도 하고, 웃음을 교환하기도 하고, 서로 빼앗기도 하면서 타인의 행동에 대한 이해를 넓혀 나간다. 활동실에서 종종 어떤 장난감을 가지고 다른 영아에게 다가가 얼굴을 쳐다보면서 "어?!!"하고 의사소통을 시도하는 영아들을 보게 된다. 1, 2세반이 되면서 놀이를 통한 상호작용의 범위가 넓어져 또래나 교사와의 상호작용이 활발히 일어나게 된다.

4) 언어 발달 지지하기

놀이는 영아를 행복하게 한다. 언어를 배워 가는 단계에 따라 영아는 많은 언어적인 시도를 한다. 아직 완전히 소통할 수 있는 언어는 아니지만 교사는 언어적으로 반응해 준다. "친구랑 놀이하고 싶구나." "'○○야, 이거 가지고 놀아도 돼.'라고 이야기해 봐." 등 영아가 보이는 행동, 주변 환경, 주변에서 일어나는 상황들에 대해 교사가 말해 줌으로써 영아의 언어 발달을 지지해 줄 수 있다.

5) 인지 발달 지지하기

같은 모양의 구멍에 도형을 집어넣는 놀이를 해 봄으로써 모양의 특성을 구별하고 인지하게 된다. 벽돌을 연결하여 구성물을 만들 때 벽돌의 색깔이나 크기 등을 분류하기도 하고, 벽돌을 쌓으면서 위치나 방향, 균형에 대한 감각도 익힐 수 있게 된다. 이와 같은 놀이는 영아에게는 즐거운 놀이이기도 하면서 다양한 사고의 기회를 제공한다.

6) 창의성 발달 지지하기

놀이에는 정답이 없다. 답을 만들어 가는 것이 아니라 스스로 만들어 가는 것이 놀이인 셈이다. 조그마한 장난감 자동차를 엉덩이 사이에 끼고 자동차를 탄 것 같은 기분을 낼 수 있는 것도 놀이이기 때문에 가능하다. 놀잇감의 다양한 활용이 허용되는 자유놀이를 통해 영아는 자신감을 얻고 창의성을 발달시킬 수 있다.

벽돌블록을 키만큼 쌓아두고 친구의 키와 비교하고 있는 영아

크기가 다른 상자 곽을 크기대로 쌓아 놓고 좋아하는 영아

상자로 끌차를 만들어 서로 끌어 주고 있는 영아들

그림 8-1 ◆ 놀이를 통한 영아의 발달 지원

2. 영아 자유놀이 지도 방법

영아의 하루 일과는 일상생활을 위한 시간들을 제외하면 대부분 자유놀이로 이루어진다. 따라서 교사는 다양한 교구를 영아의 흥미에 따라 놀이할 수 있도록 각 흥미 영역에 준비해 두고 활동을 지원하도록 한다.

영아의 자유놀이는 영아가 활동실에 들어와서 원하는 놀잇감을 잡고 뭔가를 시도하면서부터 시작된다. 교사는 영아의 관심과 흥미, 발달 수준을 고려하여 상호작용하면서 함께 놀이한다. 영아의 자유놀이가 잘 이루어지도록 하기 위해서는 영아의 발달 수준에 적절하고, 영아의 흥미를 끌 수 있으면서도 영아의 다양한 발달을 지원할 수 있는 교구들로 제공해야 한다. 교사는 활동실에서 영아가 편안히 이동하고, 자유롭게 교구를 선택하고, 놀이할 수 있도록 공간을 구성해 주어야 한다.

영아 교육과정 운영을 위한 실내 자유놀이의 영역 구성은 연령에 따라 차이가 있다. 0세를 위한 활동실은 개방적으로 구성하고 신체 움직임이 불안정한 영아가 기기와 걷기 등을 연습할 수 있도록 공간을 제공한다. 2세의 활동실은 유아와 유사한 영역들로 구성하되, 교구장과 카펫이 깔린 바닥, 낮은 테이블을 활용하여 공간을 구성한다. 영아의 연령별 흥미 영역의 구성은 0세는 신체, 언어, 감각 · 탐색의 세 영역으로, 1세는 역할 · 쌓기 놀이 영역을 추가하여 네 영역으로, 2세는 미술과 음률 영역을 추가하여 여섯 개의 놀이 영역으로 이루어진다. [그림 8-2]는 영아반 활동실의 흥미 영역 구성의 예를 보여 주고 있다.

영아반 활동실의 각 흥미 영역별 구성 및 지도 방법은 다음과 같다.

그림 8-2 ◆ **영아반 활동실의 흥미 영역 구성의 예**

1) 신체 영역

영아기는 신체 발달이 급격하게 일어나는 시기다. 신체 발달을 돕기 위해 교사는 누워 있는 영아와 기는 영아, 걷기를 시도하는 영아와 걸어다니는 영아 모두에게 적절한 환경을 제시해 주되, 필요한 교구들을 수시로 교체해 준다. 이동하지 못하는 영아를 위해서는 놀이 울타리와 모빌, 앉아서 가지고 놀이할 수 있는 교구들이 필요하다. 이후 보행기와 이동을 위한 공간이 필요하게 되고, 걷기 시작하면 끌고 다닐 수 있는 자동차 등이 필요하다. 교사는 어떤 영아에게 무엇이 필요한지를 잘 파악하여 놀잇감과 활동들을 준비해야 한다. 신체활동 영역은 대근육을 위한 활동과 소근육을 위한 활동으로 나누어 볼 수 있다.

(1) 영역 구성 및 자료

대근육활동을 위한 놀잇감으로는 미끄럼틀, 볼풀, 스펀지 매트로 만든 계단 등 고정식 놀이기구와 이동식 목마, 자동차, 끌차, 공, 후프, 스펀지 매트 등 수시로 비치하고 교체해 줄 수 있는 놀이기구 등을 준비해 둔다. 반면, 소근육활동을 위해서는 밀가루 반죽, 촉감판, 감각놀이대, 고무나 플라스틱으로 된 고리 끼우기, 겹겹이 넣는 컵 블록(3~5개) 등을 준비해 둔다.

그림 8-3 ◆ 영아반 활동실의 신체 영역 구성의 예

(2) 지도 방법

- 영아들 간에 충돌이 발생하지 않도록 신체 영역의 놀이기구는 충분한 공간을 확보한 후에 비치한다.
- 교사는 주제에 따라 영아가 다양한 신체활동에 참여할 수 있도록 신체 영역의 활동을 구성한다.

- 음악에 맞춰 신체를 움직여 보거나 기구를 활용한 활동 시 적극적으로 함께 놀이한다.
- 교사는 영아의 움직임을 말로 표현해 준다. 이때 감탄사, 의성어, 의태어 등을 포함하여 영아의 활동에 관심이 있음을 보여 주며 격려한다.

"하나, 둘, 하나, 둘! 정말 잘 걷는구나."
"아휴, 힘들어! 이제 좀 쉴까?"
"흔들흔들, 몸을 흔들 수도 있네."

- 신체활동을 하는 공간과 놀잇감이 안전한지 항상 점검한다.

표 8-1 ◆ 신체 영역 활동의 실제

활동명: 걸음마대를 잡고 걸어 봐요

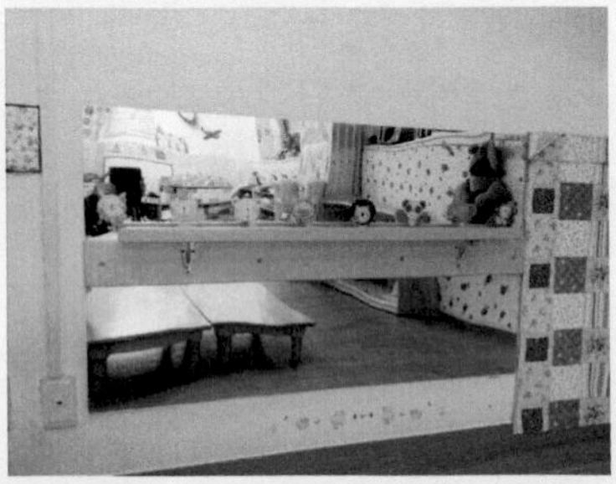

- 대상 연령: 0세
- 활동목표
  - 걸음마대를 잡고 걷기를 시도해 본다.
  - 거울 속의 내 모습에 관심을 갖는다.
- 활동자료: 걸음마대, 거울
- 활동방법

① 영아와 함께 바가 붙어 있는 거울을 보며 이야기한다.
"여기 민희가 있네."
"선생님도 있구나."

② 붙잡고 서려고 하는 영아가 있을 때 격려하는 것으로 시작할 수도 있다.
"민희가 붙잡고 섰네."
"하나! 둘! 걸어와 볼까?"(교사는 영아의 키 높이에 맞게 앉은 자세로 뒤로 물러나며 영아가 한 걸음씩 앞으로 올 수 있도록 격려한다.)
(만약 오다가 멈추면) "이제 좀 쉬고 싶어?"

2) 언어 영역

언어 영역은 듣고, 말하고, 읽고, 쓰는 활동이 이루어지는 영역이다. 영아기는 모국어의 습득이 이루어지고, 언어로 타인과 의사소통하게 되는 기틀이 마련되는 시기다. 교사가 읽어 주는 동화를 듣거나, 인형으로 이야기 꾸미기 등을 통해 듣기와 말하기 활동이 이루어지고, 그림책을 보고 종이에 끼적이기를 하며 읽기와 쓰기 활동이 이루어진다.

(1) 영역 구성 및 자료

- 영아가 볼 수 있는 헝겊책이나 물에 젖지 않는 비닐책 또는 잘 찢어지지 않는 종이책 등을 준비하여 책꽂이나 천으로 된 포켓에 꽂아 둔다. 영아가 안정감을 느낄 수 있는 푹신한 인형을 두기도 한다.
- 높이가 낮은 책꽂이를 두어 영아가 책을 빼고 꽂기 쉽게 한다. 영아가 엎드려서 책을 볼 수 있고 안정감을 느낄 수 있도록 바닥에 매트를 깔아 둔다.
- 영아들이 편안한 의자에 앉아서 책을 볼 수 있도록 소파를 제공한다.

그림 8-4 ◆ **영아반 활동실의 언어 영역 구성의 예**

(2) 지도 방법

① 듣기와 말하기

- 0세 영아의 언어는 성인의 품에 안겨서 성인의 목소리를 듣는 것으로 시작한다. 영아를 안고 이야기를 들려줄 때 나지막한 목소리로 영아와 눈을 맞추며 이야기해 준다.
- 교사가 들려준 짧은 이야기와 운율이 담긴 노랫말을 언어 영역에 그림으로 표현하여 붙여 둔다. 또한 동시를 들려줄 수 있는 큰 책 등을 활용하여 동시를

들려준다.

- 영아의 옹알이에 최대한 반응해 준다.
- 영아가 안을 수 있는 큰 인형을 비치하여 가지고 놀이하거나 이야기를 꾸며 볼 수 있도록 한다.
- 영아의 하루 일과를 나타내는 책을 활용하여 일상생활의 다양한 상황을 구체적인 말로 표현하여 영아에게 들려주고, 사진을 보고 영아가 이야기해 보도록 한다. 이때 영아의 말이 다소 느리고 문법에 맞지 않아도 교사는 잘 들어주고, 함께 듣는 다른 영아가 있다면 잘 듣는 태도에 대해 격려한다.
- 동화를 읽어 줄 때나 교사의 감정을 이야기할 때 영아에게 보통의 목소리, 큰 소리, 작은 소리, 속삭이는 소리 등으로 변화 있게 말해 줌으로써 영아가 소리의 크기에 따른 상황이나 분위기를 파악하게 한다.
- 책의 내용을 끝까지 읽는 것에 중점을 두기보다 질문과 반응을 더 격려한다. 영아가 책을 보는 도중에 관련된 움직임을 요구하면 간단히 움직여 본 후 다음 책보기로 연결한다. 예를 들면, 내용 중 기차가 나오면 기차소리를 내어 보고, 기차처럼 움직여 보는 것을 수용한다.
- 그림책을 읽는 중에 영아가 다음 장을 넘기거나 하면 좀 더 간단하게 그림을 중심으로 읽어 준다.
- 영아가 관심이 없어 하면 읽기를 중단하고 다른 놀이를 하거나 다른 책을 가져오도록 허용한다.
- 교사가 한 영아의 책을 읽어 주는 중에 다른 영아가 자신의 책을 가져와 읽어 달라고 하면 갈등이 생길 수 있다. 이때 교사는 순서를 정하여 기다릴 수 있도

영아는 혼자서 책을 읽기도 하고, 교사에게 읽어 주기를 요구하기도 한다.

그림 8-5 ◆ **영아의 책 읽기 예**

록 지도한다. "지금 명희가 가져온 책을 읽고 있거든. 이 책을 보고 싶으면 옆에 앉아서 같이 볼 수 있어. 그다음에는 철수가 가져온 책을 읽을 거야."

• 아직 순서에 대한 개념이 없는 영아들이지만 집단교육의 장에서는 어쩔 수 없이 순서를 인지하도록 일관성 있게 반복적으로 지도하는 것이 필요하다. 이를 통해 영아는 자기가 책을 가져온 시점과 순서와의 관계를 이해하게 된다.

표 8-2 ◆ 언어 영역 활동의 실제

활동명: 그림책을 읽어요

• 대상 연령: 1세

• 활동목표
- 읽어 주는 그림책의 내용을 듣고 즐긴다.
- 교사의 품에서 정서적 안정감을 갖는다.

• 활동자료: 책보기 영역의 그림책들

• 활동방법
① 언어 영역에 있는 책에 관심을 갖고 책을 탐색한다.
"어떤 책들이 있나 볼까?"
"이건 <응가해요>라는 책이네. 민우도 '응가'하지? 오리도 응가하고 싶대."
"병아리가 어디로 갈까?"
"영희는 기다란 기린이 있는 책을 보고 싶구나."
② 영아가 책을 가지고 와서 매트 또는 교사의 무릎에 앉는다.
"어떤 내용인지 읽어 볼까?"(교사는 영아가 가지고 온 책을 읽어 준다.)
③ 책을 다 읽은 후에는 책꽂이에 꽂아 둔다.
"끝! 이제 다 읽었네. 이 책은 어디에 있었지?"
"나영이가 제자리에 꽂아 둘 수 있지?"

② 쓰기와 읽기

• 영아가 필기구를 쥐고 끼적여 나타나는 형태에 관심을 가질 때, 바닥에 큰 종이를 붙여 준다. 걸을 수 있는 영아가 늘어나면 벽면에 끼적이기 판을 붙여 준다. 이때 크레파스는 무독성이어야 하며, 영아가 손에 쥐고 힘을 주기 쉬운 크기가 큰 크레파스로 준비한다.

- 영아의 성장에 따라 헝겊이나 비닐로 된 그림책을 먼저 비치하고, 그런 다음에 두꺼운 종이로 된 그림책을 첨가해 준다. 얇은 종이로 된 그림책은 가장 나중에 제공한다.
- 책꽂이에 그림책을 제공할 때, 영아가 그림책의 표지 그림을 볼 수 있도록 놓아 둔다.
- 그림이 선명하고 조작할 수 있는(열어 보고, 만져 보고, 눌러서 소리 내어 보고, 긁어서 냄새 맡아 보는 등) 그림책을 준비하고, 내용도 발달 수준의 차이를 고려하여 제공한다.
- 영아에게는 제공하는 색깔의 수를 너무 많이 하지 않도록 한다. 처음에는 두세 가지의 색을 같은 색으로 여러 개 준비해 주어 다른 영아와 같고 다른 색깔을 경험하도록 하고, 시간이 지나면서 색깔의 수를 조금씩 늘려 제공한다.
- 영아가 자신의 움직임의 결과로 나타나는 형태에 관심을 갖고 다양하게 움직여 보도록 하기 위해 교사는 "정말 잘 그리는구나."보다는 영아의 동작을 언어로 표현해 준다. 예를 들어, "둥글둥글 현아가 그린 그림이 둥글둥글." "선생님은 쭈욱쭈욱." 등으로 표현할 수 있다.

<표 8-3>은 언어 영역에서 끼적이기 활동의 실제를 보여 주고 있다.

표 8-3 ◆ 언어 영역 활동의 실제

활동명: 끼적이기 놀이
• 대상 연령: 0~1세 • 활동목표 - 종이에 영아용 크레파스로 끼적여 본다. - 단순한 미술 도구로 끼적여서 나타난 형태에 관심을 갖는다. • 활동자료: 큰 종이, 무독성 크레파스 • 활동방법 ① 바닥에 큰 종이를 깔거나 붙인 후 무독성 크레파스를 제공한다. 만약 서고 걸을 수 있는 영아라면 벽면에 종이를 붙여 준다. 이때 크레파스를 줄에 매달아 주어 영아가 그리고 싶을 때 언제나 그리게 한다.

② 영아가 관심을 가질 때 교사가 모델링을 보인다.
"이렇게 그려지네? 색깔이 나타나는구나." (영아의 반응을 관찰한다.)

③ 영아가 크레파스를 쥐고 끼적이기를 시작하면 영아의 활동에 대해 상호작용한다. 이때 의성어나 의태어를 많이 사용하여 영아가 자신의 활동과 그림에 대한 느낌을 가질 수 있도록 지원한다.
"희진이가 슈~욱 슈~욱 그리는구나."
"콕콕 찍어 볼까?"
"동글동글 그렸네."

④ 그리기가 끝나면 그림을 게시하거나, 영아가 볼 수 있는 위치에 매달아 준다.

생각해 봅시다

◆ 끼적이기 활동을 위해 바닥에 종이를 붙여 놓았으나 끼적이기에 관심을 보이지 않고 바닥의 종이를 자꾸만 떼어 내려는 영아가 있다. 이럴 때 어떻게 할까?

이런 영아의 관심은 붙어 있는 종이에 궁금증을 갖고 그것을 떼어 내는 데 흥미가 있다고 볼 수 있다. 때때로 영아는 바닥에 붙어 있는 것을 검지손가락으로 긁어서 떼어 내는 데 무척 호기심을 보이기도 한다. 이는 소근육의 연습으로 매우 좋은 활동이기는 하지만 그렇다고 활동을 위해 붙여 둔 종이를 떼어 내도록 할 수는 없다. 어떤 영아는 거기에 열심히 끼적이기를 하기 때문이다. 이때 교사는 바닥에 끼적이기 종이를 붙인 것과 같은 테이프로 다른 종이들을 붙여 두어 떼는 데 관심이 있는 영아의 욕구를 충족시키도록 할 수 있다. 시트지를 다양한 모양으로 펀칭하여 바닥에 붙여 두고 떼어 내도록 할 수도 있다. 이를 통해 교사는 끼적이기 종이를 떼어 내지 않는 학급의 규칙을 강조하는 동시에 영아의 또다른 욕구를 충족시킬 수 있는 흥미로운 대안활동을 제공하는 셈이 된다.

◆ 만약 대안활동 없이 끼적이기 종이를 떼어 내지 못하도록 했을 때 어떤 일이 발생할까?

◆ 해당 영아의 욕구를 존중하여 끼적이기 놀이를 '종이 떼어 내기' 놀이로 변형하였다면 어떤 일이 발생할까?

3) 감각 · 탐색 영역

영아기는 오감각을 통해 세상에 대해 알아가는 시기다. 교사는 영아가 오감각을 다양한 방법으로 연습해 볼 수 있도록 자료를 준비하고 상호작용한다.

(1) 영역 구성 및 자료

- 영아의 수준에서 경험할 수 있는 다양한 촉감 교구들을 비치한다. 촉감 방석이나 작은 촉감 공 등도 이 영역에 비치할 수 있다.
- 누르면 소리 나는 놀잇감이나 모양을 맞추어 끼워 넣을 수 있는 놀잇감을 비치한다.
- 눈으로 따라갈 수 있는 놀잇감(딸랑이, 태엽으로 작동하는 오리 등)을 배치한다.
- 식물이나 동물 등 지속적으로 관찰할 수 있는 자료를 비치한다.

그림 8-6 ◆ 영아반 활동실의 감각 · 탐색 영역 구성의 예

(2) 지도 방법

- 영아의 흥미와 관심을 잘 관찰한 후 상호작용한다.
- 영아의 탐색 방식을 수용한다. 교사가 원하는 방식이 아니더라도 위험하거나 다른 영아를 괴롭히는 방식으로 사용되지 않는다면 허용한다.
- 영아가 안전하게 다양한 사물을 탐색할 수 있도록 돕는다.
- 정적이고 개인적인 활동이 많으므로 영아들이 좋아하는 놀잇감의 경우, 영아 수만큼 충분한 수량을 제공한다.
- 조용하게 집중할 수 있도록 배려해 주며, 카펫 또는 낮은 책상에서 놀이를 할 수 있도록 구성한다.

- 영아가 스스로 탐색 · 조작할 수 있도록 하며, 영아가 놀이한 뒤에는 교사가 바닥에 있는 놀잇감을 정리하여 발로 밟아 넘어지거나 다치는 일이 없도록 한다.
- 오감각을 통하여 배우게 되는 새로운 것들에 대한 단어를 사용함으로써 영아의 언어 확장에 도움을 준다(예: "물에 젖었네." "보드랍다.").

표 8-4 ◆ 감각 · 탐색 영역 활동의 실제

활동명: 동물 모양을 만져 봐요

- 대상 연령: 0~2세

- 활동목표: 천의 촉감을 손과 발을 통해 느낄 수 있다.

- 활동자료: 다양한 촉감의 천으로 만든 동물 모양을 벽면에 붙여 두기

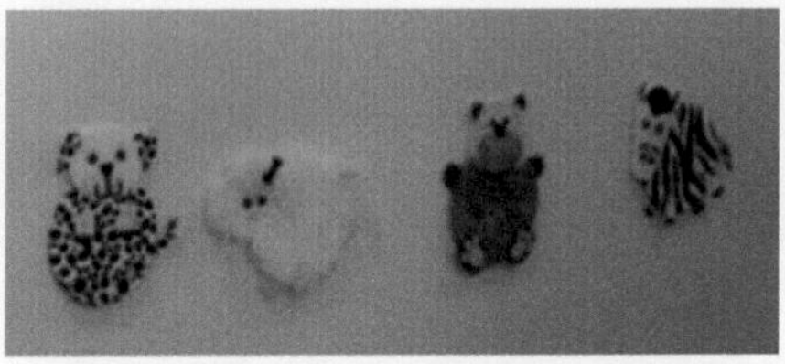

- 활동방법

  ① 활동실 벽면에 붙어 있는 동물의 모양을 탐색한다. 영아가 바닥에 앉아 있을 때 관심을 갖도록 유도하거나 영아가 관심을 보일 때 상호작용을 한다.
  "여기 고양이가 있네. 한번 만져 볼까?"
  "부드럽네."
  "폭신폭신하네."
  "이건 매끌매끌하네."
  ② 이때 동물과 관련된 음악을 틀어 주어 동물에 대한 관심을 불러일으킬 수도 있다.
  ③ 발로 탐색해 본다. 교사가 누워서 발로 탐색하는 모델링을 보여 준다.
  "누워서 이렇게 하니 발바닥이 간질간질하다."
  "영민이도 발로 만져 볼까?"
  "아이, 포근해."
  "발바닥이 따뜻해지는 것 같아."

- 참고

  ① 영아가 흥미를 갖는 대상을 잘 관찰하여 다양한 촉감을 경험할 수 있도록 제시한다.
  ② 동물의 모양을 위아래로 높이가 다르게 붙여 두면 발로 만지기 위해 신체를 어떻게 움직여야 하는지에 대한 탐구도 가능하다.

③ 촉감에 관한 어휘를 영아가 습득하는 데 초점을 두는 것이 아니라 다양한 어휘를 영아가 듣고 느끼는 것에 중점을 둔다.

4) 역할 · 쌓기 놀이 영역

역할놀이 영역은 영아의 경험과 가장 밀접한 관련이 있는 가족의 역할을 재현해 볼 수 있는 영역이다. 가족의 의상, 가족이 사용하는 물건들을 제공함으로써 영아가 엄마, 아빠가 되어 보고 또 다른 대상이 되어 봄으로써 주변의 사람들에 대한 이해를 높일 수 있다. 2세경에는 미장원, 병원 등의 일상생활의 경험들을 재현해 볼 수도 있다.

쌓기놀이 영역은 다양한 블록으로 쌓고, 무너뜨리며 만들기를 할 수 있는 영역이다. 영아에게 위험하지 않은 블록들을 제공하여 놀이할 수 있도록 한다. 역할 · 쌓기 놀이 영역은 분리하기보다는 함께 구성할 수 있으며, 공간이 넓은 경우에는 인접하여 구성할 수 있다.

(1) 영역 구성 및 자료

① 역할놀이

놀잇감 싱크대 · 개수대, 여러 종류의 그릇 및 의상, 다양한 인형, 인형을 업을 수 있는 포대기, 못쓰는 전화기 등 영아가 가족의 다양한 역할을 재현해 볼 수 있는 교구들을 비치한다.

그림 8-7 ◆ **영아반 활동실의 역할놀이 영역 구성의 예**

② 쌓기놀이

여러 종류의 블록을 준비한다. 블록은 크기가 다소 크고, 가벼워서 영아가 쌓고 이동하기에 쉬워야 하며, 부딪혀도 다칠 우려가 없는 다소 폭신한 것이 좋다. 빅레고 블록은 크기가 크고 부드러워 영아들이 사용하기에 쉽고 안전하다. 우레탄 블록, 스펀지 블록, 종이벽돌 블록 등은 크기가 크고, 날카롭거나 딱딱하지 않아 영아가 사용하기에 적절하다. 2세의 경우, 끼우기 블록들을 첨가해 주면 소품을 만들어서 활용할 수 있다. 또한 쌓기놀이 영역에서 사용할 수 있는 동물, 인형 등의 소품을 준비한다.

- 쌓기 활동이 잘 이뤄지기 위해서는 구성물을 만들 수 있는 공간을 충분히 확보해야 한다.
- 바닥에는 소음과 안전사고를 예방하기 위한 매트나 러그 등의 깔개를 깔아 준다.
- 블록 종류뿐 아니라 교통기관류, 사람류, 동물류 등의 다양한 소품을 함께 제공한다.
- 자료가 놓인 위치를 쉽게 파악하고 정리정돈을 할 수 있도록 그림이나 사진을 교구장에 붙여 둔다.

그림 8-8 ◆ **영아반 활동실의 쌓기놀이 영역 구성의 예**

(2) 지도 방법

① 역할놀이

- 교사는 영아와 다양한 경험의 재현, 상상놀이가 이루어질 수 있도록 상호작용 한다.
- 인형이나 다른 놀잇감으로 상상적으로 놀이하는 방법에 관한 모델링을 한다. 예를 들면, 교사와 영아가 '생일 파티' 놀이를 하며 교사가 컵의 차를 마시는 흉내를 내면서 맛에 대해 표현하는 모델링을 한다. "정말 달콤한 주스이군요."
- 역할놀이에 새로운 아이디어를 제공한다.
  - 이야기를 읽어 주고, 이야기를 재현하는 데 필요한 물건들을 준비해 둔다. 병원에 간 아이의 이야기를 읽어 주고 미리 병원놀이를 위한 소품을 영역에 제공해 두면 영아의 병원놀이가 더욱 활성화될 수 있다.
  - 그림을 벽면에 붙여 둠으로써 활동의 전이에 관한 아이디어를 제공한다. 병원 사진을 붙여 둠으로써 병원에 관심을 갖고 병원놀이에 흥미를 가지며 자신의 경험을 회상해 볼 수 있다.
- 가상놀이를 할 수 있도록 다양한 공간을 만들어 준다. 부엌, 가게, 병원, 음식점 등 영아가 경험한 내용을 중심으로 구성해 준다. 영아에게 가장 흥미가 높은 것은 집이라는 공간과 가족의 역할일 것이다. 영아는 부모를 모방하는 가작화 활동을 가장 많이 한다. 또한 영아가 경험하는 특별한 장소로 병원이나 음식점은 영아의 경험과 밀접한 관련이 있을 것이나 우체국, 은행, 소방서 등은 영아가 역할에 흥미를 갖고 극화활동을 하기는 어렵다. 따라서 영아가 역할놀이 영역에서 주도성을 갖고 활동하도록 돕기 위해서 영아의 경험이 어떠한지에 대해 파악하는 것이 중요하다.
- 놀이하면서 스스로 자립하는 기술(물 따르기, 탁자 닦기, 빗자루로 쓸기 등) 등을 연습할 기회를 준다.
- 영아가 반복적인 놀이 행동으로 몰입하였을 때, 교사는 영아의 단순한 흉내를 역할놀이로 확장시켜 또래와의 상호작용의 기회로 활용하도록 한다.
- 고정적인 역할만을 반복해서 놀이하는 것을 수용한다. 영아의 반복적 놀이는 개인의 정서나 심리를 반영하는 것이므로 놀이를 통해 심리적 해소를 경험할 수 있도록 한다.
- 영아의 가작화가 용이하도록 실제 사물과 유사하며 일상생활 중에 쉽게 경험

할 수 있는 놀잇감(예: 전화기, 유모차, 인형침대, 가방)을 이용하여 교사나 또래와의 상호작용의 기회를 더욱 많이 갖도록 한다.

표 8-5 ◆ 역할놀이 영역 활동의 실제

활동명: 청소를 해요

• 대상 연령: 2세

• 활동목표
- 주변을 깨끗이 하는 방법을 경험한다.
- 청소 도구를 활용하여 도구 사용에 적절한 동작을 표현할 수 있다.

• 활동자료: 작은 빗자루와 쓰레받기, 모형청소기, 먼지털이, 걸레, 밀대걸레 등

• 활동방법
① 역할놀이 영역에 작은 빗자루와 쓰레받기를 2~3세트 비치한다.
② 쓰레받기와 빗자루를 발견하고 청소하기를 시작한다.
(영아가 빗자루와 쓰레받기를 발견하지 못하면 교사가 제안한다.)
"오늘은 집청소를 해야겠어요. 이 집에 빗자루가 있나요?"
"지금 청소 중이시군요. 더러운 곳을 쓸고 계시네요."
"먼지가 자꾸 날려요. 이럴 땐 청소기가 있어야 돼요."
"저기 창문 위에 있는 먼지는 뭘로 털어야 되나요?"
"이 집의 아빠는 정말 청소를 잘하시는군요."
"이제 좀 닦아야겠어요."
③ 청소를 하고 난 뒤의 기분을 이야기해 본다.
"이렇게 청소를 다 하고 나니 기분이 어때요?"
"이 집은 청소를 잘해서 정말 깨끗한 집이네요."

• 참고
① 영아가 청소하는 즐거움을 느끼면서 놀이를 하도록 한다.
② 청소 도구는 영아의 신체 크기에 맞도록 준비하며, 실물 또는 놀잇감을 활용한다.

② 쌓기놀이

• 다양한 블록으로 여러 가지 구성물을 만들 수 있도록 격려한다.
• 2세 영아에게는 끼우기 블록으로 소품을 만들어 놀이를 확장할 수 있도록 안내한다. 렉스 블록, 와플 블록 등은 영아가 쉽게 끼워서 원하는 형태로 만들

수 있고, 우연히 만들어진 형태에 흥미를 느껴 창의적인 활동으로 연결될 수 있다.

- 영아의 안전을 위하여 블록 중 날카로운 부분이 있는지, 소품이 작게 분해되는지 확인하고, 작은 조각들이 분해되어 영아의 입에 들어가지 않도록 주의한다.
- 블록을 높게 쌓거나 길게 놓아 다른 영역으로 확장되어 갈등 상황이 발생되지 않도록 영아가 간단한 규칙을 지키면서 블록을 사용할 수 있도록 적절한 공간을 제공하고 상호작용을 한다. 즉, 사람이 다칠 수 있기 때문에 블록을 키 높이만큼만 쌓는다거나, 블록이 더 필요할 때에는 친구가 만든 것 중에서가 아니라 선반에 있는 것 중에서 가져오기, 카펫 위에서 블록쌓기 등의 규칙을 세운다.
- 블록 쌓기를 하면서 블록의 색깔, 모양, 크기 등에 관해서도 생각할 수 있도록 하고, 색깔 분류, 숫자와의 1:1 대응 등에 관해 질문하기와 모델링하기 등의 상호작용을 한다. 단, 영아가 쌓기에 몰두하고 있을 때 지나치게 수 활동과 관련하여 질문하는 것은 삼가한다.
- 블록을 쌓았다가 무너뜨리기로 전환될 수 있다. 교사는 영아의 관심을 잘 살펴서 활동을 지원하고 안내한다.

영아들은 블록을 길게 늘어놓고 공간 안에 들어가서 놀이하기를 좋아한다.

자동차를 운전하는 흉내를 내며 놀이하고 있다. 이러한 경험을 통하여 역할을 나누거나 자신의 차례를 기다릴 수 있다.

그림 8-9 ◆ 영아들의 쌓기놀이 영역 놀이 모습

표 8-6 ◆ 쌓기놀이 영역 활동의 실제

활동명: 벽돌길을 지나 집으로 갑니다

• 대상 연령: 1~2세

• 활동목표
- 벽돌을 길게 늘어놓을 수 있다.
- 공간 안에서 신체를 조절할 수 있다.

• 활동자료: 벽돌 블록, 다양한 소품

• 활동방법
① 벽돌 블록을 옆으로 늘어놓는다.
"벽돌 블록을 길게 늘어놓았네."
"길게 연결해서 집으로 가는 길을 만들어 볼까?"
② 한 줄로 길게 만든 뒤 걸어 본다.
"어디로 걸어가야 하지?" (길 위를 가리키며) "여기로 걸어갈까?"
③ 벽돌 블록의 넓은 면으로 길을 만든 경우, 위로 지나갈 수 있다. 그러나 좁은 면으로 길을 만들었을 경우에는 위로 지나가기가 어려움을 경험한다.
"이것은 담처럼 보이네. 걸어가는 길을 만드려면 이쪽에도 담을 쌓으면 되겠다."
(영아에게서 해결 방법이 나오지 않을 경우 교사가 제안할 수 있다.)
④ 양쪽에 담을 쌓은 후 사이로 걸어 본다.
"담 사이의 길을 잘 걷는구나."

• 참고
① 길 주변에 여러 가지 소품을 놓아 영아들이 생각하는 길로 꾸며 본다.
② 높이 쌓다가 무너졌을 때, 영아의 좌절에 대해 충분히 공감해 준다.

5) 미술 영역

(1) 영역 구성 및 자료

미술 영역은 영아가 다양한 그리기, 꾸미기 자료를 탐색하고 미적으로 표현하는 기초를 경험할 수 있는 영역으로, 2세부터 활동 영역으로 구성한다. 미술활동을 하는 과정에서 영아는 자신의 감정을 표현한다. 또한 소근육 발달과 눈과 손의 협응력 등도 연습할 수 있다.

미술 영역에는 끼적이기판을 바닥 또는 벽에 붙여 주어 대근육을 움직여 나타나는 흔적을 볼 수 있도록 하고, 영아가 손에 쥐고 그리기 좋은 다양한 그리기 도구, 크기가 다소 큰 화지 종류, 만들기 · 꾸미기를 위한 색테이프, 풀, 기타 종이나 플라스틱 폐품들을 제공한다. 활동에 필요한 교재들을 각각의 바구니에 담아서 제시하면 영아가 선택할 수 있다.

그림 8-10 ◆ **영아반 활동실의 미술 영역 구성의 예**

(2) 지도 방법

- 영아가 다양한 미술재료를 탐색할 수 있도록 기회를 제공한다. 2세가 되면 이전에 비해 다양한 미술자료를 조작할 수 있게 된다. 자신의 움직임에 따라 나타나고 변화하는 흔적들에 흥미를 갖고 다양하게 시도하도록 격려한다.
- 영아의 끼적이기를 격려하고, 구체적인 부분과 행동을 격려한다. 영아가 끼적이기를 하면 무조건 "와, 멋지구나." "잘했구나."라고 칭찬해 주기보다는 "크레파스를 잘 쥐고 그렸구나." "이렇게 크게 그릴 수 있구나." 등 구체적인 부분을 칭찬해 준다.
- 결과물에 초점을 두기보다는 여러 가지 자료에 대한 탐색의 기회를 제공하는 것이 중요하다.
- 영아의 작품에는 자신의 이름을 꼭 써 주고, 자기 것이라는 것을 알리기 위해 전시해 둔다.

표 8-7 ◆ 미술 영역 활동의 실제

활동명: 나는 변신했어요

• 대상 연령: 2세

• 활동목표: 털실을 이용한 꾸미기에 즐거움을 느낄 수 있다.

• 활동자료: A4 용지에 출력한 영아들의 사진(영아들의 사진을 클리어 파일에 넣어서 영아들이 필요할 때 자기의 사진을 찾아 꺼낼 수 있도록 제시한다.), 바구니에 담아 둔 다양한 길이와 색깔의 털실, 풀

• 활동방법

① 책상 앞의 사진들에 관심을 갖는다.
"여기에 철수 사진도 있나 볼까?"
"이렇게 큰 사진도 있네."
"이 털실은 무엇을 하는 것일까?"
"네 사진의 어디에 붙여 보고 싶니?"
(영아가 붙이는 것을 보며) "거기에 붙이고 싶어? 수염이 되었네."
"꼬불꼬불 머리카락이구나."

② 여러 종류의 털실을 붙이는 것을 보며 상호작용한다.
"빨간색 머리카락이 되었네."
"명희는 긴 머리카락이 되었구나."
"노랑, 파랑! 와! 정말 여러 가지 색깔의 머리카락이 되었네."

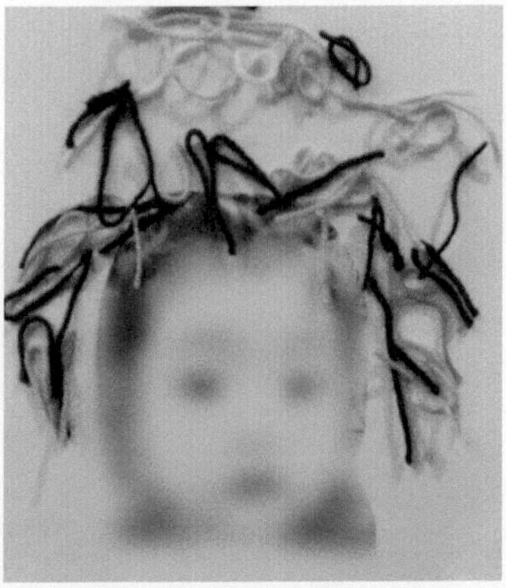 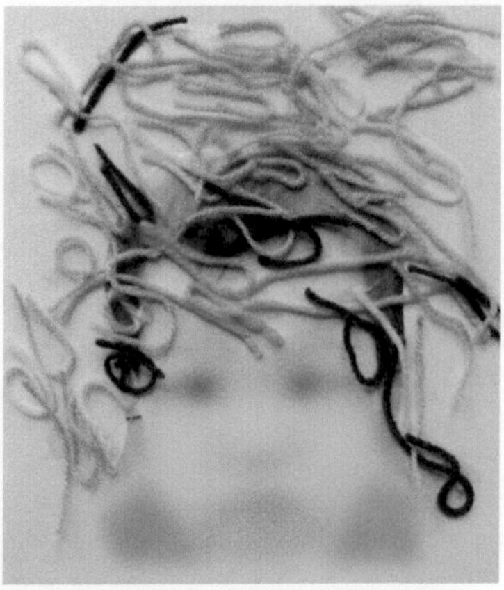

③ 먼저 완성한 영아의 작품은 이름표를 붙여 벽면에 전시해 준다. 전시된 작품을 보고 다른 영아들이 관심을 보며 활동에 참여할 수 있다.

• 참고

① 영아가 실수를 두려워하지 않고 다양하게 표현할 수 있도록 같은 사진을 여러 장 준비하여 필요에 따라 꺼내 쓸 수 있도록 한다.

② 다른 영아의 사진을 사용하고 싶어 할 경우 상대의 허락을 받고 사용할 수 있도록 한다. 만약 상대 영아가 허락하지 않을 경우 허락하는 다른 영아를 찾아보도록 하거나 잡지책의 사진을 준비하여 대안적 선택을 할 수 있도록 중재한다.

③ 어떤 영아는 머리카락을 한두 올 붙이고 완성했다고 하는 경우가 있다. 이때 머리카락을 더 많이 붙이도록 요구하지 않는다. "명희야, 머리카락은 더 많이 있지? 그러니까 더 많이 붙여 보자." 대신 "머리카락이 아주 적은 사람이구나."로 상호작용한다.

④ 머리 외의 다른 곳에 붙이고 의기양양해하는 영아의 의사를 존중한다.
"미희는 털실을 눈에 붙였구나. 눈썹이 되었네."
"입술 위에 털이 난 사람이구나."

6) 음률 영역

음률 영역은 영아가 소리를 탐색하고, 만들고, 다른 소리들을 경험할 뿐 아니라 신체를 움직이고 표현하는 활동을 하는 영역이다. 따라서 소음이 많이 발생할 수 있으므로 신체활동 영역이나 역할 · 쌓기 놀이 영역의 주변에 배치하도록 한다.

(1) 영역 구성 및 자료

- 위험하지 않은 다양한 소리가 나는 물건들을 비치하여 영아가 소리를 즐기고 소리를 창조할 수 있도록 돕는다.
- 마라카스, 탬버린, 깡통북 등의 다양한 타악기는 영아가 소리를 만들고 음악과 함께 움직이기에 좋은 자료다.
- 음률 영역에 거울을 두면 영아가 자신의 움직임을 거울을 통해 볼 수 있다.
- 리본막대, 스카프, 공 등을 비치하여 사물과 신체와의 관련을 이해하도록 돕는다.

(2) 지도 방법

- 노래 부르기 및 신체 움직이기 활동에 참여하도록 격려한다.
- 함께 노래 부르기를 장려하되, 강요하지 않도록 주의한다.
- 다른 친구들이 노래하는 것을 보거나 다른 활동을 하면서 들을 기회를 주도록

한다.

- 영아는 어른의 노래하는 소리를 듣는 것을 좋아한다. 어른이 노래를 잘 못하는 경우라면 CD 등을 활용하고 가락 있는 말이나 손유희 등을 해 준다.
- 노래에 영아의 이름을 넣어서 일상생활에 관한 노래를 불러 주는 등 노래와 친숙해지도록 지원한다.
- 부딪힘을 최소화하고 영아의 안전이 확보될 수 있도록 공간을 넓게 잡는다. 영아는 움직임에 열중하다 보면 흥분하여 소리를 지르며 뛰어다닐 수 있다. 어느 정도의 기분 표현은 지지하되, 다른 영아와 부딪히는 놀이 또는 뛰어다니는 놀이를 주로 하는 영아는 움직임을 조절할 수 있도록 제안한다.
- 대부분의 영아가 뛰어다니는 놀이에 열중하게 되면 교사는 잠깐 놀이를 멈추고 앉아서 휴식할 수 있도록 제안한다. 앉아서 리본막대 놀이를 하며 서로의 리본의 움직임을 보도록 하는 것도 좋다. 리본의 자유로운 움직임이 중요하므로 지나치게 구조화하지 않는다.

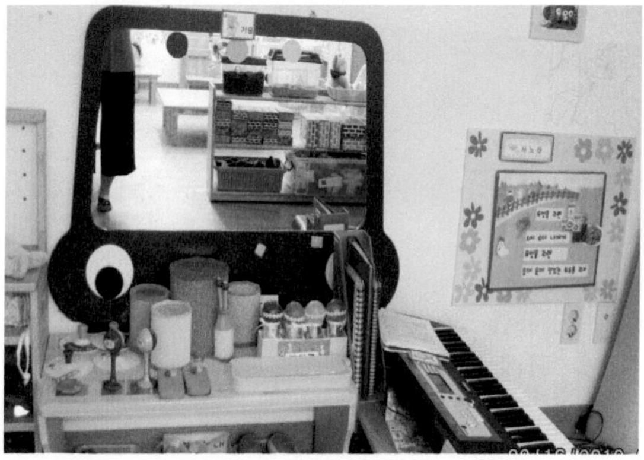

그림 8-11 ◆ **영아반 활동실의 음률 영역 구성 예**

표 8-8 ◆ 음률 영역 활동의 실제

활동명: 리본이 움직여요

• 대상 연령: 1~2세

• 활동목표
- 신체와 리본의 움직임을 관련지어 본다.
- 음악의 느낌에 따라 다양한 움직임을 만들 수 있다.

• 활동자료: 백업을 활용하여 만든 리본막대
- 백업 막대기에 여러 가지 색깔의 리본 테이프를 붙인 리본막대를 바구니에 담아 둔다.
- 벽면에는 리본막대로 다양하게 놀이하는 영아의 모습 또는 리본 체조 선수의 모습을 붙여 둔다.
- 리본의 길이는 목에 감기는 것을 방지하기 위하여 30cm 이내로 한다.
- 영아 간에 부딪혀도 상처를 입지 않도록 막대는 휘어지는 부드러운 재질로 한다.
- 벽면에 거울을 두어 영아가 자신의 모습을 볼 수 있으면 더욱 좋다.

• 활동방법

① 신체활동 영역의 리본막대를 탐색한다.
"이렇게 하면 흔들흔들 움직일 수 있구나."

② 여러 종류의 리본이 있음을 인지하고 원하는 리본을 선택한다. (교사가 교구상자에서 다른 리본막대를 가져와) "여기에 또 다른 리본이 있네. 선생님은 빨간색 리본으로 할 거야."
"리본이 이렇게 휘휘 날아다니네?"
"아영이 리본은 동글동글 굴러다니는구나."
"명희 리본은 위로, 아래로~."
"옆으로도 움직일 수 있구나."
(영아의 움직임에 대해 교사가 언어적으로 반응해 준다.)

③ 영아의 움직임이 활발해지면 음악을 틀어 준다.
"이렇게 천천히 움직일 수도 있니?"
"이렇게 빨리 움직여 보자."
(교사가 움직이면서 상호작용한다.)
"선생님은 위로 아래로 빨리빨리~."

• 참고

① 리본이 만들어 내는 모양, 리본이 차지하는 공간에 대한 이해, 움직임의 크기 및 빠르기 등 동작의 요소를 기초로 영아를 관찰하고, 영아가 공간, 빠르기, 흐름 등을 경험할 수 있도록 상호작용한다.

② 처음에는 한 줄의 다양한 색깔의 리본을 경험하고, 후에는 여러 가지 색깔의 줄을 하나의 막대에 매달아 다른 움직임을 경험하도록 활동을 변화시킨다.

3. 전이활동

전이활동이란 활동 시간과 이후 이어지는 활동 시간과의 원활한 연결을 위하여 계획하는 활동으로, 영아의 경우 1세 이후 2세반에서 짧게 진행할 수 있다.

예를 들면, 자유놀이가 끝나고 바깥놀이를 가고자 할 때, 먼저 정리정돈을 끝낸 영아가 다른 영아가 준비될 때까지 무료하게 기다리지 않도록 교사는 영아의 흥미를 끌 수 있으면서 전후 활동과 관련성이 있는 내용의 활동들을 영아들이 모이는 시간차를 이용해서 할 수 있다.

이러한 영아반 전이활동이 필요한 시점은 바깥놀이 전후, 낮잠 준비 시간, 급간식 전후, 모든 영아가 손을 씻거나 이를 닦아야 할 때 등이다. 1, 2세 영아의 전이를 위해 활용되는 활동들은 다음과 같다.

1) 손유희하기

- '♫경림이는 어디 있나, 여기 ~♫' 등으로 영아의 이름을 부르며 눈맞춤을 한다. 준비된 영아에게 눈맞춤을 하고 이름을 불러 줌으로써 본인이 잘 준비하고 있음을 인정받는 느낌을 받을 수 있다. 아직 영역을 떠나지 않는 영아들의 이름을 불러 주며 눈을 맞추면 영아로 하여금 교사 앞으로 모이고자 하는 욕구를 불러일으킬 수 있다.
- 이야기를 통하여 영아가 무료한 기다림의 시간을 보내지 않도록 하면서 놀이가 확장되도록 도울 수 있다. 만약 영아들과 자동차와 관련된 주제활동 또는 놀이를 하였다면 자동차의 크기와 관련된 신체움직임을 고안할 수 있다. 예를 들면, '커~~다란 트럭이(팔을 최대한 넓게 펼친다.) 부~~~~웅(큰 소리로, 길게 연결한다.) 아빠 자동차는 부릉~~ 부릉, 조그만 ○○ 자전거는 따르릉~ 따르릉'의 활동을 할 수 있다.

2) 노래 부르기

영아가 알고 있는 간단한 노래를 부른다. 익숙한 노래라면 교사는 마라카스 같은 타악기를 가져와 함께 연주한다. 음률 영역에 제시되었던 새 노래일 경우, 노래를 함께 들어가며 노래에 관해 이야기를 나누며 불러 본다. "우리 엄마 품에 안기면 어떻다고 했니?" "우리 엄마가 노래를 부르면 어떻다고 했니?" 새 노래 지도를 위해 전이활동 시간에 여러 번 자주 불러 보도록 한다.

3) 악기 이용하기

초기에는 노래를 부를 때 교사가 악기를 활용하는 모델링을 많이 보이고, 익숙해지면 영아가 원하는 악기를 가지고 영아들이 연주를 해 보도록 한다.

4) 선생님처럼 움직이기

교사의 움직임을 영아가 따라 해 보는 활동이다. 시간이 지나면 영아가 움직이고 다른 영아들이 따라 해 본다. 예를 들면, 교사가 책상을 두 번 주먹으로 치고 손바닥으로 가슴을 친다. 손의 모양까지 세심하게 관찰하는 영아가 있는 반면, 치는 장소에만 주의를 기울이는 영아도 있다. 엉덩이 움직이기, 몸 전체 움직이기, 동물 흉내 내기, 여러 형태로 박수치기 등 변형이 가능하다.

교사가 검지와 장지 손가락으로 기어가는 모양을 만든다.
"나는 작은 개미예요."
"개미가 나무 위를 기어갑니다."
두 손가락으로 배 위를 기어 올라가도록 한다.
"엉금엉금, 천천히 기어가면 어떨까?"
※ 속도와 세기, 기어가는 장소 등을 바꿔 가며 해 본다.

---

5) 동시, 동요 함께 읊어 보기

간단한 동요나 동시를 함께 읊어 본다. 일정한 후렴구가 있는 것이라면 후렴구 부분만 함께 읊어 볼 수도 있다.

이제 무얼 할까?

우리 모두 일어나 '쭈~~욱'(팔을 위로 쭉 뻗는다.)
우리 모두 세수해 '어푸, 어푸~~'(세수하는 시늉을 한다.)
우리 모두 밥 먹어 '냠~~냠~~'(먹는 시늉을 한다.)
우리 모두 양치해 '치카 치카~~'(양치하는 시늉을 한다.)
이제 무얼 할까? (턱을 괴고 생각하는 시늉을 한다.)
※ 교사는 영아들의 생활과 관련된 다양한 동작을 운율에 맞추어 영아들과 함께 만들어 본다.

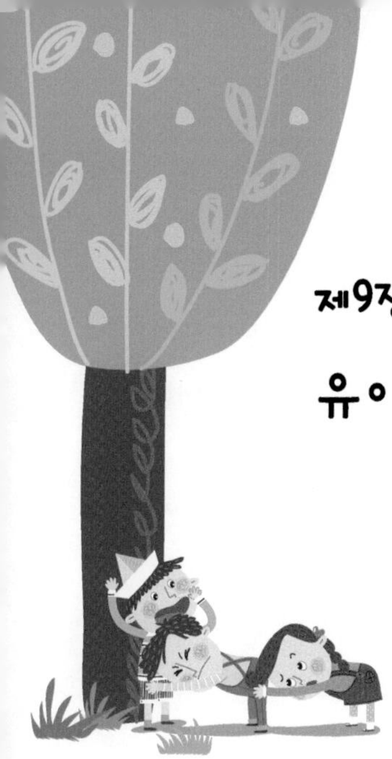

제9장

유아 자유선택활동 지도

자유선택활동이란 영역별로 다양한 놀잇감이 구비된 환경에서 스스로 선택하여 자신의 의도대로 하는 놀이를 말한다. 유아교육기관의 하루 일과 중 자유선택활동 시간은 유아의 자율성과 선택이 극대화되는 시간으로, 시간적으로 일과의 반 이상을 차지하며, 누리과정의 기본 철학 및 내용을 구현하기 위한 매우 중요한 시간이다. 교사는 유아가 다양하게 경험하고 학습이 이루어질 수 있도록 환경을 조성하고 자료를 준비하여 적절한 개입과 지원을 한다.

이 장에서는 실내 자유선택활동의 교육적 의의와 자유선택활동 운영 시 각 흥미 영역별 환경 구성 및 자료, 흥미 영역별 · 연령별 지도 방법에 대해 학습한다.

1. 자유선택활동의 교육적 의의

유아의 자유선택활동은 익숙한 경험에서 출발하며 다양한 분야의 학문과 연결된다. 나아가 새로운 활동들을 창안하게 되고 통합적인 접근의 놀이로 확장될 수 있다. 자유선택활동을 통하여 의사결정하는 능력, 자율성과 책임감, 타인에 대한 이해력, 문제해결 능력, 표현 능력, 창의력을 기르고, 경험과 발견학습의 기회를 가지며, 구체적인 지식을 학습하게 된다. 이를 돕기 위해 교사는 유아들이 활동에 대해 탐구하고 유아-교사, 유아-유아, 유아-교구와의 상호작용에 능동적으로 참여할 수 있도록 풍부하고 다양하고 체계적인 환경을 준비해야 한다.

자유선택활동은 유아들이 질 높은 환경 속에서 자발적이며 능동적인 참여로 사물을 조작해 보고 직접 다루어 봄으로써 더욱 효율적인 학습이 이루어질 수 있는 시간이다. 자유선택활동의 교육적 의의를 구체적으로 살펴보면 다음과 같다(이영자 외, 2009).

- 유아 개개인의 요구와 흥미에 따른 선택으로 주도적 활동이 가능하다. 유아는 활동의 주도권을 갖고 본인이 원하는 활동을 원하는 방식으로 할 수 있는 경험을 함으로써 사회·정서적 역량을 강화할 수 있다.
- 개별 활동이 이루어지기도 하므로 유아의 흥미와 관련된 문제해결의 경험을 할 수 있다.
- 개인의 흥미에 따라 경험을 반복하거나 통합함으로써 유아가 본인의 흥미와 요구에 따른 학습내용을 더욱 명료화할 수 있다.
- 문제해결을 위해 다른 유아들과 협동하는 경험을 할 수 있다. 이를 통해 유아는 타인과의 인간관계를 경험할 수 있다. 본인이 원하는 바를 얻기 위해 다른 유아와 어떻게 상호작용해야 하는지 활동의 과정에서 많은 경험을 쌓게 된다.

자유선택활동 시간은 유아들에게 기쁨을 주는 시간이며 개개인의 자유와 흥미가 존중되는 시간이다. 어떤 유아에게는 즐거움이지만 잘못된 상호작용은 다른 유아를 분노 또는 슬프게 할 수도 있다. 자유선택활동 시간에 유아 간 상호작용, 교사와의 상호작용을 통해 유아가 스스로 지켜야 할 한계를 인식하고 행동할 수 있는 방법을 학습할 수 있는 기회가 될 수 있도록 한다.

2. 유아 자유선택활동 지도 방법

실내 자유선택활동 시간 운영을 위해 교사는 흥미 영역을 구성하고 유아가 스스로 선택할 수 있도록 교구 및 자료를 배치한다.

홍미 영역은 유아교육기관의 교육목적이나 교육과정 운영 형태에 따라 다르게 설치될 수 있으나, 기본적으로 쌓기놀이 · 역할놀이 · 언어 · 수 · 과학 · 조작 · 미술 · 음률 등 8개 영역 정도가 분리 또는 통합하여 배치될 수 있다. 각 흥미 영역은 어느 한 영역이나 발달을 위하여 한정된 내용만으로 다루어지는 것이 아니며, 유아의 전인발달을 위한 학습 경험이 상호 밀접한 관련성을 갖도록 한다.

교구 및 자료는 기본적으로 제시되어야 하는 것들과 주제에 따라 제공되는 것들로 최대한의 교육적 효과를 위해 적절히 배치한다. [그림 9-1]은 유아반 활동실의 흥미 영역과 교구 제시를 위한 진열장 배치의 예다.

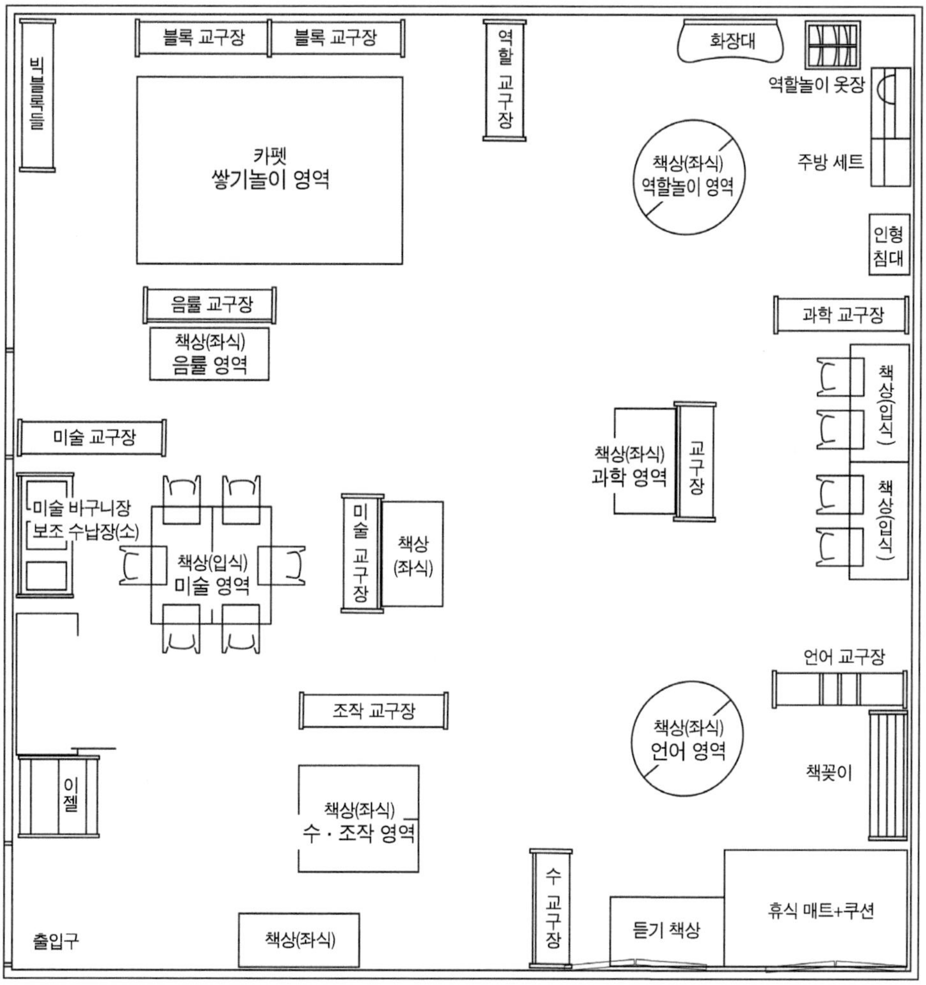

그림 9-1 ◆ **활동실의 흥미 영역 구성과 교구장 배치의 예**

유아반 활동실의 흥미 영역 구성 시 고려할 사항은 다음과 같다.

- 흥미 영역 구성 시 정적인 영역끼리 또는 동적인 영역끼리 이웃하도록 배치한다. 즉, 언어 · 과학 · 수 · 조작 · 미술 영역이 서로 이웃하고, 역할놀이 · 쌓기놀이 · 음률 영역이 서로 이웃하도록 배치한다.
- 영역 간에 교구장 등으로 구분하여 서로 간섭이나 방해받지 않도록 한다.
- 과학 영역은 빛이 들어올 수 있는 창가 주변으로 배치하되, 활동실의 크기에 따라 수 · 조작 영역과 통합하여 구성해도 무방하다.
- 미술 영역은 물을 사용하는 영역이므로 출입구 가까운 쪽에 배치하거나 화장실이 활동실 내에 있다면 화장실 주변에 배치하는 것이 바람직하다.
- 가장 조용한 놀이가 이루어지는 언어 영역과 가장 시끄러운 쌓기놀이 영역은 서로 이웃하여 배치하지 않도록 한다.
- 쌓기놀이 영역에는 카펫을 깔아 주어 소음을 줄여 준다.
- 종일 프로그램을 운영하는 유아교육기관에서는 활동실 내에 반드시 휴식공간을 배치하여 유아가 쉬면서 피로를 조절할 수 있도록 배려한다. 휴식공간은 별도의 공간으로 구성할 수도 있고, 공간이 여의치 않으면 언어 영역과 통합하여 배치한다.

흥미 영역을 구성하고 각 영역에 제시하는 교구나 자료는 유아들의 발달에 적합한 것으로 제공한다. 교구는 비싼 수입품이나 구입한 것보다는 생활 속에서 흔히 접하는 자료들, 교사가 창의적으로 개발한 교구들을 더 잘 가지고 논다는 것을 염두에 둔다. 또한 유아가 쉽게 찾고 정리할 수 있도록 정리바구니 또는 쟁반 등에 사진이나 그림을 붙여 둔다. 교구를 담는 그릇은 단순하면서(복잡한 그림이 있으면 교구가 돋보이지 않음) 깔끔한 것을 사용하는 것이 좋다. 교사는 놀이가 끝나면 교구 정리 상태를 확인하여 분실되거나 파손된 부분을 보완하도록 한다.

유아반 활동실의 각 흥미 영역별 공간 구성 및 지도 방법은 다음과 같다.

1) 쌓기놀이 영역

쌓기놀이를 위한 블록들은 수학적인 측면에서 고안된 것이 대부분이어서 많은 수학적 개념을 학습할 수 있다. 동시에 블록을 쌓고 무너뜨리고 구성하는 등의 활동을 하며 사회관계, 신체운동, 의사소통, 예술경험, 자연탐구 영역의 내용을 학습할 수 있다.

(1) 영역 구성 및 자료

- 다양한 블록을 사용하여 구성하는 영역이므로 충분한 공간 확보가 되어야 하며, 한 번에 5~6명 정도의 유아가 놀이할 수 있는 공간으로 구성한다.
- 너무 많은 유아가 한 번에 놀이에 참여하면 영역을 확장시켜 주거나 역할놀이 영역과 통합하는 등 수시로 환경을 재구성해 준다.

그림 9-2 ◆ **유아반 활동실의 쌓기놀이 영역 구성의 예**

각 흥미 영역의 활동은 기본으로 제시되어 있는 자료들과 각각의 주제 활동을 위한 자료들로 이루어진다. 쌓기놀이 영역에 기본적으로 준비하여야 할 교구 및 자료는 다음과 같다.

- 블록류: 공간 블록, 유니트 블록(단위 블록), 종이벽돌 블록, 와플 블록, 코코 블록, 레고 블록 등
- 소품류: 여러 종류의 차(자동차, 끌차, 비행기 등), 끌 수 있는 놀잇감, 교통신호

표시, 운전대, 주유소 모형, 주제에 따른 소품들(예: 소방대원, 소방차, 경찰, 요리사, 집배원, 미용사 등 사람이나 동물 모형), 오토바이용 모자, 미니카, 레미콘, 잠수함, 우주선, 관련 책이나 화보, 종이, 필기 도구 등

(2) 지도 방법

유아 간에 의견 차이와 신체적 접촉이 가장 활발히 일어나는 곳이므로 교사는 항상 주의 깊게 관찰하여 위험과 사고를 미연에 방지할 수 있도록 하며, 다음의 내용들을 학습 또는 경험할 수 있도록 지도한다.

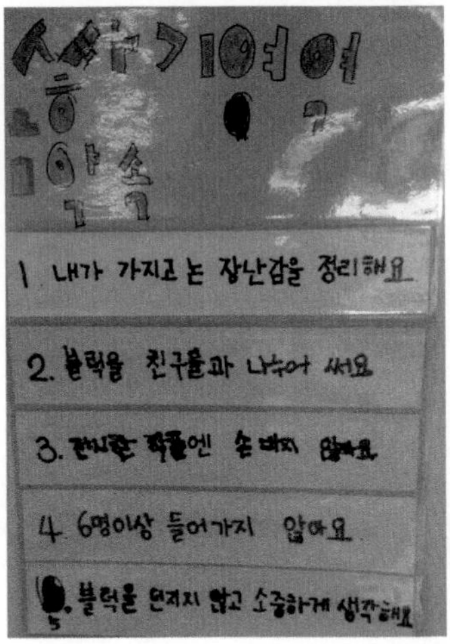

그림 9-3 ◆ 유아들이 정한 쌓기놀이 영역에서의 규칙의 예

- 사회적 기술(협력하기, 역할의 조정력, 규칙 지키기, 남의 구조물 쓰러뜨리지 않기, 나누기, 정리하기 등)을 습득하며 서로 협력하고, 배려하고, 양보하는 등 인간관계를 경험하고 이해하도록 한다. 즉, 블록은 서로 나누도록 하며 놀이규칙을 유아들과 토의하여 정하고 철저히 지키도록 한다. 나무 블록은 키만큼까지만 쌓기, 작은 블록 위에 올라서지 않기, 블록을 교구장에서 꺼낼 때에는 위에서부터 차례로 꺼내기 등과 이외에도 필요한 규칙을 유아들과 함께 정하고, 결정된 규칙은 유아가 직접 써서 영역에 붙여 두고 유아들 모두 공유하도록 한다.
- 자기조절력(구성에서 오는 만족감, 부수고 무너뜨리기를 하면서 공격 욕구 및 불안감 발산)을 기를 수 있는 기회를 갖도록 돕는다.
- 성역할, 다문화 등의 편견이 드러나지 않도록 한다. 즉, 남아 중심의 놀이가 되지 않도록 여아가 선호하는 놀이를 제안하거나 세계 여러 나라의 인형 등을 제시하여 여아의 참여를 유도한다(예: 집 안 구성하기, 인형놀이).
- 수학적 개념인 부분과 전체 개념, 사물 비교하기(형태, 크기, 길이, 넓이), 규칙성, 분류, 공간관계, 수량 및 수세기 등의 내용과 과학적 개념인 관찰하기, 예측하기, 해석하기 등의 내용을 경험할 수 있도록 장려한다.
- 쌓기놀이의 첫 번째 단계인 계획을 말로 표현해 보도록 한다("무엇을 쌓을 계획인지 설명해 줄래?" 또는 "구성한 것에 대해 말해 줄래?" 등). 쓰기(구조물을 만든 후

이름 지어 붙이기), 읽기(친구가 구성물에 쓴 것들을 읽어 보기) 등 언어 능력을 증진하도록 돕는다.

- 협응력(눈과 손, 양손의 협응력), 대근육 운동(블록 운반하기, 블록 쌓기 등) 능력을 기를 수 있도록 돕는다.
- 아름다움 찾아보기(형태 구조물을 만들면서 대칭, 균형의 아름다움 지각하기), 5세 유아의 경우 설계도를 그리고(상징적 표상 능력) 설계도처럼 입체로 구성해 보면서 이차원의 평면을 삼차원의 입체로 상호 이동을 촉진할 수 있도록 지원한다.

◀ 공간과 도형
3세 유아들이 '우리집 만들기'를 하며 블록으로 울타리를 만들고 집의 내부 공간을 만든다.
"울타리 '가까운' 곳에는 무엇을 만들 거니?"
"우리나라 지도처럼 생겼네? 집은 어떤 모양일까?"
"울타리로 '둘러싸여' 있어 선생님이 안으로 들어갈 수가 없네."

측정 ▶
5세 유아들이 동물우리에 맞는 동물 만들기를 한다.
"기린 우리에 들어갈 수 있는 기린을 만들어 보자."
"저 우리에는 몇 마리의 동물이 들어갈까?"
"어떤 우리가 더 넓은 거니?" 등으로 면적을 비교할 수 있도록 한다. 또는 길이를 비교해 볼 수도 있다.
"네가 만든 동물 중 어떤 동물이 가장 크니? 그 다음으로 큰 것은? 가장 작은 동물은 무엇이니?"

▶ 부분과 전체
5세 유아들이 단위 블록으로 동물 만들기를 할 때 긴 단위 블록이 필요한데 찾는 블록이 없을 경우, 주변에 있는 길이가 짧은 단위 블록을 가까이 가져다 놓으며, "이 짧은 것을 붙여서 긴 것을 만들어 보자. 두 개가 하나로 되었네." 또는 "세모 두 개를 붙여 볼까? 네모가 되었네." 라고 돕는다.

그림 9-4 ◆ 유아반 활동실 쌓기놀이 영역에서 수학적 개념 학습이 이루어지는 예

<표 9-1>은 유아반 쌓기놀이 영역 활동의 실제를 보여 주고 있다.

표 9-1 ◆ 쌓기놀이 영역 활동의 실제

활동명: 자동차 길 만들어 놀이하기			
주 제	교통기관	소주제	여러 가지 탈것이 있어요
활동목표	• 단위 블록으로 여러 형태의 자동차 길을 구성할 수 있다. • 자동차놀이에 친구와 함께 참여할 수 있다.	대상 연령	3세
활동자료	• 단위 블록, 다양한 자동차 모형, 우리 동네 블록, 나무, 사람인형(집, 나무, 사람인형 등은 사진 또는 그림을 코팅하여 소형 단위 블록에 붙여 준비해 둠)		

활동방법

1. 카펫 위에서 자동차놀이를 하고 있는 유아들을 관찰한 후, 길고 짧은 단위 블록을 가지고 병행놀이를 하며 놀이에 개입한다.
   - (긴 블록으로 길을 만든 후 유아들의 반응을 살피면서) 나는 여기에 기다란 길을 만들어야겠다!
   - 어, 길이 끝나 버렸네! 어떻게 해야 되지? (Y 모양, 공간 적목 등 다양한 블록을 활용하여 다른 형태의 길, 굴다리 등을 만들어 보도록 한다.)
   - 길 만드는 사람이 더 필요하지 않니?

2. 유아들끼리 자동차 길 만들기를 하며 집, 나무, 사람인형 등 다양한 소품을 활용해 구성한다.
   - 이 사거리에서 오른쪽으로 가면 나무랑 동네가 있었던 거 같아.

3. 자동차 길이 다 만들어지면 자동차 길에서 자동차놀이를 한다.
   - 이 길은 자동차 길입니다. 어떤 자동차도 다닐 수 있어요.
     (유아들을 자연스럽게 놀이 속에 끌어들인다.)
   - 이 자동차 길은 어디에서 어디까지 가는 길이라고 할까?
   - 여기는 일방통행이야. 일방통행은 한쪽 방향으로만 갈 수 있다는 뜻이야.

[참고]
교사가 놀이 중 일상적으로 사용되나 유아에게 어려운 용어를 사용했다면, 당황하지 말고 쉬운 말로 해석해 줌으로써 놀이를 통해 일상적인 용어를 익힐 수 있도록 돕는다.

2) 역할놀이 영역

역할놀이 영역에서는 또래 간에 역할을 나누고 가상놀이로 표현해 봄으로써 사회적 관계 기술을 학습할 수 있고, 각각의 맡은 역할에 적절한 언어를 구사하고, 사용하는 물건들의 이름을 명명하는 등 어휘력을 증진시킬 수 있다. 또한, 식사 도구 등으로 먹는 흉내를 내어 봄으로써 소근육 발달과 눈과 손의 협응력을 기르며, 역할에 대해 상상하여 가작화하고 놀잇감을 대체하여 사용하는 등 창의력을 기를 수 있다.

(1) 영역 구성 및 자료

역할놀이 영역은 유아가 편안하고 아늑한 가정 같은 느낌으로 활동할 수 있도록 놀이집이나 캐노피 등을 이용하여 다양한 역할놀이가 이루어질 수 있도록 환경을 구성해 준다.

교구는 상품화된 것보다 주변에서 많이 접하는 폐품이나 가정에서 사용하던 도구와 소품을 제공해 줌으로써 유아가 일상생활에서의 경험을 놀이로 극화할 수 있도록 돕는다. 역할놀이 영역에 기본적으로 준비하여야 할 교구 및 자료는 다음과 같다.

- 주방용품: 유아의 키에 맞는 싱크대, 모형 냉장고, 가스레인지, 믹서기, 토스터기, 저울, 도마, 플라스틱 칼, 밀대와 찍기 틀, 수저, 포크, 국자, 뒤집기, 소꿉용품 그릇들, 깨지지 않는 찻잔세트, 주전자, 쟁반, 프라이팬, 냄비 등
- 일상용품: 옷장, 화장대, 전화기, 시계, 드라이기, 머리빗, 다리미와 다리미판, 가발, 알 없는 안경테, 큰 거울, 빗자루와 쓰레받기, 휴지통 등

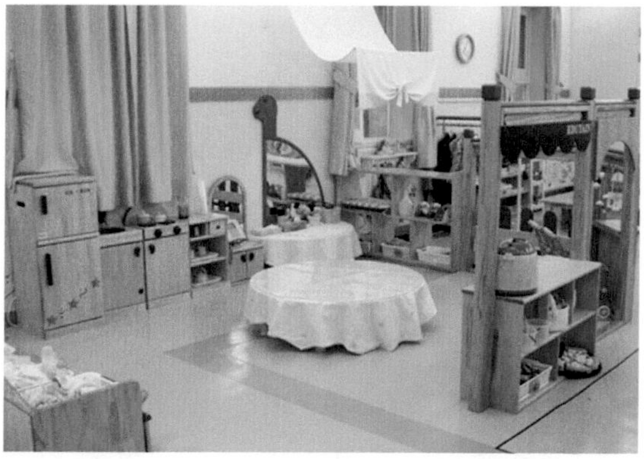

그림 9-5 ◆ **유아반 활동실 역할놀이 영역 구성의 예**

- 소품류: 남/여 의상(아빠/엄마 의상, 드레스류, 한복 등 – 유아 신체에 맞추어 크기 조절), 앞치마, 모자류, 가방류, 신발류, 각종 액세서리, 빈 화장품 병이나 케이스, 인형류와 인형 옷, 넥타이와 스카프, 모형 과일 · 채소, 밀가루 점토, 모형 돈 등
- 역할놀이 주제: 가정놀이, 병원놀이, 소방서놀이, 가게놀이, 미용실놀이, 우주인 놀이, 군대놀이 등

(2) 지도 방법

- 극놀이 상황을 만들지 못하고 우왕좌왕하고 있을 때 교사는 놀이가 조직될 수 있도록 도움을 제공한다. 예를 들면, 병원놀이를 하고자 하면 병원에서 필요한 역할이 무엇이 있는지, 누가 맡을 것인지, 그 역할에 맞는 의상, 인사법, 하는 일 등에 대해 미리 말해 보고 준비할 수 있도록 격려한다.
- 놀이를 이미 시작했으나 모두가 특정 역할에만 관심을 갖고 몰려 있다면, 교사가 역할을 맡아 개입하며 역할이 분담되도록 돕는다. 예를 들면, 병원놀이에서 모두가 의사 가운을 입고 의사라고 할 때, 교사는 환자가 되어 개입하며 "진찰을 받으려면 어떻게 해야 하나요?" "간호사님은 누구신가요?"라고 돕는다.
- 유아가 놀이하고자 하는 놀잇감이 없어 두리번거리거나 없다고 할 때 블록을 들고 귀에 대며, "우리 이것을 전화기라고 하자." 또는 "여보세요?"라며 모델링을 하는 등 필요한 역할 소품은 다른 영역과 연계하여 만들어 사용할 수 있도록 한다.
- 성역할을 고정시키는 일이 없도록 다양한 역할을 골고루 해 볼 수 있도록 한다.
- 놀이가 하루로 끝나는 것이 아니라 다음 날까지도 연장될 수 있도록 다음에 할 것을 계획하고 끝내도록 한다. 다음 날에는 어제의 시나리오를 검토하고 수정을 하면서 시작하도록 한다. 예를 들면, 놀이를 끝낼 때 교사가 "내일은 병원에서 환자를 치료해 보는 놀이를 하기로 하자."라고 하고, 다음 날 놀이 소개 시간에는 "어제는 병원에서 각자 어떤 일을 하는지 역할을 나누고 놀았죠? 오늘은 약국에서 약을 사는 놀이도 해 보자."라고 할 수 있다.

역할놀이에서 교사는 줄거리나 역할을 제안하고, 질문하고, 놀이에 들어가지 못하는 특정 유아를 지도하는 등 좀 더 직접적으로 놀이를 지도해야 한다.

표 9-2 ◆ 역할놀이 영역 활동의 실제

<table>
<tr><th colspan="4">활동명: 밀가루 반죽으로 음식 만들어 놀이하기</th></tr>
<tr><td>주 제</td><td>건강과 안전</td><td>소주제</td><td>맛있는 음식과 건강</td></tr>
<tr><td>활동목표</td><td>• 정해진 재료를 섞어 밀가루 반죽을 만들 수 있다.
• 밀가루 반죽으로 음식을 만들고 음식점 놀이를 할 수 있다.</td><td>대상 연령</td><td>4~5세</td></tr>
<tr><td>활동자료</td><td colspan="3">• 색 밀가루 반죽(밀가루 2C, 물 1/2C, 식용유 1/4C, 소금 3/4C, 식용 색소), 도마, 플라스틱 칼, 그릇
• 반죽 만드는 방법: ① 식용 색소와 소금을 60℃ 정도의 물에 미리 풀어 놓는다.
② 밀가루에 ①과 식용유를 넣어 잘 섞는다.</td></tr>
<tr><th colspan="4">활동방법</th></tr>
</table>

1. 밀가루 반죽을 만들 재료의 양을 용기에 표시하여 반죽 만드는 방법과 함께 제시하고, 관심을 보이는 유아를 반죽 만들기로 안내한다.
   - 밀가루 반죽을 직접 만들어서 놀이할 친구는 반죽을 만들어 보자.
   - 여기 컵에 표시된 것은 이만큼의 양을 섞으라는 거야. 선생님이 해 볼게.
   - (교사의 모델링 후) 여기 만드는 방법을 보면서 만들어 볼까?

2. 만들어진 밀가루 반죽으로 다양한 음식을 만든다.
   - 여기 있는 반죽으로 음식을 만들어 보겠니?
   - ○○는 어떤 모양의 음식을 만들 생각이니?
   - 여기 있는 모든 것을 이용해서 자기가 원하는 것을 만들 수 있어.

3. 음식을 만들고 손님을 초대하여 함께 식사하는 놀이를 한다.
   - 맛있는 음식을 만들었으니까 손님을 접대하는 것은 어떨까?
   - 손님을 맞이하기 위해 무엇을 해야 할까?
   - (식사가 끝났을 때) 잘 먹었습니다! 설거지는 제가 할게요.

[참고]
1) 1의 활동은 과학 영역에서 충분히 탐색 후 역할놀이 영역의 활동으로 제공할 수 있다.
2) 1, 2, 3의 활동이 하루에 모두 이루어지는 것이 아니라 며칠에 걸쳐 할 수 있으며, 반죽을 만드는 유아와 음식을 만들고 상차림을 하는 역할을 나누어 할 수 있다.
3) 반죽놀이는 다양한 역할놀이에 이용될 수 있지만, 학기 초에 반죽의 특성과 사용 방법을 충분히 탐색한 후 간단한 상차리기나 밥 짓기 등의 활동과 연결시킬 수 있다.

3) 언어 영역

언어 영역은 언어활동을 할 수 있는 공간과 자료를 준비하여 비치하고 듣기, 쓰기, 말하기, 읽기 내용을 개별 또는 또래와 함께 학습하는 영역이다. 교구장이나 책꽂이 등을 활용하여 활동실 내 공간을 분리해 주고 천을 이용한 캐노피 등으로 아늑한 분위기를 조성해 주어 유아가 타 영역의 놀이로부터 방해 받지 않고 조용히 집중할 수 있도록 배려한다.

(1) 영역 구성 및 자료

햇빛이 잘 들고 밝고 조용한 곳에 배치한다. 활동실 공간이 넓을 경우에는 교육내용별로 듣기, 쓰기, 말하기, 읽기 영역으로 세분화하여 배치할 수 있으며, 협소할 경우 세부 공간은 구분하지 않더라도 4요소의 내용을 균형 있게 경험할 수 있는 환경과 자료를 준비한다.

언어 영역에 기본적으로 준비하여야 할 교구 및 자료는 다음과 같다.

- 듣기 자료: 카세트 레코드와 CD 또는 USB, 이어폰과 책, 여러 가지 소리가 나는 물건(시계, 메트로놈 등) 등
- 말하기 자료: 주제에 따른 이야기 꾸미기 자료와 융판, 여러 가지 인형류(손인형, 손가락 인형, 막대인형, 테이블 인형 등), 자석판과 자석자료, 수수께끼 카드와 상자, 녹음기, 빈 테이프, 마이크, 말하기 게임 카드, 사진 및 그림 카드, 전

그림 9-6 ◆ 유아반 활동실 언어 영역(쓰기, 읽기, 말하기, 듣기) 구성의 예

화기, 무전기 등

- 읽기 자료: 다양한 장르의 동화책(전래동화, 창작동화, 과학 동화, 위인 이야기, 유아들이 직접 꾸민 동화 · 동시), 유아용 월간잡지, 선명하게 그려진 그림 카드(가족, 친숙한 물건, 사물, 동물), 모양 변별 카드, 글자와 그림 맞추기 카드, 수수께끼 카드, 나무, 모래종이, 모루로 된 글자, 카드/플라스틱, 하드보드로 된 글자 카드, 컴퓨터 상자 등
- 쓰기 자료: 다양한 종류의 쓰기 도구(크레파스, 사인펜, 색연필, 연필, 지우개 등), 이름카드, 언어카드, 다양한 크기와 모양의 종이, 접착 메모지, 필순카드, 소형 칠판과 색분필, 화이트보드, 마카펜, 융판 등

(2) 지도 방법

언어 영역에서는 듣기, 쓰기, 말하기, 읽기에 대해 각각의 활동을 제시해 주기보다는 하나의 활동을 통해 내용 요소가 통합적으로 이루어질 수 있도록 한다. <표 9-3>의 '내가 좋아하는 책을 친구에게 읽어 주기'의 활동방법에서 보면, 교사가 유아로 하여금 좋아하는 책을 고르게 하고 한 번 읽어 준 후 '또래 간에 책 읽어 주기'를 안내한다. 이때 읽어 주는 것으로만 끝나는 것이 아니라 읽어 준 내용을 듣고 말로 표현하거나 글쓰기 또는 그림 그리기로 활동을 계획하여 교육 내용이 통합적으로 이루어지는 것을 볼 수 있다. 각각의 활동에서 교사의 지도 방법은 다음과 같다.

① 듣기

- 듣기를 위한 자료는 상품화된 것보다 주제와 교육 목적에 적절하게 교사의 목소리 또는 부모, 할머니 등 유아들에게 익숙한 목소리로 녹음된 자료를 내어 주면 더 효과적이다. 이때 레코드 사용법을 붙여 두어 교사의 도움 없이도 혼자 조작할 수 있도록 하면 언어 영역 활동에 유아가 적극적으로 참여하는 것을 볼 수 있다.
- 녹음 동화 외에도 동시, 생활 주변의 소리, 자연의 소리, 활동 중의 소리 등도 녹음하여 제시한다. 예를 들면, 이야기 나누기 시간이나 토의 시간에 자연스럽게 녹취를 하여 그대로 들려 주며 너무 떠들어서 다른 사람의 이야기하는 소리가 들리지 않는 것, 토의한 내용을 되새겨 보는 것 등에 대해 서로의 생각을 나눌 수 있다.

듣기 영역에 비치된 카세트 레코드와 사용법

빨간색: 멈춤/파란색: 재생/노란색: 되돌리기

그림 9-7 ◆ **카세트 레코드 · CD(또는 USB) 사용법**

② 말하기

교사는 유아의 말을 따라 하기보다는 주어, 동사, 목적어가 있는 완전한 문장으로 말하며 분명하게 발음한다. 문장과 문장 사이에서 멈추기를 함으로써 유아가 교사의 말을 이해할 수 있는 여유를 갖도록 하며, 유아 자신이 어떻게 말할 것인지 생각을 정리할 수 있게 한다. 이를 위해 다양한 자료가 제시되어야 하며, 교사의 다양하고 정확한 어휘는 필수적이다.

③ 읽기

3세가 되면 책을 볼 때 그림이 아니라 글자를 읽는 것임을 안다. 4, 5세는 책을 읽는 방법 · 방향, 페이지, 제목 등을 알며, 6세는 대체적으로 글자를 읽는다. 즉, 유아기는 읽고, 쓰기에 필요한 기초 능력을 습득할 수 있고, 매우 적극적으로 읽으면서 쓰기를 시도한다.

- 다양한 내용과 재질의 책을 유아들이 충분히 접하고 읽을 수 있도록 제공하되, 표지와 제목이 잘 보이도록 제시한다.
- 유아기가 되면 읽기 시작한 책은 되도록 끝까지 읽도록 하며, 읽는 도중에 교훈적인 이야기를 덧붙이지 말고 끝까지 다 읽은 후 책의 내용, 등장인물, 느낌 등에 대해 이야기를 나눈다.
- 몇몇의 유아들과 책 읽기를 할 때 동시에 많은 유아가 몰려들어 읽어 달라고 요청하는 경우가 종종 있다. 교사가 모든 유아를 대상으로 개별적인 책 읽기

를 하기는 어렵다. 따라서 교사는 유아들 간에 서로 책 읽어 주기를 하도록 안내할 수 있다(<표 9-3> 참조).

- 교사가 책을 읽어 준 후 또는 유아가 책 읽기를 마친 후 동화의 내용을 재구성해 볼 수 있는 기회를 제공하여 유아가 다양한 측면에서 생각해 볼 수 있도록 한다. 예를 들면, <곰 세 마리> 동화의 순서를 바꾸어서 주인공이 곰의 집에 오기도 전에 곰의 죽을 먹는 것으로 그림을 재배치할 수 있다. 유아에게 이런 순서로 동화를 바꾸어도 뜻이 통하는지를 물어본다.

표 9-3 ◆ 언어 영역 활동의 실제

활동명: 내가 좋아하는 책을 친구에게 읽어 주기					
주 제	어린이집/유치원과 친구	소주제	어린이집/유치원에서 만난 친구		
활동목표	• 자기가 좋아하는 책을 친구에게 읽어 줄 수 있다. • 이야기의 줄거리를 말하고 그리거나 쓸 수 있다.			대상 연령	4~5세
활동자료	글이 많지 않고 내용이 간단한 그림동화책, 쓰기 도구				
활동방법					

1. 언어 영역에서 책 읽기에 관심을 보이는 유아에게 읽고 싶은 그림동화를 선택하게 하고, 처음에는 교사가 읽어 준다.
   - 읽고 싶은 책을 골라 보겠니? 우리 서로 좋아하는 책을 읽어 주기로 하자.
     (또는 관심을 갖는 유아가 없다면 교사가 관심을 유도한다.)
   - 우리 언어 영역에 가서 자기가 좋아하는 책을 골라 서로 읽어 주기 할까?

2. 책을 읽고 싶어 하는 유아들이 모이면 친구와 서로 책 읽어 주기를 교사가 제안한다.
   - 선생님이 모두 읽어 주기는 너무 힘들구나. 친구들끼리 서로 읽어 주기로 하자.

3. 친구에게 들은 이야기를 회상해 본다.
   - 친구가 읽어 준 동화에는 어떤 동물들이 나왔니?
   - 음! 그 동물들이 무엇을 했더라?

4. 서로 책을 읽어 주고 회상해 보기를 하며 자연스럽게 쓰기나 그리기 활동으로 연계한다.
   - 친구가 들려준 이야기를 오래 간직하려면 어떻게 해야 할까?
   - 그렇구나, 글로 써 보거나 그림으로 그려 볼 수 있겠구나.

[참고]
1) 글자를 읽지 못하는 유아는 그림을 보며 자유롭게 이야기를 만들어 읽어 줄 수 있도록 격려한다.
2) 교사가 적절한 질문이나 반응을 하여 유아에게 자신감과 유능감을 주도록 한다.

④ 쓰기

유아가 긁적이는 수준에서 차츰 글자의 형태를 갖추어 처음 쓰는 글자는 일반적으로 자기 이름, 가족의 이름, 그리고 자신이 좋아하는 동물 또는 사물의 이름이다. 처음에는 자기가 쓴 것 자체에 만족하지만, 차츰 특정한 글자만이 특정 이름이나 낱말을 표현한다는 것을 알게 되면서 교사에게 쓰는 법이나 사물의 철자를 물어보게 된다. 이 시점에서 교사는 유아와 함께 낱말을 읽으면서 직접 쓸 수도 있고, 유아에게 낱말을 주고 따라 쓰도록 도울 수도 있다. 예를 들면, 자신이 그린 그림에 이름을 쓰고 싶은데 잘 쓰지 못하는 유아에게 교사가 다른 종이에 이름을 써 준 다음, 유아에게 보고 쓰도록 할 수 있다. 또 다른 예로, 쓰기를 많이 어려워하는 유아일 경우에는 이름에 들어가는 글자 중 일부를 미리 적어 주고 유아가 나머지 글자를 써서 완성하도록 할 수 있다. '준수'의 이름 쓰기를 할 때, "여기 '주'자 밑에 'ㄴ'을 써 볼까? 준수의 '준' 자가 되었네."라고 지도한다.

유아의 쓰기를 도울 수 있는 방법은 다음과 같다.

- 그림책을 읽고 유아의 흥미를 연계하여 책 속에서 재미있는 단어 찾기, 의성어와 의태어 찾아 쓰기, 그림책 읽고 생각나는 장면을 그림으로 그려 보기, 주인공 이름 지어 주기, 등장인물에게 편지 쓰기, 뒷이야기 지어 보기 등으로 쓰기활동을 촉진할 수 있다. 그렇다고 해서 그림책 읽기가 자칫 글자를 익히기 위한 수단으로 사용되지 않도록 주의해야 한다.
- 철자법, 띄어쓰기, 필순에 맞게 글씨를 쓸 수 있도록 여러 가지 방법으로 도움을 줄 수는 있으나 혹 강요하여 표현이 위축되지 않도록 주의해야 한다.
- '낱말 그림사전'을 만들어 볼 수 있는 활동을 언어 영역에 준비해 두어 언제든지 유아들이 원할 때 사전 만들기를 할 수 있도록 한다.
  - 16절 크기 또는 A4 용지를 책처럼 묶어 언어 영역에 비치해 둔다(주제별로 따로 제시해 주거나 한 권을 지속해서 채워 가도록 할 수 있다.).

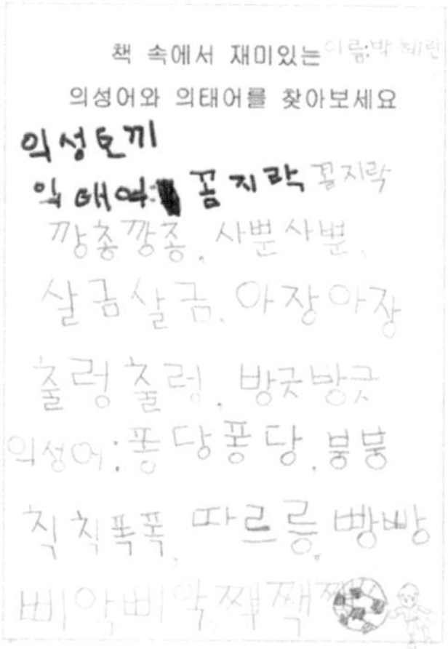

책 속에서 의성어와 의태어를 찾아보세요

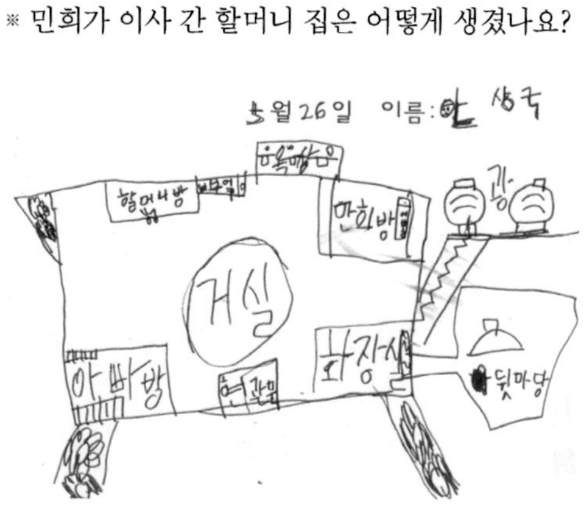

그림책 읽고 회상하여 그리기

그림 9-8 ◆ **그림책과 연계한 쓰기 활동의 예**

- 신문, 잡지, 화보, 상품 광고지 등에 있는 그림을 주제, 유아의 흥미에 따라 '낱말 그림사전'에 붙인다. 붙인 그림을 색칠하거나 꾸민 다음 단어나 이야기를 써넣는다.

이와 같은 쓰기 활동이 일회적 활동으로 끝나는 것이 아니라 주제가 바뀌면 해당 주제에 적절한 화보나 자료들을 제시해 주어서 계속 낱말을 채우도록 한다. 그리하여 유아 자신이 원하는 책이 완성된 시점이나 교사가 정한 기간이 끝나면 유아가 만든 낱말 책에 저자명을 쓰고 표지를 원하는 대로 디자인하도록 하여 언어 영역 책꽂이에 비치해 두고 다른 유아들과 공유하도록 한다.

4) 수 영역

수 영역은 자연탐구 영역의 내용 중 수학적 탐구 내용이 핵심이 된다. 수학적 탐구는 단순히 숫자를 세고 쓰는 것이 아니라, 사물, 사건, 행동 간의 관계에 대한 지식, 즉 논리수학적인 지식과 관련된다.

(1) 영역 구성 및 자료

수 영역은 별도로 구성하거나 조작 및 과학 영역과 통합하여 구성할 수 있다. 언어 영역과 이웃하여 배치할 수 있으며, 개별 또는 소집단 형태로 놀이가 이루어지도록 한다.

그림 9-9 ◆ **유아반 활동실 수 · 조작 영역을 통합하여 구성한 예**

수 · 조작 · 과학 영역은 상품화되어 있는 교구보다 일상생활에서 흔히 접할 수 있는 다양한 자료를 제시해 주는 것이 호응도나 집중도가 보다 높다. 수 영역에 기본적으로 준비해야 할 교구 및 자료는 다음과 같다.

- 분류 자료: 다양한 크기와 모양의 단추 및 도형, 개/폐 모양의 분류카드, 구멍 뚫린 구슬과 끈, 분류통과 플라스틱 패턴 블록, 다양한 종류의 병뚜껑, 다양한 색깔과 모양의 구슬, 조개껍데기, 돌 등
- 순서 짓기: 길이가 다른 막대, 높이가 다른 원기둥, 크기가 다른 상자, 이중서열 자료(벌과 벌집, 옷과 옷걸이 등), 겹끼우기 상자와 고리, 수 막대, 나사와 나사구멍 등
- 수의 이해: 페그보드와 페그보드용 고리, 세울 수 있는 숫자, 주사위를 이용한 보드게임, 숫자 카드게임, 숫자 그림 퍼즐, 숫자 도미노 카드, 숫자 도장, 수 막대와 구슬, 빨래집게와 수 카드, 수 기차와 기찻길 등

(2) 지도 방법

"여기 있는 집 모양 그림에서 다른 점(같은 점)을 찾아보자."처럼 모든 종류의 사물을 관계 속에 포함시키도록 유아를 장려한다. 숫자 퍼즐을 맞추다가 "안돼요."라고 할 때, 교사가 끼워 주거나 답을 주는 것이 아니라 "왜 끼워지지 않는 거지?" 등 사건을 관계 속에 포함시키도록 한다. 즉, 수학적 사고를 증진시키기 위해 유아의 활동을 관계 속에 포함시키도록 교사가 장려해 주는 역할이 필요하다.

- 숫자에 대한 이해를 증진시키기 위해 "몇 개니?"보다는 "누가 가장 많이 가졌니?"와 같이 유아가 단순히 수세기만 하기보다는 사물을 논리적으로 수량화하고 비교할 수 있도록 장려한다.
- 교사와 유아 간의 수직적인 관계보다 또래 간의 놀이에서 유아 자신의 입장을 더 방어할 수 있고 문제해결책을 잘 찾아낼 수 있다. 따라서 또래와 생각을 나누도록 격려한다.
- 카드놀이나 보드게임 등을 할 때, 게임의 규칙 또는 카드의 숫자 등은 연령의 적절성이나 놀이 지속의 정도에 따라 교구를 첨삭하거나 규칙을 변화하는 등 하나의 교구로 다양한 놀이 방법을 유아 스스로 고안하여 놀이할 수 있도록 힌트나 정보를 제안한다.
- 수·조작 영역에서는 주사위 놀이, 보드게임 등 다양한 게임을 하게 된다. 게임 중 또래 간에 경쟁이 과도해지고, 이로 인해 승자와 패자 간에 다툼과 갈등 상황이 종종 발생하는 것을 볼 수 있다. 과도한 경쟁은 유아로 하여금 불안감을 갖게 하고 자발성을 제한할 수 있으므로 교사는 경쟁의 강도를 줄이기 위해 승패로 나뉘지 않는 게임을 적절히 제공한다.
- 게임을 제공할 때 승패가 명확한 것도 필요하지만 우연히 이길 수도 있고, 질 수도 있다는 것을 상기시킴으로써 승패에 불안해하는 유아가 게임을 중도에 포기하지 않도록 교사가 "이건 실력과 상관없어. 우연히 이길 수도, 질 수도 있기 때문에 끝까지 해 봐야 아는 거야."라고 적절한 개입을 한다.
- 교사는 게임의 과정에서 서로 약속한 규칙을 잘 따르는지, 게임이 끝났을 때 "누가 제일 많은 카드를 가졌는지 세어 보자."가 아니라, "누가 많은 카드를 가졌는지 어떻게 알아볼까?" 등으로 수학적인 생각을 나눌 기회를 자주 제공한다.

표 9-4 ◆ 수 영역 활동의 실제

활동명: 패턴 넥타이					
주 제	나와 가족	소주제	소중한 가족		
활동목표	넥타이의 반복된 무늬를 통해 규칙 찾기를 즐긴다.			대상 연령	4~5세
활동자료	반복되는 줄무늬 또는 반복되는 모양이 있는 넥타이(통신문을 통해 가정에서 사용하지 않는 넥타이를 보내 달라고 함)				
활동방법					
1. 수 영역에 반복되는 색 또는 반복되는 무늬가 있는 넥타이를 제시해 두고 개별 유아와 함께 규칙 찾기 놀이를 한다. - (넥타이를 보며) 이 넥타이에서 반복되는 색깔(무늬)이 있니? - (다른 넥타이를 보며) 어떤 무늬가 반복되고 있니? 2. 넥타이에 있는 규칙성을 찾아본다. - 흰색 줄, 초록색 줄 다음에는 어떤 색이 사용되었니? - 넥타이 색에는 어떤 규칙(약속)이 숨겨져 있니? - 우리가 이런 규칙을 만들어 볼 수 있을까? 					

<표 9-4>와 같이 규칙성을 찾아보는 것으로 활동이 끝날 수도 있고, <표 9-5>와 같이 미술활동으로 확장하여 이루어질 수도 있다.

표 9-5 ◆ 미술활동과 연계하여 실시한 수활동의 실제

활동명: 내가 만든 패턴 넥타이					
주 제	나와 가족	소주제	소중한 가족		
활동목표	• 자기만의 패턴으로 넥타이를 만들 수 있다. • 결과물에 대해 생각과 느낌을 말로 표현할 수 있다.			대상 연령	4~5세
활동자료	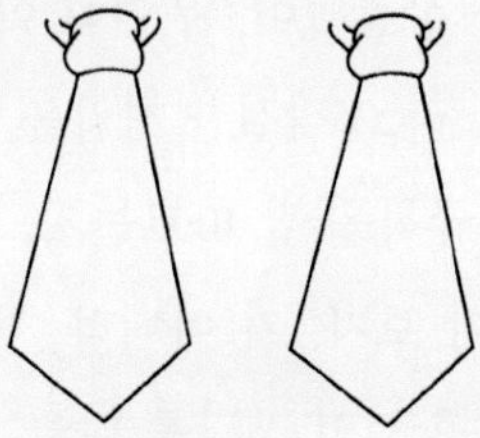 외곽선만 있는 넥타이 그림, 크레파스, 색연필 등 그림 도구				

활동방법

1. 유아가 생각하는 규칙(패턴)으로 넥타이를 만든다.
   - ○○는 어떤 모양과 색으로 규칙을 만들고 싶니? 생각하는 규칙이 있니?
   - (외곽선만 있는 넥타이 그림을 제시하며) 여기에 ○○가 생각하는 규칙을 만들어 보자.

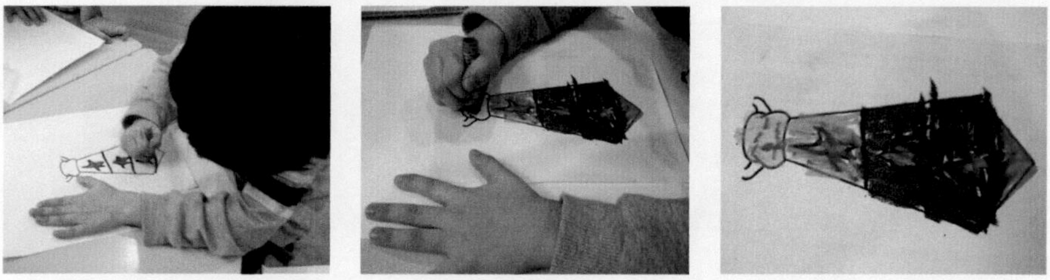

2. 유아가 만든 패턴 넥타이에 대한 생각을 적어서 작품 옆에 붙여 둔다.
   - ○○가 만든 패턴에 대해 이야기해 주겠니? 선생님이 너의 생각을 써 줄게.

3. 유아가 만든 넥타이를 골판지 또는 우드락 등에 붙여 전시해 두고 친구들의 것과 다른 점, 비슷한 점 등을 찾아 감상해 본다.
   - 내가 만든 패턴(규칙)과 친구의 것과 어떻게 다르니?
   - 내가 만든 패턴과 친구의 것과 비슷한 것은 무엇이니?

5) 조작 영역

조작활동은 말 그대로 끼워 맞추거나 집어 옮기는 활동이다. 쌓기놀이 영역에서는 큰 블록들로 쌓거나 길게 놓아 보는 등 다양한 형태로 이루어지는 구성이라면, 조작 영역에서는 카펫이나 책상에 앉아 조용히 퍼즐 등을 끼워 맞추는 구성이다. 눈과 손의 협응력, 양손의 협응력 등 소근육 기능과 감각기능의 발달을 위한 주요 내용을 다루게 되며, 수 및 미술 영역의 활동과 융합되는 내용이 많다.

(1) 영역 구성 및 자료

조작 영역의 활동실 내 위치는 수 영역과 통합하여 구성하거나 언어 및 과학 영역 등 조용한 영역과 인접하여 구성한다.

조작 영역에 기본적으로 준비하여야 할 교구 및 자료는 다음과 같다.

• 퍼즐류, 모양 분류 상자(형태 분류 자료), 끼우기 블록, 아트 블록, 열쇠상자, 느낌 주머니나 상자, 주사위를 이용한 게임판류, 보드게임류, 젓가락, 단추, 빨래

그림 9-10 ◆ **유아반 활동실 조작 영역 놀이 모습**

집게 등 손으로 조작이 가능한 다양한 교구, 망치놀이(안전한 목공놀이 완구), 각종 폐품 등

(2) 지도 방법

조작 영역은 대체적으로 소근육 발달을 돕는 다양한 활동이 제시된다. 유아기에는 조작한 활동의 결과에 대한 정확성도 필요하지만, 도구나 자료를 적절하고 효과적으로 사용하는지에 초점을 맞추어 지도하는 것이 바람직하다.

표 9-6 ◆ **조작 영역 활동의 실제**

<table>
<tr><th colspan="5">활동명: 빨래집게를 이어 마음대로 구성하기</th></tr>
<tr><td>주 제</td><td>생활 도구</td><td>소주제</td><td colspan="2">다양한 생활 도구</td></tr>
<tr><td>활동목표</td><td colspan="2">일상 도구를 활용하여 다양한 모양을 만들 수 있다.</td><td>대상 연령</td><td>3~4세</td></tr>
<tr><td>활동자료</td><td colspan="4">빨래집게 20~30개, 하드보드지, 플라스틱 컵이나 그릇, 빈 상자, 필기 도구 등
(바구니에 튼튼한 빈 상자나 두꺼운 종이, 또는 단단한 플라스틱 컵(우유곽)이나 그릇 등과 함께 20~30개의 빨래집게를 준비해 둔다.)</td></tr>
<tr><th colspan="5">활동방법</th></tr>
<tr><td colspan="5">1. 빨래집게를 눌렀다 폈다 하며 구성하는 유아를 관찰하며 격려한다.
- ○○는 집게를 아주 크게 벌릴 수 있구나. 손가락 힘이 정말 센걸.
- ○○가 상자에 집게를 꽂았더니 강아지 귀가 되었네.

2. 다양한 모양을 구성해 볼 수 있도록 모델링해 준다.</td></tr>
</table>

- 선생님은 여러 개의 빨래집게로만 모양을 만들어 봐야겠다!

3. 유아들이 구성한 작품을 어떻게 남길 것인지 이야기 나눈다.
   - 너희가 만든 것을 오랫동안 남기려면 어떻게 해야 할까?
     (그림으로 그리거나 사진을 찍어 보관할 수 있다.)

6) 과학 영역

유아의 과학교육은 지식을 전달하는 활동이 아닌 유아가 직접 경험하는 학습이어야 한다. 교사는 유아가 생활 속에서 일어나는 사물이나 현상에 호기심을 갖고, 관찰하고 가설을 설정하여 실험하고 추론해 낸 결과를 다른 사람과 의사소통하는 탐구기술을 활용하도록 돕는다. 또한 물체와 물질의 특성을 알고, 생명체와 환경과의 관계를 파악하며, 생명체를 이해하도록 안내하고 발문하며 반응해 주어야 한다. 즉, 유아의 과학활동은 '유아로 하여금 호기심이 가는 사물과 현상을 탐구하고 자신의 생각을 실험해 보는 것'으로 내용이나 지식을 유아 스스로 구성해 가는 과정 중심의 방법으로 이끌어야 한다.

(1) 영역 구성 및 자료

과학 영역은 조용한 곳이면서 햇빛이 잘 드는 곳이 좋다. 활동실 공간이 넓지 않다면, 수 영역과 통합하여 구성할 수 있다. 또한 생활 속에서 접하는 모든 것이 과학 영역의 자료가 될 수 있다. 과학 영역에 기본적으로 준비하여야 할 교구 및 자료는 다음과 같다.

- 일반 도구: 오목/볼록 거울, 확대경, 요술경, 프리즘, 잠망경, 막대자석, 말굽자석, 동그란 자석, 스포이트, 망원경, 청진기, 현미경 등
- 측정 도구: 막대기, 리본(끈), 클립, 가위, 막대자, 줄자, 삼각자, 신장기, 체중계, 양팔저울, 접시저울, 계량컵, 계량스푼, 물컵, 스푼, 조리용 시계, 해시계, 온도계, 모래시계, 길이 측정 도구(짧은 끈, 연필, 막대기, 클립 등), 양 측정 재료(상자, 돌, 흙, 모래, 점토, 물컵 등), 면적 측정 도구(네모종이, 카드종이 등) 등
- 공간관계: 도형퍼즐, 융판과 도형, 색입방체 블록과 패턴카드, 나무못판과 고무밴드 등

그림 9-11 ◆ **유아반 활동실 과학 영역 구성의 예**

- 동식물류: 여러 종류의 곤충 · 동물 · 식물 · 자연물 · 동식물 관련 도서, 관찰기록용지, 동물의 먹이, 먹이통, 재배에 필요한 도구(화분, 꽃삽, 물뿌리개, 분무기 등) 등
- 기계류: 다양한 종류의 시계, 라디오, 텔레비전 부속품, 열쇠와 자물쇠, 너트와 볼트 등
- 일반 물체: 여러 종류의 재료, 무게상자, 소리상자, 촉감상자, 후각상자, 비밀주머니 등

(2) 지도 방법

과학 영역은 실내에 국한하지 말고 실외놀이터, 일상생활 활동 등 유아교육기관의 모든 환경을 활용하여 실제 경험과 연계한 학습이 될 수 있도록 지원해야 한다. 날아다니고 기어 다니는 곤충들, 텃밭의 식물들, 마당의 나무들, 떨어지는 낙엽들, 돌멩이, 잡초, 내리는 비, 샤워 꼭지에서 뿜어 내는 물줄기 등 모두가 과학활동의 매체가 된다. 그러나 이러한 환경에 노출되어 있다고 하여 유아가 과학을 하는 것은 아니다. 교사는 유아가 능동적이고 민감한 관찰자, 과학을 하는 사람으로 성장할 수 있도록 교사의 질문으로 유아의 호기심을 자극하여 결과를 예측하고 실험해 볼 수 있도록 격려하며, 결과에 대해 유아 나름으로 해석해 볼 수 있도록 돕는다.

- 유아가 관찰한 것들을 비교하며 분류하는 행동들이 나타날 수 있도록 "이 나뭇잎들은 어떻게 다르니?" "같은 것끼리 나눠 볼까?"라고 개입한다. 4, 5세 유아에게는 각자가 생각하는 기준으로 분류해 볼 수 있도록 "여기 있는 것들을

자기가 생각하는 기준으로 분류해 볼까?"라고 개입할 수 있다. 교사는 유아가 분류할 때 몇 가지의 유목을 만들어 내는지, 어떤 분류 기준을 사용하는지 등에 대해 관찰한다.

- 유아가 호기심을 유지하며 다양한 측면에서 관찰할 수 있도록 질문한다. "이 공을 가장 멀리까지 굴러 가게 하려면 어떻게 하면 될까?" "또 다른 방법이 있을까?"와 같이 유아가 다양하게 탐색하고, 그 결과를 기록하도록 격려한다.
- 관찰한 것들을 실험해 볼 수 있는 질문을 한다. "이것에 대해 어떻게 알아볼까?"와 같이 질문을 함으로써 실험에 대한 호기심을 증폭시키도록 한다.
- 실험을 하기 전에 결과에 대해 예측해 보도록 한다(가설 설정). "그렇게 하면 어떻게 될 것 같아?"와 같이 미리 예측하여 생각해 보고 실험해 보도록 한다.
- 실험을 한 후 결과에 대해 해석하도록 한다(추론). "그렇게 하니까 어떻게 되었니?"라고 제안함으로써 유아가 실험 결과에 대한 해석을 해 볼 수 있도록 한다.
- 의사소통할 수 있게 한다. "네가 한 것에 대해 친구들에게도 말해 줄래?"라고 제안함으로써 친구들끼리 의사소통을 해 볼 수 있는 기회를 갖도록 한다.

과학활동 또는 수활동의 내용을 다룰 때, 교사가 감정적(예: "와! 기분 좋겠다." "예쁘게 했구나.")이거나 비과학적인 결과로 결론 짓지 않도록 한다. 객관적이면서 사실적인 근거에 기초하여 탐구하는 과정과 내용에 대해 해석하고 의사소통한다.

표 9-7 ◆ 과학 영역 활동의 실제

활동명: 물이 지나가는 길(물관)이 있을까?-꽃 염색하기			
주 제	동식물과 자연	소주제	궁금한 동식물
활동목표	• 식물의 물관(물이 지나가는 길)에 대해 안다. • 나뭇잎의 변화에 대해 알 수 있다.	대상 연령	4~5세
활동자료	흰색의 국화꽃 두 송이, 꽃병 2개, 식용 색소, 관찰기록지		
활동방법			

1. 실험을 하기 전에 실험 결과를 예측해 본다(가설 설정).
   교사: 이 하얀색 꽃을 그냥 물이 있는 꽃병에 꽂아 두면 어떻게 될까?
   유아 1: 꽃이 커질 것 같아요.

유아 2: 줄기로 잎들이 물을 먹고 연두색 꽃으로 변해요.
유아 3: 그냥 물이 올라가서 아무 색깔이 안 나요.
교사: 이 흰색 꽃을 색물이 든 꽃병에 꽂아 두면 어떻게 될까?
유아 1: 꽃이 작아질 것 같아요.
유아 2: 색물이 올라가서 꽃이 빨간색으로 변해요.

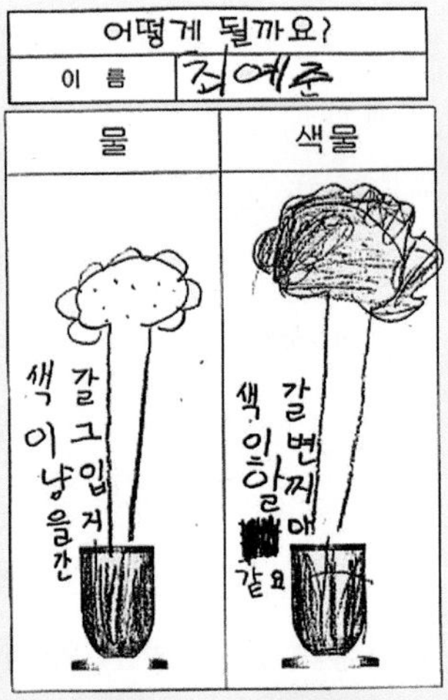

2. 실험 설계를 한다.
흰 국화꽃 한 송이는 빨간색 식용 색소물에 담그고, 다른 한 송이는 그냥 물에 담근 후 표시를 해 둔다.
교사: 우리가 실험을 하려면 어떻게 해야 할까? (물을 먹고 꽃잎이 어떻게 되는지를 알아보려면 시간이 걸리므로 일주일 후에 다시 관찰한 것에 대해 이야기한다.)

3. 실험 결과에 대해 해석해 본다(추론하기).
교사: 꽃잎이 어떻게 변했니?
유아 1: 이것 봐요, 꽃이 이상해졌어요. 빨개지려고 해요. 조금, 아주 조금 빨개졌어요.
교사: 정말, 빨간색 점들이 보이네. 왜 빨간색으로 됐을까?
유아 2: 꽃이 색물을 먹어서 빨개지는 거예요.
유아 1: 물관이요, 이렇게 물이 타고 올라가서 꽃이 빨개진 거예요.
교사: 그럼 그냥 물에 있는 꽃은 어떻게 됐을까?
유아 2: 이건 그대로예요. 하얀 물을 빨아들여서 하얀색 그대로 있는 거예요.
(무색인 물을 유아 2는 하얀 물로 표현함)

추후활동: 실외놀이터에서 나뭇잎을 관찰하며 물이 드는 나무와 물이 들지 않는 나무를 찾아보고, 식물도감을 사용하여 식물의 이름과 특징을 알아볼 수 있다.

7) 음률 영역

음률 영역에서는 다양한 소리, 악기 등으로 음악의 셈여림, 빠르기, 리듬 등을 습득하기 위한 음악활동과 움직임 및 춤의 모양, 힘, 빠르기, 흐름 등의 신체동작이 일어나는 공간이다. 교사는 유아와 함께 노래 부르기, 노래를 부르거나 음악을 들으며 리듬과 박자를 익히고 창안하기, 음악을 듣고 느낀 것을 신체로 반응하기 등의 활동을 유아가 자발적으로 경험할 수 있는 기회를 제공한다.

(1) 영역 구성 및 자료

신체적 움직임이나 노래 부르기 등 자유로운 활동을 위해 넓은 공간을 필요하면서 동적인 영역인 쌓기놀이 영역과 이웃하여 구성할 수 있으며, 활동실 공간이 좁은 경우에는 두 영역을 통합하여 구성할 수 있다.

듣기, 노래 부르기, 리듬놀이, 신체표현을 위한 도구를 제시한다. 음률 영역에 기본적으로 준비하여야 할 교구 및 자료는 다음과 같다.

- 듣기를 위한 도구: 녹음기와 녹음 테이프, CD(또는 USB), 듣기를 위한 기호 · 그림, 형광펜 등
- 리듬놀이: 여러 가지 악기의 사진이나 그림
- 여러 가지 신체표현 도구: 스카프, 리본막대, 한삼 등
- 리듬악기: 탬버린, 캐스터네츠, 큰북, 작은북, 트라이앵글, 방울, 마라카스, 샌드 블록, 우드 블록, 장구, 소고, 꽹과리, 징 등
- 노래 부르기를 위한 자료: 그림 노랫말, 색깔악보, 그림악보, 노래책, 융판과 융판자료, 막대자료 등

그림 9-12 ◆ **유아반 활동실의 음률 영역 구성의 예**

(2) 지도 방법

교사는 음률 영역이 유아들끼리 무의미하게 악기를 두드리고, 떠들고, 소리를 질러 대는 소음지대가 되거나 집단활동 운영만이 의미 있는 활동이 되지 않도록 구체적인 계획과 더불어 자연스럽게 즉흥적 · 창의적 표현의 기회를 자주 만들어 주어

야 한다.

- 교사는 노래 배우기, 교사를 따라 하는 손유희 또는 동작 경험으로만 유아의 음률활동 지도가 되지 않도록 하며, 음악과 움직임의 요소를 항상 염두에 두고 계획한다.
- 매주 새로운 노래를 가르쳐야 한다는 것에서 자유로워야 한다. 유아가 좋아하는 노래를 부르는 것도 음악적 발달을 증진시키는 것이다.
- 재즈, 클래식, 전래동요, 동요, 국악 등 다양한 리듬감, 음색, 질 등의 음악을 경험할 수 있도록 음률 영역뿐만 아니라 하루 일과 중 다양하게 경험할 수 있도록 제공한다. 예를 들면, 낮잠시간에는 정적인 클래식 음악 듣기, 정리할 때에는 행진곡, 재즈 음악, 간식 및 점심 시간에는 동요, 국악 듣기 등 간접 듣기 경험도 제공한다.
- 다양한 움직임을 유도할 수 있는 도구나 동영상을 준비한 후 음악을 듣고 자연스럽게 동작으로 표현하도록 "이 스카프를 위에서 아래로 흔들어 볼까?" "나무가 바람에 흔들리는 것 같아."라고 안내한다.
- 매일 반복해서 듣는 정리시간 노래나 익히 잘 알고 있는 노래 또는 프로젝트에 필요한 노래의 경우, 유아 스스로 가사를 만들어 볼 수 있는 기회를 제공한다.
- 악기류뿐만 아니라 다양한 소리와 리듬을 만들 수 있는 도구들을 생활 속에서 찾아 활동으로 안내한다. "각자 가진 종이로 소리를 만들어 보자." 또는 "이 종이들로 재미있는 박자를 만들어 낼 수 있겠니?"라고 안내한다.

'물 캠페인 프로젝트'에 맞춰 개사한 후 노래 연습을 하는 모습

〈내가 먼저〉

종이를 아껴서 산을 푸르게
걸어서 걸어서 하늘을 맑게
가루 비누 조금만 강물을 맑게
버리는 것 조심해 흙을 살리세
랄라랄라랄라 내가 먼저
랄라라랄라랄라 너도 손 잡자

종이로 리듬을 만들어 음악에 맞춰 리듬놀이를 하는 모습

그림 9-13 ◆ **유아반 활동실 음률 영역 활동의 예**

- 집단활동 후 자료들을 음률 영역에 제시하여 개별적으로 놀이가 연계되도록 한다.

8) 미술 영역

미술 영역에서는 자연과 사물에서 색, 모양, 질감, 공간 등을 관찰하고, 여러 가지 미술자료를 이용하여 자신이 관찰한 것들을 그리거나 구성하거나 오려 붙이면서 표현한다. 이러한 과정에 유아 자신의 느낌이나 감정을 표현함은 물론, 시각적 자극과 촉각적 경험 등 감각적 경험을 제공함과 동시에 대소근육의 발달을 증진시켜 준다.

(1) 영역 구성 및 자료

미술 영역은 조용한 영역인 언어 또는 수・조작・과학 영역과 인접하여 구성하되, 물을 편리하게 사용할 수 있는 위치에 배치한다. 활동실 내에 화장실이 있으면 화장실과 가까운 곳에 배치한다.

미술 영역에 기본적으로 준비하여야 할 교구 및 자료는 다음과 같다.

- 여러 종류의 종이: 도화지, 색도화지, 색종이, 셀로판지, 포장지 조각, 신문지 등
- 여러 종류의 그리기 도구: 크레파스, 색연필, 사인펜, 연필, 물감, 매직펜, 분필 등
- 각종 폐품: 빈 상자, 빈 플라스틱 통, 우유곽, 신문지, 광고지, 단추, 헝겊, 실, 플

그림 9-14 ◆ **유아반 활동실 미술 영역 구성의 예**

라스틱, 헌 잡지, 스티로폼, 빨대, 이쑤시개, 병뚜껑, 휴지, 포일 속대 등

- 각종 도구: 작업용 앞치마, 화판/이젤, 풀, 셀로판테이프, 접착제(스티로폼, PVC, 나무), 스테이플러, 펀치, 점토(밀가루 반죽, 지점토, 찰흙), 손가락 풀 그림 재료와 종이, 넓은 쟁반, 핑킹가위, 안전 칼, 닦을 수 있는 도구(종이, 마른 수건) 빗자루/쓰레받기, 안전가위, 풀 등

(2) 지도 방법

미술 영역에서 교사의 주의 깊은 관찰은 적절한 개입을 위해 결정적인 역할을 한다.

- 유아가 작업에 열중하고 있을 때 무엇을 하고 있는지, 이게 뭔지 등을 말하도록 질문하는 것은 자칫 유아의 작업을 방해하거나 집중력을 떨어뜨릴 수 있다. 교사는 작업을 하는 유아와 한 발 떨어진 위치에서 조용히 관찰하거나, "정말 집중해서 열심히 하고 있구나."와 같이 격려해 주는 것이 더 바람직하다.
- 유아의 작품에 대해 "잘했네." "예쁘다." 등 공허한 칭찬은 예술이 성인의 인정을 받기 위한 것으로 인식될 수도 있다(Smith, 2007). 유아가 작업 중이거나 작업을 끝냈을 때 교사에게 자랑하고 싶어 하거나 교사의 격려가 필요하다고 생각될 때에는 유아 개인의 표현이나 만족에 대해 말할 수 있도록 이끌어 주고 격려해 준다.
  - 유아가 사용한 매체들에 대해 "와, 종이와 나뭇잎들을 사용해서 만들었네.

도화지를 이용한 건축물 구성하기

콩을 불려 이쑤시개로 구성물 만들기

그림 9-15 ◆ **미술활동에서 매체를 활용하는 예**

느낌이 새롭네!"와 같이 격려해 준다.

- 작품의 주제나 그림의 내용에 대해 "여러 가지 선이 서로 만나고 있네? 이것에 대해 ○○의 생각을 말해 주겠니?"라고 작품에 대해 말하도록 한다.
- 작품의 구성에 대해, 사용한 색상, 작품의 형태, 질감 등에 대해 격려한다.
- 그림에서 느껴지는 감정에 대해 "친구들이 소풍가나 봐. 어떤 느낌일까?"라고 질문하고, 말해 보도록 한다. 그러나 유아가 말하고 싶어 하지 않으면 설명하도록 강요하지 않도록 한다.

• 그리기 도구들과 종이, 가위와 풀, 물감과 기타 재료 등 평범한 매체를 여러 가지 방법으로 사용해 보도록 함으로써 유아가 재료들의 특성을 이해하고 능숙해지면서 감각과 소근육의 발달이 증진하도록 돕는다.

• 미술활동 시 일부 재료, 즉 물감 사용이나 풀그림 등 끈적거림이나 손에 묻는 것을 꺼리는 유아가 있을 경우에는 친구의 놀이를 지켜보게 하거나 다른 도구들을 제공하여 미술활동으로 유도한다. 예를 들면, 풀그림 작업을 할 때 풀이 손에 닿는 것이 싫어 활동에 참여하지 않는 유아에게 빗이나 포크 등을 제공해 주며 "손 대신에 여기 있는 것으로 풀그림을 그려 볼까?"라고 할 수 있다.

• 유아가 자신의 작품을 소중하게 다루도록 한다. 작업을 마무리하지 못한 것이어도 접어서 버리거나 서랍 속에 아무렇게나 넣어두지 않도록 '더 할 거예요'라는 바구니를 준비하여 보관해 두었다가 오후 시간 또는 다음 날에 이어서 활동을 마무리하도록 한다. 작품을 소중히 다루는 것은 유아 자신을 소중하게 여기는 것과 같으며 자아존중감을 갖게 한다. 따라서 오래된 유아의 작품이나 그저 끼적거린 그림일지라도 유아의 허락 없이 치워 버리거나 유아가 보는 앞에서 버리지 않도록 한다.

• 유아의 작품을 전시할 때에는 모든 유아에게 공평하게 전시할 기회를 주어야 한다. 교사의 관점으로 잘한 것, 못한 것을 골라 전시하는 것이 아니라 유아가 전시하고 싶어 하는 방법을 수용해 준다.

• 유아의 작품을 전시할 때 교사가 배경을 첨가하면 유아의 작품을 더 돋보이게 할 수 있다. 예를 들면, 유아가 우유갑으로 자동차를 만들었다면 교사가 전시할 공간에 찻길을 만들어 붙인 후 유아의 작품을 게시한다.

• 유아 자신의 작품에 대해 감상할 때 다른 친구의 작품과 비교하지 않도록 한다. "△△야, ○○가 어떻게 그렸는지 봐. ○○는 ~게 그렸네."라고 하는 것

'동물' 주제 운영 시 울타리, 연못 등 배경은 교사가 준비하고 유아의 작품을 오려 붙인 게시판

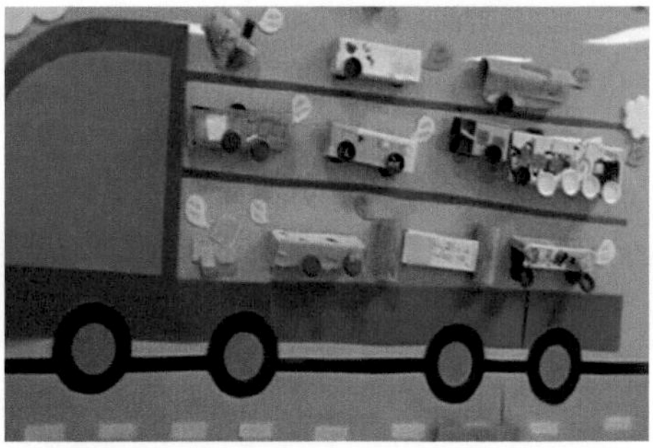

유아가 만든 교통기관 작품을 교사가 만든 자동차 배경에 태우고 가는 형태로 전시한 게시판

그림 9-16 ◆ **교사가 배경을 제시하고 유아의 작품을 전시한 예**

은 자칫 친구의 작품과 비교하는 것이 될 수 있다. 친구의 작품과 무엇이 다르고 무엇이 비슷한가 등에 대해 "친구의 작품과 다르게 한 것은 무엇이니?"와 같이 말함으로써 유아에게 자신의 작품에 대한 감상을 도울 수 있다.

- 활동이 끝난 후에는 자신의 작품에 이름을 써서 보관하도록 한다. 이때 자신의 작품에 대해 말한 것을 교사가 써 주게 되는데, 작품에 직접 쓰지 않고 접착 메모지나 작품 뒷면에 쓰도록 한다.
- 물을 사용하는 영역이므로 가까운 곳에 항상 스펀지나 걸레통, 청소 도구 등을 준비해 두어 작업 후에 유아 스스로 정리할 수 있도록 한다.
- 작업이 끝난 후 자리를 정리하고 재료들을 제자리에 두어 다음 친구들이 사용할 수 있도록 하며, 쓰레기는 쓰레기통에 버리도록 한다.

9) 휴식 영역

영유아가 장시간 머무는 유아교육기관에서의 휴식 영역은 반드시 필요하다. 이른 등원을 한 영유아나 놀이 중 조용히 쉬고 싶은 영유아가 가정에서처럼 휴식을 취하거나 혼자서 책을 보는 등 조용한 시간을 보낼 수 있도록 배려해야 한다. 휴식 공간에서 영유아는 하루 일과 중 쌓인 부정적인 감정을 해소할 수도 있기 때문에 되도록 자유롭게 몸을 움직이고 놀이할 수 있는 크기의 공간을 확보하는 것이 바람직하다.

이 공간은 영유아들이 언제든지 이용할 수 있으면서도 교사의 시선이 미치는 곳으로 활동실 내에 설치되어야 한다(보건복지부, 한국보육진흥원, 2018).

- 깔개, 쿠션, 소파와 같은 부드러운 소재를 이용하여 영유아가 편안한 시간을 보낼 수 있도록 아늑한 공간을 마련한다.
- 별도의 휴식 공간을 설치해 주되, 활동실의 공간이 넓지 않으면 언어 영역과 통합하여 배치할 수 있다. 이때 교사는 영유아가 충분히 휴식을 취할 수 있도록 분위기를 조성하고, 공간을 마련해 준다. 놀이 중 잠을 자고 싶어 하는 영유아나 아픈 영유아를 휴식 공간에 재우는 경우를 볼 수 있는데, 놀이에 방해가 되므로 하지 않도록 한다.
- 쌓기놀이 영역, 역할놀이 영역 등 동적인 영역과는 인접하지 않도록 배치한다.

놀이에 방해가 되지 않도록 휴식 공간을 배치한 예

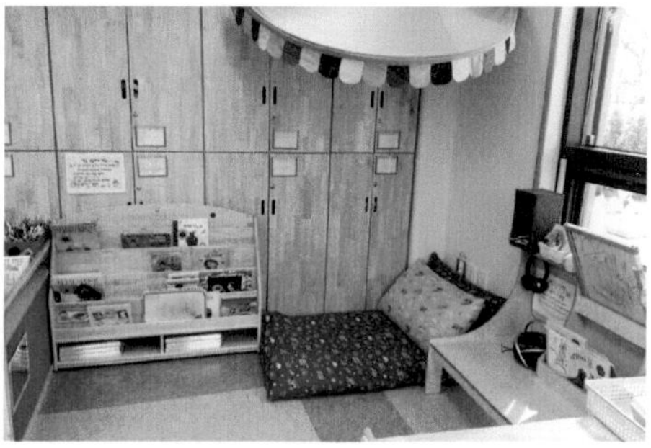

말하기, 읽기, 듣기, 쓰기 활동과 휴식 공간이 통합된 구성의 예

그림 9-17 ◆ **영유아 활동실 언어 영역과 통합한 휴식 공간의 예**

제10장

대소집단활동 지도 I

학급의 전체 유아가 모여 유아들끼리 의견을 모을 때, 학급의 유아 모두가 인지해야 할 사항이 있을 때, 또는 개념이나 주제와 관련하여 유아들의 사전 이해 정도를 확인하고 알고 있는 지식을 공유하고자 할 때, 교사는 유아를 대집단으로 모아 활동을 하게 된다. 소집단활동은 유아들의 활동 수행 수준의 개인차가 큰 활동이나 개별적 특성과 영유아의 창의적 욕구를 세세히 지원해야 하는 활동, 또는 전체 집단으로 하기에 안전에 문제가 될 수 있는 활동도 소집단으로 진행할 수 있다.

이 장에서는 대소집단활동의 효율적 운영 방법, 일과 소개 및 전이활동, 이야기 나누기, 문학, 게임의 지도 방법에 대해 학습한다.

1. 집단활동의 효율적 운영 방법

1) 집단활동의 계획

집단활동은 일반적으로 교사 주도 활동으로 생각하기가 쉽다. 교사가 준비한 내용과 방법대로 유아에게 전달하고, 유아는 수동적으로 듣고 교사의 질문에 답하거나 하라는 방식대로 실행하면 되는 것으로 인식되어 있다. 교사가 원하는 답이 유아에게서 나오면 "맞아요, 잘했어요."라고 반응하며, 원하는 답이 아닐 때에는 "그게 아니죠."라며 정답을 설명해 주고 "이제 알았나요?"라고 확인하는 등의 경우를 종종 보게 된다. 이러한 교수전략은 유아로 하여금 사고할 수 없게 하며, 유아에게는 그저 교사의 권위에 눌려 지겨움을 견뎌 내야 하는 시간이 되어 버릴 수 있다.

집단활동은 한 사람의 교사가 다수의 유아와 함께 의사소통 또는 문제를 해결해 보는 시간이다. 개별 놀이에서와 마찬가지로 집단활동에서도 교사는 유아의 다양한 의견을 듣고, 수용하고, 활동에 반영해야 한다. 또한 유아의 생각을 끌어내고, 그 생각들에 교사가 답하고 판단하는 교사-유아 간의 간단한 소통만이 아니라 유아의 생각과 의견을 다른 유아에게 되돌려 주어서 또래 간에 소통이 될 수 있도록 하는 일은 집단활동에서 매우 중요하다. 따라서 집단활동을 '어떻게 계획하고 진행할 것인가?'를 신중하게 고려하는 교사의 사전 준비가 구체적으로 이루어져야 한다. 집단활동의 계획은 다음과 같이 할 수 있다.

- 집단활동은 도입-전개-마무리의 단계로 진행되도록 계획한다.
- 활동의 각 단계에서 어떤 교재를 어떻게 제시하며, 어떤 내용을 다룰 것인지 구체적으로 계획한다.
- 교사가 계획한 집단활동에 관심이 없는 유아가 있다면 어떻게 참여를 유도할 것인지도 계획에 포함한다.

2) 대집단활동 운영 방법

대집단활동을 시작할 때에는 그 전 활동을 먼저 끝낸 유아가 2/3 정도가 준비

되면 교사가 자리를 잡고(2인 담임 체제일 경우에는 1/3 정도가 정리를 마치면 준비할 수 있음) 전체 유아를 한눈에 볼 수 있는 위치로 적당한 거리를 두고 앉는다. 아직 모여 앉지 않은 유아들을 기다리며 주의를 집중시키는 간단한 활동을 한다. 대집단 활동 운영 방법은 다음과 같다.

- 대집단활동을 위해 교사가 의자에 앉을 때에는 상체를 바로 펴고 두 무릎과 다리를 붙여 직각으로 세워 앉는다(다리가 벌어지면 불안정해 보이고 여교사의 경우 속옷이 보일 수 있다.).
- 교사가 전체 활동을 주도하되, 유아의 반응을 관찰하여 적절한 발문을 한다. 교사의 일방적인 전달이나 주입하는 시간이 되지 않도록 한다.
- 교사가 준비한 활동일지라도 당일 유아의 관심이나 상황에 따라 계획을 바꾸거나 길게 또는 짧게 할 수 있으며, 중단된 활동은 오후 시간 또는 다음 날에 다시 계획한다.
- 유아의 적극적인 참여를 위해 다양한 시청각 자료를 활용한다.
- 활동이 끝나면 다음 활동에 대해 간단명료하게 소개해 주어(예: "끝나면 화장실에 갔다가 바깥놀이 나갈 거야. 화장실에 다녀온 친구들은 입구에서 줄을 서자.") 자연스럽게 활동이 전이될 수 있도록 한다.
- 대집단활동을 끝내고 공간을 이동하거나 다른 활동을 위해 이동할 때 한꺼번에 보내면 혼잡하므로 시간차를 두고 보내도록 한다. 예를 들어, "내 옷에는 △△색이 있어요 하는 친구들은 화장실에 갔다가 간식 먹을 준비하자." 또는 가족 주제에 관한 집단활동을 한 후에는 "우리 집에는 할아버지가 계세요. 하는 친구 먼저 가자." 등 주제와 연관된 내용으로 이동시킬 수 있다. 이러한 전략들은 유아로 하여금 분류하고 집합을 만드는 수학 내용의 경험을 제공한다.

대소집단으로 진행할 수 있는 활동은 일과 소개, 놀이 소개, 토의하기, 이야기 나누기, 문학활동(동화, 동시, 동극, 동요), 음악활동(노래 부르기, 음악 감상, 악기 연주), 게임, 신체표현, 과학(실험 및 관찰, 요리), 견학 등이 있다.

2. 일과 소개 및 전이활동 지도

1) 일과 소개

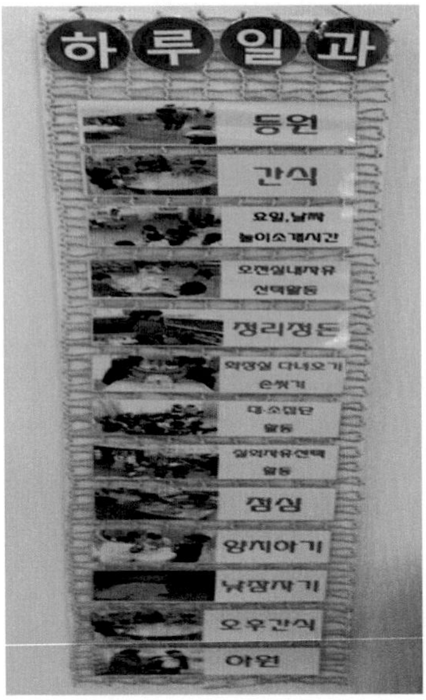

그림 10-1 ◆ **일과진행표의 예**

'하루 일과에 대한 소개'는 매일 반복되는 활동으로서 등원 후 집단으로 모이는 첫 번째 집단활동이라고 할 수 있다. 하루 일과 계획하기와 평가하기, 날짜와 날씨 알아보기, 출석 · 결석 알아보기 등의 내용으로 이루어질 수 있다.

일과를 소개하는 시간은 하루 일과 구성이 어떻게 되느냐에 따라 달라질 수 있다. 등원 후 곧바로 대집단활동이 시작된다면 그 활동을 시작하기 전에 일과를 소개할 수 있고, 등원 후 실내외 자유선택활동을 한다면 그 시간 전에 모여 일과를 소개하면서 각 흥미 영역에서 어떤 놀이를 할 것인지 놀이 소개도 함께 이루어질 수 있다. 일과를 소개하기 위해 교사는 오늘의 일과진행표, 달력, 유아 명단, 시계 등을 준비하여 대집단활동 형태로 앉는다.

하루 일과를 소개하는 모습

큰 숫자가 있는 달력

유아의 이름판

그림 10-2 ◆ **일과 소개를 하는 교사의 모습과 교사의 준비물**

2) 전이활동

전이활동은 하루 일과 운영에서 반드시 해야 하는 것은 아니지만, 유아들을 부득이하게 기다리게 해야 할 상황일 때 잠시 모여서 손유희를 하거나 노래 부르기, 유아들이 함께 지은 동시나 배웠던 동시 읊기, 이야기가 있음직한 그림 카드를 순서대로 놓아 보고 이야기 꾸미기, 전체 그림 안에 숨어 있는 작은 그림 찾기, 숫자놀이, 말 전달 놀이, 수수께끼 등 조용히 앉아서 할 수 있는 활동을 한다. 전이를 위한 시간이나 주의집중을 위한 활동은 아주 짧은 시간이라도 주제와 유아의 흥미와 연관되도록 상황에 따라 다양하게 변형해서 활용할 수 있다. 그러나 전이 시간을 너무 길게 해서 본 활동을 해야 할 때 집중이 되지 않는 등 주객이 전도되어서는 안 된다(류진희, 2000). 유아의 전이를 위한 활동을 몇 가지 제시하면 다음과 같다.

(1) 손유희

손유희는 집단활동을 시작하기 위해 모여 앉거나 주의를 집중시켜야 할 때 주로 사용한다. 손유희를 선택할 때에는 연령 수준에 적절한 것으로, 주제와 통합될 때 주제에 대한 동기부여가 되고 유아의 집중을 용이하게 한다. 그러나 반드시 주제와 통합되지 않더라도 손과 손가락을 이용한 다양한 손유희로 유아의 흥미와 관심을 끌 수 있다. 손유희가 끝나면 "재미있었어요?"와 같이 느낌을 묻거나 머뭇거리지 말고 곧바로 하고자 하는 내용으로 들어가야 주의를 집중시킬 수 있다.

(2) 악기나 손뼉 치기를 활용한 전이

주의집중이 요구되거나 다음 활동을 위해 준비 또는 전이활동으로 악기를 이용하거나 박수치기를 하며 리듬 만들기, 노래 듣기 등의 놀이를 해 볼 수 있다.

① 악기 소리 듣고 지시대로 하기

교사가 악기 중 하나를 준비하여 앉거나 필요한 대형으로 서서 유아와 먼저 약속을 정한다. 예를 들면, 리듬막대를 한 번 치면 손 머리에 얹기, 두 번 치면 귀 잡기 또는 한 번 치면 양손 들기, 두 번 치면 앉기, 세 번 치면 엎드리기 등 큰 동작활동을 할 수 있다.

② 손뼉 치며 새 노래 듣기

당일 또는 다음 날 배울 새 노래를 교사가 직접 들려 주며 특정 노랫말이 나오는 곳에서 박수치기 또는 동기(2마디)나 작은 악절(4마디)마다 박수치기 등 새롭게 배울 노랫말과 리듬을 미리 접하게 하면서 자연스럽게 노래를 배우며 주의집중을 돕거나 전이시간을 가질 수 있다. 예를 들면, "선생님이 노래를 부르면서 박수를 칠 거야. 어떤 노랫말이 나올 때 박수를 쳤는지 노래가 끝나면 맞추기로 하자."(이때 반복되는 노랫말이 있는 노래를 선택하도록 한다.) 또는 "선생님이 노래를 부르며 손뼉을 칠 거야. 노래가 끝날 때까지 몇 번을 쳤는지 맞추기로 하자."라고 한다. 활동을 할 때 연령을 고려하여 손뼉의 횟수를 조절한다. 맞다/틀리다로 평가하기보다는 비록 바른 답을 했다 하더라도 "정말? 맞는지 우리 다시 한 번 세어 볼까?"라며 똑같은 부분에서 손뼉을 쳐 주며 반복해서 활동해 본다. 이러한 방법은 유아가 집중하여 듣게 하므로 노랫말을 정확하게 인지하고 리듬을 익히는 데 도움이 된다.

③ 신체로 리듬 만들기 놀이

주 중에 배운 노래 또는 익숙한 노래를 부르며 각 집단별로 원하는 리듬을 만들고 노래에 따라 리듬치기를 해 본다. 처음에는 간단히 2박자, 1박자, 1/2박자 박수놀이로 하다가 익숙해지면 손뼉뿐만 아니라 발바닥 치기, 무릎 치기 등을 혼합해서 리듬 만들기를 한다. 각자의 리듬이 익숙해지면 교사의 지휘 하에 리듬합주를 해본다. "우리 다같이 노래 부르면서 자기 팀의 리듬을 치기로 하자. 노래는 같이 부르고 리듬은 선생님이 가리키는 팀만 치기로 하자. 선생님이 양손을 들면 모두 자기 팀의 리듬을 치는 거야."라고 제안한다.

(3) 관찰력, 기억력, 몸짓 게임을 활용한 전이

집중과 전이를 돕기 위해 유아의 관찰력을 이용한 게임, 기억력 게임, 몸짓(제스처)을 보고 알아맞히는 게임 등을 할 수 있다.

◆ 관찰력, 기억력, 몸짓 게임의 예

- 먼저 상황을 관찰하게 한 뒤 눈을 감았다가 뜬 후 달라진 것, 없어진 것 찾기
  - 달라진 것 알아맞히기(머리 풀기, 시계 풀기, 실내화 바꾸어 신기 등)
  - 없어진 것 알아내기(융판자료나 실물을 4~6개 정도 제시한 후 없어진 것 찾기)
  - 자리 바꾸기(과일, 악기, 미술용품 등을 일렬로 늘어놓은 후 바꾸었다가 제자리로 놓기)
- 친구가 될 수 없는 것 찾아내기(다른 속성을 찾게 함)
- 부분 보고 전체 알아맞히기(문을 한 개씩 열어서 무슨 그림인지 맞히기)
- 많은 사람이나 사물, 동물이 나오는 그림을 1분 정도 보여 준 후 종류와 개수 기억하기
- 몸짓(제스처) 게임
  - 어떤 특징적인 행동을 하면 그 동작이 의도하는 것을 맞히기(예: 교사가 그릇에 담긴 국수를 먹는 동작을 하면 유아가 알아맞히기).

(4) 말놀이를 통한 전이

- 유아의 수준에 적합한 수수께끼를 내고 맞히는 놀이를 한다. 이때 문제를 내는 중에 서둘러 말하려고 하면, "끝까지 듣고 이것은 무엇일까요? 하면 맞히기로 하자."라고 말해 준다. 교사가 문제를 낼 때 목소리의 높낮이, 말의 빠르고 느림, 교사의 표정 등으로 흥미를 유발시키면 더 효과적이다.
- 특정한 글자로 시작되는 단어 찾기 놀이를 한다(예: 가-가방, 가위, 가마). 5세 정도면 끝말잇기 놀이도 가능하다.
- 유아에게 익숙한 내용을 중심으로 '소문놀이'를 한다. 예를 들어, 앉은 위치에서 유아의 수에 따라 두 팀 또는 세 팀으로 나누어(팀별 숫자가 많지 않도록) "어제 친구와 마트에 갔대."라는 문장을 교사가 맨 앞 유아에게 귓속말로 해 주고 다음 유아에게 귓속말로 전달하도록 한다. 그렇게 맨 끝 유아에게까지 전달되면 마지막 유아가 나와 전달받은 문장을 말한다. 말을 정확하게 듣고 전달해야 하는 중요성을 경험할 수 있다.
- 유아들이 소란스럽고 집중이 되지 않을 때 교사 목소리의 높낮이, 느리고 빠르기로도 집중을 도울 수 있다. 예를 들어, 유아들이 시끌시끌한 분위기일 때, 교사가 자세를 낮추어 단호하고 긴장한 표정으로 유아들을 둘러보며 뭔가를

매우 작은 목소리로 이야기를 한다. 이때 무슨 뜻인지를 유아가 알아듣고 듣지 못하고는 개의치 않아도 된다. 그러다 갑자기 큰 목소리로 이야기를 시작하면 유아들은 호기심 어린 모습으로 집중을 하게 된다. 유아들이 큰 소리로 떠든다고 교사가 큰 목소리를 내면 유아들은 더 큰 소리로 떠들게 된다.

3. 이야기 나누기 지도

1) 이야기 나누기 내용

이야기 나누기는 한 사람의 교사와 다수의 유아가 서로 이야기를 주고받으며 남의 이야기를 조용히 듣는 태도를 기르고, 자신의 생각을 이야기하는 등 언어 능력을 기르는 시간이 된다. 이야기 나누기 시간에 다룰 수 있는 내용으로는 주제와 관련된 내용, 규칙 등에 대한 토의, 새 소식 및 주말에 지낸 경험 발표하기, 다른 시간 또는 가정에서 활동한 자신의 작품 소개하기, 주제에 따른 이야기 나누기 등이 있다. 이러한 시간을 통해 다양한 지식을 습득하고 문제해결의 기회를 갖게 된다.

이 외에도 일과 운영 상황에 따라 일과 소개, 놀이 소개, 일과 평가 등이 포함될 수 있고, 게임이나 동극활동 등을 하기 전에 활동을 안내하고 계획 및 평가하기도 이야기 나누기의 형태로 할 수 있다.

2) 이야기 나누기 지도 방법

하루 일과 중 이야기 나누기 시간을 언제 가질 것인지, 어떤 집단의 형태로 할 것인지, 또는 주 중에 매일 할 것인지, 아니면 주 몇 회를 할 것인지는 각 기관의 일과 운영의 상황이나 이야기 나누기의 내용, 활동의 종류에 따라 달라질 수 있다. 즉, 새로운 주제를 처음 시작하거나 당일 주제와 관련하여 정보를 공유할 필요가 있는 경우에는 등원 직후 이야기 나누기를 할 수 있다. 또한 놀이 영역의 규칙 정하기, 작품 소개 등에 대한 이야기를 나누어야 할 때에는 자유선택활동이 끝난 후 놀이에 대한 평가와 더불어 진행할 수 있다. 활동에 따라 소집단으로 이야기 나누기를 할 수도 있다([그림 10-3] 참조).

자연사 박물관 구성하기 중 '초식공룡 전시관을 만들려면 무엇이 필요할까?'에 대해 이야기 나누는 모습

유아 1: 어… 울타리, 또 초식공룡이 먹을 수 있는 풀과 나무가 있어야 해.
유아 2: 그리고 목마르니까 물도 있어야지.
유아 3: 그런데 울타리는 어떻게 만들지?
교사: 어떤 재료를 사용하면 튼튼한 울타리를 만들 수 있을까?

그림 10-3 ◆ **자유선택활동 중 소집단 형태로 이야기 나누기를 하는 모습**

- 이야기 나누기는 매일 해야 하는 것은 아니며, 유아의 연령과 시기, 내용, 주의집중 시간에 따라 5~25분 정도로 계획하여 유아가 흥미를 잃기 전에 끝마친다.
- 교사는 활동의 도입-전개-마무리 과정의 내용을 머릿속에 잘 정리해 두고 있되, 교사의 계획대로만 진행하기보다는 유아들의 요구나 흥미에 따라 융통성 있게 진행한다. 예를 들면, 교사가 계획한 활동을 전개해 가는 과정 중에 유아가 창밖에 비가 오는 것을 보고, "와, 선생님! 비가 많이 와요." 하자 다른 유아들이 창가로 다가가 "비가 진짜 많이 와요." 한다. 이때 교사는 자신이 계획한 것에 매달려 유아를 강제로 앉게 하거나 통제하지 않고, "와, 정말 비가 많이 오네. 우리 빗소리를 들어보자."라고 할 수 있다. 충분히 탐색한 후 "우리 비가 되어서 자기 자리로 돌아가 볼까?" 하며 유아의 관심을 수용해 주고 교사가 계획한 활동으로 다시 돌아오게 한다. 그럼에도 유아들이 교사가 계획한 활동을 원치 않는다면 교사는 자신의 계획을 다음으로 미루고 유아들의 관심에 따라 활동을 이어 간다.
- 유아들을 'ㄷ' 자형이나 반원 형태로 자리에 앉도록 한다. 이때 교사의 옆모습만 보게 되거나 앞 친구에게 가려지지 않도록 하며, 유아 수가 많으면 뒷줄은 의자에 앉도록 한다.
- 모여 앉는 위치는 교사가 문 또는 해를 바라보고 앉는다(유아들이 문을 보면 산만할 수 있고, 창문을 보면 눈이 부시게 되므로 유의한다.).

활동의 도입, 전개, 마무리란?

- 도입: 활동에 적절한 자료를 소개하거나 주제와 관련된 손유희, 수수께끼 등 주의를 집중시키는 내용으로 주제에 대해 동기를 유발하는 단계
- 전개: 다루고자 하는 내용의 핵심을 펴 나가는 단계
- 마무리: 활동을 통하여 알게 된 것, 발견한 것 등을 간단히 정리 · 검토해 보고 다음 활동과 연결하는 단계

- 자료를 제시하기 위해 융판 또는 이젤을 사용할 때에는 교사의 오른쪽에 둔다.

이야기 나누기, 새 노래 지도, 게임 등의 활동 시 자료를 제시하기 위해 융판을 사용할 때, 융판을 교사의 오른편에 두고 자료를 바깥에서 안쪽으로 붙여 나가면 교사의 팔이 게시물을 가리거나 교사의 등이 유아에게 향하는 것을 방지할 수 있어 좋다.

그림 10-4 ◆ **이야기 나누기 시 교사의 앉는 자세와 이젤의 위치**

- '맞았니? 틀렸니?'와 같은 양자 택일성 질문은 가능한 한 피한다. "○○는 그렇게 생각하는구나." 또는 "그럴 수도 있겠구나." 등으로 반응해 주되, 정답을 요하는 질문에 유아가 틀린 답을 했다면, "우리 그것에 대해 어떻게 알아볼 수 있을까?" 등으로 유아 스스로 답을 찾아볼 수 있도록 할 수 있다.
- 교사 자신도 모르게 어려운 용어를 사용했을 때에는 당황하지 말고 자연스럽게 쉽게 풀어서 다시 한 번 설명해 준다. 예를 들면, 3세의 '교통표지판 알기' 활동 시 교사가 "이 표지판은 U턴 하라는 거야. U턴은 다시 돌아가는 거야."라고 말해 준다.
- 사람을 가리킬 때에는 비록 어린 유아라 할지라도 손가락으로 지적하지 않고

다섯 손가락을 붙인 채 손을 펴서 정중하게 가리키도록 한다(류진희, 2000).

- 유아와 이야기를 나눌 때에는 답을 잘하는 유아를 주로 바라보게 되는데, 항상 시선을 골고루 주면서 전체를 이끌어야 한다. 교사의 시선을 받지 못하는 유아는 선생님이 자신을 좋아하지 않는 것으로 여기며 산만해지기 쉽다(이정환, 1999).
- 많은 유아가 동시에 손을 들고 발표를 하고자 하면 모든 유아에게 참여의 기회를 준다. 예를 들면, 처음 몇몇 유아의 의견을 듣고 보니 같은 생각을 하고 있는 유아가 많다고 느낄 때 교사는 먼저 발표한 유아의 의견을 되풀이해 주며, "이렇다고 생각하는 친구 손들어 보자."라고 한다. 손 든 유아들의 이름을 하나하나 불러준 후 "○○, △△, □□도 이렇게 생각하는구나." 하며 손을 내리자고 한다. 그런 후 "다르게 생각하는 친구가 있으면 말해 보자."라고 하여 짧은 시간에 모든 유아가 소외되지 않고 참여했다는 느낌을 가질 수 있도록 한다.
- 상황에 따라 다르기는 하지만 대체로 아는 것이 많고 대답을 잘하는 유아에게는 기회를 나중에 주고(먼저 대답을 다해 버리면 다른 유아가 이야기할 것이 없으므로), 누구나 대답할 수 있는 쉬운 질문은 소극적이면서 다소 발달이 늦은 유아에게 대답할 기회를 주어 자신감을 갖도록 배려한다.
- 유아의 돌발적인 반응이나 이야기도 무시하지 않고 인정하고 넘어가는 수용적인 태도를 보인다.
- 이야기 나누기에 사용했던 자료들(예: 실물, 그림, 사진)을 종류에 따라 자유선택활동 시간에 개별적으로 재구성해 볼 수 있도록 제시해 준다.

표 10-1 ◆ 이야기 나누기 활동의 실제

활동명: 여러 가지 소리			
주 제	환경과 생활	소주제	소리와 우리 생활
활동목표	우리 주변에는 여러 가지 소리가 있음을 안다.	대상 연령	3세
활동자료	여러 가지 소리가 녹음된 테이프, 녹음기, 상황 카드, 유아들이 만든 스마일 카드 2장씩, 녹음 자료		

활동방법

[도입]

1. 모두 눈을 감게 한 후 어떤 소리가 나는지 귀 기울여 보도록 한다.
   - 지금 어떤 소리가 들리니?
   - (새 소리, 자동차 소리, 전화벨 소리 등) 그래, 우리 주변에서 나는 소리가 참 많구나.

[전개]

2. 유아들이 녹음된 소리를 들으며 어떤 소리인지 말해 본다.
   - 그럼 지금부터 선생님이 녹음해 온 테이프를 들어 보자. 잘 듣고 어떤 소리가 나는지 말해 보자.

3. 각각의 소리가 어떤 느낌이 드는지 이야기 나눈다(싫은 소리, 좋은 소리 등).
   - 소리를 듣고 좋은 소리일 때에는 웃는 모습의 카드를 들어 보자.
   - 싫은 소리일 때에는 어떻게 할까?

4. 여러 가지 소리를 들려준다.
   (새 소리, 외치는 소리, 경찰차 · 개구리 · 아기 · 앰블런스 · 화장실 물 내리는 소리 등)
   - 듣기가 좋은 소리니? 싫은 소리니? 카드로 들어 보자.
   (유아들이 소리를 듣고 그 느낌을 자신들이 만든 스마일 카드를 들어서 나타내도록 한다.)

[마무리]

5. 오늘은 여러 가지 소리를 들어보고 싫은 소리, 좋은 소리가 있는 것을 알아봤어요. 주변에서 어떤 소리들이 들리는지 또 다른 소리들도 찾아보기로 해요.

추후활동: 유아들이 실제로 주변에서 나는 소리들을 녹음해서 들어 본다.

4. 문학활동 지도

유아문학의 종류를 분류하는 방법은 어떠한 관점에서 보느냐에 따라 달라질 수 있으나, 유아문학만이 지니는 특수성을 고려해 볼 때 동화, 동극, 동시, 동요로 분류할 수 있다. 문학활동을 통해 예술적 심미감, 상상력, 언어 발달, 자기를 잘 표현하는 능력, 도덕심, 사고력 및 창의력을 기를 수 있다.

1) 동화

교사는 동화의 내용을 가장 효과적으로 전달할 수 있는 매체를 선정하여 유아가 동화의 내용을 잘 이해할 수 있도록 도와야 한다. 동화를 제시하는 방법으로는 구연동화, 그림동화(평면, 반입체), 융판동화, 앞치마 동화, 자석동화, 손인형 동화, 손가락인형 동화, 줄인형 동화, 막대동화, 그림자 동화, 테이블 동화, TV 동화, 블랙라이트 동화, 슬라이드 동화, OHP(투시물 환등기) 동화, 실물 화상기 또는 프로젝트를 이용한 동화 등이 있다(이정환, 1999).

5세 유아들이 직접 제작한 <아기돼지 삼형제> OHP 동화를 조작하며 들려주고 있다. OHP 동화로는 기본 등장인물 위에 오버랩하여 들려줄 수 있는 소재의 동화가 효과적이다.

그림 10-5 ◆ **OHP 동화를 조작하며 들려주고 있는 유아의 모습**

어떤 매체를 활용한 동화를 제작하고 들려줄 것인지를 선택할 때, 교사는 그 매체의 장점을 최대한 활용할 수 있는 동화인지를 고려해야 한다. 예를 들면, <아기돼지 삼형제>처럼 등장인물인 늑대나 아기돼지는 그대로 두고 집의 모양만 오버랩하여 들려주거나 『이솝우화』에 나오는 <개구리와 소>처럼 소의 배가 점점 커지는 장면을 오버랩 기법을 활용한 OHP 동화로 들려주면 최대한의 흥미와 효과를 끌어낼 수 있다. 또한 유아가 개별적으로 볼 수 있는 작은 그림책을 집단으로 들려주고자 한다면 실물 화상기를 활용하여 들려주는 것이 효과적이다. 융판동화나 테이블동화를 들려줄 때에는 융판이나 테이블의 모든 공간을 골고루 사용할 수 있도록 동화의 크기를 조절하여 제시한다.

동화를 들려줄 때에는 교사가 "재미있는 동화를 들려줄게."라는 말로 지나친 기대감을 갖지 않도록 하며, 다 들려준 후에도 "재미있었니?" "그래서……." 하는 식의 교훈적인 결론을 교사가 내려 주거나 요구하지 않도록 한다(류진희, 2000).

(1) 구연동화

구연동화는 매체의 도움 없이 교사가 목소리, 표정, 몸짓 등으로 이야기를 전달하는 방식이다. 영유아가 집중할 만한 시청각 자료가 없으므로 자칫 주의가 산만해질 수 있다. 그러나 매체가 있는 다른 동화들과는 달리 영유아가 나름의 무한한 상상을 펼칠 수 있고, 동화를 들려주는 성인과 좀 더 가까이 호흡할 수 있다는 점에서 좋은 전달 방식이다.

구연동화는 개별적으로 들려줄 때에는 매우 높은 가치가 있으나 집단으로 들려줄 때에는 교사의 능력과 준비가 필요하다. 동화의 내용을 사전에 기억하고 여러 번의 연습을 통해 표정, 목소리의 굵기, 높낮이 등을 조절할 수 있어야 한다.

- 구연동화는 이야기만 들어도 영유아가 충분히 상상할 수 있고 내용과 구조가 간단한 동화를 선택한다.
- 반복적이고 운율이 있는 대화체와 의성어, 의태어가 많은 동화라면 더 좋다.
- 영유아들은 대집단 또는 소집단으로 원 형태로 앉거나 교사 주변으로 모여 앉아서 들을 수 있다. 이때 교사는 영유아의 시선을 가리지 않는 장소의 바닥이나 의자에 앉는다.
- 구연 시 영유아와 가까이서 눈을 마주치며 흥미롭게 듣는지 아니면 지루해하며 듣고 있는지 전체를 살핀다.
- 교사는 목소리의 높낮이를 조절하거나 말을 느리게 또는 빠르게 변화를 주면서 명확한 언어를 사용한다.
- 구연은 반드시 교사만 하는 것이 아니므로 부모나 가족의 목소리로 녹음한 것

을 유아가 조작하며 들을 수 있도록 제공해 줄 수 있다. 익숙한 가족의 목소리뿐만 아니라 유아 자신의 목소리를 들을 수 있기 때문에 친근감과 애착을 갖고 즐겨 들을 수 있다.

(2) 그림동화

3세에게는 다양한 장르의 책을 골고루 경험하도록 하되, 등장인물의 수가 비교적 적고, 이야기가 단순한 내용을 선정하여 대화 중심으로 들려주는 것이 좋다. 4세가 되면 이야기의 줄거리, 사건의 원인과 결과에 대해 관심을 가지게 된다. 5세는 4세에 비해 길이가 다소 길고 내용이 많은 책을 읽을 수 있으며, 동화를 읽은 후 사후활동을 진행하는 것도 가능하다. 대집단활동으로 동화를 들려줄 때의 지도 방법은 다음과 같다.

① 도입: 등장인물이나 동화 속의 배경, 사건 등을 유아들의 경험과 관련시켜 퀴즈를 내거나 동작을 보고 알아맞히기 등의 동기를 부여한다. 도입 과정이 길어지지 않도록(흥미가 저하될 수 있음) 짧고 간단히 소개한다. 동기부여를 하지 않아도 되는 경우에는 짧게 제목만 말해 준다.

② 전개

- 동화의 제목과 지은이를 소개한다. 이때 연령이 낮은 경우에는 제목을 손으로 짚어 가며 읽어 주면 말과 글이 연결되는 것을 이해하는 데 도움이 된다. 동화의 내용에 따라 제목을 교사가 읽어 주기 전에 표지의 그림만 보고 어떤 이야기가 있을지 유아들이 내용을 유추해 보게 한 후 제목을 읽어 줄 수 있다.
- 유아들의 반응을 살피며 동화를 처음부터 끝까지 들려준다.
- 동화를 들려주는 중에는 질문을 받지 않는다. 질문을 하는 유아가 있으면 표정, 몸짓 등 비언어적인 신호로 잠시 기다리게 한다. 도중에 질문을 받으면 동화 내용에 대한 느낌이나 이야기의 연결을 방해할 수 있다.

③ 마무리: "어때? 재미있어?" 등의 질문은 가급적 피하도록 한다. 각자 스스로 느끼고 상상한 것을 간직하도록 하되, 동화 내용을 회상하는 시간을 가질 수는 있다(그림만 보고 유아들이 동화를 회상해 보기).

④ 추후활동: 모든 동화를 듣고 사후활동을 하는 것은 아니지만, 5세 유아의 경우에는 동화를 듣는 과정에서 궁금하거나 의문이 생기는 것, 흥미 있는 상황 등을 사후활동으로 연계할 수 있다.

집단의 크기가 20~30명 정도이면 동화 자료의 크기가 4절 정도는 되도록 한다. 그림동화를 조작하는 몇 가지 방법을 제시하면 다음과 같다(류진희, 2000).

- 그림동화를 들려줄 때에는 모든 그림을 두 손으로 잡고 유아들에게 그림이 잘 보일 수 있도록 무릎 위에 안정되게 올려놓는다. 유아의 수가 많을 경우, 뒤 또는 옆에 앉은 유아가 잘 볼 수 있도록 교사의 무릎 위에 바구니나 상자를 놓고 그 위에 자료를 제시하며, 무릎을 오른쪽, 왼쪽으로 아주 천천히 움직여 주어 옆에 앉은 유아의 자세가 흐트러지지 않고 동화의 그림을 볼 수 있도록 배려한다. 단, 동화의 높이를 조정할 때 교사의 얼굴이 가려지지 않는 높이로 한다.
- 그림동화의 장면을 넘길 때 두 장면의 그림이 이어지는 느낌이 들도록 해당 장면을 오른쪽으로 서서히 움직여서 교사가 잡고 있는 그림동화의 맨 뒤로 차곡차곡 넘긴다.
- 등장인물들을 조작하면서(움직이면서) 들려주는 동화일 때에는 교사가 앉은 의자의 왼쪽 옆에 동화를 뒤집어 차례대로 세워 놓고 한 장씩 무릎에 올려서 보여 준 후, 의자의 오른쪽 옆에 그림이 밖으로 보이게 세워서 차례로 내려놓는다. 이는 동화가 끝난 후 그림만 다시 보여 주기 위해서다.
- 교사가 동화 내용을 보기 위해 시선이 아래로 떨어지거나 그림이 기울어지지 않도록 유의해야 한다. 동화의 내용을 파악하기 쉽게 그림의 뒷면 윗부분에 동화의 내용을 복사해서 붙여 두면 편리하다.

2) 동시

동시는 짧은 글로, 시의 리듬과 운율을 통하여 유아의 감성과 언어를 더 풍부하게 할 수 있는 매체다. 동시활동으로는 교사가 동시를 낭송해 주기, 유아와 교사가 함께 동시를 낭송해 보기, 유아들끼리 동시 짓기가 있다.

(1) 동시 낭송해 주기

- 동시를 선택할 때에는 살아 있는 모습을 느낄 수 있는 의성어, 의태어가 있는 시, 운율과 리듬이 반복되는 시가 좋다.
- 동시 자료로는 그림, 동물 및 사물의 모형, 입체물 등 동시의 내용이 드러날 수 있는 다양한 형태로 제시해 준다.

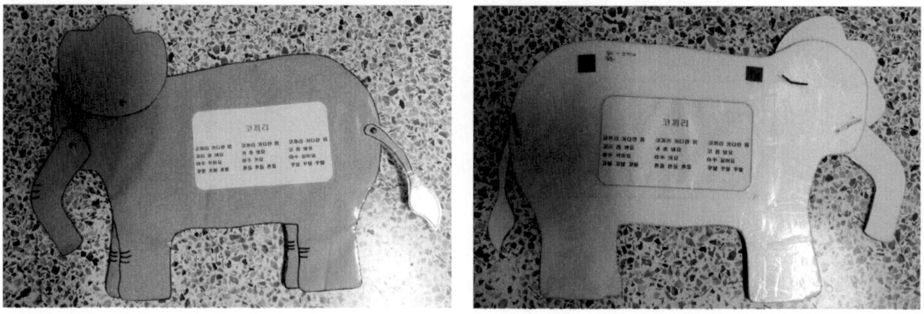

<앞면> <뒷면>

동시 내용에 따라 움직일 수 있도록 코, 귀, 꼬리에 Y핀을 이용하여 제작하고, 교사가 조작하며 들려주기 쉽게 동시 내용을 뒷면에 한번 더 붙여 둔다.

그림 10-6 ◆ **코끼리 동시를 코끼리 모형에 제시한 예**

- 적절한 음악을 준비하여 배경음악으로 틀어 주면 동시를 읊을 때 시적인 분위기를 조성할 수 있다.
- 동시를 들려줄 때, 교사는 허리를 펴고 바르게 앉아 모든 유아의 시야를 가리지 않도록 자료의 높이를 조정하여 제시한다. 동시 자료가 그림일 때에는 게시판 또는 융판에 제시하고, 교사가 조작하는 매체이면 전체 유아가 잘 보이도록 무릎 위에 얹어 조작하기 쉽게 잡는다.
- 동시를 한 번 들려주고 치우지 말고 언어 영역에 제시하여 개별적으로 읊어보게 하거나 다른 집단활동 시간에 주의집중을 돕는 활동으로 이용하면서 차츰 익히도록 한다.

◆ 동시 낭송의 예

주의가 집중되면 전체 유아를 두루 바라보며 내용에 맞게 목소리의 높낮이, 빠르기를 조절해 가며 읊어 준다(과장된 표현은 하지 않도록 주의한다. 왜냐하면 유아들이 내용보다는 교사의 모습에 집중해 버릴 수 있기 때문이다.).

- 동시 제목, 저자, 내용을 처음부터 끝까지 전체로 들려준다.
- 들은 후 느낌과 내용에 대해 이야기 나눈다.
- 동시의 형식에 따라 다양한 방법으로 유아와 함께 읊어 본다(류진희, 2000).
  - 대화 형태의 동시라면 교사가 질문하고 유아가 대답하는 형태로 읊어 볼 수 있다.
    예) 뭐가 뭐가 빨갛나? (질문) 고추밭에 고추가 빨갛게 익었지. (대답)
  - 질문과 대답의 역할을 바꿔서 읊어 보고, 유아들끼리 역할을 바꿔서 읊어 본다.
  - 반복구가 있는 동시나 동요는 처음에는 비교적 쉽게 반복되는 부분만 유아가 읊어 보고 뒤에는 역할을 바꿔서 읊어 본다.
- 처음부터 끝까지 교사와 유아가 함께 읊어 보고, 마지막은 교사가 전체를 읊어 준다.
- 한 번에 익히도록 하지 말고 언어 영역에 제시해 주어 개별적으로 읽어 보거나 또는 다음 활동 시 활용한다.

(2) 동시 짓기

그림 10-7 ◆ **시화의 예**

동시 짓기는 유아들과 교사가 함께 집단 형태에서 동시 짓기, 유아 개별로 동시 짓기 활동을 할 수 있다. 주제에 대한 내용을 다루면서, 동화 또는 동시를 듣고, 현장 학습 후, 프로젝트 활동 중 등 다양한 상황에서 동시를 지어 볼 수 있다. 예를 들면, 딸기밭에 가서 딸기를 따서 먹어 본 경험에 대해 이야기 나누면서 교사가 "딸기밭에 갈 때 우리는 무엇을 준비해 갔더라?" "딸기밭에 갔더니 어땠어?" "그리고 우리는 무엇을 했더라?" 등을 질문하고, 유아들이 답한 말 그대로를 교사가 종이 또는 게시판에 적는다. 가급적 딸기밭을 가기 위해 준비하면서 느꼈던 점, 가면서 기분이 좋아 또는 신이 나서 으쓱으쓱 했던 점 등을 의태어, 의성어를 넣어 가며 말해 볼 수 있도록 안내한다. 교사가 쓴 것을 유아들과 함께 읽어 본다. 그런 다음 교사가 쓴 내용을 유아들이 직접 옮겨 쓰고 제목을 정하여 완성한다. 예를 들면, "너희가 말한 것을 선생님이 적었어. 우리 이것의 제목을 지어 볼까? 그리고 지은이도 써 주자."와 같이 말하고, 다 쓴 것에 유아들이 함께 내용을 나타내는 그림(시화)을 그려서 활동실 벽면에 게시한다.

또한 특별한 날 주제를 중심으로 유아 개별활동으로 동시를 지어 볼 수 있다. 어버이날 부모님께 감사의 글을 시처럼 쓰기 등의 동시 짓기를 할 수 있다.

<표 10-2>는 '바다'에 대한 주제를 전개하면서 바다에 놀러 갔던 가족사진을 감상하며 동시 짓기를 하고 시화로 연계한 활동의 실제다.

표 10-2 ◆ 동시 짓기와 시화 그리기 활동의 실제

활동명: 바다에 놀러 간 가족사진을 감상하고 동시 짓기-시화			
주 제	나와 가족	소주제	행복한 우리 집
활동목표	• 이미지 사진을 보고 느낀 점을 글짓기 할 수 있다. • 이야기에 맞는 그림을 그리거나 꾸며서 시화로 만들 수 있다.	대상 연령	5세
활동자료	바다를 배경으로 한 가족사진 또는 그림 3~4컷 정도		
활동방법			

[도입]
전에 배웠던 '즐거운 여름' 노래를 부르며 주의 집중을 돕는다.

[전개]
1. 사진 또는 그림을 감상하며 그림 속 사람들이 하고 있는 일을 이야기 나눈다.
유아들이 하는 이야기를 교사가 종이에 써 준다.
- (하나의 자료를 제시하며) 그림 속에서는 어떤 일이 일어나고 있지?
- (또 다른 자료를 제시하며) 사람들이 무엇을 하고 있니?
- 사람들은 어떤 기분일까?
- (사진에서 특정 사람을 가리키며) 이 사람은 왜 이렇게 앉아 있을까?

2. 유아들이 한 이야기를 이젤 또는 큰 종이에 유아가 볼 수 있도록 교사가 쓴다.
- 너희가 말한 것을 선생님이 이 종이에 써 줄게.

3. 유아들이 그림(사진)에서 읽어 낸 이미지에 대한 내용을 모아 문장이 되도록 재구성한다.
- (유아들이 말한 것을 짚으며) 어디서 뛰어내렸더니 이렇게 되었더라?
- 그렇구나, '다이빙대에서 풍덩!' 이렇게 쓰면 될까?

〈재구성하는 방법의 예시〉

- (작품을 보고 이야기한 내용을 회상하며) 다이빙대가 있었다. 그치?
- 다이빙대에서 뛰어내리면 물이 어떻게 되더라?("분수처럼 퍼져요." "풍덩 소리를 내요!" 등)
- '다이빙대에서 뛰었더니 풍덩 물소리가 났어요.' 이렇게 쓸까?
- 좀 더 짧은 문장으로 아름다운 느낌이 나도록 쓸 수 있을까?
- 뛰어내린 사람은 어떻게 되었지? ("물속으로 들어갔어요!")
- 그렇구나, 물속으로 쏘옥 들어갔네.
- 너희가 이렇게 논다면 어떤 기분일까?("신나요!" "재밌어요!")

4. 글이 완성되면, 제목을 짓고 지은이를 쓴다.
   - 무엇을 만들거나 글로 쓴 것, 그린 것 등 모든 것은 그것을 만든 사람의 이름을 쓰는 거란다. 글을 쓴 사람은 지은이 또는 저자라고 하거든. 우리가 쓴 글도 저자를 써 보자.
   - 우리는 모두 함께 지었는데 지은이를 어떻게 써야 할까?
   - 그래, 친구들이 함께 지었으니까 지은이는 'OO반 친구들'이라고 하자.

[마무리]

5. 재구성하여 완성된 동시를 유아와 교사가 함께 읊어 보고, 그림을 그려 '시화' 활동을 해 보도록 안내한다.

〈재구성하여 완성한 동시의 예〉

와! 신나는 여름! 여름!

지은이: OO반 친구들
그　림: 그림을 그린 유아 개인의 이름

더운 여름날
우리 가족은
바다가 있는 공원으로 놀러 갔어요.
수영복을 갈아입고 수영했어요.
친구들과 함께 수영했어요.
튜브도 탔어요.
다이빙대에서 풍덩!
물속으로 쏘옥!
와! 신나는 여름! 여름!

[추후활동] '시'에 그림을 그리면 시화가 된다는 의미를 알고 그림을 그려 본다.
- 우리가 쓴 글을 더 돋보이게 하기 위해 아름답게 꾸며 주자.
- '시'에다 그림을 그린 것을 '시화'라고 한단다.
- 우리가 지은 동시에 그림을 그려 주자. 그러면 글자를 모르는 동생들은 그림을 보고 형들의 생각을 읽을 수도 있단다.

[참고]
1) 반 아이들이 함께 참여하여 '동시'를 지었다면 글을 쓰는 것이 가능한 유아의 경우에는 같은 내용을 각자의 스케치북이나 제시해 준 종이(세 가지 정도의 색이 있는)에 쓰고 다양한 그리기 도구로 내용에 일치하는 그림을 그려 보도록 한다. 내용에 일치하는 그림이 아니어도 강요하지 않도록 한다.
2) 글쓰기가 되지 않는 유아일 경우, 인쇄한 내용을 주고 그림을 그려 보도록 한다.

3) 동극

유아가 경험한 상황을 몸짓과 언어로 표현해 내는 것이 가작화, 즉 극놀이라면, 동화를 듣고 그 내용을 신체와 언어로 표현하는 것은 동극이라 한다. 3~4세의 유아는 자연스러운 극화활동에서 시작하여 좀 더 계획적이고 조직적인 동극활동을 하게 된다. 동극을 하기에 적합한 동화는 길이가 짧고, 반복하는 대화체이며, 신체로 표현하기에 쉽고 등장인물이 많아서 여러 명의 유아가 동시에 참여할 수 있는 것이 좋다. 동극활동은 진행 과정에서 유아들이 연기자, 관객, 연출자 중 한 가지 역할은 꼭 맡게 되기 때문에 모든 유아가 적극적인 참가자로서 다양한 학습을 하게 되므로 지도력, 협동심, 창의적 표현 능력, 정서적 배출구 제공, 다양한 소리 표현력, 문제해결력 등 언어, 사회, 인지, 신체, 정서 등의 모든 발달 영역을 경험할 수 있다는 장점이 있다(이정환, 1999).

(1) 동극의 준비 과정

- 동극을 하기 위해 동화를 들려줄 때에는 "동화를 듣고 동극을 할 거야."라고 유아들에게 미리 안내함으로써 하고 싶은 역할이나 잘할 수 있을 것 같은 역할을 생각해 보고 마음의 준비를 할 수 있도록 한다.
- 동화 내용을 회상해 보며, 등장인물은 누구인지, 동극에 필요한 의상 또는 소품, 무대가 있어야 함을 이야기 나눈다.
- 유아 각자가 원하는 역할을 정한다. 특정 역할을 하고 싶은 유아가 많을 경우에는 돌아가면서 역할을 해 볼 수 있다는 것을 말해 준다. 또는 조를 나누어 모든 유아가 참여해 볼 수 있도록 계획할 수 있다. 한 배역에 많은 유아가 몰릴 경우, 매력적이지 않은 배역부터 정하는 것도 한 방법이다.
- 역할이 정해지면 4, 5세의 경우 각각 맡은 역할끼리 만나 토의를 한다. 등장인

물을 맡은 유아는 의상, 소품을 무엇으로 어떻게 만들 것인지 의논한다. 무대를 구성할 유아는 무엇을 사용해서 어디에 어떻게 만들지 의논하고 역할을 분담한다. 이때 교사는 미리 필요한 재료들을 준비해 둔다.

- 준비가 끝난 후 곧 동극을 하거나 오후 시간 또는 다음 날 동극을 할 수 있다. 동화를 듣고 동극을 하기까지 하루에 이루어질 수도 있지만 2~3일에 걸쳐 이루어지기도 한다.

'동화 듣고 동극하기'까지의 과정

- 첫째날
  - 대집단활동으로 동화를 듣고 회상해 보기
  - 각각 맡고 싶은 역할 정하기
  - 맡은 역할별로 토의하기
  - 의상, 소품, 무대 구성 등 토의하기
  - 자유선택활동 시간에 자기 역할에 맞는 준비물 만들기(미술 영역: 각 인물들의 의상 준비, 쌓기놀이 영역: 무대에 필요한 소품 만들기, 역할 · 언어 영역: 극놀이 연습, 대사 연습 등)
- 둘째날
  - 동극을 하기 위한 무대 만들기
  - 교사와 함께 역할에 맞는 대사, 동극할 때의 시작 위치, 나가는 곳 등 연습하기
  - 동극하기

(2) 동극 시 유의점

- 교사는 한 명의 유아라도 참여에서 소외되지 않도록 세심하게 살펴보고 배려한다. 참여하고 싶어 하지 않는 유아가 있다면 관객의 역할을 하거나 스태프로 참여하도록 하며, 참여는 하고 싶으나 수줍어서 참여하기를 망설이는 유아는 여러 명이 함께 같은 동작을 하는 역할을 준다(예: <모자장수 아저씨>에서 원숭이 역할).
- 특정 역할을 많은 유아가 원할 때, 동극의 진행을 방해하지 않는 범위 내에서 배역의 수를 늘려서 진행할 수 있다.

- 교사가 동극을 해설할 때 또는 유아들의 대사가 많거나 길 때, 내용이 변하지 않는 선에서 줄이거나 동극의 재미를 위해서 동화의 내용을 약간 변형할 수 있다.
- 등장인물들은 관람하는 유아들에게 표정이 보이도록 앞을 보고 해야 한다는 것을 사전에 안내하여 관람석을 등지지 않도록 한다.
- 유아들이 공연을 계속하고 싶어 할 때, 끝내는 시점은 교사가 결정한다. 모든 유아가 한 번씩 참여했다면 동극을 마무리하는 것이 좋다. 재미있어 한다고 지나치게 반복하면 다음 동극에 대한 기대나 호기심이 반감될 수 있다. 더 하기를 원하더라도 극적 재미를 남겨 두어 다음 동극에 흥미가 이어질 수 있도록 한다.
- 동극 활동 후, 유아들의 흥미가 지속되면 실내 자유선택활동 시간에 자료를 제시해 주어 자유롭게 경험할 수 있도록 한다.

◆ 동극 진행 방법의 예

- 등장인물들이 무대 앞에 나와 한 명씩 자신의 역할을 소개("저는 ○○을 맡은 △△△입니다.")하고 준비하는 위치로 간다. 등장인물 소개 전에 무대나 소품을 준비한 스태프부터 소개한다.
- 동극의 시작을 알린다. "지금부터 ○○반 어린이들의 ○○○(동화 제목) 동극을 시작하겠습니다."

<팥죽할멈과 호랑이>로 동극을 하는 모습

- 4, 5세반의 경우, 유아가 안내 역할을 맡는다.
- 동극을 한다(해설은 교사가 한다. 5세반은 유아가 할 수 있다.).
- 동극이 끝나면 한 줄로 서서 관객에게 인사한 후 퇴장한다(짧은 시간에 많은 유아가 참여하게 되므로 한 명씩 하지 않고 동시에 한다.).
- 재미있었던 점, 조금 고쳤으면 하는 점, 동극하는 사람의 태도(정면 보기 등), 관람자의 태도 등을 평가한다.
- 배역을 바꾸어 다시 해 볼 수 있다(유아의 결정).
- 동극이 끝나면 동극에 사용했던 도구들을 유아들과 교사가 함께 정리한다.

출처: 김정연(2008)에서 발췌하여 수정 · 보완함.

5. 게임활동 지도

게임은 둘 이상의 편이 있고 지켜야 할 규칙과 경쟁이 있으며 승부가 있다. 게임에 참여하면서 유아는 운동신경 및 운동감각의 발달이 이루어지고, 집단의 일원으로서 규칙을 이해하고 지켜야 한다는 것을 알게 되고, 이기고 지는 것을 받아들이는 것이 가능하게 된다. 또한 공통 목적을 달성하기 위해 협력해야 함을 배우고, 또래의 성공을 기뻐해 주는 마음도 가질 수 있다. 이처럼 게임이 높은 수준의 사고로 아동을 동기화시키기는 하지만, 경쟁이 과도하면 불안감을 일으키고 자발성을 제한시킬 수 있다(예: 승자에게 상을 주거나 게임 중 패자를 제거하는 게임들, 즉 의자 빼기 게임이나 편 게임, 릴레이 게임의 평가 방법). 게임을 준비할 때 경쟁적으로 하고 싶은지, 아닌지를 단체로 토의하도록 하는 것이 바람직하다(Smith, 2007).

1) 연령에 따른 게임의 적절성

교사가 게임을 선택할 때 대상 유아의 발달 수준을 고려하는 것은 매우 중요하다. 아무리 재미있고 즐거운 게임이라 할지라도 참여를 거부하는 유아가 있을 수 있다. 처음부터 참여를 강요하지 말고 또래의 활동을 지켜보게 하거나, 하고 싶을 때 언제든지 할 수 있다고 말해 준다. 교사는 기다려 주면서 지속적으로 관심을 주고 차츰 참여할 수 있도록 배려하며, 유아가 참여를 꺼리는 원인을 찾고 해결하는 방안을 모색한다. 또한 게임 중 또는 게임을 마치고 평가 시 이기고 지는 것은 대개는 우연의 문제라는 것을 교사가 유아들에게 말해 줌으로써 유능감을 유지하도록 돕는다. 연령에 따른 게임의 적절성은 다음과 같다(김정연, 2008).

- 3세는 게임에 대한 다양한 탐색을 할 수 있지만, 게임의 규칙을 이해하는 것은 어려움이 있다. 따라서 자유형 게임이나 원 게임이 적절하며, 차츰 편 게임을 해 볼 수 있으나 릴레이는 어렵다.
- 4세는 게임의 방법과 규칙을 좀 더 잘 이해할 수 있으며, 조금 더 복잡한 유형의 게임을 할 수 있다. 경쟁에 대해 이해하기 시작하며, 이기고자 하는 욕구가 생기게 된다. 3세에서 경험한 자유형 게임이나 원 게임을 난이도를 조절하여

할 수 있으며, 학기 중반부터는 개별적으로 출발하는 편 게임에서 학기 후반에는 연속적으로 이어서 하는 릴레이 게임을 할 수 있다.

- 5세는 규칙의 중요성과 편에 대한 인식을 갖게 되지만, 많은 지시사항을 기억해야 하는 게임은 아직 어렵다. 자기 자리에서 출발하는 게임과 출발선을 정해 동시에 출발하는 릴레이 게임까지 다양한 진행이 가능하다.

2) 집단 게임의 종류

(1) 자유형 게임

자유형 게임은 어떠한 형태의 틀 없이 자유롭게 집단의 형태를 이루어 진행한다. 그러나 대체로 처음 시작은 원형으로 모여 앉거나 서게 된다. 한두 가지의 지시를 듣고 그 지시에 따라 움직이거나 동시에 움직이는 게임의 형태를 말한다. 예를 들면, 음악을 듣고 신나게 움직이다가 지시하는 숫자만큼 모이기 · 짝짓기 · 훌라후프 차지하기 게임 등 움직임과 멈춤을 연속적으로 경험해 보는 활동과 꼬리잡기, 동대문 놀이, 우리 집에 왜 왔니, 여우야 뭐하니 등 다양한 형태의 게임이 가능하다. 원 게임에 비해 움직임이 더 자유로운 특징이 있다.

(2) 원 게임

원 게임은 유아들이 둥글게 둘러앉아 지시에 따르는 게임을 말한다. 원 게임은 이기고 지는 결과보다는 누구나 성취감을 느끼면서 자신감을 형성하도록 도움을 줄 수 있는 활동들이 많아 처음 게임을 접하는 유아나 연령이 낮은 유아들이 함께 할 수 있는 게임으로 바람직하다(이정환, 1999). 게임에 참여하는 유아의 연령에 따라 지시의 수나 난이도를 조절하여 진행한다. 난다난다 게임, 하늘 · 땅 · 바다 게임, 오뚝이 맞추기 게임, 돌림게임(앞 사람의 동작 따라 하기 등) 등을 원 게임으로 해 볼 수 있다.

(3) 편 게임

편으로 나누어서 하는 게임으로, 같은 편에서 한 유아씩 게임을 하여 개별적으로 이긴 유아가 많은 편이 이기게 된다. 이 게임을 하기 위해서는 게임의 의미를 이해하고, 편에 관한 의식이 있어야 하며, 정해진 규칙을 지켜야 한다는 것을 알아야 한다. 따라서 승패에 대한 개념이 없거나 졌을 때의 좌절을 수용하기 힘든 어린 유아들에게는 적합하지 않다. 편 게임이나 릴레이 게임은 진행하는 과정뿐 아니라 게임을 준비하고 마무리하는 과정에서도 다양한 교육적인 내용을 포함하고 있다. 예를 들면, 게임을 준비하면서 편을 나누기 위한 팀별 숫자 알아보기를 통해 1:1 대응(예: 상대편 친구와 한 명씩 악수하기, 인사 나누기, 엉덩이 치기), 수세기(예: 처음부터 끝까지 몇 명인지), 비교하기(예: 어느 팀이 더 많은지), 문제해결하기(예: 짝을 맞추기 위해 어떤 방법이 있는지 게임 방법 창안하기) 등의 활동을 할 수 있다. 또한 게임을 끝내면서 어느 편이 더 잘했는지 숫자 세기, 어떤 방법으로 알아볼 것인지 문제해결하기, 스스로 게임 도구와 공간을 정리하면서 사회적 가치를 배울 수 있다.

(4) 릴레이 게임

릴레이는 편을 나누고 게임의 준비에서 마무리하는 것까지 편 게임의 진행 방법과 대체로 동일하나, 편 게임은 한 명씩 출발하고 개별적으로 평가하는 반면, 릴레이는 앞의 유아가 들어오면 다음 친구가 이어 출발하는 방법이다. 출발 신호의 시작을 교사가 알리면 유아가 순서대로 이어서 게임을 하고 마지막 유아가 들어오면 게임이 끝난다. 각각의 유아가 자신의 순서를 알아야 하고, 출발하는 시점을 잘 파악하고 있어야 한다. 유아 개별적 성과보다 자기편을 위하여 협력하고 성취감을 느낄 수 있다는 특징이 있다.

3) 게임 진행 방법

집단 게임을 진행할 때, 대체로 두 가지 방법으로 진행한다. 첫째, 교사가 계획한 방법대로 교사의 설명에 따라 유아가 그대로 따라 하는 방법, 둘째, 유아들의 의견에 따라 게임 방법을 바꾸어 진행하는 방법이다. 그 예를 보면 다음과 같다.

첫 번째 게임은, 게임 방법을 간단히 설명하고 진행할 수 있어 정해진 시간에 교사의 계획대로 집중해서 게임을 마칠 수 있다. 반면, 유아의 수동적인 역할만을 강조하는 분위기가 되기 쉽고, 유아가 많은 내용을 일방적으로 들어야 하므로 실제 게임 상황에서 모든 내용을 기억하고 적용하기 어렵다.

두 번째 게임은, 예컨대 콩주머니를 옮길 수 있는 방법을 유아들에게 질문하고 유아가 말하는 방법들을 보여 주도록 함으로써 게임 상황에서 발생할 수 있는 어려움들을 미리 예측해 볼 수 있다. 다른 유아들은 친구가 생각하는 방법을 다양하게 생각해 보고, 의사결정을 할 수 있는 기회를 가질 수 있다. 이를 통해 유아의 창의성을 기르고, 적극적인 참여를 유도하며, 나아가 유아의 의사소통 능력과 자존감을 기르는 데에도 도움이 된다. 반면, 이야기를 나누는 시간이 길어질 수 있으므로 게임하는 시간이 제한되어 있을 때에는 활용하기가 어려우며, 게임의 방법을 변경시킬 수 없는 경우에도 이 방법은 적절하지 않다. 따라서 교사는 교사의 계획대로 서둘러 진행하기보다는 게임의 유형이나 상황에 따라 선택하되, 준비 및 마무리 과정에서도 유아들이 충분히 즐기고 스스로 해 볼 수 있도록 기회와 시간을 제공하도록 한다.

◆ 교사 계획대로의 게임 진행 방법과 유아 참여의 게임 진행 방법의 예

• 교사 계획대로의 게임 진행 방법

교사: 오늘은 선생님과 재미난 게임을 할 거야.

유아들: 야, 재밌겠다. 선생님 뭔데요?

교사: 응. 이 게임은 여기 콩주머니를 머리에 이고, 저기 목표물을 돌아오는 거야. 어때, 할 수 있겠니?

유아들: 네.

교사: 그런데 이때 주의해야 할 점이 있어. 콩주머니는 꼭 머리에 이는 거야. 만약 콩주머니가 머리에서 떨어지면 그 자리에서 다시 머리에 얹고 가야 해, 알겠니? 콩주머니를 이고 목적지를 돌아온 후에 다음 친구에게 콩주머니를 주는 거야. 기다리는 친구는 출발선 앞으로 나가지 않아야 돼(교사는 많은 주의점을 설명하고 게임을 시작한다.).

• 유아 참여의 게임 진행 방법

교사: 오늘 게임을 하기 위해 선생님이 가져온 것이 무엇인지 알아맞혀 볼까? (이때 교사가 콩주머니를 흔들어 집단의 흥미를 유발하고 유아들이 소리를 듣고 예측하게 한다.)

유아들: 공이요/콩주머니요/속에 콩이 들었어요.

교사: 그래, 너희가 잘 알고 있구나. 이 속에 콩이 들어 있어서 콩주머니야. 이것을 가지고 저 목적물을 돌아와야 하는데, 손으로 들고 갈 수는 없어. 어떤 방법으로 할 수 있을까?

유아들: 발 위에 얹어서요/등에 지고요/손등에 얹어서요.

교사: (유아들이 말한 방법들을 유아들이 볼 수 있도록 적어 준다.) 이렇게 많은 방법이 있구나. 이 중에서 우리는 어떤 방법으로 갔다 오는 것이 좋을까?
유아: (원하는 방법을 각자, 함께 이야기하고, 시범을 보이기도 한다.)
교사: 더 많은 친구가 원하는 방법으로 결정하자(유아가 다수결로 선택을 하도록 한다.).

출처: 김정연(2008)에서 발췌하여 수정 · 보완함.

(1) 자유형 게임 진행 방법

자유형 게임은 참여하는 모든 유아가 지시에 따라 각각의 움직임을 하게 되므로 유아가 매우 흥분할 수 있다. 따라서 교사는 유아가 움직일 때와 멈출 때에 대한 약속을 명확하게 인지하도록 하여 유아가 흥분한 감정을 잘 조절해서 지시에 따를 수 있도록 하며, 혼잡으로 인해 안전문제가 발생하지 않도록 한다. <표 10-3>은 자유형 게임의 실제를 보여 주고 있다.

표 10-3 ◆ 자유형 게임의 실제

활동명: 하늘 · 땅 · 바다 게임					
주 제	교통기관	소주제	즐거운 교통생활		
활동목표	제시어에 따라 정해진 동작을 할 수 있다.			대상 연령	3세
활동자료	없음				
활동방법					

하늘 · 땅 · 바다 게임을 하는 모습

[도입]
1. 교사 앞에 자유롭게 앉거나 또는 원형으로 앉도록 하여 동기를 유발한다.
   - 우리 몸을 가장 높게 만들어 볼 수 있을까? 발과 팔로도 할 수 있어.
   - ○○는 발꿈치를 들고 손바닥까지 쭈욱 펼쳤네.
   - 이번에는 몸을 가장 낮추어 보자. 어떻게 하면 몸을 낮게 할 수 있을까?
   - 그렇구나. 바닥에 엎드리니까 가장 낮은 자세가 되는구나.

[전개]

2. 게임을 소개한다.
   - 오늘은 하늘 · 땅 · 바다 게임을 할 거야. 저 높은 곳에 있는 게 뭐지?
   - 선생님이 '하늘' 하면 지금처럼 일어서서 몸을 가장 높게 하자. '바다'하면 몸을 가장 낮게 엎드리는 거야.

3. 처음에는 천천히 하다가 차츰 빠르게 한다. 이때 유아들끼리 부딪히지 않고 놀이할 수 있도록 공간과 안전을 고려한다.
   - 친구와 부딪히지 않고 하려면 어떻게 해야 할까?

4. 익숙해지면 '땅'도 해 본다.
   - 땅은 어떻게 할까? 바닥에 앉기로 하자(유아들이 생각한 방법으로 한다.).

[마무리-평가]

- 유아들의 관심이 남아 있을 때 게임을 마무리한다. "다음에 또 하기로 하자."
- 친구와 부딪히지 않기 위해 어떻게 했는지 이야기 나눈다.
- 지시를 잘 기억하기 위해 어떻게 했는지 등을 이야기 나눈다.

(2) 원 게임 진행 방법

- 활동실에서 할 경우 책상 또는 교구장을 밀쳐 두고 공간을 확보한 후 둥글게 모여 앉아 게임 방법에 대해 이야기 나눈다. 이때 교사의 일방적인 설명보다 유아의 이해를 돕기 위한 질문과 답변, 시범을 함께하도록 한다.
- 교사가 준비한 게임 방법뿐만 아니라 유아들이 생각하는 게임 방법이 있는지 질문할 수 있다. 이때 유아가 방법을 제안하면 다른 유아들의 의견을 물어 그 방법으로 하거나 교사의 방법에 유아의 방법을 첨가할 수도 있다. 유아들에게 어떻게 하고 싶은지 제안하게 하고, 교사가 준비한 방법으로만 활동하지 않도록 한다. 교사가 준비한 방법으로만 할 것이면 유아에게 방법을 묻지 말고 구체적으로 설명한다.
- 유아들과 함께 이야기한 내용을 교사가 간단명료하고 정확하게 다시 이야기해 준다.

<표 10-4>는 원 게임의 실제를 보여 주고 있다.

표 10-4 ◆ 원 게임의 실제

활동명: 난다난다 게임					
주 제	동식물과 자연	**소주제**	동물과 우리의 생활		
활동목표	제시어에 따른 동작을 기억하고 민첩하게 표현할 수 있다.			**대상 연령**	3세
활동자료	없음				
활동방법					

[도입]

1. 교사가 양팔을 파닥파닥 나는 모습을 하며 유아들의 동기를 유발한다.
   - 난다난다! 자~ 나는 것에는 무엇이 있을까?

[전개]

2. 게임의 방법을 소개한다.
   - 선생님이 '난다난다' 하면서 말을 할 때 날아다니는 것이면 계속 날고 있어야 돼. 나는 것이 아닐 때에는 멈추는 거야(몇 명의 유아가 나와 직접 시범을 보일 수 있다.).
   - (교사는 말만하고 유아들은 나는 동작을 하며) 난다난다난다난다 비행기가 난다! (유아들은 계속 날고 있어야 한다.)
   - 난다난다난다난다(유아들은 나는 동작을 하며) 토끼가 난다! (유아들은 동작을 멈춰야 한다.)

3. 이렇게 놀이하다 유아들이 익숙해지면 틀린 동작을 한 유아는 놀이에서 빠져나와 원 안에 앉도록 한다. 이때 원 안의 유아가 아무것도 하지 않으면 산만해지거나 소외된 느낌을 가질 수 있으므로 다른 역할을 하도록 한다.
   - 원 안에 있는 친구는 틀린 친구를 찾아내어 원 안으로 데리고 오자.

4. 이때 어떤 방법으로 데려올 것인지 유아의 의견을 반영한다(예: 틀린 친구 앞에 가서 인사한 후 손을 잡고 데리고 오기 또는 앙금질로 오기).

[마무리-평가]

5. 소수의 숫자가 끝까지 남아 있을 때 게임을 멈추고 남은 친구들에게 박수를 보낸다.
   - 끝까지 남은 친구가 누구누구지? 몇 명이니?
   - 자~ 끝까지 잘했다고 박수쳐 주자(또는 우리 어떻게 축하해 줄까?).

(3) 편 게임 및 릴레이 게임 진행 방법

- 게임을 하기 전에 게임 도구나 출발선과 반환점(목적물) 등 게임 공간을 준비해 놓는다.
- 다른 공간에서 게임 설명이 끝난 후 게임 대형으로 앉거나 미리 게임 대형으

로 앉아 게임을 설명한다.

- 이때 유아들을 두 편으로 나누어 서로를 잘 볼 수 있도록 마주 보고 앉도록 하되(게임에 따라 일어서기도 한다.), 게임을 할 때 앉은 유아들의 발에 걸리지 않도록 충분한 간격을 두고 앉도록 한다(예: 오는 대로, 자기가 원하는 대로, 청백 구슬 뽑아 자리에 앉기). 적절한 거리를 두고 첫 번째 앉는 자리를 표시해 주면 좋다.
- 교사는 양편의 출발선 가운데에 의자를 놓고 앉는다. 이때 신호 악기를 준비한다.
- 양편의 유아 수를 알아본다[예: 마주 보고 앉은 친구와 악수하기 및 인사하기, 다양한 방법으로 수세기(아라비아 숫자로 세기, 기수 · 서수로 세기, 둘 모아 세기, 열 작은 아이 노래로 세기 등)].
- 준비물을 보여 주고 어떤 게임을 할 수 있을지 유아들과 게임 방법을 의논하여 결정한다(유아들에게 의사를 물었으면 유아들이 제시한 방법을 수용해 줘야 한다.).
- 게임 방법과 규칙은 교사가 생각한 것에 유아들의 의견을 반영하여 결정하고, 교사가 다시 한 번 간단명료하게 설명해 준다(이 게임에서는 규칙, 질서, 빠르기 중 어떤 것을 볼 것인지를 정한다. 학기 초에는 빠르기는 보지 않고 질서와 규칙 지키기만 보기 등).
- 편의 이름을 정한다(응원을 할 때 편의 이름이 있어야 함을 이야기한다.). 시간이 많이 걸리는 경우에는 주제와 관련된 두 개 정도의 이름을 제시하고 선택하도

그림 10-8 ◆ **편 게임을 하는 모습**

록 한다.

- 한쪽 편씩 응원을 해 본다. 응원할 때 지켜야 할 질서, 규칙 등에 대해 상기시킨다.
- 양편에서 유아들이 나와서 시범 경기를 해 본다. 시범 경기를 통하여 교사는 예상하지 못했던 어려움, 새롭게 정해야 할 규칙 등을 생각해 내고, 유아들과 다시 규칙을 명확하게 정리한다.
- 게임을 하는 도중이라도 응원하는 유아들의 태도나 직접 게임하는 유아의 태도에 대해 언급할 수 있다(예: 흥분 상태라면 감정 조절을 위해 게임을 잠시 중단한다.).
- 1:1 편 게임이라면 각 경기마다 승부를 표시한다. 표시하는 방법은 숫자판을 만들어서 표시하거나 이길 때마다 자기편 색깔의 블록을 쌓아 어느 편이 더 많은 점수를 얻었는지 시각적으로 볼 수 있도록 한다.

그림 10-9 ◆ **승부를 표시하는 모습(4, 5세 가능)**

4) 게임 평가 방법

게임을 평가할 때에는 단순히 이기고 지는 승패보다는 게임을 시작할 때 정한 규칙, 질서, 빠르기 등 목적한 바를 중요시한다. 만약 시작할 때 빠르기는 보지 않기로 했다면 아무리 빨리 들어오거나 릴레이에서 빨리 끝난 편이더라도 평가에서 빠르기는 제외하고, 규칙을 잘 지켰는지, 열심히 하였는지를 평가하며, 어떤 어려움이나 보완해야 할 점이 있는지 이야기한다(예: 너무 어려웠으면 더 쉽게 하는 방법).

- 편 게임의 경우, 게임이 끝난 후 어느 편이 승리의 표시가 많은지 알아본다.
- 게임에서 이긴 편에게는 진 편이 축하의 박수를 보내고(만세는 부르지 않음), 진 편에게도 수고했다는 의미의 박수를 이긴 편 유아들이 보내도록 하여 모든 유아가 지나치게 승부에 집착하지 않도록 돕는다. 대체로 게임이 끝난 후 이긴 편은 흥분하고, 진 편은 패배를 인정하지 못하거나 위축될 수 있으므로 교사는 최선을 다하는 것에 대한 중요성을 인지시킬 필요가 있다.
- 시간이 된다면 유아들의 의견에 따라 게임을 한 번 더 하거나 방법을 변경하여 할 수도 있다. 그러나 여러 번 반복하기보다는 적당히 흥미가 남아 있을 때 마무리한다.
- 평가 시 잘못한 점보다는 잘한 것, 독특하고 특징적인 측면을 더 많이 관찰하고 격려해 준다(예: "풍선이 떨어지지 않게 하려고 ○○와 △△가 몸을 붙이고 발을 맞춰 가는 데 대단하더라.").
- 게임 후 게임 도구 등 뒷정리는 유아가 할 수 있도록 한다. 정리가 어려울 경우, 교사가 함께할 수 있다. 뒷정리를 이긴 편이 할 것인지 진 편이 할 것인지를 유아들이 정할 수도 있고, 흥분되어 있는 이긴 편이 할 수도 있다. 만약 뒷정리하기를 즐겨하는 분위기라면 진 편에게 선택의 기회를 줄 수 있다.

◆ 연령별 평가하기의 예

- 3세: 평가 시 빠르기 등 승패보다는 질서, 규칙(한두 가지 정도)을 중심으로 평가하며 후반기 즈음에 시각적인 평가자료를 사용하여 평가한다.
- 4세: 릴레이보다는 1:1 편 게임을 주로 하므로 유아의 개별적인 성과와 자기편이 잘하기 위해 질서와 규칙을 지키고 서로 협력해야 함을 느낄 수 있도록 편에 대한 평가도 할 수 있다. 시각적인 평가자료(예: 편별로 다른 색깔 블록 쌓기, 이긴 유아에 대해 깃발 또는 표식 갖기)를 이용하다가 학기 중반에는 숫자판을 이용하여 점수를 줄 수 있다.
- 5세: 게임에 따라 개별 평가, 편 평가, 유아 스스로에 의한 평가가 가능하므로 어떤 것이든 다양한 자료를 활용한 평가가 가능하다.

제11장

대소집단활동 지도 II

이 장에서는 대소집단활동으로 운영될 수 있는 음률활동, 미술활동과 대집단 형태보다는 소집단 형태의 활동이 더 바람직한 수 · 과학 활동의 지도 방법에 대해 학습한다.

1. 음률활동 지도

유아의 음률활동은 음악을 듣고, 노래를 부르고, 악기를 연주하고, 신체로 표현하는 등의 활동을 하면서 음의 강도 · 길이 · 높이, 음의 질과 음색, 리듬, 멜로디, 화성 등의 개념을 형성하게 된다. 이러한 음악성은 생애 첫 6개월 동안은 듣는 활동이 주를 이루고, 2세경 즈음이 되어야 서툴지만 신체의 각 부분을 따로 움직이면서 몸 전체를 움직인다. 걸음마 시기 후반(2~3세)부터 노래를 멜로디에 가깝게 박자에 따라 악기를 다루려 하고, 음악에 맞추어 동작을 창의적으로 자유롭게 표현한다. 4~5세가 되면 언어 발달 능력이 확장되면서 음악적 경험을 통해 더욱 다양하게 노래를 창작할 수 있고, 음악적으로 해석한 대로 신체를 마음껏 표현하게 된다(이영자 외, 2009).

음악의 요소인 음악 감상, 새 노래 부르기, 리듬놀이와 동작활동의 지도 방법에 대해 살펴본다.

1) 음악 감상(듣기)

유아기의 듣기교육은 듣는 귀를 열어 주는 것이다. 성인이 되어서도 깊이 있는 말을 잘 듣지 못하는 사람이나 의욕은 앞서는데 잘 듣지 못하는 사람을 볼 수 있다. 이는 들을 수 있는 귀가 열려 있지 않기 때문이다(김성균, 1997). 유아를 위한 음악 감상의 형태는 배경음악으로 듣는 간접 감상과 주제와 관련하여 개별 또는 집단으로 듣는 직접 감상으로 이루어진다. 그러나 주제와 관련되고, 스토리가 있는 음악이라 할지라도 음악은 추상적인 매체이므로 감상이라 하여 매번 느낌이나 내용에 관한 것을 설명하도록 하는 것은 다소 어려울 수 있다.

유아의 음악 감상은 내용을 이해하고 언어로 표현하기에 앞서 느끼고 즐기는 것이 우선되어야 하며, 고전음악부터 가곡, 민요, 동요, 악기 연주에 이르기까지 다양하게 선택하여 들려주어야 한다.

(1) 간접 감상(듣기) 지도 방법

가끔 음악 감상을 위해 집단으로 앉아 유아에게 생소한 음악을 들려주며, 작가와 제목, 작곡의 배경 등을 설명하고 눈을 감고 듣도록 하는 경우를 본다. 이러한 방법은 유아를 위한 듣기교육 방법으로는 적절하지 못하다. 음악 감상은 자연스럽게 시작하고, 자연스럽게 익숙해질 수 있도록 하루 일과 중 배경음악으로 접하는 방식으로 시작하는 것이 좋다. 자유선택활동 후 놀잇감을 정리하는 시간, 점심 · 간식, 낮잠, 차량 이용 시 등의 시간에 간접 듣기를 할 수 있다.

◆ 간접 감상(듣기)의 예

• '동물' 주제를 3주 동안 진행한다고 할 때, 3곡 정도의 동물과 관련된 음악을 선정한다. 그중 한 주의 정리정돈 시간에 생상의 <동물 사육제>의 주제 부분을 들려주고자 계획한다. 음악을 반복 녹음하여 전 주 금요일 귀가 시 또는 해당 주 월요일 오전 집단 모임 시 음악을 들려주며, "오늘부터 금요일까지는 이 음악이 나오면 정리

를 시작하는 거야."라고 안내한다. 며칠 동안 음악을 들은 후 유아들과 함께 들었던 음악에 대해 다음과 같이 활동한다.

- 음악을 들려주며 "이 음악을 언제 들었더라?"라고 질문한다.
  (유아들은 며칠 동안 음악을 들었으므로 곡에 대해 익숙하게 느낄 것이다.)
- 음악에 관해 간단히 설명해 준다(작가와 제목, 작곡 배경 등).
- 어떤 동물의 소리들이 있었는지 이야기해 본다.
- 함께 음악을 들어 보며 어떤 느낌인지 이야기 나눈다.

(2) 직접 감상(듣기) 지도 방법

직접 감상은 감상 위주의 수업 활동을 말하며, 감상을 돕기 위해 다른 도구나 수단을 도입한다. 이때 사전 지식을 유아에게 충분히 전달하며, 충분한 준비, 즉 도입하려고 하는 소재의 그림, 비디오, 카세트 테이프 등의 세밀한 준비가 필요하다. 직접 듣기를 하는 방법으로는 뛰면서, 작은 동작을 하면서, 침묵하면서 듣는 방법이 있다(김성균, 1997).

- 뛰면서 듣는 음악: 음악 30%, 동작이 70% 정도 적용되는 방법으로, 신체표현을 하며 듣기 활동을 한다. 즉, 뛰기, 손뼉 치기, 기기, 걷기, 스키핑 등 신체를 움직이면서 음악을 감상하는 방법이다.
- 작은 동작을 하며 듣는 음악: 동작과 음악이 각각 50% 정도의 방법으로, 음악을 들으면서 가볍게 동작을 해 보는 것을 말한다(예: 손유희).
- 침묵하면서 듣는 음악: 행위를 하면서 듣게 하는 것으로, 동작을 하지 않고 점을 찍거나 그림을 그리면서 음악을 들을 수 있도록 하는 것을 말한다.

표 11-1 ◆ 음악 감상의 실제-침묵하면서 듣기

<table>
<tr><th colspan="5">활동명: <뻐꾹 왈츠> 음악 듣기</th></tr>
<tr><td>주제</td><td colspan="2">동식물과 자연</td><td>소주제</td><td>동물과 우리의 생활</td></tr>
<tr><td>활동목표</td><td colspan="2"><뻐꾹 왈츠>를 들으며 셈여림, 리듬 등 음악적 요소를 탐색한다.</td><td>대상 연령</td><td>5세</td></tr>
<tr><td>활동자료</td><td colspan="4">• <뻐꾹 왈츠>를 반복 녹음한 CD 또는 USB와 노래의 내용에 관한 그림책
• 16절 크기의 종이에 뻐꾸기 모양 그림을 그리고 <뻐꾹 왈츠>의 강약, 리듬에 맞게 [예: /\(셈, 여림 표시), \(리듬에 맞게), —(쉼표일 때, 길게 그리기)] 표시한 그림자료(여러 장 제시)
• 형광펜
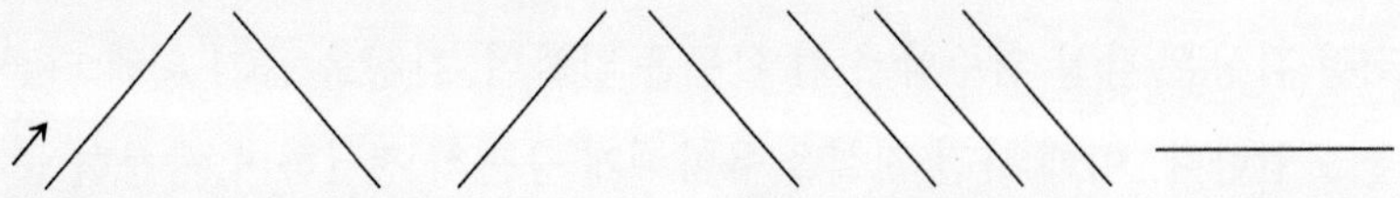
</td></tr>
<tr><th colspan="5">활동방법</th></tr>
</table>

[사전 활동]
- 음률 영역에 음악과 음악과 관련된 그림책을 제시해 주어 그림책을 보며 음악을 들을 수 있도록 한다.
- 익숙하면서 짧은 동요인 <뻐꾹 왈츠>를 듣거나 뮤지컬 등이 있으면 보여 준다.

[도입]

1. (놀이 소개 시간에 뻐꾸기 모양 그림에 <뻐꾹 왈츠>의 강약, 리듬을 표시한 그림자료와 형광펜을 바구니 또는 쟁반에 준비하여 집단 형태로 앉아) <뻐꾹 왈츠>를 들려준다.
   - 이 음악을 들어 본 적 있니?

[전개]

2. 놀이 방법을 소개한다.
   - (음악을 들으며 그림에 형광펜으로 표시하며) 음악이 끝나니까 그림도 끝났지?
   - 음악을 들으면서 여기 준비한 기호에 표시해 볼까?

3. 자유선택활동 시간에 음률 영역에서 소집단으로 활동한다. 이때 교사의 의도대로 하려고 하지 말고 유아들이 자유롭게 반복해 들으면서 맞추어 갈 수 있도록 한다.
   - (유아가 활동할 때) 이번에는 음악보다 빨리 끝났네. 여러 번 듣다 보면 그리기와 음악 듣기가 함께 끝날 거야.

[마무리-평가]

4. 평가한다. 지속적으로 제시해 주어 유아 스스로 해 볼 수 있도록 한다.
   - 어떻게 하니까 잘될 수 있었니?
   - 어려웠던 것은 무엇이니?

2) 새 노래 배우기

노래를 배우는 것은 단순히 가사와 멜로디만 익히는 것이 아니라 '음악'을 경험하고 느끼는 것이 중요함을 인지한다. 따라서 음악을 경험하는 즐거움이 충분히 수반되도록 한다.

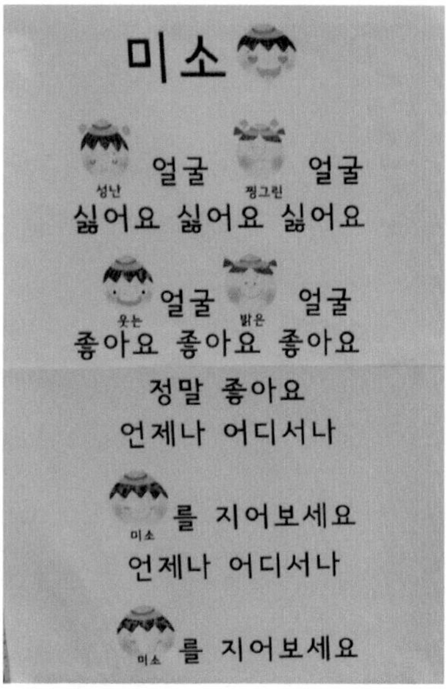

그림 11-1 ◆ **노랫말 제시 예**

- 새 노래를 가르치기 전에 간식시간이나 정리시간에 반복하여 들려줌으로써 자연스럽게 음악의 느낌이나 멜로디, 노랫말을 경험하도록 한다.
- 교사의 육성으로 노래를 불러 주는 것이 좋은데, 이때 반주는 아주 작게 하거나 멜로디만을 연주하여 교사의 노래를 유아들이 정확하게 들을 수 있도록 한다.
- 새롭게 배울 노래를 교사가 육성으로 부르며, 숫자 세기, 반복되는 노랫말이나 의성어, 의태어 부분 등 일정 가사에서 손뼉치기 등을 하며, 노랫말 익히기와 음악적 요소에 집중할 수 있는 다양한 방법을 적용한 노래 배우기를 한다.
- 새 노래 지도를 위한 매체는 노래에 따라 다양하게 변화시킬 수 있다. 노랫말을 이해하기 쉽게 그림을 넣어 주거나, 노랫말에 따라 소절별 또는 특징적인 노랫말별로 따로 제작하여 붙였다 떼었다 사용할 수 있도록 한 후, 팀을 나누어서 부르거나 교사와 유아가 바꾸어 불러 볼 수 있다.
- 노래를 가르칠 때에는 한 마디 또는 한 소절씩 교사가 불러 주고 유아들이 따라 부르도록 지도하기보다는 전체를 불러 주는 것이 더 바람직하다.
- 새 노래 배우기를 할 때, 피아노에만 의존하지 말고 녹음자료, 키보드(자체에 반복 녹음되도록 설정), 실로폰 등 다양한 악기를 사용할 수 있다.
- 새 노래는 하루에 완전하게 배우기 어렵다. 흥미가 남아 있을 때 마쳐야 하며, 일과 운영 시 주의집중이나 모이는 시간을 이용하여 반복적으로 불러 봄으로써 자연스럽게 익힐 수 있도록 한다.
- 교사가 노래를 부를 때 입을 크게 벌려 정확하고 즐겁게 자신감을 갖고 불러

준다.

- 노래의 길이는 보통 4소절 정도가 적당하며, 5~15분 정도의 활동이 바람직하다.

표 11-2 ◆ 새 노래 배우기 활동의 실제

활동명: 〈뭐가 뭐가 빨갛나〉 노래 배우기			
주 제	동식물과 자연	소주제	식물과 우리의 생활
활동목표	• 노랫말을 익히며 다양한 방법으로 노래 부르기를 해 본다. • 반복되는 운율을 즐기며 식물들의 색에 대해 알아본다.	대상 연령	5세
활동자료	노랫말 카드 또는 노랫말 그림판		
활동방법			

[도입]

1. 수수께끼를 내며 노래에 대한 힌트를 준다.
   - 이건 아주 매운 거야. 여름에는 초록색이고 가을이 되니까 점점 빨갛게 되었네.
   - 그렇구나, 고추구나.

[전개]

2. 손뼉치기, 노랫말 알아맞히기 등 노랫말과 음을 익힐 수 있는 놀이를 한다.
   - 선생님이 노래를 부르면서 손뼉을 칠 거야. 노래가 끝나면 손뼉을 몇 번 쳤나 맞히기로 하자(짧은 노래일 경우에는 마디가 끝날 때, 긴 노래일 때에는 동기 또는 악절이 끝날 때 박수를 쳐 준다.).
   - (유아가 맞히더라도) 정말? 또 다르게 생각하는 친구가 있을까? (유아들이 정답을 맞히었더라도 노래를 여러 번 들려주고자 하는 것이므로 맞다, 틀렸다 라고 하지 않는다.)
   - 선생님이 다시 한 번 들려줄게. 집중해서 듣고 맞히기로 하자.

   * 반복되는 노랫말이 많으면 손뼉치기를 할 수도 있다.
     - 선생님이 노래를 부르면서 손뼉을 칠 건데, 어떤 노랫말에 손뼉을 치는지 맞히기로 하자.

3. 유아들이 어느 정도 노래에 익숙해지면 노랫말 카드 또는 노랫말 그림판을 이용하여 교사가 정확하게 노래를 불러 준다.
   - 선생님이 불러 볼게. 노래에 어떤 말들이 있는지 그림판을 보며 잘 들어 보자.

4. 노랫말 판을 보며 어떤 내용이 있는지 이야기 나눈다.
   - (노랫말을 손으로 짚으며) '빨갛다 빨갛다 뭐가뭐가 빨갛나' 뭐가 빨갛다고 했어?
   - 그래, 고추밭에 고추가 빨갛게 익었지.

5. 교사가 전체를 불러 주고 유아와 함께 불러 본다.
   - 선생님이 다시 불러 볼게.
   - 이번에는 다같이 불러 볼까?

6. 교사와 유아가 앞뒤 부분으로 나누어 부르고, 다음에는 바꾸어 부른다.
   - '빨갛다 빨갛다 뭐가뭐가 빨갛나' 무엇이 빨갛다고 했어? 노래로 대답해 줄래?
   - 이번에는 너희가 노래로 물어보면 선생님이 노래로 대답할게.

7. 유아들끼리 나눠 부른다.
   - 친구들끼리 팀을 나누어서 노래로 물어보고 답하기로 하자.

[마무리]

8. 다같이 한 번 정도 부르고 마무리한다.

추후활동: 유아 모두가 익히지 못했더라도 흥미가 남아 있을 때 끝내고, 다음 활동으로 전이하면서 노래를 활용한다.
- 빨갛다 빨갛다 누가누가 빨갛나. (빨간색 옷을 입은 친구가 가도록 한다.)
- 노랗다 노랗다 누가누가 노랗나. (노란색 옷을 입은 친구가 가도록 한다.)

3) 리듬놀이

악기를 다루어 보는 일은 유아에게 매우 즐겁고 흥분되는 일일 것이다. 그러나 악기를 마음대로 가지고 놀게 하기보다는 소리를 내는 방법이 있고, 음악에 맞추어야 하는 등의 사전 학습이 필요하다. 따라서 교사는 악기를 제시한 후에는 경험을 유도하여 유아의 창의성을 최대한 존중하면서 악기가 마구 사용되어 소음을 내는 도구가 되는 것을 방지해야 한다.

- 악기는 학기 초부터 한 가지씩 소개하여 악기의 이름과 사용법을 알게 한 후 음률 영역에 내주고, 유아들이 4~5개의 악기 소리를 눈을 감고 알아맞혀 보는 활동부터 시작한다.
- 자유선택활동 시간에 소집단으로 노래에 맞춰 악기 연주를 할 수 있다. 5세의 경우, 2학기가 되면 악기를 합주하는 것이 가능하다.
- 소리를 탐색하고 듣는 활동을 계획하여 생활 주변에서 나는 소리들에 대해 듣고 비교해 보는 경험을 갖도록 한다.

◆ 리듬놀이의 예

- 리듬놀이는 대집단보다는 소집단으로 이루어지는 것이 바람직하다. 리듬 합주를 준비할 경우, 각 파트마다 소집단으로 모여 리듬을 연습한 다음 합주를 하는 것이 지도하기가 수월하다.

- 처음에는 하나 또는 두 가지의 악기로 음악에 맞춰 연주해 본다.
  - (두 팀으로 나누어 앉아) 각 팀마다 리듬을 만들어 보자.
  - ○○팀은 쿵짝쿵짝으로 할 거야? 쿵할 때는 악기 소리를 내고, 짝할 때는 쉬기로 하자.
  - △△팀은 어떤 리듬을 만들고 싶니? 쿵쿵쿵쿵할 거구나.
  - (노래 없이 교사가 지휘하며) 선생님이 가리키는 팀만 자기 팀 리듬을 치기로 하자.
- 익숙한 동요를 들으며 각 팀이 정한 리듬을 쳐 본다(지휘는 교사가 해 준다.).
  - 노래를 들으면서 쳐 보자. 선생님이 지휘할게.

- 4세 후반부터는 노랫말에 악기 모양을 표시해 주고 노랫말 판을 보며 유아들끼리 리듬놀이를 해 볼 수 있도록 제시해 준다.

4) 동작활동

동작활동은 기본 동작, 구조적 동작, 창의적 동작으로 이루어진다. 이러한 활동을 통해 리듬에 대한 감각, 운동근육의 발달, 성취감과 즐거움, 사회성과 협동심을 기를 수 있다.

(1) 기본 동작활동 지도 방법

기본 동작으로는 신체탐색을 포함하여 비이동 동작, 이동 동작, 조작적 동작을 말한다. 대체적으로 비이동 동작이 먼저 발달하고, 이동 동작, 조작적 동작 순으로 발달한다. 교사는 음률활동을 지도할 때 기본 동작을 수행할 수 있는 수준인지의 여부를 고려해야 한다.

- 비이동 동작은 공간을 이동하지 않고 제자리에서 신체기능을 인식하는 동작 등 다양하게 할 수 있다. 예를 들면, <호키포키> <머리, 어깨, 무릎, 발> 등의

노래에 맞춰 동작해 보기, 각 신체 부위를 움직일 수 있는 방법 찾아보기, 자기 몸으로 서로 닿을 수 있게 해 보기(예: 무릎과 발바닥을 닿을 수 있게 해 볼까?), 구부릴 수 있는 부분, 돌릴 수 있는 부분, 뻗을 수 있는 부분 찾기 등의 활동으로 신체기능을 인식한다.

- 이동 동작은 걷기, 뛰기, 달리기, 기기 등의 동작을 말한다. 음악에 맞춰 걷기, 뛰기 외에도 실내에서 실외놀이터로 이동할 때 교사가 소고를 준비하여 "선생님이 큰 소리로 소고를 치면 큰 걸음으로 걸어 보자. 작은 소리로 치면 조심조심 걷기로 하자." 또는 "선생님의 소고 리듬에 맞춰 걸어 보자." 등 이동 동작을 해 볼 수 있다.

교통기관의 종류를 붙여 두고 지시어에 따라 신체 꼬기를 하는 모습

온몸의 각 부분을 움직여 지시어에 따라 신체 꼬기를 하는 모습

그림 11-2 ◆ **신체 꼬기를 하는 모습**

- 조작적 동작은 도구나 기구 등을 이용하여 할 수 있는 동작으로, 던지기, 차기, 받기 등 구체적 운동기술에 대한 활동을 체계적으로 계획한 후 진행하도록 한다.

(2) 구조적 동작활동 지도 방법

구조적 동작은 교사가 이미 동작을 정해 두고 유아들이 교사를 따라 하는 활동이 주를 이룬다. 구조적 동작을 가르칠 때에는 교사 자신이 먼저 음악과 동작을 정확하게 익힌 후 수업에 임하되, 되도록 교사가 시범을 보이지 않고 구체적인 말이나 자료를 사용하여 동작을 전하는 방법이 좋다. 그런 과정에서 교사가 계획한 동작에 유아들의 생각을 수용하여 새로운 동작으로 만들어 할 수도 있다. 예를 들면, '둘이 살짝 손잡고'라면 노랫말에 이미 둘이 마주 보고 손을 잡는 동작이 제시되어 있다. 교사는 노랫말을 불러 주며 "둘이 살짝 손잡아 보자. 어떻게 잡았니?"라고 한다. '오른쪽으로 돌아요'는 스키핑하면서 또는 걷기 동작을 하면서 돌 수 있다. 이는 유아의 연령에 따라 결정하도록 한다.

교사가 동작활동 지도를 할 때에는 일정한 위치를 정하고 앉아 안정적인 모습이어야 한다. 유아들이 서서 움직이거나 이동을 하다 보면 교사가 자리를 정해서 안정적으로 있기가 힘들 것이다. 이때 교사가 지나치게 돌아다니면 활동 중인 유아가 혼란스러울 수 있으므로 안정적이면서도 개별 유아의 움직임을 볼 수 있는 장소에 위치하고 앉는 것이 좋다.

◆ 구조적 동작활동 지도의 예

- 교사가 동작과 관련된 이야기를 구성하여 소개한다.
  - (행진곡에 맞춰 동작을 한다고 할 때) 자, 이제부터 우리가 군인이 되어 씩씩하게 걸을 거야. 걸을 때 자기 자리에서만 걸을 거야.
- 교사가 시범을 보인다.
- 노랫말이 있는 경우, 유아와의 상호작용을 통해 동작을 유추해 낸다.
  - (둘이 살짝 손잡고를 한다고 할 때) '둘이 살짝 손잡고'는 어떻게 했으면 좋겠니? 둘이서 손을 어떻게 잡아 볼까?
- 함께 동작을 해 본다.

(3) 창의적 동작활동 지도 방법

창의적 동작활동은 정해놓은 방법이나 정답이 있는 것이 아니라 유아가 주제나 음악에 따라 느낌을 신체로 표현해 보는 활동이다. 처음에는 모방에서 시작하여 점차 자신의 느낌이나 생각을 포함하는 창의적인 표현을 할 수 있으며, 개별적 표현이 충분히 이루어지면 한 가지 주제에 대해 역할을 나누어 협동적으로 표현할 수 있다. '낙엽이 되어 보기'의 창의적 동작활동 예는 다음과 같다.

◆ 창의적 동작활동 지도의 예

활동 1

- 가을 단풍이 무르익을 때, 실외놀이터에서 떨어지는 나뭇잎을 관찰한다.
  - 나뭇잎이 떨어지는 모습 좀 봐! 흔들흔들, 비틀비틀, 살며시 바닥에 떨어지네.
  - 우리도 저 낙엽처럼 움직여 볼까?
- 음악을 제시해 주고, 낙엽을 주워 던져 보며 떨어지는 모습을 자유롭게 몸으로 표현해 본다.

낙엽이 떨어지는 모습을 관찰

활동 2〈5세 유아〉

- '낙엽'을 주제로 역할을 나눈다.
  - 누가 나무가 될까?
  - 나뭇가지에 붙어 있는 나뭇잎은 누가 할까?
- 각자 역할에 따라 자리 배치와 이동할 곳을 파악한다.
  - 친구와 부딪히지 않으려면 어느 쪽으로 이동해야 할까?
- '낙엽' 음악을 들으며 협동으로 표현해 본다. 한꺼번에 모두 참여하기보다는 여러 차례 나눠서 해 본다(원하는 유아가 먼저 해 보도록 한다.).
  - 한꺼번에 하면 복잡하고 부딪힐 수 있으니 어떻게 나눠서 해 볼 수 있을까?
  - 바람이 불고 있어요. 나뭇가지에 붙어 있는 나뭇잎이 막 흔들리고 있어요. 어쩌지? 떨어질 것 같지?
- 독특하고 재미있는 표현을 한 유아는 다시 한 번 표현할 수 있는 기회를 준다.
  - ○○가 낙엽이 바람에 굴러 가는 것처럼 표현한 것이 독특했어. 다시 한 번 해 볼까?

3세 유아는 따라 하거나 흉내 내기 정도의 단계이므로 창의적 동작이라 할지라도 교사가 구체적인 동작까지 함께 보여 주며 표현해 볼 수 있다. 5세가 되면 협동적 표현이 가능해진다. 개별적으로 표현하는 단계에서 한 가지 주제에 대해 협동하여 표현하는 것이 가능하므로 교사는 창의적 동작을 어떻게 전개할지에 대해 이야기 구성, 각 역할의 움직임들, 음악, 자리 배치, 이동 경로 등 사전 계획을 치밀하게 세워야 한다(함혜정, 2008).

• 창작동작이라고 유아에게만 맡겨 내버려 두는 것이 아니라 교사 나름의 계획을 가지고 있어서 유아가 바람직한 방향으로 표현할 수 있도록 의견 제시와 안내를 할 수 있어야 한다. 이때 유아가 창의적이고 긍정적인 방향으로 표현할 수 있도록 구체적인 탐색을 돕는 자료를 제공한다. 앞의 활동에서 보면 '흔들흔들' '비틀비틀' '살며시' 등에 대한 창의적 표현들이 나타날 수 있는 동작의 요소들을 탐색할 수 있도록 격려해 준다.
• 처음에는 전체를 한 번에 진행하지 않고 2~3개의 조로 나누어서 한다.
• 독특하고 창의적인 표현을 한 유아의 표현은 함께 볼 수 있는 시간을 갖고, 유아들의 다양한 표현에 대해서는 격려를 해 준다.

2. 미술활동 지도

유아의 미술활동에서 사용하는 미술적 요소는 점과 선, 형, 색과 빛, 명암, 질감, 공간 등이 있다. 모든 미술활동에 있어서 가장 기본이 되는 것은 선이고, 점의 이동에 따라 직선, 곡선이 생기며, 선이 놓이는 방향과 길이에 따라 방향성과 운동성이 나타난다(백중열, 2013).

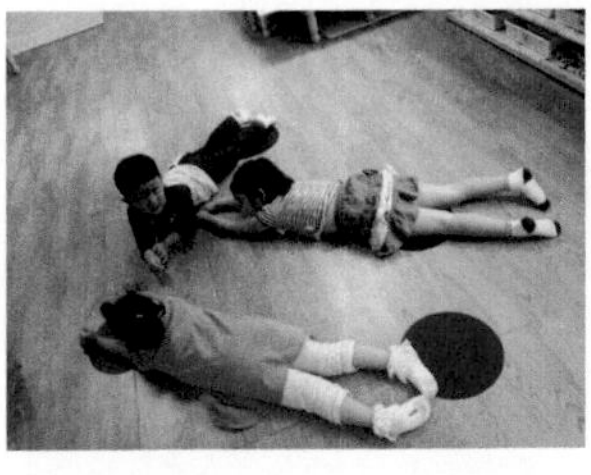
점과 점을 몸으로 이어서 선을 만들었어요.

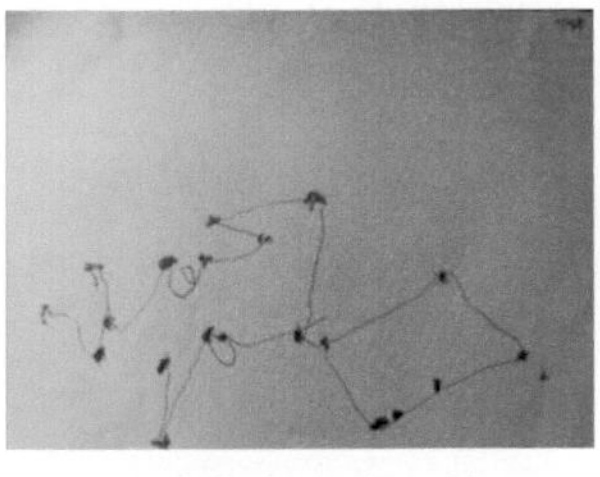
- 누운 것처럼 보이는 선은?
- 구부러진 선을 찾아보자.
- 선이 모여서 만들어진 모양은?

활동실, 놀이터에서 선을 찾아요.
- 그릇에서 곡선을 찾았어요.

그림 11-3 ◆ 점과 선에 대해 활동하는 예

다양한 선에 대한 탐색과 이해는 도형에 대한 관심으로 확대된다. 선은 물체의 윤곽을 나타내고 형태를 만드는데, 이를 '형'이라 한다. 모든 사물에는 고유의 색깔이 있고, 물체에서 느껴지는 표면의 시각적·촉각적 질감이 있다.

교사는 유아가 미술적 요소를 이해하고 표현할 수 있도록 언어적 표현을 적극적으로 해 주어야 한다. “인형 머리카락에 동그라미가 있네.” 또는 모양 도장을 찍은 것을 보며, “여러 모양이 다 모여 있네. 같은 모양 찾기를 해 볼까?” “○○가 입은 바지의 노란색이 블록의 노란색보다 밝아 보이네.” “그림 속의 여자가 입은 옷은 보들보들한 것 같아.”와 같이 일상생활 속에서 미술의 요소를 이해할 수 있도록 돕는다.

유아는 미술표현에서 주제와 관련이 없이 순수한 미술 행위를 통해 자신을 발산하고 행위 자체를 즐기는 발달 특성을 갖고 있다(오종숙, 2010). 2~3세경에는 목적의식 없이 본능적·신체적 욕구에 의해 아무렇게나 마구 그리는 것이 주가 되고, 3~4세에는 원을 그리며, 자신의 그림에 대해 명명하게 되고, 상징적·도식적 표현의 초기단계로 두족인을 그린다. 5~7세에는 보고 그린다기보다 아는 것을 그리며, 보고 관찰하여도 시각적으로 그대로 그리기보다는 느낀 것, 알고 있는 것, 경험한 것들을 자기 나름대로 그린다. 10세 즈음에는 물체의 사실적 표현에 접근하려 하고 본 대로 그리되, 자기의 개성적인 방법으로 그린다.

그러므로 이 시기에는 지나치게 주제와 관련된 활동 위주로 미술을 이끌지 않도록 하며, 창의력을 해치지 않는 방법으로 유아의 미술적 경험 자체를 위한 활동이 될 수 있도록 지도해야 한다.

1) 유아 미술의 내용체계

유아의 미술은 유아기의 아름답고 풍부한 시각예술 능력을 키워 줄 수 있는 교육이어야 한다. 이를 위해서는 그리기, 만들기, 꾸미기 등 표현활동(창작활동) 위주의 평면과 입체미술을 넘어서서 직조와 염색, 조소와 판화뿐만 아니라 사진, 디자인, 패션 중심의 작품 등 일상생활에서 접할 수 있는 이미지를 매개로 하는 폭넓은 미술활동을 돕기 위한 교수 능력을 필요로 한다. 따라서 유아 미술활동은 탐색, 표현, 감상의 내용체계에 따라 통합적으로 이루어지도록 지도하는 것이 바람직하다.

탐색
- 경험한다
- 느낀다
- 생각한다

→

표현

창의적인 표현활동

→

감상
- 본 것을 말한다
- 분석한다
- 해석한다
- 판단한다

그림 11-4 ◆ **유아 미술활동의 내용체계**

(1) 탐색하기

유아의 미술활동에서 가장 기본적인 교육은 감각을 이용한 탐색 능력을 기르는 것이다. 만져 보고, 찢어 보고, 두드려 보고, 냄새 맡고, 맛보는 등의 감각적 경험을 통하여 주변 세계를 지각함으로써 유아는 머릿속에 이미지를 형성하게 되고, 이는 곧 유아의 느낌과 생각이 되며, 이를 볼 수 있는 형태로 만들어 내는 것이 예술표현이다(이정욱, 임수진, 2003). 따라서 교사는 유아가 주변 환경에서 미적 요소를 탐색할 수 있는 다양한 경험을 제공하고, 경험한 것을 말하고 생각해 보도록 한다.

◆ '탐색'하기의 예-봄의 색을 찾아서

- 대상 연령: 3~5세
- 집단의 형태: 대집단
- 준비물: 카메라(관찰한 것을 회상하기 위해 교사가 본 관점의 사진을 찍는다.)
- 활동방법:
  유아교육기관 주변을 산책하며 봄의 풍경을 관찰하고, 봄이 되어 달라진 색에 대해 이야기한다.
  - (꽃, 나뭇잎, 풀잎 등에 교사가 관심을 보이며) 와~! 지난번에는 없었는데 꽃이 피었네?
  - 봄이 되니까 무엇이 달라졌니?
  - 어떤 색들이 나타났니? 또는 어떻게 달라진 것 같니?

- 다양한 방법으로 풍경과 사물을 찾아다니며 관찰한다.

- (손가락으로 사각 프레임을 만들어 보며) 손가락으로 만든 네모 속에 뭐가 보이니?
- (선 자리에서 머리를 뒤로 젖히거나 좌우로 빠르게 움직이며) 고개를 들어 위를 볼까? 샥! 옆으로 고개를 돌리면 어떻게 보여?
- (몸을 구부려 다리 사이로 머리를 넣으며) 다리 사이로 보니까 어때?
- 또 어떤 모습으로 보면 재미있을까?

• 보는 방향, 위치에 따라 어떻게 보였는지 이야기 나눈다.
- 우리 친구들이 집(꽃, 나무 등)을 볼 때, 서서 볼 때와 다리 사이에 머리를 넣고 보았을 때 어떻게 보였니?
- 자기가 본 것에 대해 친구들과 재미있게 이야기하는 것 같아 보이더구나.
- 친구들이 본 것과 ○○가 본 것은 어떤 점이 달랐니? 무엇이 같았어?

이와 같은 방법으로 '봄의 색을 찾아서'를 충분히 즐긴 후 활동실로 돌아와 오후 또는 다음 날 활동 시 '본 것을 회상해 본 후, 교사가 찍어 온 사진을 보며 어떤 위치·방향, 어떻게 하면서 찍은 사진인지 말 또는 몸으로 표현해 보는 활동'으로 탐색해 보는 시간을 갖는다.

(2) 표현하기

보고, 느끼고, 생각한 것을 선, 색, 형 등의 미적 요소를 사용하여 다양하게 표현하도록 한다. 이때 유아의 '창의적인 표현'이 교사의 개입 없이 무조건적인 유아 위주의 표현 수업을 말하는 것은 아니다. 유아의 미술교육은 적극적인 탐색 및 탐구 과정의 결과이며, 이는 성인의 지원이나 촉진 없이는 일어날 수 없다는 관점이 제시되고 있다. 유아가 시각적인 이미지를 창출하고 타인이 만든 이미지를 해석할 수 있는 능력은 교육에 의해서 고양되거나 또는 소멸될 수 있다(이정욱, 임수진, 2003). 앞의 '봄의 색을 찾아서'와 같이 충분히 탐색하고 이해한 관점을 표현하는 예를 연령별로 제시하면 다음과 같다.

◆ '표현'하기 예-봄에 본 것 표현하기

• 집단의 형태: 소집단/대집단

〈3세: 봄에 본 것을 오려서 붙이거나 그려 보기〉

• 준비물: 풀, 가위, 봄 관련 사진이 많은 화보 · 잡지 · 신문지, 크레파스, 검은색과 흰색 도화지
• 활동방법: 준비물을 이용하여 관찰하고 탐색한 것을 자기 생각대로 잡지 등에서 오려 붙이며 그려 본다.

〈4~5세: 봄을 담은 카메라 만들기〉

• 준비물: 간단히 접을 수 있는 카메라 틀(검은색 도화지에 점선 표시), 부채 접기한 도화지, 풀, 가위, 색종이(다양한 모양과 크기—꽃, 꽃잎, 구름, 나무, 풀 모양 등), 색칠 도구(색연필, 사인펜, 크레파스), 스카치테이프 등
• 활동방법: 색종이와 도화지 등을 이용해서 봄의 꽃, 나무 등을 만들거나 그려서 부채 접기한 도화지에 계단식으로 붙인 후 카메라 틀에 붙인다.

(3) 감상하기

미술 감상은 자연과 예술품, 자신 또는 또래의 작품 속에서 아름다움을 인식하고 이해하는 것을 말한다. 유아가 쉽게 접하는 자연에서 미적 요소를 찾아보고 어떤 것을 아름답게 느꼈으며 왜 아름다운가를 생각해 보는 것에서 출발할 수 있다. 유아는 교사의 사려 깊은 지도에 의해 미술작품을 감상하게 되는데 기술하기, 분석하기, 해석하기, 평가하기의 4단계 과정으로 이루어진다(이정욱, 임수진, 2003).

• 기술하기: 작품에서 본 것을 모두 말해 보도록 한다. "그림에서 본 것을 모두 말해 보자." 또는 "처음에는 잘 안 보였는데 자세히 보니까 보여요 하는 것은 무엇이 있니?"라고 할 수 있다.
• 분석하기: 작품 속에 나타난 선, 형, 색, 질감, 공간 등의 미적 요소를 찾아보고 이 요소들이 어떻게 조직되었는가를 이야기해 보도록 한다. "눈으로 이 선을 따라 가 보자." "빨간색 모양을 볼 때마다 손뼉을 쳐 보자."라고 제안한다.
• 해석하기: 앞의 것을 해 본 후에 작품이 주는 메시지 또는 느낌이나 인상을 이

야기해 보도록 한다. "이 그림의 바로 전에는 무슨 일이 일어났을까?" "이 그림 속의 부인은 어디에서 살까?" "왜 그렇게 생각하니?"라고 할 수 있다.

- 판단하기: 이전 단계에서 논의되었던 사실들에 입각해서 작품에 대한 유아들의 개인적인 판단을 돕는 것을 말한다. "이 그림의 어떤 점이 좋으니? 또는 싫어서 바꾸고 싶은 것은 어떤 것이니?"라고 할 수 있다.

이러한 감상의 4단계가 반드시 순서대로 이루어지는 것은 아니다. 기술과 분석 또는 분석과 해석이 함께 나올 수도 있다.

2) 미술활동 지도 방법

집단으로 진행하는 미술활동 지도 방법은 활동의 중심이 누구인지, 즉 주도자의 역할과 어떤 교육 내용 영역과 통합하느냐에 따른 교육 내용의 통합으로 나누어 설명될 수 있다.

(1) 주도적 역할에 따른 지도 방법

① 교사 주도

미술활동 계획을 교사가 하고, 구체적인 방안 또한 교사가 가지고 있다. 교사가 유아에게 구체적으로 가르치기 때문에 유아는 교사의 기대나 기호에 맞추어 그리려는 성향을 보이게 되며, 이로 인해 유아의 사고 및 표현이 획일화될 우려가 있다. 이것이 습관화되면 지시에 따르기만 하는 수동형 유아가 될 수 있다.

② 유아 주도

'자유표현'을 주장하는 교수법으로서 교사는 유아에게 자료를 주고 유아의 생각대로 무엇이든지 그리고 만들 수 있도록 한다. 이 접근 방법은 교사의 개입이나 중재 없이 이루어지기 때문에 어떤 유아는 매우 잘 적응하지만, 또 어떤 유아는 당황하고 하기 싫어할 수도 있다.

③ 유아와 교사가 함께 주도

교사의 안내에 의해 이루어지는데, 교사가 무엇을 할 것인지 주제를 주고 미술 영역에 새로운 재료를 내주며 소개한다. 교사가 제시한 주제와 자료로 작업을 하되, 유아의 생각대로 표현한다. 유아가 활동하는 중에 교사는 유아의 활동을 확장시켜 주거나 새로운 기술을 제시할 수 있고, 문제를 제기할 수도 있다. 이러한 과정에서 유아의 흥미가 지속되면 미술활동을 다른 활동으로까지 확장시켜 통합교육을 할 수 있다.

이러한 세 가지 방법 중 어떤 것이 옳고 그르다고 할 수는 없으며, 유아와 함께 작업할 때 교사 주도와 유아 주도의 접근 방법이 융통성 있게 조절되고 적용될 수 있도록 한다.

(2) 미술활동의 통합적 지도 방법

미술활동에서의 통합적 접근은 다양하게 전개되어 나갈 수 있으나, 여기서는 누리과정 내용에 기초하여 예술경험 영역에서의 통합과 교육과정 전체 영역을 통합한 지도 방법에 대해 안내한다.

① 예술경험 영역 통합

미술과 음악, 동작표현 내용을 분리하지 않고 통합하여 표현하는 것으로, 현대예술의 경향이기도 하다.

◆ 예술경험 영역에서의 통합의 예-'코끼리 그리기'

- 대상 연령: 4~5세
- 집단의 형태: 대소집단

1단계: 알고 있는 코끼리 그리기-코끼리를 본 경험을 이야기한 후 그리기

2단계: 탐색활동

- 실제 코끼리를 관찰하거나 사진, 동영상을 통한 탐색활동[코끼리의 움직임, 형태, 피부, 색 등을 탐색하기(<표 11-7> 참조)]하기

3단계: 탐색을 반영한 코끼리 그리기

- 탐색하여 발견한 것을 반영하여 그리기

4단계: 감상하기

- 자신의 두 작품(알고 있는 코끼리와 탐색 후에 그린 코끼리 그림)을 비교하여 차이점 찾아내어 설명하기

5단계: 예술경험 영역에서의 타 매체와 통합-<아기 코끼리 걸음마> 듣고 신체 표현하기

- 그림을 그리는 중 <아기 코끼리 걸음마> 음악을 틀어 주어 간접 듣기의 경험 제공
- (오후 활동 또는 다음 날) 코끼리가 되어 신체로 표현하기

② 교육과정 전 영역 통합

미술과 누리과정의 신체운동 · 건강 · 의사소통 · 사회관계 · 예술경험 · 자연탐구 영역의 내용을 통합하여 가르치는 방법을 말한다. 미술(예술경험)과 교육 내용 전 영역과의 통합적 접근은 유아에게 의미 있고 흥미로운 학습이 될 수 있도록 돕는다. 미술활동과 교육 내용 전 영역과의 통합 망을 나타내면 [그림 11-5]와 같다.

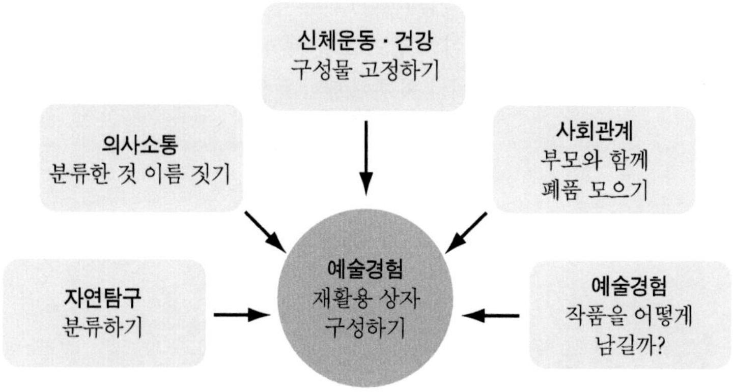

그림 11-5 ◆ **미술활동과 누리과정 전 영역과의 통합 망**

- 사회관계: 재활용 상자를 모아 구성놀이를 하기 위해 가정과의 연계활동으로 계획한다. 가정통신문 등을 통해 폐품 모으기를 안내하거나 '폐품 모으는 날'을 정해(예: 매월 마지막 월요일) 분기별로 폐품 모으기를 할 수 있다. 폐품 모으기를 안내할 때, 잔여물이 남아 있거나 오물이 묻은 용품은 유아와 함께 씻으며 "친구들이 깨끗한 것으로 만들면서 기분 좋아지게 해 주자." 등으로 남을 존중하는 마음을 키울 수 있도록 돕는다.
- 자연탐구: 가정에서 가져온 폐품이 어느 정도 모이면 활동실의 흥미 영역 또는 특정 공간에 야외용 자리를 깔고 폐품을 꺼내 둔다. 3세의 경우, 교사가 분류 기준을 제시해 준다. 예를 들어, "같은 모양끼리 모아보자." 또는 "같은 재질끼리 모을까?"라고 할 수 있다.

◆ 가정 연계 활동-폐품 모으기

- 대상 연령: 3~5세
- 집단의 형태: 개별활동
- 준비물: 작은 공, 종이, 헝겊, 반짝이는 것, 음악을 만드는 것, 단추, 끈, 플라스틱류 등(입체 모양은 손에 잡히는 정도의 크기까지만)
- 활동방법
  1. 2주 전 즈음, 유아들과 폐품 모으기에 대해 이야기 나눈다.
  - 집에서는 버리지만 유아교육기관에 가져와 다르게 활용할 수 있는 것들은 무엇이 있을까? (너무 큰 것은 보관하기도 어렵고 가져오는 데 힘들 수 있으니 작은 것으로 가져오기로 한다.)
  2. 가족과 함께 찾아보고 유아가 가져온다.
  3. 가져온 것은 큰 상자에 담아 어느 정도 모일 때까지 둔다.
- 참고: 모은 폐품은 그대로 바구니나 자루에 담아 두었다가 유아들과 함께 분류한다.

<표 11-3>은 4~5세 유아를 대상으로 폐품을 분류하는 활동의 예를 보여 주고 있다.

표 11-3 ◆ 미술활동과 자연탐구 영역의 분류 개념 통합의 실제

활동명: 폐품 분류하기			
주 제	건강과 안전	소주제	깨끗한 나와 환경
활동목표	• 자신이 생각하는 준거에 따라 분류할 수 있다 • 또래와 협력하여 분류할 수 있다.	대상 연령	4~5세
활동자료	가정에서 모아 온 폐품, 야외용 자리, 다양한 바구니 또는 쟁반		
활동방법			
1. 교사는 미술 영역 또는 활동실 공간에 야외용 자리를 펼쳐 놓고 그동안 유아들이 모은 폐품상자를 꺼내어 놓아 둔다. 2. 어떤 준거로 분류할 것인지 협의한다. - 여기 있는 물건들을 어떻게 정리하면 좋을까? - 너희가 나누고 싶은 대로 정리해서 담아 보자. (같은 모양, 색깔, 재질, 딱딱한 것, 부드러운 것 등)			

3. 서로 분류하고자 하는 기준이 다를 때 자신의 준거를 설명하고, 어떤 기준을 따를 것인지 방법을 정한다.
   - 자기가 생각하는 분류 기준을 친구들에게 이야기하고, 왜 그렇게 했으면 좋겠는지 이야기해 보자.
   (가급적 교사는 한 걸음 뒤로 물러나 유아들의 의견을 경청하며 유아의 말을 명료화하거나 협의를 끝내야 할 순간을 상기시켜 주는 정도로만 참여한다.)
   - 서로 분류하고 싶은 이유를 들었는데, 누구의 기준대로 할 것인지 어떻게 정할 수 있을까? (다수결, 가위바위보 등 유아들이 결정하도록 한다.)

4. 폐품이 많을 경우, 얼마간에 걸쳐 마칠 것인지 협의한다.
   - 여기 있는 물건들을 하루 만에 분류하는 것이 힘들면 일정을 정해 두고 분류할 수 있어. 언제까지 할 수 있을지 협의해야 하지 않을까?

- 의사소통: 분류를 하는 과정이나 분류가 끝났을 때 각각 분류한 내용물에 이름을 지어 붙인다. "너희가 분류한 것에 이름을 지어 줄까?(끈들의 모임, 와글와글 단추 등)" "글씨를 써 넣으면 선생님이 코팅해 줄게." (글씨를 쓰는 유아가 없으면 교사가 다른 종이에 써 준 후 보고 쓰도록 하거나 써서 붙여 준다.) 등 쓰기활동으로 안내한다. 글씨를 붙이고 나면 모든 유아가 알 수 있도록 분류한 준거를 소개한다.
- 예술경험: 분류한 폐품들을 미술 영역에 제시해 두고 구성놀이를 즐긴다.

그림 11-6 ◆ **유아 각자의 기준으로 분류한 예**

표 11-4 ◆ 미술활동-폐품으로 구성하기 활동의 실제

<table>
<tr><th colspan="5">활동명: 우리가 분류한 재활용품으로 구성하기</th></tr>
<tr><th>주 제</th><td>건강과 안전</td><th>소주제</th><td colspan="2">깨끗한 나와 환경</td></tr>
<tr><th>활동목표</th><td colspan="2">• 자유롭게 구성놀이를 즐길 수 있다.
• 자신이 구성한 것에 대해 또래와 이야기 나눌 수 있다.</td><th>대상 연령</th><td>4~5세</td></tr>
<tr><th>활동자료</th><td colspan="4">분류한 폐품</td></tr>
<tr><th colspan="5">활동방법</th></tr>
</table>

1. 원하는 매체들을 가지고 혼자 또는 함께 다양한 구성놀이를 즐긴다.
   - 무엇을 만들고 싶니?
   - 플라스틱 종류로만 만들었구나? 아주 차가운 느낌이 나는걸!

2. 만든 작품을 어떻게 전시할 것인지 이야기 나눈다.
   - 네가 만든 작품을 어디에 전시할까? 어떤 친구의 것과 함께 두면 재미있는 이야기가 될 수 있을 것 같니? (친구가 만든 것과 함께 게시하며 스토리텔링해 볼 수 있다.)

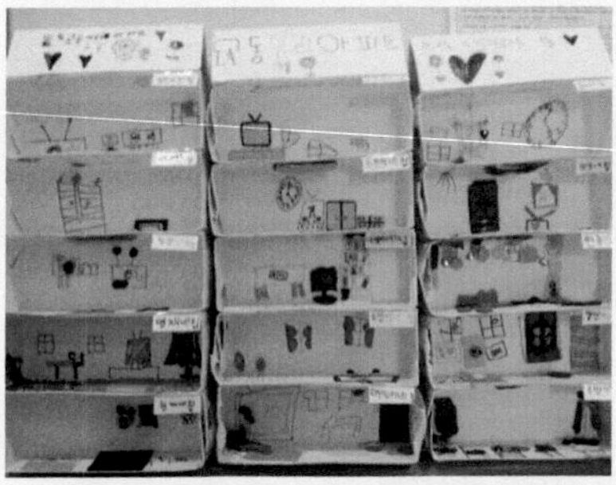

크리넥스 상자 아파트예요!

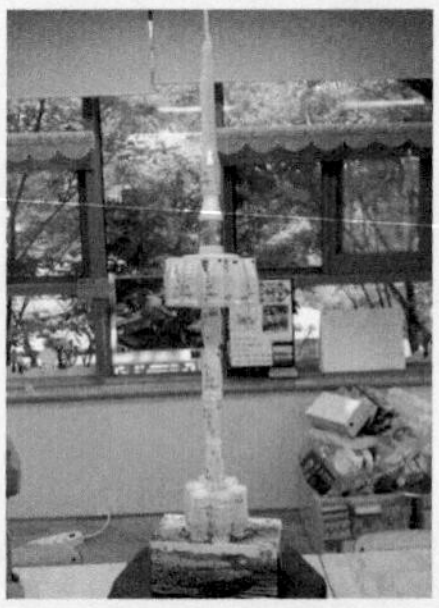

요구르트병 남산 타워도 만들고요!

3. 구성한 작품을 사진을 찍거나 그림으로 그려서 입체물을 평면으로 전이하는 경험을 제공한다.
   - 너희가 만든 것 중에 남기고 싶은 작품이 있으면 이야기해. 사진을 찍어 줄게.

유아 자신이 구성한 작품을 어떻게 남길 수 있을지 그 방법을 생각해 보고 각자 생각한 방법대로 한다. 대체로 입체 구성물을 남기는 방법은 사진을 찍거나 그림을 그려서 보관하게 되는데, 가급적 유아들의 다양한 교육적 경험을 위해 그림을 그려 보게 함으로써 3차원의 공간과 2차원의 평면으로의 이동을 경험해 볼 수 있도록 한다.

◆ 내가 구성한 작품을 어떻게 남길 수 있을까?

1. 각자 만든 작품을 어떻게 남길지 이야기 나눈다.
   - 네가 만든 작품을 어떻게 남길 수 있을까?
   - (그림으로 그려 볼 수 있도록 유도한다.) 그림으로 그려 두면 보관도 편리하고 오래 볼 수 있단다.
2. 유아가 그린 그림에 교사가 찍은 사진을 출력하여 붙여 둔다.
   - 너의 작품을 사진으로 찍어 줄게. (유아가 스스로 찍을 수도 있다.)
3. 그림에 이야기 내용을 적어 주고(글씨를 쓸 수 있는 유아는 스스로 쓰게 한다.), 배지로 꾸며서 시화전을 할 수 있다.

구성물을 보관하기 위해 그렸어요!

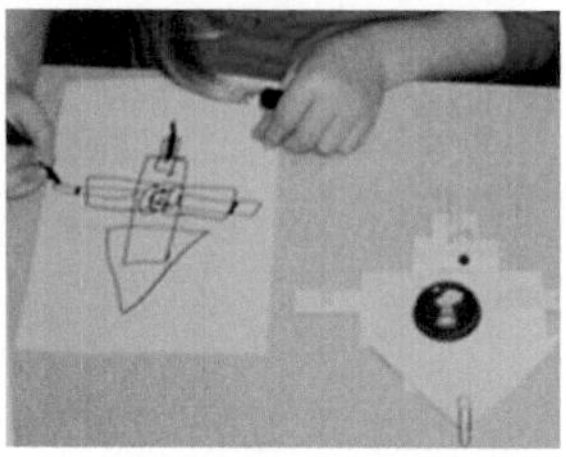

3차원을 2차원으로!

자신이 구성한 작품을 그림으로 그린 작품

- 신체운동 · 건강: 투명테이프와 접착제 등으로 구성물을 접착하고 고정시키면서 협응력과 소근육 발달을 기르도록 돕는다.

3. 수 · 과학 활동 지도

유아의 수학교육은 유아가 일상생활에서 경험하는 여러 가지 사물과 사건을 직접 분류해 보고, 순서 짓고, 비교해 보고, 공간과 도형을 파악하고 관계를 찾아보는 등의 구체적인 조작활동을 통하여 수학적 기초 능력과 태도를 학습한다. 과학교육 또한 유아 자신이 접하는 주변 환경에 대한 호기심에서 비롯된다. 유아의 타고난 호기심을 충족시켜 주고 탐구할 수 있는 환경을 만들어 주면서 적절히 지원하는 것은 유아의 과학활동에서 중요한 요인이 된다. 수와 과학은 사람, 자연, 사물, 우주

등과 관계를 맺고 존재의 관계성에 대해 이해하는 것이다. 유아를 위한 수와 과학 활동은 대집단 형태보다는 개별적 또는 소집단 형태가 바람직하다.

1) 유아 수학활동 지도

(1) 유아 수학활동을 위한 기본 교수 원리

- 유아를 위한 수학교육은 유아가 지니고 있는 비형식적 지식을 파악하여 교수 학습 활동을 제공함으로써 형식적 수학으로 연결해 가도록 한다. 일상생활에서 일어나는 다양한 문제를 수학학습과 연결하고, 유아가 자신의 방법을 탐색할 수 있도록 충분한 시간을 준다. 유아들의 출결을 체크하며 "지금 우리 반에 있는 친구는 몇 명이니?"라고 하거나, 간식인 귤을 가져가는 도우미에게 "한 사람이 두 개를 먹을 수 있어. 책상에 앉은 친구들이 먹을 수만큼 가져갈래?"라고 하여 문제해결을 중심으로 수학교육이 이루어지도록 한다.
- 유아가 직접적 · 구체적인 활동을 통하여 구체물을 조작하면서 능동적으로 자신의 수학적 지식을 구성하도록 한다. 유아 스스로 수학적 추론과 아이디어를 말로 설명하거나 글로 써서 전달하거나 그림이나 그래프, 차트, 구체물을 사용해서 전달하고, 다른 사람의 아이디어를 이해할 수 있도록 한다.

(2) 유아 수학활동의 지도 방법

유아가 수학적 개념을 형성하도록 돕는 지도 방법은 자연적 · 비형식적 · 구조적 방법을 들 수 있다.

① 자연적 지도 방법

물체나 사람을 탐색하면서 자발적으로 수학적 지식을 구성하는 방법이다. 5세반에서 점심식사 시 각 탁자별로 그릇에 반찬을 담아 주고 한 탁자에 앉은 친구들끼리 반찬을 나누며 자연스럽게 수학적 경험을 하도록 한다([그림 11-7] 참조).

"우리 모두 일곱 명이니까 두 개씩 가져가야 해. 많이 가져가면 다른 친구가 못 먹잖아."

그림 11-7 ◆ **자연적 지도 방법의 수학적 경험의 예**

② 비형식적 지도 방법

블록 쌓기, 정리정돈 등 다른 활동에서 자연스럽게 교사의 발문이나 지도 등으로 이루어지는 활동을 말한다.

◆ 비형식적 수학 지도 방법의 예

- 대상 연령: 4~5세
- 집단의 형태: 소집단
- **가정과 연계활동으로 알뜰시장놀이를 위해 모은 작아서 입지 않는 옷이나 놀잇감 등을 분류하면서 묶음의 수세기를 경험할 수 있도록 안내한다.**

교사: 여기 너희가 팔아야 할 옷이 있는데, 모두 몇 개인지 어떻게 알아볼 수 있을까?
승호: 세어 봐요.
교사: 그래. 그런데 옷이 너무 많은데……. 어떻게 하면 빨리 쉽게 셀 수 있을까?
예인: 같이 세요.
교사: 10개씩 묶어서 세어 보면 어떨까?
유아들: 좋아요. (각자 옷을 10개씩 세어서 모아 놓는다.)
승호: 여기 2개가 남았어요.
교사: 그래, 10개씩 묶음이 몇 개니?
유아들: 십, 십이 두 개니까 이십, 삼십, 사십…….
승호: 두 개가 남았으니까 사십이(42)예요.

③ 구조적 지도 방법

수학 자체를 목적으로 계획한 경험으로, 수학 교구나 수학게임 등을 제시하고 정해진 교수방법에 따라 활동하는 것을 말한다.

표 11-5 ◆ **구조적 지도 방법의 수활동의 실제-동화와 연계한 수활동**

활동명: 잭과 콩나무			
주 제	동식물과 자연	**소주제**	식물과 우리의 생활
활동목표	• <잭과 콩나무> 동화를 듣고 콩나무의 길이가 얼마나 긴지 예측해 보고 측정해 본다. • 각자 만든 콩나무의 길이를 비교할 수 있다.	**대상 연령**	4세
활동자료	<잭과 콩나무> 동화, 스카프, 넥타이, 끈, 보자기 등		
활동방법			

1. <잭과 콩나무> 동화를 듣고 이야기 나눈다.
   - 잭은 어떻게 하늘로 올라갔을까?
   - 하늘은 얼마나 높을까?

2. 주변에서 끈으로 이용할 수 있는 물건을 찾아본다.
   - 끈처럼 생긴 물건이 없을까?

3. 찾아낸 물건들의 길이를 비교한다.
   - 이 중에서 가장 긴 것은 어떤 것일까?
   - 가장 긴 것부터 차례대로 놓아 보자.

4. 물건들을 연결하여 잭이 타고 올라간 콩나무만큼 긴 밧줄을 만든다.
   - 모두 다 이으면 얼마나 길어질까?

활동실에서 끈, 스카프, 넥타이 등을 찾아 연결하여 길이를 비교해 보고, 긴 끈부터 놓아 보는 활동이 활발하게 진행된다.

끈을 연결하기 전에 얼마나 길어질까에 대해 각자의 생각을 이야기한 후 직접 테이프 등을 이용해 끈을 연결한다.

실제 연결된 끈을 잡고 서서 잭의 콩나무 길이를 추측해 본다.

2) 유아 과학활동 지도

(1) 과학교육을 위한 탐구기술 활용

과학교육을 위한 기본 탐구기술은 관찰, 분류, 예측, 실험, 해석 및 일반화(의사소통)하는 과정을 거친다.

- 탐구의 가장 기본은 관찰이다. 유아가 잘 관찰하고 관찰한 내용을 자신의 언어나 그림으로 묘사할 수 있도록 지도함으로써 정보를 수집하는 감각적 민감성을 기르고 문제해결의 방법을 경험하게 된다.
- 유아의 주변 환경을 구성하고 있는 다양한 사물과 사건의 속성을 분류하는 경험을 제공함으로써 문제해결력을 기르도록 한다.
- 관계를 예측해 보며 자신만의 가설을 만들 수 있도록 지원한다. 가설을 설정하면 이를 검증하고 해석하는 과학적 과정을 경험하게 된다.
- 가설을 검증하기 위해서는 실험이 요구된다. 유아는 사물이나 상황이 자신들의 조작에 의하여 변화하는 것을 매우 즐긴다.
- 탐구한 결과는 기록하고 전달하는 기회를 갖는다. 이러한 경험은 유아 자신의 개념 지식을 명료화할 수 있다.
- 관찰하고, 분류하며, 수집한 자료를 검증하고, 여러 번의 실행을 통해 일반화의 과정까지 갈 수 있도록 돕는다. 이때 유아는 단순한 관찰이나 실험의 결과를 과잉으로 일반화하는 경향이 있다. 예를 들어, 날계란의 속을 관찰하지 않고 삶은 계란을 잘라 보고는 '계란은 부드럽고 말랑말랑하다'라고 일반화해 버릴 수 있다. 이때 교사는 잘못 인식된 개념을 가르쳐 주기보다 유아가 다른 경험들을 통하여 자신의 일반화에 오류가 있었음을 인지할 수 있도록 돕는다. <표 11-6>은 탐구기술을 활용한 활동의 예다.

표 11-6 ◆ **탐구기술을 활용한 활동의 예**

활동명: 낙하산 만들기
1. 낙하산 동영상 및 사진을 보며 관찰한다. - 유아들의 사전 경험을 위하여 낙하산 관련 동영상을 보여 준다.
2. 비닐, 실, 작은 돌멩이를 이용하여 낙하산 만들기를 한다. - 일반적인 자료들을 준비하여 미술 영역에서 낙하산을 만든다.
3. 낙하산을 날려 본다. (유아들은 기대를 가지고 미끄럼틀 위에서 낙하산을 날렸으나 낙하산은 동영상처럼 날아가는 것이 아니라 바로 땅으로 떨어져 버린다. 유아들의 실망한 표정이 역력함)
4. 문제의 원인을 추론하고 해결 방법을 찾아본다. - 낙하산을 더 만들어 보고 싶은 유아들을 중심으로 문제에 관해 이야기 나누기를 한다. (유아들이 '낙하산을 비닐이 아니라 헝겊으로 만들어야 한다' '돌멩이가 무거우니 더 가벼운 것으로 달아야 한다' '사람을 그려서 오려 붙여야 한다' 등의 해결 방법을 제시함)
5. 유아들이 제안한 해결 방법으로 실행해 본다. - 해결에 필요한 자료들을 가져오기로 하고, 다음 날 다시 자신이 생각하는 대로 낙하산을 만든다.
6. 다양한 방법으로 실행하고 기록한다. - 자신이 만든 낙하산을 다시 날려 보는 활동을 하고, 어떤 조합일 때 어떤 결과가 나타나는지를 기록한다.

이 '낙하산 만들기' 활동은 거의 2주간 자유선택활동과 소집단활동 시간에 이루어졌으며, 유아들은 그들이 생각하는 최적의 조합을 생각해 내었다. 유아들은 활동 자체를 즐겼고, 다양한 관찰과 추론 결과기록을 경험할 수 있었다.

(2) 과학활동 지도 방법

유아의 과학 교수학습 방법도 수교육 지도와 마찬가지로 소집단 또는 개별적인 지도가 바람직하다. 소집단으로 활동한 예와 대집단활동의 예를 보면 다음과 같다.

① 소집단 과학활동의 예

다른 활동에서 확장된 활동, 실외놀이나 견학과 연계한 추후활동, 과학교육의 목적을 갖고 과학활동을 계획하여 실시한다. 다음의 예는 '바다에 갔던 경험이나 바다 생물에 대해 알고 있는 것'에 대해 이야기 나누기를 하던 중 유아들이 오징어 다리가 몇 개인지에 대해 혼란을 겪은 내용이다.

유아 1: 나 오징어 봤어요.
교사: 오징어는 어떻게 생겼니?
유아 1: 머리가 세모처럼 생겼고, 다리가 10개예요.
유아 2: 아니야. 다리가 8개야.
유아 3: 오징어 다리는 12개야.
교사: 오징어 다리가 몇 개인지 어떻게 알아볼 수 있을까?

유아들이 인터넷에서 찾아보기, 책에서 찾아보기, 집에 가서 엄마에게 물어보기, 다음에 바다에 가면 오징어를 잡아서 세어 보기, 시장에 가서 알아보기 등 다양한 방법을 제안하였다. 오징어 다리뿐 아니라 다른 바다 생물에 대해서도 알아보고자 동네 재래시장의 생선가게로 직접 나가 탐색하는 활동이 이루어졌다. 그런 과정에 오징어를 직접 구입해 와 활동실에서 만져 보고 눈의 위치, 다리의 빨판 등 매우 구체적인 특성까지 관찰하며 궁금한 것을 쓰거나 그림으로 그려 보는 활동이 이루어졌다.

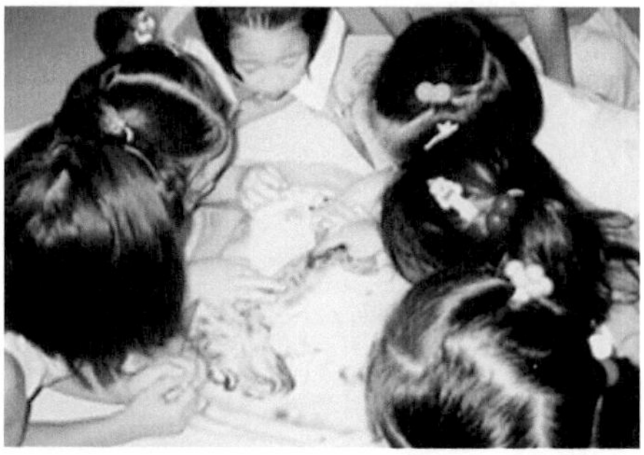

오징어의 외형뿐 아니라 내부까지 만지며 관찰하면서 서로의 생각을 나눈다.

오징어의 빨판, 눈의 위치 등 매우 세부적인 부분까지 그림에 나타낸 것을 볼 수 있다.

그림 11-8 ◆ **소집단으로 관찰하고 그림으로 표현하는 모습**

② 대집단 과학활동의 예

유아기는 보는 것을 표상해 내기보다 알고 있는 것을 표현해 낸다. 따라서 사람, 동물, 물체 등을 언어적 또는 예술적으로 표현해 내기 전에 충분히 관찰하고 탐색하여 내면화된 지식을 갖도록 해야 한다. <표 11-7>은 대집단활동으로 코끼리를 관찰한 예다.

표 11-7 ◆ 과학활동의 실제

<table>
<tr><th colspan="5">활동명: 코끼리 관찰하기</th></tr>
<tr><td>주 제</td><td>동식물과 자연</td><td>소주제</td><td colspan="2">궁금한 동식물</td></tr>
<tr><td>활동목표</td><td colspan="2">• 코끼리의 외형적인 특징을 관찰하고 말로 표현할 수 있다.
• 관찰한 코끼리를 그림으로 표상할 수 있다.</td><td>대상 연령</td><td>4~5세</td></tr>
<tr><td>활동자료</td><td colspan="4">코끼리 사진을 준비하여 PPT로 제작한다. 이때 배경이 너무 복잡한 것은 좋지 않으며, 코끼리의 특징을 가장 잘 드러낼 수 있는 사진이 좋다.</td></tr>
<tr><th colspan="5">활동방법</th></tr>
<tr><td colspan="5">[도입]
1. 수수께끼를 내어 유아들의 관심과 주의집중을 돕는다.
- 선생님이 수수께끼를 낼게. '나는 무엇일까요?' 하면 알아맞히는 거야.
- '나는 몸이 아주 커요. 귀도 크고요. 코는 길어요. 정글에서 살고요. 코로 물건을 들 수도 있어요. 동물원에서도 볼 수 있지요.' 나는 누구일까요?
- 그래, 코끼리구나.

[전개]
2. 준비한 PPT로 실제 코끼리 사진을 보며 관찰한다. 주변에 배경이 많으면 특징을 이미지화하는 데 방해가 될 수 있으므로 코끼리의 모습, 피부, 움직임 등 특징에 집중하도록 탐색한다. 이때 스토리텔링하여 소개하면 더 집중하여 탐색한다.
- 지난번에 자기가 알고 있는 코끼리를 그려 보았지? 오늘은 진짜 코끼리 모습을 잘 관찰해 보자. '아기코끼리를 찾는 엄마코끼리'를 잘 탐색해 보자.

3. 코끼리가 살고 있는 곳, 움직이는 모습 등 장면을 보며 어떻게 다른지 관찰해 본다([그림 11-9] 참조).

[마무리]
4. 코끼리의 특징을 다시 한 번 회상해 본다.
- 코끼리 모습을 사진으로 봤는데, 코끼리 몸통은 어땠지? 몸에는 뭐가 있었더라?</td></tr>
</table>

- 우리가 관찰한 코끼리를 자유선택활동 시간에 미술 영역에서 그려 보기로 하자.

참고: 놀이시간에 자료를 제시해 주어 유아들끼리 관찰해 보도록 한다.

1. (몸통을 손으로 따라 그리며) 코끼리 몸통 좀 봐! 정말 크다. 몸통에 뭐가 있지? 몸에 있는 이 무늬는 뭘까?
   ※ 엄마코끼리가 아기코끼리를 찾아 길을 떠나요. 코가 축 처졌고 눈이 슬퍼 보여요.

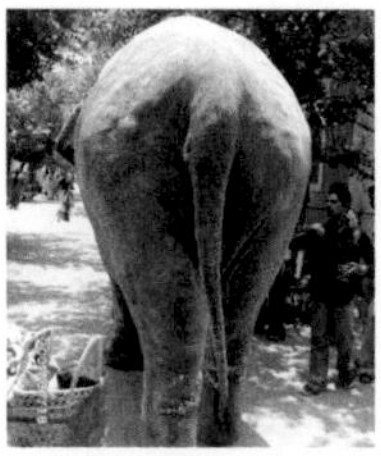

2. (뒷모습을 보고 꼬리를 가리키며) 엉덩이에 붙어 있는 아주 가늘고 짧은 꼬리~
   ※ 여기저기 돌아다니며 아기코끼리를 찾고 있나 봐요.

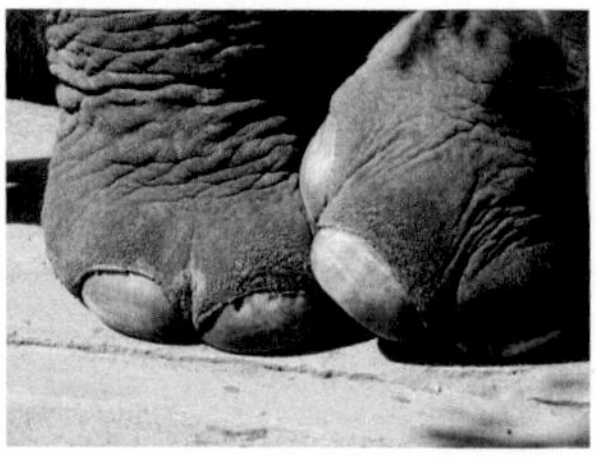

3. 코끼리 발톱 좀 봐! 발에도 주름이 있네?
   ※ 너무 많이 걸어 다녀서 발이 아팠어요.

4. 어? 이 코끼리 가족의 발은 어디 있지? 풀 속에 숨어있구나.
   ※ 온 가족이 함께 있는 코끼리 가족을 만났어요. 아기코끼리는 어디에 있나요?

5. 그런데 엄마코끼리에게는 있는데 아기코끼리에게는 없는 것이 있어! 걸어가는 다리를 봐!
   ※ 아기코끼리는 엄마코끼리가 없어 너무 슬펐어요.

6. 어? 코끼리 얼굴에 달린 뿔은 뭘까? 그렇구나, 상아라고 하는구나. (아이들이 대답을 하지 못하면) 저건 상아라고 해.
   ※ 드디어 엄마코끼리를 만났어요. 엄마, 배고파요! 냠냠!

그림 11-9 ◆ **코끼리를 관찰하고 스토리텔링하는 예**

제12장

영유아 일상생활 지도

영유아기는 기본 생활 습관의 기초를 마련하는 중요한 시기인 만큼 유아교육기관의 일과에서 영유아의 발달에 따른 일상생활을 지도하고 이를 통해 기본 생활 습관을 바르게 가질 수 있도록 교수학습의 과정을 연결하는 일은 매우 중요하다.

이 장에서는 영유아의 하루 일과 중 일상생활활동에 해당하는 등 · 하원, 수유 및 식사, 기저귀 갈기 및 배변, 휴식 및 낮잠, 정리정돈 등의 지도 방법에 대해 알아보고, 놀이활동에서의 기본 생활 지도에 대해서도 학습한다.

1. 일상생활 지도의 개념

영유아는 유아교육기관에서 하루 종일 혹은 반나절을 보내며 새로운 사람과 친구들을 만나면서 성장한다. 성장의 과정에서 유아교육기관의 교사는 그들의 발달에 적절한 지원을 통하여 건전하고 건강하게 성장할 수 있도록 돕는다. 영유아의 발달을 돕는 일상생활 지도로는 등원 및 귀가, 수유 및 이유식, 간식, 식사, 낮잠 및 휴식, 기저귀 갈기 및 배변활동 등 일상생활에서 바른 습관 형성을 돕는 것이다. 일상생활활동은 영유아의 성장과 관련되어 있을 뿐 아니라 학습과도 밀접하게 관련되어 있다. 즉, 유아교육기관에서 지내는 모든 시간, 모든 상황이 어떻게 진행되느냐에 따라 영유아의 발달을 지원할 수도 있고 또는 오히려 해칠 수도 있다.

일상생활활동의 지도는 영유아의 성장에 따라 그 내용과 방법이 달라진다. 영아기에는 기본적인 삶을 유지하기 위한 기술들을 학습해야 하는 반면, 유아기에는 사회적 규칙과 관련된 기본 생활들을 익혀 나가는 것이 더욱 필요하다.

2. 일상생활활동 지도 방법

1) 등 · 하원 지도

등원은 영유아가 부모와 함께 지내던 가정에서 또래 및 교사와 함께 지내게 되는 유아교육기관으로 공간적 · 상황적 · 인적 환경의 전이가 이루어지는 시간이며, 하원은 즐겁게 놀이하던 유아교육기관에서 그 반대의 전이를 하여야 하는 시간이다.

연령이 어릴수록 부모와 떨어져 낯선 타인들과 낯선 상황에 놓여지는 것은 심각한 불안을 야기하게 된다.

등원 시 영유아의 기분은 하루 생활의 질을 결정한다. 교사는 등원 시 영유아의 기분을 잘 살피고 영유아가 즐거운 마음으로 소속감을 가지고 일과를 시작할 수 있도록 상호작용한다.

(1) 등원 전 교사의 준비 사항

- 출근과 동시에 손을 씻어 영유아를 맞이하기에 청결한 위생상태가 되도록 한다.
- 영유아가 도착하기 전 활동실의 창문을 열어 환기시킨다.
- 영아교사는 위생용품, 수유용품을 미리 점검하고, 영아의 개별 소지품을 확인한다.
- 활동하기에 위험한 곳은 없는지 확인한다. 교육용품이나 비품의 모서리 보호대 등 안전에 대한 점검을 한다.
- 투약의뢰서, 일일보고서를 준비한다.

(2) 등원 지도

- 따뜻한 표정으로 맞이하기: 교사는 다른 일을 하고 있는 중이더라도 등원하는 영유아와 눈을 맞추고, 가볍게 안아 주거나 토닥여 줌으로써 영유아가 학급에서 인정되고 소속되어 있다는 감정을 느끼게 한다.

맞이하기 전략에는 어떤 것들이 있는가?

- 손가락 인사하기: 가볍게 손가락끼리 부딪히며 '안녕' 하며 인사하기
- 엄지손가락 치켜들어 주기: 들어서는 영아에게 엄지손가락을 치켜들어 줌으로써 반가움을 표시한다.
- 가볍게 안아 주기: 영유아를 가볍게 끌어안아 줌으로써 신체 접촉뿐 아니라 영아의 건강상태도 느낄 수 있다. 열이 있거나 아픈 영유아는 몸이 뜨거워서 빨리 파악할 수 있다.
- 한 활동실에 두 교사가 있을 때: 한 교사는 먼저 등원한 영유아들과 놀이를 하고, 다른 교사는 영유아의 등원을 맞이한다.

- 신발 벗기: 현관에서 영유아를 맞이한다면 영유아 혼자 신발을 벗고 활동실로 들어올 수 있도록 기다려 준다. 혼자서 신발 벗기가 어려운 영아라면 더욱 기다려 주고 격려해 주어야 한다. 영유아의 발달 수준에 따라 교사가 부분적으로 지원하고 언어적으로 상호작용해 주어 영아가 가능한 한 스스로 신발을 벗을 수 있도록 한다.

(영아가 스스로 하려는 행동을 보이는지 지켜본 후)
"○○는 오늘 빨간색 신발을 신고 왔구나. 찍찍이를 떼어 볼까?"
"선생님이 신발을 잡아 줄 테니 발을 빼 보자."
"발이 쏙 빠졌네. 이제 어떻게 할까?"(자신의 신발장에 정리하도록 돕는다.)

- 외투 정리하기: 영아와 유아에 따라 교사의 지원 내용과 방법이 달라질 수 있다. 0~2세의 영아는 대부분을 교사가 함께해 주면서 언어적 상호작용을 할 것이다(예: "팔이 쏙 나왔네. 이제 왼쪽 팔도 나올 거야. 어디에 걸지?").

3세 이상의 유아기가 되면서 교사는 유아가 스스로 할 수 있도록 활동 과제의 과정을 분석하여 유아의 수준에 따라 과제의 난이도를 줄일 수 있는 방안을 모색해야 한다. 또한 각 유아의 발달 수준을 잘 파악하여 너무 어려워하는 유아에 대해서는 필요한 만큼의 도움을 준다. 교사가 모두 해 주는 것은 유아의 자조기술을 떨어뜨리고, 소근육 발달을 저해하게 된다. 반면, 너무 어려운 과제를 무조건 혼자하게 하는 것은 유아로 하여금 포기하게 만들고 스스로 하는 것에 대해서도 두려움을 갖게 만든다. [그림 12-1]은 유아가 외투를 정리하는 과정을 지도하는 예를 보여 준다.

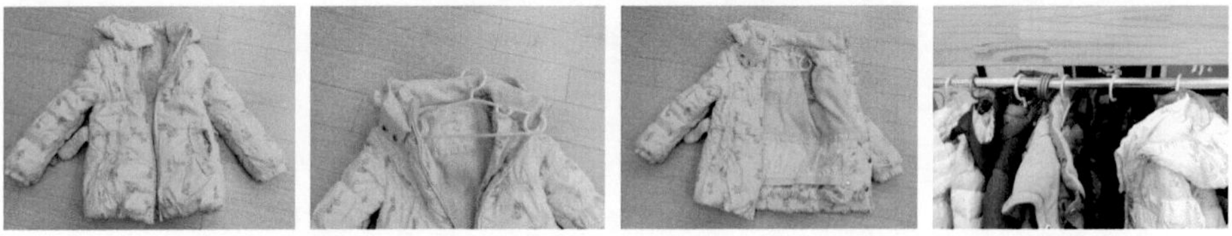

① 옷을 바닥에 펼친다. 옷은 모양이 고정적이지 않아 연령이 낮은 유아는 형태를 인지하기가 어렵다. 펼쳐서 바닥에 놓음으로써 형태와 부분을 더 쉽게 알아볼 수 있다.
② 옷걸이를 옷 안에 넣는다.
③ 위쪽 단추를 하나 정도 잠근다. 지퍼로 되어 있는 경우, 지퍼를 올린다. 그래야 옷걸이에서 쉽게 분리되지 않는다.
④ 옷걸이대에 건다. 만약 옷걸이대에 공간이 없다면 공간을 조금 확보해 준다.

※ 3세 유아에게는 다소 어려울 수 있다. 교사는 자조기술을 길러 주기 위해 과제를 세분화하여 유아가 할 수 있는 부분을 조금씩 확장시켜 준다.

그림 12-1 ◆ **유아가 옷을 정리하는 과정의 지도 예**

- 자기 장에 가방 넣기: 자기 장에 가방을 넣고 혹시 가정에서 가지고 온 편지나 전달물이 있으면 교사에게 주도록 한다. 간혹 영유아가 이를 전달하지 않아 부모와 교사 간에 오해가 생기기도 하므로, 교사는 영유아가 유아교육기관에서 가정으로, 가정에서 유아교육기관으로의 전달 사항을 잘 기억하여 전달하도록 지도한다.
- 인사하기: 교사는 영유아가 교사나 다른 친구들과 인사할 수 있도록 바른 인사법을 시범 보일 수 있다. 만약 교사가 다른 영유아와 영역에서 놀이를 하는 중이었다면 간단히 인사할 수도 있다. 그러나 유아의 경우라면 등원 시 가능한 한 바른 자세로 교사와 인사할 수 있도록 지도한다.

- 놀이 선택하기: 영유아가 활동실에 들어섰을 때 흥미로운 교구 또는 새로 제시된 교구가 눈에 띄었다면 영유아는 곧장 그 영역을 선택하고 놀이를 시작할 것이다. 그러나 놀이 선택에 어려움이 있는 영유아라면 교사의 안내가 필요하다. 영아의 경우, 교사는 전날의 즐거웠던 활동을 상기시키고 첨가하거나 변화된 매력적인 놀잇감을 보여 줌으로써 영아가 놀이에 대한 기대를 가지고 활동실에 들어올 수 있도록 돕는다.
- 일일보고서와 가정연락장에 부모가 기록한 등원 시각과 등원 시 기분, 건강상태를 확인한다. 이를 통해 교사가 영유아의 상태를 좀 더 이해하고 지도할 수 있으며, 아픈 영유아가 적절한 조치와 투약을 받을 수 있다.

(3) 하원 지도

하원은 하루 동안의 유아교육기관에서의 생활을 마무리하고 가정과 부모의 품으로 돌아가는 시간이다. 기관에서의 하루가 즐거웠다 하더라도 부모와 만나는 시간은 영유아에게 매우 기대되는 시간이다.

- 유아교육기관의 경험에 대해 즐겁게 회상할 수 있도록 돕기: 영유아가 일과 중 불쾌한 경험을 그대로 가지고 귀가하지 않도록 유의한다. 만약 어떤 일로 인해 교사로부터 부정적 지도를 받았던 영유아가 있다면, 교사가 자신을 좋아하지 않는다고 생각을 하고 다음 날 등원하는 것을 꺼릴 수 있기 때문이다. 교사는 귀가 전 영유아를 개별적으로 포옹하여 교사가 여전히 자신을 사랑하고 있음을 느끼게 하고, 다음 날 재미난 활동이 준비될 것임에 대한 기대를 갖도록 한다.
- 부모가 데리러 올 시각에 오지 않으면 영유아는 불안해하며 놀이에 집중하지 못하는 경향을 보인다. 부모가 영유아를 데리러 오는 시각이 불규칙할 경우, 교사는 해당 영유아가 불안해하지 않도록 지원한다.
- 통합 또는 시간 연장을 위하여 다른 공간으로 이동하는 영유아가 있다면, 불안감을 갖지 않고 다른 집단 및 공간에 들어갈 수 있도록 심리적인 지원을 한다. 특히 초기에는 영유아가 새로운 상황에 대해 불안해할 수 있으므로 인계하는 과정에서 담임교사와 함께 통합반 교사나 시간 연장 교사에게 인사하는 과정을 거친다.

• 하루 일과 중에서 즐거웠던 일이나 속상했던 일 등 함께 이야기해야 할 것들에 대해 이야기한다.

어떻게 할까요?

• 2세반의 정수는 친구의 놀잇감을 빼앗은 일로 교사로부터 주의를 듣고 마지못해 놀잇감을 친구에게 돌려주었다. 정수는 하루 종일 다른 친구들을 건드려서 문제를 발생시켰고, 그때마다 교사의 제지를 받을 수밖에 없었다.

교사: "정수는 오늘 공룡 놀잇감을 가지고 놀고 싶었는데 못 가지고 놀아서 속상했지?" "그렇구나. 정말 속상했구나." "내일은 일찍 와서 먼저 가지고 놀자." "오늘 놀잇감 때문에 속상했지? 그렇지만 정수가 정말 갖고 싶었던 놀잇감을 친구에게 주는 것을 보니 정수는 규칙을 정말 잘 지키는 아이구나 하는 생각이 들었어."라고 말하고 부드럽게 안아 준다.

2) 수유 및 식사 지도

영유아를 위한 섭식 지도는 영유아가 성장함에 따라 수유에서 시작하여 이유식, 간식 그리고 식사 지도까지 이어지는 일련의 과정이다.

(1) 수유지도

수유는 영아에게 영양을 공급하여 신체적 성장을 이룰 수 있도록 돕는다. 수유 시 양육자와 어떠한 관계를 갖느냐에 따라 영아는 세상에 대해 안정감을 갖고 신뢰할 수 있도록 하는 사회정서적인 성장을 도울 수 있다.

수유 시 교사는 다음과 같은 점에 유의한다(최지영, 2011).

• 부모가 가정연락장에 기록한 각 영아의 수유 시간과 양을 잘 확인한다. 수유량은 그날그날의 영아의 건강상태에 따라 달라질 수 있으므로 융통성 있게 수유할 수 있도록 한다.
• 각 영아의 수유량과 수유 시간을 교사가 잘 볼 수 있는 곳에 적어 두어 가능한

한 정확한 시간에 정확한 양을 수유할 수 있도록 한다. 수유량은 영아의 건강을 감지하는 중요한 단서가 되므로 일일보고서 또는 가정연락장에 기록하여 부모와 의사소통이 될 수 있도록 한다.

- 교사는 활동실 내 교사의 손이 잘 닿는 곳에 영아의 수유를 위한 준비를 해 둔다.
- 수유를 준비하는 동안 영아가 무료하게 기다리지 않도록 가능한 한 눈을 맞추고 상호작용한다.
  "선생님이 우유를 타 줄게. 이렇게 물을 넣고……."
- 수유 시 교사는 영아를 안고 영아와 눈을 맞추며 다정하게 이야기함으로써 영아가 안정적으로 주변을 인식하고 양육자에 대한 신뢰와 안락함을 느낄 수 있도록 한다.

(2) 이유식 지도

이유식은 영아의 건강적인 측면뿐 아니라 앞으로의 바람직한 식습관 형성을 위하여 잘 계획하고 지도해야 한다. 이유식은 대체로 4~6개월에 시작하게 되는데, 교사는 영아가 이유식을 하기 위한 발달적 준비와 생리적 준비가 되어 있는지 확인한다. 교사는 영아의 발달 정도와 유아교육기관의 상황에 맞추어 이유식을 시작할 시기와 방법에 대해 부모와 협의한다.

이유식을 위한 발달적 준비란?

영아는 차츰 보행기나 영아용 의자에 앉는 것이 가능해지고, 사물을 만지거나 잡는 데 흥미를 보이면서 숟가락과 같은 도구를 사용하려고 하고, 음식물을 넘기고 삼킬 수 있게 된다. 이후 영아는 점차 씹을 수 있고, 편안하게 앉을 수 있으며, 숟가락을 사용하는 법을 배우게 되면서 음식과 다른 것들의 맛을 보는 데 흥미를 보인다. 이 시기에 이유식을 시작하면 좋다. 영아가 만약 음식에서 고개를 돌리면 더 이상 먹고 싶지 않다는 의사로 받아들여야 하며, 적정량이 있다 하더라도 영아의 의사를 존중하여 음식을 주지 않는 것이 좋다.

이유식 지도 방법은 다음과 같다.

- 유아교육기관에서 이유식을 준비하기 힘들 경우, 부모가 준비할 수 있도록 안내한다.
- 교사는 소독액으로 책상을 닦고, 교사와 영아 모두 손을 씻거나 소독을 한다.
- 준비한 이유식은 숟가락으로 먹이고, 먹일 때 영아가 편안하고 즐거울 수 있도록 상호작용한다.
  - 잘 먹는 것에 대해 긍정적으로 표현해 주기: (미소를 지으며) "쇠고기 죽 맛있지?"
  - 영아가 알아듣지는 못하지만 음식에 대해 표현해 주기: "이건 시금치죽이네."
  - 영아가 고개를 돌릴 때에는 더 이상 먹이지 않기: "이제 그만 먹고 싶어?"
- 새로운 음식은 갑자기 많이 먹이기보다 하루에 1~2회 숟가락으로 조금씩 천천히 제공한다. 영아가 이유식을 먹은 후의 상태가 어떤지 교사는 예민하게 관찰한다. 소화는 잘하고 있는지, 알레르기 반응이 나지 않는지 살핀다.
- 이유식을 쉽게 많이 먹이기 위해 구멍이 큰 우유병에 먹이는 것은 지양한다. 이유식은 영아가 숟가락을 사용하는 것과 음식물을 삼키는 것에 익숙해지도록 해야 하기 때문이다.
- 영아의 음식에는 설탕이나 소금을 첨가하지 않도록 한다.
- 이유식을 먹는 시간 동안 영아는 가만히 앉아서 기다리지 못한다. 이때 유모차, 영아용 의자 등을 활용한다.

(3) 간식 지도

① 영아

1세 경에는 이유식을 끝내고 간식과 식사를 하게 된다. 영아는 끊임없이 움직이면서 신체적 발달을 도모하므로 많은 에너지를 필요로 한다. 반면, 한 번에 섭취할 수 있는 음식의 양이 그리 많지 않아 식사만으로 필요한 영양을 모두 섭취하기가 어렵다. 따라서 식사와 다음 식사 사이에 간식을 제공하여 영양을 보충해 주도록 한다. 아울러 새로운 음식물을 경험하고, 식습관을 익히며 친구들과 친밀한 관계를 가질 수 있도록 지도한다.

간식을 지도하는 방법은 다음과 같다.

- 교사는 미리 간식용 배식대를 준비하여 둔다.
- 영아들이 손을 씻을 수 있도록 돕는다. 교사가 2명일 경우 한 교사는 간식 준비를 맡고 다른 교사는 영아의 손 씻기 및 기다리는 과정을 돕는다. 2세 영아라면 초기에 잘 지도하여 스스로 손을 씻도록 한다. 그러나 1세 영아는 교사가 일일이 씻겨 주어야 할 수도 있다.
- 교사는 책상에 소독액을 뿌리고 행주로 닦은 후 간식 담을 접시를 책상 위에 둔다. (2세 영아라면 스스로 간식 접시를 가지고 자리에 앉을 수 있다.)
- 학급의 상황에 따라 다를 수 있겠지만 간식을 준비하는 시간차가 있어서 간혹 영아가 기다려야 하는 경우가 생긴다. 영아가 무료하게 앉아서 기다리는 것은 쉬운 일이 아니다. 간식이나 식사 지도를 계획할 때 이러한 시간적 차이를 잘 고려하여 영아가 기다리는 시간을 최소화한다. 기다리는 동안 노래를 부르거나 간단한 동화를 들려준다.
- 영아가 간식을 먹는 동안 교사는 영아와 함께 간식을 먹으며 상호작용하고, 도구 사용과 식습관의 모델링이 되어 준다.
- 교사는 영아의 도구 사용 수준을 잘 관찰하여 잘하는 점을 격려함으로써 점차적으로 도구를 사용하여 스스로 간식을 먹을 수 있도록 지도한다.
- 편식하는 영아가 있다면 시간을 두고 관심을 가질 수 있도록 유도하고, 긍정적으로 먹고자 하는 마음이 생길 수 있도록 지도한다. 이때 억지로 먹도록 강요하지 않도록 한다.

교사는 이유식, 간식, 식사 시간 전에 책상 위를 물행주로 닦은 후, 소독액을 뿌리고 다시 마른 행주로 닦아 내야 한다.

그림 12-2 ◆ **책상 위를 소독하는 모습**

② 유아

유아는 활동량이 많아 하루 세끼의 식사보다 더 많은 에너지를 필요로 한다. 종일반으로 운영하는 유아교육기관의 경우, 오전, 오후 하루 2회의 간식과 1회의 식사를 제공하는 것이 일반적이다.

간식은 학급이나 활동 상황에 따라 자율간식으로 하거나 집단간식으로 할 수 있다. 자율간식은 활동실 내에 간식 영역을 두고 자유선택활동 시간 중 적절한 시간에 영역에서 간식을 먹도록 하는 것이다. 이는 유아의 아침식사 시간이 모두 다르고, 필요로 하는 음식의 양도 다르므로 유아가 원하는 시간대에 자율적으로 먹도록 함으로써 유아의 필요에 민감하게 반응할 수 있다는 장점이 있다.

그러나 자유선택활동 시간 동안 교사는 흥미 영역에서 유아와의 상호작용으로 분주할 뿐 아니라 유아 역시 흥미 있는 놀이활동에 빠져 있다 보면 간식시간을 놓치는 경우가 많다. 간혹 먹기 싫은 간식이 제공되었을 때 의도적으로 간식을 먹지 않는 유아도 있어 이러한 상황들을 교사가 파악하기가 힘들다는 단점이 있다. 자율간식을 할 것인지, 집단간식을 할 것인지는 일과의 흐름이나 학급의 상황에 따라 결정하도록 한다.

자율간식을 지도하는 방법과 순서는 다음과 같다.

- 흥미 영역과 함께 간식 영역을 준비한다.
- 오늘의 간식이 무엇인지 표시하는 판을 준비하여 교사가 일일이 알려 주지 않아도 오늘은 어떤 간식인지, 양은 얼마만큼인지 알 수 있도록 안내한다.
- 자유선택활동 시간 중 적절한 때에 간식을 가져다 먹는다. 교사는 유아가 적절한 때에 적절한 양만큼 간식을 먹는지 관찰한다. 간식을 잘 먹지 않는 유아의 경우에는 특히 세심하게 살핀다. 간식에 관하여 유아들과 이야기하고 잘 먹은 유아를 격려한다.
- 간식을 먹은 유아가 먹었음을 표시할 수 있는 판을 제시한다. 이는 유아가 자신의 활동에 대해서 기록하는 경험이 된다. 교사에게는 어느 유아가 간식을 먹었는지 확인할 수 있게 해 준다. 유아의 연령이 높아지면 놀이에 열중하여 간식시간을 놓치는 유아가 생기게 된다. 이때 친구들이 간식 먹는 시간이 얼마 안 남았음을 알려 주기도 한다.
- 간식을 먹은 후 뒷정리를 스스로 할 수 있도록 지도한다. 이때 뒷정리를 하기

생각해 봅시다

교육적 방법이란?

- 칭찬하기: 어린 시기에는 성인의 칭찬 등이 매우 효과적일 수 있다. 3세 초반이라면 유아에게 "영희가 하나도 흘리지 않고 먹었구나."라고 하고, 다른 유아들에게 "얘들아, 영희가 얼마가 깨끗하게 먹었는지 봐 줄래? 정말 하나도 안 남겼네." "영희가 먹은 자리는 하나도 안 떨어져 있네. 아까 보니까 부스러기가 조금 떨어져 있었는데 어떻게 했니?" "먹고 나서 떨어진 것이 없는지 잘 살펴봤구나." 등의 칭찬을 함으로써 영희뿐 아니라 다른 유아들의 동기도 높일 수 있다.
- 관련 동화 듣기: 뒷정리하기의 상황과 관련된 갈등이 있는 동화를 들려준다. 마땅한 동화가 없으면 교사가 이야기를 만들어서 들려줄 수 있다. 바닥에 버려진 음식물들을 의인화한 동화를 만들 수도 있다.
- 스스로 판단하여 이름표(스티커) 붙이기: 연령이 높은 유아들은 의인화한 동화보다는 스스로 정리할 수 있다고 하는 자존감과 성취감에 좀 더 무게를 둔다.
  - 교사는 활동실 또는 식당 벽면에 '정리를 잘했어요'와 '앞으로 잘할 수 있어요'가 그려진 판을 부착한다.
  - 유아의 이름표 또는 사진을 붙여 둔다.
  - 유아 스스로 자신의 뒷정리를 평가하여 이름표(사진)를 붙인다.

  대부분의 유아는 '정리를 잘했어요'에 붙이기 위해 뒷정리를 하는 모습을 보인다. 정리를 하지 않고 '정리를 잘했어요'에 이름표를 붙이는 유아가 있어도 교사가 잘못 붙였다고 말할 필요는 없다. 그러한 문제들은 대부분 유아 간의 소통으로 해결되기 때문이다. 여기서는 스스로 자신의 행동을 평가하도록 돕는 것이 중요하다.
- 행동의 결과에 관해 토의하고 규칙 정하기: 뒷정리가 잘 되지 않은 날 유아들과 정리가 안 된 상황을 보고 이야기를 나눈다. 이때 잘못 되었음을 부각시키는 것이 아니라 유아가 현재 상황에 대해 판단하는 것을 돕고, 이후 상황을 예측하도록 돕는다.
  - 지금 우리 활동실이 어떤지 이야기해 보자.(비난하는 어조가 아니어야 한다.)
  - 왜 그렇게 되었다고 생각하니?
  - 어떻게 하고 싶니? 더 깨끗하게 하는 방법은 무엇일까?
  - 잘 모르는 친구들이 알 수 있도록 하려면 어떻게 해야 할까?

싫은 숙제가 되지 않도록 하는 것이 중요하다. 다양한 교육적 방법을 활용하도록 한다.

- 편식에 대한 지도도 매우 중요하다. 특정한 음식에 대해 거부하는 유아에게 억지로 먹이려고 하는 것은 오히려 역효과가 날 수 있으므로 앞서 제시한 교육적 접근이 바람직하다.
- 집단간식은 간식시간을 정하여 활동실 내 또는 일정한 장소에서 학급의 영유아가 다같이 간식을 먹는 것이다. 모든 유아가 한눈에 들어오므로 교사는 유아들이 간식을 얼마나, 어떻게 먹는지, 누가 어떤 간식을 좋아하는지 알 수 있다.
- 적당한 때에 간식 당번활동을 한다. 당번의 역할을 맡은 유아는 자신이 학급에서 중요한 사람이 되었다고 느낄 수 있다. 또한 이를 수행하였을 때 유아는 성취감을 느끼게 된다.

적당한 때란 언제를 말하는 것일까?

- 초기에는 간식 당번을 정하기 어렵다. 왜냐하면 유아가 간식의 규칙을 알기 어렵고, 성인이 일일이 알려 주지 않아도 스스로 당번의 역할을 수행할 수 있으려면 당번을 하는 상황에 대해 유아들이 인지하고 있어야 하기 때문이다.
  유아가 인지해야 하는 상황이란 다음과 같다.
  - 내가 내 간식을 가져오는 것이 아니라 당번인 친구가 간식을 가져오는 것을 기다려야 한다.
  - 한 명의 유아가 테이블에 있는 친구들의 수만큼 간식을 가져와야 한다.

유아는 자신이 가지고 온 간식이 모자라서 다른 친구들에게 비난을 받을까 봐 두려워하기도 한다. 따라서 당번활동을 시작하기 좋은 시기는 유아들이 어느 정도 학급의 규칙에 익숙해지는 4, 5세의 5~6월 즈음에 시작하는 것이 좋다. 그러나 모든 상황에서 그렇다는 것은 아니다. 대부분의 유아가 4세 학급에서 당번활동을 했다면, 5세 학급에서는 초기부터 당번활동을 시작할 수도 있다. 학급의 유아들이 어느 정도의 준비가 되었는지 교사가 잘 판단하여 시작하는 것이 중요하다.

※ 당번활동을 할 때 당번인 유아와 당번이 아닌 유아가 습득할 수 있는 지식, 태도 등의 교육적 측면을 설명해 봅시다.

집단간식을 지도하는 방법은 다음과 같다.

- 간식을 처음 시작하는 단계에서는 간식시간이 어떻게 운영되는지를 설명한다. 새로운 활동을 시작할 때 대부분의 유아가 전체적인 상황을 이해할 수 있도록 설명하는 것은 매우 중요하다. 이는 유아가 좌절감이 아닌 성취감을 느낄 수 있도록 하는 중요한 수단이 될 수 있다. 그러나 이때 너무 많은 내용을 한꺼번에 설명해야 하므로 교사도 매우 곤혹스러울 수 있다. 가능한 한 짧은 문장으로 말하고, 말한 내용을 유아가 시범을 보이는 과정을 통해 연결해 나간다면 '간단한 설명' '간단한 시범' '친구의 시범을 보기' 등 다양한 방법을 활용한 지도가 될 수 있다.

예 1 각 테이블별로 집단간식하기

① 손을 씻고 간식 배식대에서 적정한 양의 간식을 접시에 담아 자리에 앉는다.
② 같은 테이블의 친구가 모두 앉을 때까지 기다린다.
③ 모두 함께 "감사히 먹겠습니다."라고 말하고 먹는다.

예 2 학급의 전체 유아가 집단간식하기

① 각 테이블의 당번을 정한다. 당번은 원하는 유아가 자신의 이름표를 붙여서 표시하거나, 학급의 유아들이 순서대로 역할을 맡을 수 있도록 한다.
② 당번이 먼저 손을 씻고 테이블에 필요한 도구들을 가져다 놓는다.
③ 간식을 같은 테이블의 친구들의 수만큼 가져다 나누어 준다.
④ 테이블의 모든 유아가 간식을 다 받으면 함께 감사인사를 하고 먹는다.
⑤ 당번은 유아들이 모두 간식을 먹은 후 뒷정리를 하고 다음 활동을 한다.

(4) 식사 지도

식사는 영유아의 활동에 필요한 영양을 제공할 뿐 아니라 숟가락, 젓가락과 같은 도구의 사용과 바람직한 식습관 형성을 돕는다. 또한 다양한 음식의 맛과 식감을 경험함으로써 익숙해질 수 있으며, 영유아로 하여금 자신의 식사량을 알고 먹는 양을 조절할 수 있도록 돕는다.

① 영아

- 교사가 식사를 모두 준비하여 책상에 놓아 준다.
- 영아는 손을 씻은 후 자리에 앉아 식사를 한다.
- 0세 영아는 교사가 개별적으로 먹여 준다. 소근육의 조절력이 발달하고, 숟가락과 포크에 관심을 갖게 되면서 음식을 숟가락으로 떠 보거나 포크로 찍어서 먹어 볼 수 있도록 지원한다. 영아는 한 자리에서 식사를 하기 어려우므로 유모차에 앉히거나, 영아가 돌아다니더라도 같은 자리로 돌아와서 밥을 먹을 수 있게 한다.

② 유아

- 유아는 당번의 역할을 수행함으로써 책임감과 공동체 의식을 함양할 수 있다.
- 점심식사 시간을 안내하기 위해 학기 초 식사를 시작하는 시점에 유아들과 함께 이야기 나누기를 한다. 이때 말로만 하는 것이 아니라 다양한 그림자료와 실물을 사용하여 유아가 명확히 이해하도록 하는 것이 좋다.
  - 화장실을 다녀오고 손을 씻은 후 밥과 반찬이 담긴 식판을 들고 자리에 앉는다.
  - 유아들이 손을 씻는 동안 교사는 책상을 소독액으로 닦는다. 5세라면 당번을 정하여 유아가 깨끗한 수건으로 책상을 닦을 수 있도록 한다.
  - 교사는 먼저 앉은 유아부터 국그릇을 식판에 담아 준다. 이때 국의 온도는 너무 뜨겁지 않도록 하여 혹시 쏟아지더라도 유아가 화상을 입지 않도록 한다.

식사 지도를 통해 교사는 유아의 자조기술을 도울 수 있는데, 이때 적절한 수준에서 역할을 주고, 필요한 만큼 지원하는 것이 중요하다. 교사가 다 해 주어서 유아가 스스로 하는 습관을 들일 수 없게 되거나, 지나치게 스스로 하도록 하여 쏟거나, 어떻게 해야 할지 몰라 어려워하는 등의 실수를 하더라도 좌절하지 않고 성취를 경험할 수 있도록 하는 적절한 지원이 필요하다.

- 식사 시 교사는 다음과 같은 내용으로 이야기를 나눈다.
  - 한자리에서 먹고, 이리저리 돌아다니지 않는다.

- 입에 음식이 있을 때 이야기하지 않는다.
- 친구들과 이야기할 때에는 적절한 목소리로 한다. 어느 정도가 적절한 목소리일지 생각해 보고 목소리를 조절해 본다.
- 식사를 끝낸 후에는 스스로 정리한다. 식사한 주변에 떨어진 음식 부스러기를 휴지로 줍거나 식판과 수저를 정리하는 등의 일들을 스스로 한다.
- 식사 후 이를 닦는다.
- 음식을 먹은 후 곧바로 활동적인 놀이를 하지 않고 조용히 책을 보거나 간단한 조작활동을 한다.

3) 기저귀 갈기 및 배변 지도

(1) 기저귀 갈기

기저귀를 가는 시간은 영아와 교사가 눈을 맞추며 신뢰를 보내고 따뜻한 의사소통을 할 수 있는 시간이다. 기저귀가 젖어 있는 영아에게 신속하게 반응하는 것은 영아가 자신을 돌봐 주는 사람을 신뢰하게 할 뿐만 아니라 나아가 세상을 신뢰할 수 있도록 도와준다. 영아기의 신뢰감 형성은 사회적 관계 형성에 있어서 중요한 요인이 된다.

기저귀를 갈 때 교사의 역할은 다음과 같다.

① 영아의 기저귀가 젖어 있는지 여부를 확인한다.
② 영아를 기저귀 갈이대에 눕히고 눈을 바라보며 "○○, 오줌 쌌구나. 기저귀를 갈아 줄게." 등 따뜻한 목소리로 언어적인 표현을 해 준다.
③ 기저귀를 간 후에는 "뽀송뽀송해졌지?" "응가를 많이 해서 시원하겠구나." 등의 언어적 의사소통을 함으로써 영아가 대소변을 한 사실을 긍정적이고 유쾌한 행동으로 받아들이도록 한다.
④ 기저귀 갈이대 주변에 모빌이나 영아가 만지고 놀이할 수 있는 인형 등을 두어 기저귀를 가는 동안 영아가 무료해하지 않도록 한다. 거울을 비치하여 자신의 모습을 볼 수 있도록 함으로써 영아의 자아개념을 형성하는 데 도움을 줄 수 있다.

[그림 12-3]은 기저귀를 가는 순서를 보여 준다.

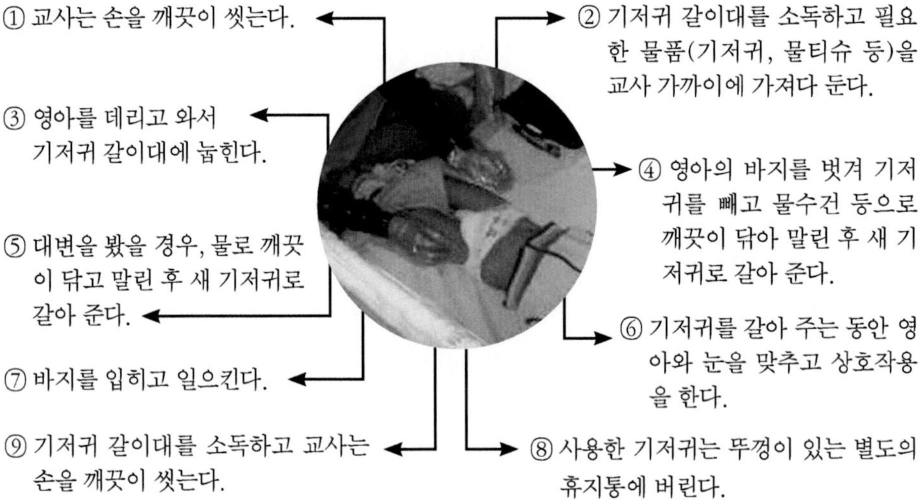

그림 12-3 ◆ **기저귀 가는 순서**

(2) 배변 지도

배변은 영유아의 신체적 · 심리적 발달과 더불어 시작할 수 있다. 대체로 생후 12~20개월에 점진적으로 시작하는 것이 좋다(허혜경, 김성희, 2006). 이때쯤 되면 영아는 항문의 괄약근을 조절할 수 있게 되므로 자신의 의사에 따라 배설물을 보유할 수 있는 능력이 생기게 된다. 아울러 대소변 의사를 밝혔을 때, 성인의 반응에 따라 대소변을 통제하고자 하는 자발적인 의도가 생기게 된다. 지나치게 빠른 배변훈련은 배변에 대한 강박증을 유발하여 영아가 대소변에 대한 관심 자체를 거부할 수 있다.

유아교육기관에서의 대소변 가리기는 대체로 6~7월경에 시작하게 된다. 이 시기는 영아가 적응 기간을 거치고 교사나 또래 간의 관계 형성이 어느 정도 이루어진 후이기도 하며, 가벼운 옷차림으로 생활하게 됨으로써 보다 용이하게 대소변 가리기 지도를 할 수 있기 때문이다.

① 배변훈련 시 교사의 역할

- 영아의 대소변 시 행동의 특성과 주기를 관찰한다.

  대변을 볼 때 영아는 얼굴이 빨개지고 힘을 주므로 끙끙대기도 한다. 소변을 볼 때 편안해하고 몸을 흔들기도 한다. 영아의 이러한 몸짓과 신호를 관찰하여 교사는 누가 언제 대변 또는 소변을 보는지, 주기가 일정한지, 시간 간격이 어느 정도인지 확인한다. 대소변을 보는 시간과 간격이 일정해지면 대소변 가리기를 시작할 수 있다.

- 영아가 대소변을 볼 때 언어나 동작으로 표현해 준다.

  영아의 대소변 행동의 특성이 파악되면 영아가 대소변을 할 때 '쉬~' 또는 '응~~가'로 표현해 준다. 영아는 자신의 행동과 교사의 언어, 행동적 표현의 관계를 이해하게 된다. 배변이 끝난 후 뒷처리를 하면서도 "○○가 응가를 해서 지금 기저귀를 갈아 주는 거야. 응가 하니까 시원하지?"라고 언어로 표현해 준다. 교사의 이러한 지원이 반복되면 영아는 스스로 '쉬' 또는 '응가'라는 표현을 행동과 더불어 하게 된다.

- 배변과 관련된 환경을 구성해 준다.

  활동 영역에 배변과 관련된 동화를 제공한다. 또한 쌓기놀이 영역에 이동식 변기 또는 변기 모형을 두고 '인형 응가 시키기' 등의 활동을 한다. 영아가 이동식 변기에 앉아 '응가'하는 흉내를 내어 봄으로써 변기에 대한 거부감을 줄일 수 있다.

- 이동식 변기에서 소변 보기를 시도한다.

  하루 일과 중 일정한 시간에 영아가 변기에 앉아 소변 보기를 유도한다. 영아가 기저귀를 벗고 변기에 앉도록 하며, 교사는 '쉬' 또는 '응가'라고 말해 준다. 영아는 기저귀를 벗은 시원함과 그간 행동과 언어를 연결시켜 봄으로써 교사의 말에 따른 반응을 할 수 있다. 만약 이때 영아가 소변을 본다면 구체적이고 적절한 격려를 해 준다. 아동에게 배설물을 직접 보도록 한 후 언어적으로 이야기해 주고 칭찬해 줄 수도 있다. 이동식 변기를 거부하는 영아는 당분간 그냥 변기에 앉았다 일어나는 것으로도 격려를 해 준다.

- 화장실에서 대소변을 볼 수 있도록 한다.

  이동식 변기에서 대소변을 보는 것과 함께 화장실에서 대소변을 볼 수 있도록 지도한다. 이때 변기의 크기는 영아의 신체 크기에 적절해야 하는데, 영아가

'변기에 빠지지 않을까?' 하는 두려움도 없애고, 안전하게 변기를 사용할 수 있도록 돕는다. 성인용 변기를 사용할 경우, 변기 시트 위에 어린이용 작은 시트를 하나 더 얹어 주어 영아가 변기에 앉았을 때 안전감을 갖게 해 준다. 변기가 너무 높을 때에는 바닥에 발판을 깔아 준다.

성인용 변기는 영아의 신체 크기에 비하여 지나치게 높다. 따라서 잘 미끄러지지 않는 재질의 단을 하나 놓아 줌으로써 영아가 쉽게 변기를 사용할 수 있다.

그림 12-4 ◆ **변기 사용의 예**

② 배변훈련 시 주의점

배변훈련은 반드시 영아의 신체적 · 심리적 발달이 선행된 후에 시작한다. 많은 부모는 자녀가 빨리 대소변 가리기를 희망하여 교사에게 요구하는 경우가 있다. 그러나 영아의 발달 수준에 비해 빠른 배변훈련은 영아로 하여금 배변에 대한 두려움과 성인의 욕구를 충족시키지 못하는 데에서 오는 자존감의 상실 등으로 이어질 수 있는 만큼 교사는 신중히 시기를 선택해야 한다.

배변훈련 시 가정과 긴밀히 협조한다. 유아교육기관과 가정이 동일한 절차와 반응을 통하여 배변훈련을 진행하여야 영아가 혼란스럽지 않다. 대소변 실수를 했을 때 유아교육기관에서는 따뜻하게 알려 주는 데 비해 가정에서는 실수에 대하여 단호하게 꾸짖는다면 영아는 혼란스러울 것이다. 영아의 실수에 대해 지나친 벌을 주는 것은 심리적 상처가 될 수 있으며, 성인이 되었을 때 강박신경증의 원인이 될 수 있다. 부모와 교사가 '응가' '쉬' 등의 용어를 동일하게 사용하는 것도 중요하다.

유아 스스로 화장실을 가는 것은 가능하다. 그러나 대변을 보고 난 후의 뒷처리는 5세가 되기 전까지는 스스로 하기가 힘들다. 교사는 유아에게 화장실에 가는 시간을 일정하게 해 주어 다소 가고 싶지 않아도 일단 다녀오도록 강조한다. 왜냐하면 유아라 하더라도 놀이에 열중하면 화장실에 다녀오는 것을 잊어버려 실수할 수 있기 때문이다.

유아의 대소변 실수에 대한 대처

연령이 높은 유아일수록 대소변 실수에 대한 수치심이 크다. 따라서 교사는 유아가 대소변 실수를 했을 때 수치심을 느끼지 않도록 배려하고, 가능하면 다른 유아가 모르게 처리해 주는 배려가 필요하다. 유아가 설사 등의 이유로 대변 실수를 했을 경우에는 냄새로 다른 유아들이 다 알게 된다. 이런 때에도 해당 유아의 건강에 대해 설명하고 누구나 그럴 수 있으며, 대수롭지 않은 듯한 태도를 보이는 것이 좋다. 사실 다른 유아의 대변 뒷처리를 하는 것이 교사에게 달가울 수는 없으며, 매우 곤혹스러운 일이기도 하다. 그러나 눈살을 찌푸리거나 비난하는 등의 행동은 그렇지 않아도 수치스럽고 주눅 든 유아의 자존감을 떨어뜨리게 되고, 다른 유아로부터 따돌림을 당하게 될 수도 있다. 유아가 어려움에 처해 있을수록 교사의 지지가 더욱 필요하다.

4) 휴식 및 낮잠 지도

영아에게 낮잠은 꼭 필요한 활동이다. 영아는 충분한 휴식과 수면을 통해 건강을 도모한다. 맞벌이 부모의 영아 자녀는 부모의 출퇴근 시간에 맞추어 유아교육기관으로 오고가는 일로 인하여 일반 가정의 영아에 비해 피로에 더욱 노출될 수 있다. 따라서 유아교육기관에서 영아의 상황에 따라 휴식을 취할 수 있도록 지원하고 일정하게 낮잠시간을 운영하는 것은 매우 중요하다.

종일제 프로그램에 있는 유아에게도 휴식과 낮잠은 필요하다. 맞벌이 부모를 둔 유아는 부모의 출퇴근에 맞추어 일과가 진행되고, 유아교육기관에서의 생활 역시 많은 또래와 지켜야 할 규칙들 사이에서 하루 종일을 지내다 보면 유아 역시 매우 피로해지기 쉽다.

그러나 유아기에 들면서 영아기에 비해 수면시간이 짧아지고 부모 또한 낮잠에 대해서 강하게 거부하기도 한다. 유아의 특성에 따라 낮잠 자는 것을 매우 힘들어 하는 경우도 많아 4세아와 5세아는 낮잠 대신 휴식을 취할 수 있도록 하기도 한다.

유아의 낮잠은 유아의 등·하원 시각, 부모의 맞벌이 유무, 유아의 특성과도 밀접한 관련이 있으므로 융통성 있게 적용되어야 한다.

(1) 낮잠시간 운영 시 교사의 역할

- 낮잠을 자기 전 영유아는 화장실에 다녀온다. 영유아가 화장실에 다녀오는 동안 교사는 개별 매트를 깐다. 화장실에 다녀온 영유아는 옷을 벗어 정리해 두고 자기 자리를 찾아 눕는다. 옷을 벗고 자리를 찾는 과정을 영유아의 수준에 적절하게 지원한다. "혜림아, 치마를 벗으면 선생님이 윗옷 벗는 것을 도와줄게." "양말 끝을 잡아서 벗어 보자." "벗은 옷을 잘 접어서 머리 쪽에 두자."라고 할 수 있다.
- 영유아 대부분이 자리에 누으면 교사는 창문의 커튼이나 블라인드를 쳐서 낮잠 공간을 어둡게 해 준다. 초기에는 어두운 것을 무서워하는 영유아도 있다. 이때에는 낮잠 공간을 지나치게 어둡게 하지 않도록 한다. 어두움과 밝음에 대한 경험을 할 수 있도록 활동을 준비하는 것도 좋다.
- 영유아의 잠자는 습관을 이해하고 그에 맞는 방법으로 낮잠을 유도한다. 토닥여 주거나 귀 만져 주기, 등 긁어 주기를 원하는 영유아도 있는 반면, 혼자 잠들기를 원하는 영유아도 있다.

(2) 낮잠시간 운영의 유의점

- 낮잠을 위한 음악을 들려주거나 책을 읽어 줌으로써 영유아가 잠들기 쉽게 도와준다.
- 낮잠에 관한 영유아의 특성을 충분히 수용하여야 한다. 한두 명의 교사가 다수의 요구를 1:1로 수용하기는 어렵지만, 최대한 영유아의 개별적 요구를 수용할 수 있는 방법을 고려한다.
- 낮잠시간은 교사가 교육일지나 관찰일지 등을 쓸 수 있는 시간이 될 수 있다. 또한 오전의 숨 쉴 틈 없는 긴장에서 잠시 풀려 나는 시간이기도 하다. 영유아가 모두 잠들었다고 해도 교사는 낮잠 공간을 비워서는 안 된다. 잠자는 시간 동안에도 영유아들에게 여러 가지 일이 일어날 수 있으므로 부득이 교사가 낮잠 공간을 긴 시간 동안 비워야 할 경우에는 다른 교사에게 대신 부탁을 하고 떠난다.

영유아의 개별 낮잠 매트에는 이름을 새겨 주거나 영아가 식별할 수 있는 모양으로 구분해 준다. 이를 통해 영아가 자신의 낮잠 매트를 찾는 동안 자연스럽게 색깔과 모양을 변별하는 경험을 할 수 있고, 표식이 있는 곳으로 머리를 두게 함으로써 보다 위생적으로 관리를 할 수 있다.

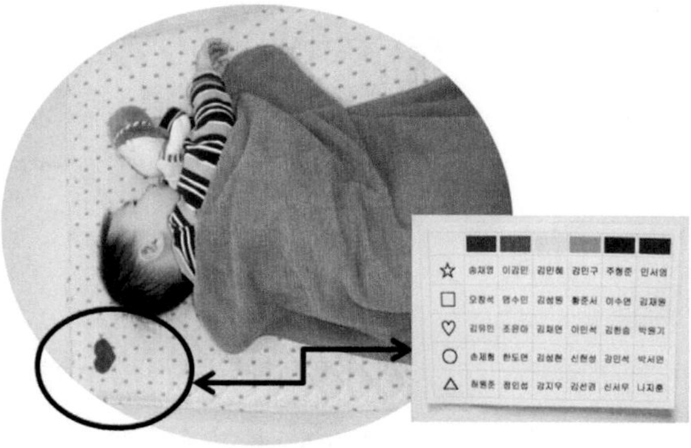

그림 12-5 ◆ **영아용 매트에 표식 붙여 두기**

- 낮잠을 거부하는 영유아는 다른 영유아가 잠들 때까지 잠시 휴식할 수 있도록 한 후 조용한 공간에서 책을 보거나 조용한 놀이를 할 수 있도록 배려한다.

5) 정리정돈

유아가 되면 정리정돈을 놀이하는 것처럼 좋아하지는 않는다. 이때 교사가 유아들에게 함께 정리정돈의 필요성에 대해 설명한 후 놀이 시작 시 또는 놀이 후 평가를 통해 정리정돈이 필요함을 느낄 수 있도록 한다. 교사는 정리도 놀이처럼 할 수 있는 방법을 고려해 볼 수 있다.

- 자유선택활동 후 정리정돈이 많이 필요한 영역에는 신호를 하여 정리정돈을 먼저 시작할 수 있도록 한다.
- 5세 유아의 경우, 시계를 보면서 새로운 놀이를 시작할지의 여부를 결정하고 정리 시간을 확인할 수 있도록 한다. 아직 정확히 시간을 볼 수는 없지만, 시곗바늘의 위치를 파악하거나 디지털시계의 숫자를 확인할 수 있도록 한다. 예를 들면, "긴바늘이 10에 가면 정리할 거야." 또는 "시계에 숫자가 10과 50이 나오면 정리할 거야." 등으로 설명하고 교사가 신호를 보내면서 시계를 확인하도록 한다.
- 정리정돈이 중요하기는 하지만 영유아가 활동하는 동안에 지나치게 강조하지

않도록 한다. 영유아가 활동에 몰입해 있을 때에는 위험한 상황이 아니라면 정리하도록 요구하지 않는다.

3. 놀이를 통한 기본 생활 지도

기본 생활은 대체로 일상생활활동을 통해 이루어진다. 그러나 실제 기본 생활은 영유아의 하루 일과 중 어느 때나 이루어질 수 있다. 가끔 교사는 일상생활활동만이 기본 생활을 지도하기 위한 과정이라고 생각하고 놀이와는 별개로 생각하기 쉽다. 영유아가 유아교육기관에서 생활하는 모든 과정에서 건강하고 안전하며 바르게 성장할 수 있도록 지도하는 것은 매우 중요하다. 따라서 기본 생활을 위한 지도는 영유아의 하루 일과 중 언제나 이루어져야 하고, 놀이활동의 기본으로 고려되어야 한다.

1) 놀이 영역에서의 기본 생활 지도

기본 생활 지도는 자유놀이의 모든 영역과 관련하여 지도할 수 있다. 어떤 영역은 특별히 기본 생활 지도의 내용이 매우 중요하기도 하다. 여기서는 영아를 중심으로 자유놀이 속에서 어떻게 기본 생활 지도가 이루어지는지 알아본다.

(1) 신체 영역

영아반의 활동실 내에는 신체 영역을 두어 영아의 활발한 움직임을 지원한다. 영아는 신체 조절력이 떨어지고 균형감각도 없다. 거리나 공간, 속도에 대해 명확하게 파악하기도 어렵다. 따라서 신체 영역에서는 질서 지키기를 통한 안전의 고려가 무엇보다 필요하다.

신체 영역에서 영아가 공을 곰인형의 입에 넣는 놀이를 하고 있다. 영아는 서로 하고 싶어 하며 차례에 대해 잘 인지하지 못한다. 교사는 영아가 자신의 차례를 알고 기다릴 수 있도록 지속적으로 상호작용한다. "명희가 먼저 먹이를 주고, 그다음이 지은이네." "조금 기다리자." "이번에는 지은이 차례구나. 명희가 잘 기다려 주고 있어." "야! 잘했네. 곰이 냠냠 맛있게 먹고 있어." 곰의 목소리를 흉내 내며 "냠냠, 맛있어. 내 배가 불룩한걸!"

그림 12-6 ◆ **신체 영역 활동에서의 기본 생활 지도의 예**

(2) 언어 영역

언어 영역에서는 영아가 책을 바르게 다룰 수 있도록 지도한다. 교사는 책을 다룰 때의 모델을 보여 줌으로써 영아가 자연스럽게 모방하도록 한다. 또한 영아들에게 책을 읽어 주면서 책을 펼치고 보는 과정을 언어로 표현해 주거나 책을 다루는 영아의 행동에 대해서 표현해 준다. "어머나, 영희가 책을 너무나 조심스럽게 들고 오는구나. 책이 영희에게 '고마워.'라고 하네."라고 말한다. 책을 읽어 주기 전에 책을 들고 "영희야, 고마워. 나를 잘 들고 와 줘서."라고 이야기한다.

간혹 책을 의인화한 이야기를 들려줄 수 있다. "그런데 어떤 친구가 바닥에 놓여 있는 나를 '콱!' 밟았어. 나는 너무너무 아팠어." 등의 이야기를 들려줌으로써 책을 어떻게 정리해야 하는지에 대해 생각하도록 한다.

여러 명이 함께 책을 보는 상황에서 책에 부딪히거나 찔리는 상황이 발생할 수 있다. 한 영아가 책을 위로 휙 올릴 때 뒤에 서 있던 영아의 얼굴 부분에 맞을 수도 있다. 교사는 영아의 놀이 상황을 주시하고 책에 의해 다치는 일이 벌어지지 않도록 유의한다. 이러한 내용을 책 읽기를 안내할 때 영아에게 미리 알려 주는 것도 좋다.

그림 12-7 ◆ **언어 영역에서의 기본 생활 지도의 예**

(3) 역할 · 쌓기 놀이 영역

역할놀이 영역은 영아가 가족의 일상생활을 재현해 볼 수 있는 영역이다. 교사는 자연스럽게 건강과 관련된 활동들을 제안할 수 있다. 음식을 차리고 먹는 놀이를 통해 손 씻기, 부엌에서의 안전한 행동 등에 관해 상호작용할 수 있다. 교사는 "우리 이제 손 씻고 밥을 먹을까요?" "손 씻는 곳은 어디이지요?" "부엌에는 불이 있어 위험해요." 등의 상호작용을 통해 영아가 자연스럽게 안전과 위생에 대해 생각해 보도록 돕는다.

봄동산을 견학한 후 봄동산 꾸미기 활동을 하였다. 교사는 봄동산으로 꾸며진 공간이 좁아 영아들이 부딪혀 넘어지거나, 특정 영아를 공간 안으로 들어오지 못하게 할 우려가 있음을 예측하고 다음과 같이 상호작용할 수 있다. "봄동산에 꽃이 많이 피었네요. 봄동산을 구경하고 싶은 사람이 많은가 봐요. 서로 부딪히지 않을까요?"라고 질문함으로써 영아가 공간을 다시 돌아보고 부딪히지 않게 미리 조심할 수 있다.

그림 12-8 ◆ **역할 · 쌓기 놀이 영역에서의 기본 생활 지도의 예**

(4) 미술 영역

0~1세의 미술 영역은 대부분 끼적이기 활동이나 간단한 붙이기 등으로 이루어진다. 2세 후반기가 되면 안전가위 등을 사용하게 되므로 영아 스스로 안전을 지키고 다른 영아에게 피해를 입히는 일이 발생하지 않도록 유의한다. 책과 마찬가지로 가위도 영아가 무의식적으로 휘둘렀을 때 심각한 피해를 입힐 수 있으므로 사전에 영아들과 함께 이야기한다.

미술 영역의 활동에서 정리정돈은 매우 중요하다. 풀을 사용하고 난 후에 풀 뚜껑을 닫아 제자리에 정리해 두는 것을 지도할 때, 교사는 영아가 뚜껑을 닫는 상황에 관심을 보이고 격려해 준다. 종잇조각이 바닥에 떨어질 수 있으므로 미술 영역에서 활동한 후에는 꼭 주변을 정리하도록 한다. 시간이 지나면서 영아들이 서로 알려 줄 수도 있다.
"명희가 색종이 붙이기 한 바닥에는 떨어진 종이가 하나도 없구나."

그림 12-9 ◆ **미술 영역에서의 기본 생활 지도의 예**

(5) 실외활동

실외놀이 시 안전하게 놀이기구를 사용하고, 놀이 후에는 청결에 유의하기, 줄서기, 차례 지키기 등 기본 생활의 모든 내용을 지도하고 학습할 수 있는 시간이다. 2세 영아는 안전하지 않은 상황에 대해 어느 정도 조심할 수 있다. 따라서 교사는 기본 규칙에 대해 구체적으로 설명하고 잘 지키는 영아에 대해 격려해 준다. 이때 부정적인 방법보다는 긍정적인 방법으로 지도하기 위해 약속을 잘 지킨 영아에 대해 격려해 준다. 다른 영아들도 규칙 지키기에 대한 교사의 기대를 알게 되면 스스로 지키고자 하는 욕구가 더 높아진다.

교사는 영아가 상황에 대해 이해할 수 있도록 돕고, 스스로 조절할 수 있도록 기다려 준다. 영아가 어려움을 느낄 때 "바닥에 튀어나온 부분을 밟아 봐. 이제 발이 닿았다." 등 말로 방법을 가르쳐 주고 좀 더 도움이 필요하면 잡아 준다. 활동을 끝낸 후 영아의 용기와 잘 수행했음에 대해 "무섭지 않았어? 디딤대가 너무 좁아서 발을 딛기 힘들었는데 정말 용감하구나."라고 칭찬해 준다.

그림 12-10 ◆ **실외활동에서의 기본 생활 지도의 예**

2) 의도적 계획을 통한 기본 생활 지도

교사는 기본 생활 지도를 위해 의도적으로 활동을 계획해 줄 수 있다. 활동을 계획하고 실행하며 이때의 학습이 다른 놀이활동에 적용될 수 있도록 하는 과정을 통해 영유아는 기본 생활의 내용들을 습관화하고 내면화할 수 있다.

<표 12-1>은 5세 학급에서 진행된 역할놀이 영역에서의 식사예절 관련 활동의 실제다.

표 12-1 ◆ 식사예절 관련 활동의 실제

활동명: 가족과 행복한 식사

- 대상 연령: 5세

- 활동목표
  - 식사할 때의 예절에 대해 안다.
  - 다른 사람을 존중하는 마음을 기른다.

- 활동자료: 식사예절 관련 그림자료, 역할놀이 영역 소품, 역할 명찰, 테이블 보

- 활동방법
  1. 식사예절의 그림자료를 보며 이야기 나눈다.
  2. 유아들의 경험과 관련지어 이야기 나눈다.
     - 엄마, 아빠나 할아버지, 할머니와 같이 식사할 때 어떻게 했었니?
     - 어떻게 하는 것이 좋은 것일까?(예의 바른 것일까?)
  3. 식사예절에 관해 이야기해 본다.
     - 어른들과 같이 식사를 할 때에는 어떻게 해야 하니?
     - 식사예절을 지키지 않는 친구를 보면 어떻게 말해 줄까?
  4. 역할활동을 하기 위해 필요한 소품은 무엇이 있는지 이야기해 본다.
  5. 유아들이 역할을 정하여 놀이한다.
     - 놀이를 하는 중에 역할을 맡은 유아들이 역할에 맞는 예절을 지킬 수 있도록 지원한다.
  6. 활동이 끝난 후 평가해 본다.
     - 우리가 지키기로 한 모든 예절을 잘 지킬 수 있었니?
     - 어떤 것들이 어려웠니?
     - 우리가 이야기한 것 말고도 또 지켜야 할 것들이 있었니?

[참고]

1) 가정 연계를 위하여 부모와 식탁에서 지켜야 할 예절들을 지키며 식사를 해 볼 수 있도록 안내문을 발송하고, 가정에서의 식사 모습을 찍은 사진, 부모의 칭찬 글을 유아교육기관으로 보내도록 한다.
2) 보내온 사진과 글을 소개한다.
3) 모든 예절을 꼭 다 지켜야 함을 강조하기보다 힘들지만 지키려고 노력하는 점에 중점을 두어 격려한다.

식사예절에 관한 이야기 나누기

역할놀이 영역에서 역할 정하기

이야기 나누기의 내용에 따라 놀이해 보기

3) 적응 지도하기

(1) 영아의 적응 지도

영아가 유아교육기관의 일원이 되는 것은 태어나서부터 애착을 형성해 온 부모나 가족이라는 일차적인 관계를 떠나 유아교육기관이라는 낯선 공간과 또래, 교사라는 낯선 사람들 사이에 놓이게 되는 것이다. 아직 세상에 대한 이해가 없는 영아에게 이러한 변화는 매우 생소하고도 두려운 일이 될 수 있다. 이러한 두려움과 불안으로 인해 영아는 기관에 오는 것에 대해 강하게 저항하게 된다. 기관에 대한 영아의 첫 경험이 어떠하냐에 따라 이후 영아의 새로운 상황에 대한 적응이나 부모와의 신뢰관계가 매우 달라질 수 있다.

적응의 과정은 영아가 부모에게서 안정적으로 분리될 수 있도록 돕는 것이다. 교사는 영아의 심리적 상태를 잘 파악하고 체계적인 계획을 세워야 한다. 이를 위해 교사는 처음으로 유아교육기관에 오게 된 영아가 기관을 즐거운 곳으로 받아들이고 편안하게 들어올 수 있도록 일과 시간과 적응에 소요되는 기간을 고려하여 진행해야 한다.

흔히 부모들은 "우리 아이는 잘 놀아요." "바빠서 적응 프로그램을 할 수 없어요."

등으로 적응 기간을 힘들고 불편하게 생각하는 경우가 있다. 반면, "우리 아이가 잘 적응할 수 있도록 당분간 좀 지켜볼 수는 없나요?"라고 문의하는 부모도 있다.

어떤 영아는 처음부터 부모와 잘 분리되는 것처럼 보이기도 하는데, 이런 경우에도 적응 기간을 꼭 거치는 것이 좋다. 처음에는 흥미로운 놀잇감에 푹 빠져서 놀이하던 영아가 놀잇감의 탐색이 끝나고 나면 분리에 대한 불안을 더욱 강하고 길게 표출하는 경우가 많기 때문이다.

(2) 유아의 적응 지도

유아기는 적응이 필요하지 않은 것으로 생각하기 쉽다. 그러나 3, 4세 유아의 경우에도 환경이 바뀌고 교사와 친구들이 모두 바뀌게 되면 심리적으로 불안하고 위축되어 어려움을 호소하고 쉽게 피로를 느낀다. 5세의 유아도 개인적 특성에 따라 세심한 적응 과정이 필요할 수 있다. 3세 이상의 유아 중에는 처음으로 기관에 다니게 된 경우와 기관을 옮긴 경우, 새로운 학급으로 이동하여 새로운 교사나 친구들과 지내게 된 경우 등이 있다. 재원했던 유아라 하더라도 바뀐 환경과 규칙 때문에 다소 혼란스러울 수 있음을 충분히 유의한다. 또한 신입유아가 기관과 친구들에게 긍정적인 관심을 갖고 적응할 수 있도록 기존의 유아들이 지원할 수 있도록 계획한다.

5세의 경우, 특별히 적응이 필요하지 않은 경우가 대부분이다. 교사는 재원유아와 신입유아가 서로 의견을 이야기하고 함께 규칙을 정해 감으로써 신입유아가 소외감을 느끼지 않고 소속감을 가질 수 있도록 지원한다.

적응 프로그램을 잘 운영하기 위해서는 다음과 같은 과정이 필요하다.

(3) 적응 프로그램 진행 과정

① 부모 오리엔테이션

신학기를 시작하기 전, 부모 오리엔테이션에서 적응 프로그램에 관해 설명한다. 이때 적응 기간의 필요성에 대해 설명함으로써 영유아를 위해 적응 과정이 필요함을 인지하도록 한다. 적응에 관한 부모 오리엔테이션은 영유아가 입학하기 전에 1~2주 이상의 여유를 두고 안내하여 맞벌이 부모가 미리 준비할 수 있도록 한다.

표 12-2 ◆ 0세반 적응 과정에 대한 부모 적응 프로그램 운영의 예

날 짜	활동 시간	활동 내용		학부모 대기 방법
3월 2일(월) ~ 3일(화)	10:00 ~11:00	• 담임선생님과 인사를 해요. • 활동실을 둘러보아요.	• 1시간 놀이 후 귀가	○○반
4일(수)~ 5일(목)	10:00 ~11:00	• ○○반에는 어떤 놀잇감이 있을까요? • ○○반에서 놀이해 봐요.	• 1시간 놀이 후 귀가	○○반 앞
6일(금)~ 9일(월)	10:00 ~11:30	• 엄마랑 잠시 떨어져 있어요. • 선생님과 놀이해요.	• 1시간 30분 놀이 후 귀가	○○반 앞
10일(화)~ 11일(수)	10:00 ~12:00	• 함께 놀이하는 친구들이 있어요. • 선생님과 이유식을 먹어 보아요. • 엄마는 활동실 밖에서 기다려요.	• 2시간 놀이 • 이유식	○○반 앞
12일(목)~ 29일(금)	10:00 ~14:00	• 엄마와 '안녕' 인사하고 선생님과 놀이해요. • 선생님과 이유식을 먹어요. • 선생님과 낮잠을 자요.	• 4시간 놀이 • 이유식	○○반 앞

4월 1일(월)부터 ○○반은 어린이집 정상 교육 일과를 지낸 후 귀가합니다.
- 가능하신 부모님은 영아가 적응할 때까지(1~2개월) 귀가시간을 당겨 주시는 것이 좋습니다.
- 영아는 주 양육자와의 강한 애착으로 인해 부모와 떨어지게 되는 경우 불안감이 커지는 격리 불안이 생길 수 있습니다. 적응 기간은 일반적으로 3~4주 정도이나 영아의 성향이나 엄마와의 애착이 형성되는 과정(예: 조부모 양육, 어머니 양육)이 영아마다 각기 달라 어린이집과 교사에게 적응하는 모습과 기간은 차이를 보일 수 있으며, 개인차를 고려하여 융통성 있게 진행합니다.

② 적응의 단계

1단계: 영아의 첫 등원-부모와 활동실 돌아보기

부모와 함께 등원하여 함께 놀이를 하는데, 보통 1~2시간 정도 유아교육기관에서 머문다. 강제로 부모와 분리된 경험이 있는 영유아는 강하게 기관을 거부하는 경향을 보이기도 한다.

- 교사는 영유아에게 지나친 관심을 보이지 않으며 영유아와 부모의 놀이를 관찰한다. 이때 영유아의 성격 특성, 좋아하는 놀잇감, 부모와 상호작용의 수준 등을 관찰함으로써 이후 영유아 지도를 위한 지침을 얻을 수 있다.

- 교사는 부모로부터 영유아에 대한 다양한 정보를 알아낸다. 이것은 생활기록부 또는 교사가 제작한 조사서에 부모가 기록하도록 하는 방식으로 할 수 있다.

2단계: 교사-영아와 친해지기

- 교사는 간접적인 접촉을 통해 영유아와 친밀감을 형성한다. 영유아의 경우, 친숙하지 않은 교사가 지나치게 다가가면 오히려 두려워한다. 교사는 부모와 인사하고 친밀하게 이야기한다.
- 영유아가 좋아할 만한 놀잇감으로 교사가 놀이하면 영유아는 자연스럽게 관찰할 것이다. 영유아가 관심을 보이면 함께 놀이하기를 권해 보지만, 거부하면 놀잇감을 영유아 앞에 놓아 준다.
- 영유아가 놀이에 참여하면 긍정적인 피드백을 주어 영유아와 공감대를 형성한다.
- 영유아가 좋아하는 놀이를 반복하면서 유아교육기관이 안전한 곳이라고 느끼고 교사와 친밀감을 형성하도록 한다.
- 부모는 자녀가 유아교육기관에 친숙해지도록 일정 기간 동안 안전 베이스의 역할을 한다. 빨리 분리되도록 재촉하지 않고 기다리면서 교사와 영유아가 친해지도록 돕는다.

3단계: 부모와 헤어지기

- 부모와 유아교육기관에서 놀이를 하면서 영유아는 교사와 또래에 대해 어느 정도 안정적으로 느끼게 된다. 이때 부모와의 분리를 시도한다.
- 부모가 영유아와 등원하여 30분 정도 함께 있다가 분리한다. 분리 시간은 처음에는 짧게 하고, 영유아의 상태에 따라 점차 늘려 가도록 한다.
- 부모는 영유아와 헤어질 때 반드시 인사를 하도록 한다. 영유아에게 거짓말을 하고 몰래 자리를 떠나는 것이 아님을 부모에게 설명해 준다. 간혹 영유아가 강하게 저항할 수 있지만, 일관성 있게 시도하는 것이 영유아가 상황을 판단하는 데 도움을 줄 수 있다.
- 부모와 헤어짐에서 오는 슬픔이나 불안감을 이해해 주고 영유아 대신 표현해 줌으로써 영유아와 긴밀한 공감대를 형성하도록 한다.

4단계: 식사 경험하기

유아교육기관의 적응 계획에 따라 다르겠지만 첫 등원 후 일주일 정도가 지나면 재원 영유아들과 함께 점심을 먹게 된다. 영아의 경우, 부모가 함께 식사를 지도하도록 할 수 있다. 유아교육기관이 처음인 부모는 기관의 식사를 경험하면서 기관에 대한 신뢰를 가질 수도 있다.

식사는 영유아가 반나절 이상을 유아교육기관에서 보내게 되면서 시작된다.

- 유아의 경우, 교사는 점심식사에 관해 구체적으로 소개한다.
- 영아의 경우, 또래가 점심을 먹는 것을 관찰하고, 스스로 음식을 떠먹어 보도록 한다.
- 영유아가 식사를 거부하는 경우에는 억지로 진행하지 말고 또래를 관찰하도록 한다.
- 부모가 영유아의 활동에 대해 격려해 주도록 안내한다.

5단계: 낮잠 자기

신입원아가 낯선 공간에서 주 양육자 없이 잠들기는 어렵다. 많은 영유아가 처음에는 잠들기를 거부하기 때문에 억지로 재우기보다는 교사의 무릎에 앉아서 다른 또래들이 잠드는 모습을 바라볼 수 있도록 해 주는 것이 좋다. 이 과정에서 영유아는 긴장이 풀리면서 스스로 잠드는 경우가 많다.

- 교사는 영유아의 잠자는 버릇이나 잠들 때 필요한 물건 등을 준비한다.
- 영아를 안고 토닥여 주어 안정감을 갖도록 한다.
- 유아는 하루 일과의 리듬을 함께하면서 점차적으로 함께 낮잠을 잘 수 있다.
- 영아의 경우, 처음에는 부모가 낮잠을 재워 줌으로써 영아가 안정적으로 잠이 들 수 있도록 돕는다.

(4) 적응 과정의 재원원아 관리

0세 학급은 모든 영아가 신입이므로 모두 같은 적응의 과정을 계획할 수 있다. 그러나 이후의 영유아 학급은 신입원아와 재원원아가 함께 지내게 된다. 이때 신입원아의 적응으로 부모가 활동실에 들어와 있게 되는 기간 동안 재원원아가 불안감을 보이기도 한다. 따라서 교사는 재원원아의 심리적인 상태도 잘 관찰하여 안정시킬 필요가 있다.

가능하다면 부모에게 상황을 설명하고 신입원아의 적응 기간 동안 재원원아의 등원 시각을 조정할 수도 있다. 예를 들면, 첫 1주일에 신입원아는 오전, 재원원아는 오후에 등원하여 따로 놀이를 함으로써 재원원아가 어려움을 겪지 않도록 지원한다.

(5) 적응 과정 시 유의점

적응 기간이 끝난 후에도 영유아의 상태에 대해 지속적으로 관찰한다. 간혹 적응 후 한참이 지난 다음에도 다시 적응 초기처럼 불안해하기도 한다. 이때에는 간단하게 다시 적응의 과정을 거치는 것도 좋다.

적응의 과정을 힘들게 하는 것은 부모의 거짓말과 일관성 없는 태도가 원인인 경우가 많다. 자녀를 빨리 분리하고자 하는 부모가 자녀에게 거짓으로 말하고 사라져 버리면서 영유아의 불안을 가중시켜 영유아가 더욱 기관을 거부하게 만든다. 또한 영유아가 강하게 거부하면 적응을 포기하고 귀가한다. 영유아는 자신의 어떤 행동이 요구를 관철시킬 수 있다는 사실을 알게 되고 영유아의 거부 행동은 부모가 자신의 요구를 받아들일 때까지 점점 더 심해진다. 불안이라는 정서적 요인으로 인해 기관의 다양한 놀잇감이나 친근한 교사에 대한 관심을 모두 차단하게 된다.

자녀의 적응을 위해 이런 말은 삼가 주세요

- "봐, 다른 친구들은 잘 놀고 있는데 너는 왜 엄마한테만 붙어 있어?" "빨리 가서 놀아." "네가 아기니?" 등 비교하고 무시하기
- "엄마 화장실 다녀올게 놀고 있어." 하고 사라지기
- 아이가 듣는 데에서 다른 부모와 이야기하기 "아유, 얘는 왜 이렇게 안 떨어지나 몰라." "얘가 빨리 떨어져야 내가 일을 볼 텐데."
- "너 그렇게 하면 선생님한테 혼나. 봐, 선생님 무섭지?"라며 교사와의 관계를 훼손하는 말 하기
- "내일부터는 선생님이랑 놀아야 해. 엄마는 직장에 가야지." 하고 적응 초기부터 계속 분리에 대해 강조하기

반면, 적응 기간을 충실히 지켰을 경우 영유아는 안정감을 갖고 주변을 탐색하며 놀잇감에 흥미를 가지게 된다. 유아교육기관이 흥미 있는 공간이고 또래나 교사가 자신에게 위협적이지 않고 믿을 만한 사람이라는 확신이 생기면 영유아는 점점 더 기관을 즐거운 곳으로 느낀다.

유아반의 경우, 대체로 신입원아와 재원원아가 섞여서 한 학급을 이루게 된다. 따라서 재원원아가 신입원아의 적응을 도와줄 수 있는 계획을 하는 것도 좋다.

새로운 친구들을 도와줘요

A 유아교육기관에서는 신입유아가 3월 2일에 첫 등원을 하기 전인 2월 말 1~3일 정도 재원유아가 미리 새로운 학급의 교사와 지내게 한다. 이는 새로운 교사와의 첫 만남에서 적은 수의 유아와 교사가 만남으로 해서 교사가 유아들과 좀 더 밀접하게 상호작용할 수 있고, 교사는 좀 더 세심하게 학급의 유아를 파악할 수 있는 이점이 있다. 이날 유아들은 새 친구들을 어떻게 맞이하며, 어떻게 도와줄지에 대해 의논한다. 미리 의논하고 계획하고 준비함으로써 새로운 친구들에 대한 기대도 갖게 되고, 새 친구들을 도와줄 수 있다는 생각에 매우 고무되기도 한다.

이 활동의 또 다른 이점은 신입유아의 적응 기간 동안 일어날 수 있는 여러 가지 혼란스러운 상황에 대해 기존의 유아들이 미리 예측하고 대비할 수 있다는 점이다. 적응 초기에 신입유아의 부모가 일정 시간 동안 활동실에서 지내게 됨으로써 기존 유아가 다시 적응 초기로 되돌아가서 자기도 엄마가 오면 좋겠다고 울거나 떼를 쓰기도 한다. 또한 평소와는 다른 분위기 때문에 혼란스럽고 불안감을 직접 표출하는 경우도 있다. 교사는 기존 유아가 엄마가 없어도 잘 지낼 수 있음에 가치를 두고 강조해 줌으로써 유아의 자존감을 높여 준다.

"새로 오는 친구들은 우리 어린이집(또는 유치원)이 처음이야. 그래서 엄마가 활동실에 들어와 있을지도 몰라."

"너희는 엄마가 너희를 데려다 주시고 어떻게 하지?" "그럼 '우리 엄마도 활동실에서 나를 기다려 주세요.'라고 할까?" "그렇구나. 엄마가 보고 싶지만 참을 수 있구나." "그렇지만 새로운 친구들은 엄마가 보고 싶으면 엄마가 활동실에 좀 계셔도 돼."

제13장

현장학습 및 행사

영유아의 교수학습 활동은 기관 내에서만 이루어지는 것이 아니라 필요에 따라 가정이나 지역으로 확장된다. 현장학습은 영유아가 기관을 떠나 외부로 나가 활동하는 것을 말한다. 견학 또는 체험활동 등의 이름으로 연간 계획에 의해서 이루어지기도 하고, 활동과정의 필요에 의해서, 영유아의 요구에 의해서 이루어지기도 한다.

부모가 참여하는 행사에는 부모와 가족이 적극적으로 자녀의 교육현장에 참여할 수 있도록 지원한다. 부모를 위한 행사는 유아교육기관과 가정, 가족 간의 신뢰를 다지고 가정의 소중함을 일깨워 줄 수 있으며, 교육의 질과 자녀의 바람직한 성장에 기여할 수 있다.

현장학습이나 행사가 영유아에게 실질적인 도움이 되기 위해서는 교육활동과 통합되어야 하고, 영유아 참여를 통한 주도적 활동으로 진행되어야 한다.

이 장에서는 현장학습 및 행사의 의미와 종류를 알아보고, 현장학습 및 행사의 실제에 대해서도 학습한다.

1. 현장학습 및 행사의 의미와 종류

1) 현장학습 및 행사의 의미

현장학습이란 교육활동 중 다루어지는 주제와 관련하여 현장으로 나가 실물과 실제 상황을 살펴보는 견학 및 체험 학습을 말한다.

행사는 기념일이나 명절의 의미를 다지기 위해 이루어지는 활동, 유아교육기관과 가정 및 지역사회와 연계한 활동 등 일과에서 벗어나 특별한 의도를 갖고 계획되어 실시되는 교육 내용이라고 할 수 있다. 이러한 행사는 다른 사람에게 보이기 위해 별도로 마련되는 것이 아닌 교육과정상 필요에 의해 영유아를 중심으로 계획되고 실시될 때 보다 효과적이다.

- 현장학습은 주제활동의 연계나 통합을 위해 적절한 시점에, 적절한 장소를 선정하여 실시함으로써 영유아를 위한 교수-학습의 효과를 높일 수 있다.
- 익히고 훈련하는 행사에서 벗어나 유아와 교사가 함께 준비하고 참여하는 교육행사가 되어야 하고, 교육과 통합되어야 한다. 또한 가정과 연계된 행사가 될 수 있도록 계획하고 실천하여 유아 및 가족 모두에게 의미 있는 경험으로 연결될 수 있는 행사가 되도록 한다.
- 부모 또는 가족을 의도적으로라도 교육의 현장 속으로 이끌어서 자녀에 대한 정보를 공유하고, 가족과 함께 놀이하며 바쁜 일과 속에서 놓치기 쉬운 대화하는 시간을 계획해 줄 수 있도록 한다.

2) 현장학습 및 행사의 종류

(1) 주제활동과 연계된 현장학습

주제와 관련된 활동을 진행하면서 주제에 관한 영유아의 관심을 증대시키고, 흥미 및 동기를 유발하기 위해서, 주제활동의 내용을 좀 더 명료화하기 위해서, 실제적인 경험을 위해서 현장학습은 중요한 학습의 매체가 된다.

(2) 기념일, 국경일과 관련된 행사

기념일은 어린이날, 어버이날, 스승의 날, 현충일, 장애인의 날, 식목일 등이 있으며, 기념일에는 각각의 의미를 갖고 기념행사를 한다. 국경일은 역사적인 의미와 유래가 있는 날로, 개천절, 삼일절, 제헌절, 한글날, 광복절 등이 있다. 유아교육기관에서는 기념일이나 국경일과 관련된 활동을 하며 그 의미를 알아보고, 관련 인사를 초청하여 이야기를 들어 보거나 기관 및 장소를 방문하는 활동을 할 수 있다.

(3) 명절 및 절기와 관련된 행사

명절은 설, 대보름, 추석 등이 있고, 절기로는 경칩, 단오, 동지 등이 있다. 명절과 절기는 해마다 일정한 시기에 되풀이되며, 우리 생활과 관련된 유래와 의미 및 고유한 풍속이 있다. 명절과 절기 관련 활동을 위해 교사는 유아들과 함께 유적지, 민속박물관, 농업박물관 등을 견학해 보거나 가정의 협조를 구하여 옛 물건을 수집하여 전시회를 마련할 수 있다.

(4) 부모 및 지역사회 관련 행사

부모 참여수업, 부모 워크숍, 부모 간담회, 가족과 산에 오르기, 가족축제, 가족 운동회 등의 가족행사와 입학식, 생일잔치, 소풍, 견학, 수료식, 졸업식 등이 있다.

유아교육기관에서 이루어지는 모든 행사는 연간 주제와 관련지어 사전에 계획되고, 가정통신문을 통하여 일시, 목적, 내용, 진행 방법에 대해 안내해 주어 부모와 가족이 행사에 적극적으로 참여함으로써 최상의 교육이 될 수 있도록 한다.

2. 현장학습 및 행사의 실제

1) 체험학습과 연계한 교육활동

현장으로 체험학습을 나갔다가 활동실로 돌아와 현장의 경험을 교육활동으로 연계한 안전체험관 활동과 주제와 관련하여 견학 후 프로젝트 활동으로 진행한 활동의 예에 대해 살펴본다.

(1) 안전체험관 견학 후 사후활동

유아의 안전교육을 위해 안전체험관을 방문하여 지진, 풍랑, 화재, 교통안전 등을 실제 체험하고 돌아와 활동실에서 체험한 내용과 관련한 사후활동을 통해 체험한 내용들을 더욱 명료화한다.

"지진이 났어요. 어떻게 해야 하지?" 방석 등으로 머리를 감싸고 보호될 수 있는 곳에 대피한다.

그림 13-1 ◆ **안전체험관 체험활동 후의 추후활동 모습**

(2) 주제와 관련한 현장학습 후 교육활동의 예

'소중한 물' 주제와 관련한 활동 중 '하수처리장'으로 견학을 다녀온 후 '깨끗한 물 만들기 실험'을 한 후 부모에게 공지하여 물을 깨끗이 쓰고 아껴 쓰는 캠페인으로 확장된 활동을 진행한다.

"물이 깨끗해지려면 모래가 필요해. 왜 깨끗해지지 않지?"

처음 했던 계획을 수정하여 정수되는 과정 반복 실험

그림 13-2 ◆ **하수처리장 견학 후 실외에서 '깨끗한 물 실험' 활동 모습**

실외놀이터에서 페트병과 자갈, 휴지로 '깨끗한 물 만들기' 실험을 한 활동을 확장하여 생수통에 천 → 자갈 → 굵은 모래 → 고운 모래 → 숯 → 고운 모래 → 굵은 모래 → 자갈을 순서대로 쌓아서 깨끗한 물 만들기 실험을 한다. 귀가 시 부모님에게 실험한 과정을 설명해 주며 경험을 재구성한다.

"생수통을 어떻게 세울까? 블록으로 이렇게 세우자. 여기 테이프 좀 붙여 줘."

"우리가 깨끗한 물이 되도록 한 실험을 설명해 드릴게요."

그림 13-3 ◆ **생수통을 이용한 정화 과정을 부모와 또래에게 설명하는 모습**

2) 유아가 주도하는 교육행사

많은 유아교육기관에서는 한 해를 마무리하면서 가족을 초대하여 유아들의 '재롱'을 보여 주는 일명 '재롱잔치'를 준비한다. 이 활동이 유아들의 학습과는 무관하게 '보여 주기 위한 행사'로 일방적으로 진행될 때, 그 연습으로 교사나 유아 모두 매우 힘들어하는 모습을 종종 보게 된다. 이러한 행사는 과연 교육과 어떤 관련이 있을지 이와 관련한 부모의 평가를 들어보자.

작년에 ○○유치원에 다녔는데, 올해 12월에 재롱잔치 발표를 했습니다. 그 발표회 준비를 위해 3~4개월 정도 시간을 투자하여 준비하는 선생님……. 아이들은 곡에 맞추어 춤을 달달 외워야 무대에 오를 수 있기 때문에 무척 힘들었으리라 생각합니다. 발표회를 지켜보면서 아쉬웠던 것은 아이들의 재롱잔치 90% 이상이 가요여서 마음이 무척 아팠습니다. 동심의 세계에 어른의 가요가 무슨 뜻인지도 모른 채 손발을 움직이며 엉덩이를 흔들고 가수들의 춤을 흉내 내는 모습에 부모들은 좋아하고 즐거워하며 자기 자녀가 잘한다고 박수를 보내는데, 사실 그때는 저도 내 딸밖에는 눈에 들어오지 않았다는 점에서는 반성을 하고 있습니다. 그 후 아이의 입에서는 가요가 맴돌며 거울을 보고 춤추면서 자기 모습을 보고 좋아합니다. 이런 재롱잔치 발표회 때 동심을 더욱 심어 주고 넓혀 주는 장이 되면 좋았을 거라는 아쉬움이 남습니다.

- 유치원 3세 학부모 -

아이가 어린데, 부모가 기뻐하는 것을 의도하는지 소극적인 아이를 행사에 참여시키기 위해 연습, 맹연습으로 어린이집에서는 먹기, 잠자기 외에는 프로그램 진행이 안 되는 것을 알고 놀랐습니다.

- 어린이집 2세 학부모 -

유아교육기관에서의 행사는 보여 주기 위함보다 유아가 성취한 것을 재발견하고 나누는 시간이 될 수 있도록 계획하고 진행함으로써 유아 스스로의 성취감과 유능감을 경험할 수 있는 기회를 제공하는 것이 목적이 되어야 한다. 이를 위해 대중가요나 유행하는 무언가가 중심이 되는 것이 아니라 평소 자유선택활동이나 대소집단활동 시간 등에 이루어졌던 활동 중에서 유아가 관심 있어 하는 내용이 행사의 중심이 되어야 할 것이다.

유아교육기관의 발표회는 1년 동안의 활동을 모아 둔 파일이나 사진을 보며 무엇을 할 것인지 유아가 선택을 하고 교육계획에 포함하여 진행한다. 그러한 과정에 가정과의 연계활동이나 가정통신문 등을 통해 부모에게 행사의 취지를 알리고 상호 협력하며 함께 준비를 한다.

유아들이 교사와 함께 직접 행사를 준비하고 발표회를 가진 예를 제시하면 다음과 같다.

〈'작은 만남의 밤' 행사의 프로젝트 활동 예〉

5세반 유아들이 졸업을 앞두고 기관에서의 생활을 마무리하는 시간을 마련하여 1년 동안 학습한 내용 중에서 가족에게 보여 주고 싶고, 자랑하고 싶은 것을 자신의 포트폴리오에서 찾아 선택한다. 이때 모든 것을 보여 줄 수는 없으므로 언어 · 음률 · 미술 활동을 중심으로 선택하도록 교사가 안내한다. 프로젝트 기간은 3~4주 정도로 계획한다.

- 각자 선택한 활동의 내용에 따라 유아끼리 모여 앉는다. 즉, 동극을 선택한 유아, 동화를 선택한 유아, 악기 연주, 노래 부르기 등으로 집단을 나눈다.
- 같은 활동을 선택한 유아끼리 협의하여 원하는 활동과 자신이 맡을 역할을 결정한다. 예를 들면, 동극에 참여하는 어떤 유아는 <코끼리의 코는 왜 길까?>를 원하고 또 다른 유아는 <해님달님>을 원한다면, 정해진 시간이 있기 때문에 모두가 원하는 것을 선택할 수 없다는 것을 알린다. 유아 간에 상호 협의하여 그중 하나를 선택하게 하고, 역할도 정하도록 한다. 이때 결정이 어렵거나 협의가 잘 되지 않는다면 교사가 중재해 준다.

그림 13-4 ◆ **유아들이 직접 제작한 동극 의상을 입은 모습**

- 각자 결정한 활동이나 역할에 따라 준비해야 할 의상, 가면 등을 만들고, 활동한 자신의 작품들을 재정비한다. 즉, 그동안 자신이 지었던 동시를 보완하거나 보기 좋게 다시 쓰고 그림을 그려 넣기도 하고, 동극을 위한 의상 제작을 위해 교사의 도움을 받아 직접 제작에 참여한다.
- 2주 정도의 기간 동안에는 자유선택활동과 소집단활동 시간을 통해 각 활동을 재정비하고 연습하거나 의상을 만드는 등 활동을 한다.
- 포스터와 초대장도 유아들의 문장과 글씨로 제작하여 현관에 붙여 두고 부모에게도 초청장을 보낸다.
- 행사 일주일 전 즈음에는 무대를 구성하고, 그동안의 활동을 정리하는 시간을 갖는다. 또한 부모에게 하고 싶은 이야기를 영상편지로 모아 동영상을 만든다.

이렇게 하여 구성된 행사의 프로그램을 살펴보면 <표 13-1>과 같다.

표 13-1 ◆ '작은 만남의 밤' 행사 일정

인사말	• 바쁘신 와중에도 와 주신 데 대한 감사인사 • 행사의 취지: 1년간의 활동 중, 가족에게 보여 주고 싶거나 자랑하고 싶은 것을 선택하여 졸업을 앞두고 시간을 마련, 무대 소품 등을 유아 스스로 준비했음을 알림 • 역할에 대한 설명: 우리 아이는 왜 조금 밖에? – 아이들 스스로 선택하여 제작한 것이므로 존중 부탁 • 끝까지 최선을 다하는 우리 아이들의 모습에 격려와 박수 부탁
오프닝	<하얀 나라> <노을> < 종이접기> <아빠 힘내세요> <여러분> 노래에 맞춰 가족의 참여에 대해 유아들이 직접 인사
영상편지 1	동극에 참여한 유아들이 부모에게 보내는 영상편지
동 극	<야, 우리 기차에서 내려>
영상편지 2	동시 발표를 한 친구들의 영상편지
동 시	유아들이 직접 쓴 동시 감상
영상편지 3	전래동화 <아기돼지 삼형제> 왜? 아이들은 전래동화에 빠져 들까요?
줄 인형극	<아기돼지 삼형제>
영상편지 4	<늑대가 들려주는 아기돼지 삼형제> 패러디 동화와 <아기돼지 삼형제>를 비교하여 분석한 내용 소개
동 화	<늑대가 들려주는 아기돼지 삼형제> 아이들이 분석한 자료 읽기 – 패러디 동화의 접근 방법 제시
가족과 함께	<아름다운 세상> 노래 부르기
영상편지 5	<세상에서 가장 큰 새> 창작동화를 TV 동화로 듣고 영상편지
TV 동화	<세상에서 가장 큰 새>
영상편지 6	영상편지와 함께 동시 감상
동 시	<푸른 꿈을 싣고>
영상편지 7	우리의 전통 춤 '꼭두각시'에 대한 영상편지
전통춤	'꼭두각시'
가족과 함께	박자치기 놀이(<라데츠키 행진곡> 앞부분: 악보 빔으로 제시)
리듬합주	<라데츠키 행진곡> – 유아들의 리듬합주 박자치기 연습 – 가족과 함께
마무리	<여러분>노래 부르며 마무리 인사 • 오늘 행사를 마무리할 시간이 되었습니다. 조금은 긴장되고 흥분된 모습이었지만, 참 의젓하고 최선을 다하는 모습이 아름다웠습니다. 준비하는 과정에서 서로 협의하고, 생각을 모으고, 배려하는 모습을 보면서 더 넓고 큰 세상에 나가도 굳건히 헤쳐 나갈 수 있는 의지를 보았습니다. 마지막으로 우리 아이들의 마무리 인사를 노래로 듣겠습니다. 감사합니다.

행사 진행 시 원장과 교사는 행사나 관객으로서 유의할 점 등에 대한 안내 정도에 참여하거나 활동과 활동 사이에 준비를 위한 시간과 가족이 함께하는 시간에만 참여한다. 그 밖에 각 활동뿐만 아니라 시작을 알리는 인사말이나 마무리하는 인사까지 유아들이 직접 할 수 있도록 한다.

유아들이 만든 OHP 동화를 들려주는 모습

동화를 들려주는 유아와 동화를 조작하는 유아

TV 동화 <세상에서 가장 큰 새> 그림에는 동화를 들려주는 유아들의 얼굴이 보이도록 구멍을 뚫어 줌(그림이 이동하면 동화와 함께 유아들도 움직여 감)

유아들이 놀이 중 활동했던 <팥죽할멈과 호랑이>의 동극 모습

그림 13-5 ◆ **발표하는 모습 중 문학과 관련되는 활동들**

또한 활동 내용 중에는 가족이 함께 참여하는 활동을 계획하여 일방적으로 유아의 발표를 관람하는 관객의 입장이 아니라 직접 활동에 참여하여 즐기는 의미 있는 시간이 될 수 있도록 고려한다. '가족과 함께 노래 부르기' 시간에는 전체 유아가 노래의 1절을 부르면 2절은 참여한 가족이 부른다거나, 유아들이 리듬합주를 준비할 때 가족들에게는 합주 음악에 맞춰 박수치기를 연습하도록 한 후 리듬합주가 시작

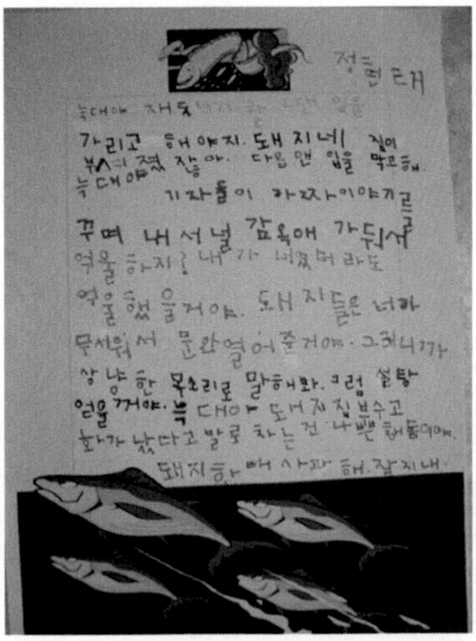

그림 13-6 ◆ 5세 유아가 쓴 글

되면 유아들은 연주를, 가족은 박수치기를 하며 참여한 모두가 이 시간의 주인공이 될 수 있도록 진행한다.

<늑대가 들려주는 아기돼지 삼형제> 패러디 동화는 부모가 동화를 선정할 때 고려해야 하는 점이 무엇인지를 함께 짚어 볼 수 있는 시간을 갖고자 계획된 활동으로, 4세와 5세 유아들이 <아기돼지 삼형제>와 <늑대가 들려주는 아기돼지 삼형제>를 읽고 나타난 반응을 분석하여 소개하는 등 보다 다양한 가족의 참여와 자녀와 함께하는 의미 있는 시간이 되고자 하였다.

[그림 13-6]은 <늑대가 들려주는 아기돼지 삼형제>를 읽고 늑대가 잘못한 점과 돼지가 잘못한 점에 대해 5세 유아가 쓴 글이다.

3) 지역사회 연계 행사

영유아는 부모, 가족, 친척뿐만 아니라 이웃, 지역사회와 같은 다양한 환경과 더불어 성장해 간다. 이러한 지역사회 환경은 그 구성원에게 전통과 규범을 가르치고, 그 지역사회의 가치를 고수하도록 하며, 사회적 참여를 이끌어 냄으로써 구성원이 협동하도록 한다. 따라서 유아교육기관이 보다 효과적인 교육을 담당하기 위해서는 가정뿐만 아니라 지역사회의 요구와 자원을 기관의 운영에 연계시켜 상호보완적 협력관계를 형성해 가야 한다(고경화, 권경숙, 손순복, 이경애, 조미영, 조연경, 황인애, 2014). 이를 위한 내용을 프로그램 내에 계획하여 행사로 진행함으로써 지역사회 단체 및 주민과 원만한 관계를 형성하고, 인적 · 물적 자원을 교류함으로써 질 높은 교육활동이 가능하도록 한다.

지역사회와 함께할 수 있는 행사로는 지역사회를 위한 유아교육기관의 봉사활동을 들 수 있다. 유아교육기관을 개방하여 지역에 공개하는 오픈 하우스, 어버이날 경로당 방문 행사, 독거노인 돕기, 지역사회와 함께하는 따뜻한 겨울나기 등 교직원, 유아, 부모가 함께 참여하는 행사로 운영할 수 있다. 또한 지역사회 자원봉사자를 활용하거나 지역사회 시설을 활용하는 행사 등이 있다. 이들 중 몇 가지를 소개한다.

(1) 지역사회를 위한 봉사

지역 노인정 또는 독거노인 등과 연계하여 할아버지, 할머니와 함께 지내는 활동을 계획하거나 용돈을 모아 독거노인을 방문하는 등 유아가 어려운 이웃을 돌아보고 인성을 기를 수 있는 활동을 할 수 있다. <표 13-2>는 지역사회와 연계한 유아교육기관 행사의 예다.

표 13-2 ◆ 지역사회를 위한 유아교육기관 자원봉사활동의 예

활 동	횟 수	장 소	내 용	관련 인력
카네이션 달아 드리기	연 1회	○○노인정	• 할아버지, 할머니의 사랑과 고마움 알기 • 카네이션 선물, 안마해 드리기	지역 노인정 할아버지, 할머니
장애아동 통합수업	월 1회	○○복지관	• 지역의 장애시설 등과 연계하여 장애아동에 대한 통합교육 모색과 교육 실시	특수교사
사랑의 동전 모으기	연 1회	○○구청	• 독거노인 돕기	4, 5세 유아
수재민 돕기	연 1회	○○구청	• 다른 사람의 아픔을 같이 나누고 도와줌	전체 유아
조부모 초청 행사	연 1회	유아교육기관	• 지역 관공서의 복지과와 연계한 기초생활대상 조부모 초청 행사	유아와 학부모

출처: 쌍문삼성어린이집 지역사회 행사 자료(2014).

① 함께 나눠요-독거노인 돕기 행사

부모 → 유아 → 유아교육기관 → 지역사회 연계활동으로 3월에 실시되는 연령별 부모 간담회를 통해 지역사회와 연계한 활동의 목적과 취지를 안내하고 부모의 참여를 독려하여 시작되었다. 일회적 행사성의 불우이웃돕기가 아닌, 한 학기 동안 4, 5세 유아와 전체 부모, 교직원이 쌀과 동전을 모아 이루어진 활동으로, 유아에게 교육적인 의미가 크다고 볼 수 있다.

진행 과정을 살펴보면, 먼저 유아교육기관이 소재한 지역의 사회복지과에 의뢰하여 주변의 독거노인에 대한 정보를 제공받는다. 할아버지, 할머니의 거주지와 생활 상태, 필요한 도움 내용을 파악하기 위해 교사가 현장을 방문하고 취지를 충분히 설명한 후 부모에게 안내하고, 유아는 교육활동과 통합하여 그때그때 토의, 추첨 및 선거하는 방식으로 진행한다.

- 사랑의 쌀 모으기(부모 참여): 매일 식사 준비를 할 때 한 줌의 쌀을 모았다가 매월 마지막 주 화요일에 현관 입구에 비치한 그릇에 담는다.
- 사랑의 동전 모으기(유아 참여): 가정에서 심부름이나 정리정돈 등 선행에 대해 약속을 정하고 바람직한 행동을 했을 때 부모가 용돈을 주면 1층 홀에 비치한 저금통에 동전을 넣은 후, 쪽지에 자신의 선행 내용을 적어 유아교육기관의 모든 사람이 볼 수 있는 공간에 전시한다. 매월 초에서 마지막 주 화요일까지 실시하여 모인 동전은 유아들의 토의를 거쳐 할아버지, 할머니의 용돈으로 드리거나 간식, 필요한 물품 등을 구입하여 할아버지, 할머니께 직접 전해 드릴 수 있다. 방문하는 할아버지, 할머니의 집이 좁기 때문에 모두가 한 번에 갈 수 없음을 이해하고, 누가 방문할 것인지도 유아들의 토의를 통해 결정한다.

그림 13-7 ◆ 현관 입구에 비치한 쌀 모으기 통

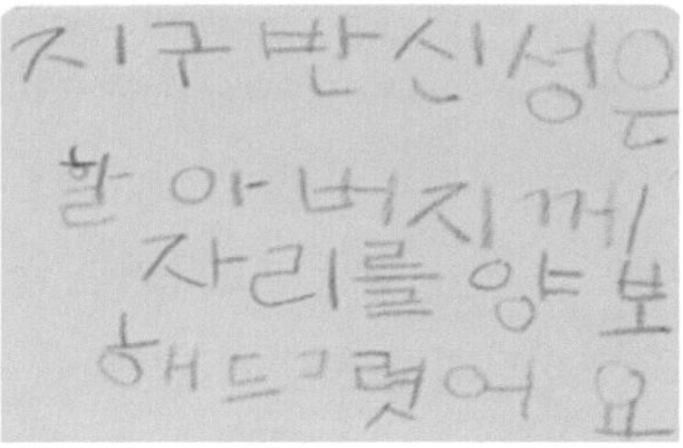

그림 13-8 ◆ 유아 자신의 선행을 쓴 글

표 13-3 ◆ 독거노인 돕기 활동의 진행 과정

활동 내용	날 짜	방문 내용	비 고
1차 방문	4. 16.	독거노인의 거주지 파악과 생활 상태, 필요한 도움 내용을 파악하기 위해 방문	교사 2인
사랑의 쌀 모으기	3월과 4월 마지막 주	가정통신문을 통해 '독거노인 돕기'에 대해 안내하고, 게시판에 홍보 후 '사랑의 쌀 모으기' 실시	매일 가정에서 한 줌의 쌀 모음
2차 방문	5. 7.	어버이날을 맞아 그동안 모인 쌀과 아이들이 만든 꽃을 들고 독거노인 댁 방문	쌀 20kg 전달 (유아 + 교사)
사랑의 동전 모으기	5. 2.~ 5. 29.	'사랑의 동전 모으기' 실시	모금: 30,140원(용돈)
3차 방문	6. 12.	과일, 과자, 음료수를 사서 방문	9,000원 지출 (교사 1명 + 유아 5명)
사랑의 동전 모으기	6. 1.~ 6. 30.	'사랑의 동전 모으기' 실시.	모금: 26,370원(간식)
4차 방문	9. 28.	추석을 맞아 아이들이 유아교육기관에서 빚은 송편과 과일, 내복을 전달	27,000원 지출 (교사 1명 + 유아 5명)

출처: 쌍문삼성어린이집 지역사회 행사 자료(2014).

② 할아버지, 할머니 초청 행사

지역의 사회복지과와 협력하여 기관 주변에 거주하는 기초생활대상 할아버지, 할머니를 초청하여 식사 대접과 유아들의 공연, 선물 등을 제공한다. 앞서 소개한 가족과 함께하는 행사인 '작은 만남의 밤' 행사와 연결하여 같은 시기에 실시할 수 있다. 가족 행사 준비가 거의 마무리될 즈음 또는 행사가 끝난 이후에 그 활동들 중 할아버지, 할머니가 좋아할 만한 내용을 선택하여 보여 드릴 수 있다.

이를 위해 행사 2개월 전 즈음에 행사의 취지와 추진 일정 등을 가정통신문을 통해 부모에게 안내한다. 부모가 협조해야 할 것과 유아들이 해야 할 것을 구체적으로 안내하며, 행사 당일 부모의 자원봉사 참여를 유도한다.

- 부모: 매주 1회 쌀 모아 가져오기, 당일 봉사 참여, 자녀의 용돈 관리(모아서 선물 준비)
- 유아: 용돈을 벌기 위한 가족 돕기 또는 병 모으기 등 계획 세우고 실천하기

• 유아교육기관: 부모가 모은 쌀로 당일 식사와 떡 제공, 반찬 준비, 장소 제공 등

할아버지, 할머니께 재롱도 보여 드리고 용돈을 모아 준비한 선물도 드려요.

그림 13-9 ◆ **할아버지, 할머니 초청 행사 모습**

이와 같은 준비 과정을 거쳐 할아버지, 할머니 식사 대접 → 유아 공연 → 선물 드리고 함께 간단한 손놀이하기 등의 순으로 진행하였다.

(2) 지역사회 자원봉사자 활용 행사

유아교육기관에서는 지역의 인적 자원을 자원봉사자로 활용할 수 있다. 예를 들면, 가까운 곳의 초등학교와 연계한 프로그램을 운영할 수도 있다. 초등학교는 대부분의 학생이 특별활동에 참여하고 있어 유아들이 평소에 접하기 어려운 다양한 악기의 연주를 직접 듣고 각각의 악기가 내는 소리를 탐색할 수 있는 좋은 기회가 된다.

지역 자원봉사자를 활용한 행사의 예는 <표 13-4>와 같다.

표 13-4 ◆ 지역사회 자원봉사자 활용 행사의 예

활동명	일 시	관계기관	내 용	자원 인력
그림책 읽어 주기	주 1회	지역 내 노인정	• 먼저 식사한 영아에게 동화 구연 또는 그림책 읽어 주기 • 세대 간 교류	노인정 할머니 2인 (격주 방문)
성교육 안전교육	연 1회	○○구청 보건소	• 내 몸은 내가 지켜요 • 화재대피교육	보건소 관계 직원 2명 삼성3119소방대
구강교육	연 1회	○○치과	• 올바른 양치질 방법 • 치아의 구조 • 치아에 좋은 음식, 나쁜 음식	○○치과 의사 4명
악기소리 감상	연 1회	○○초등학교	• 다양한 악기 소리 탐색 및 감상 • 함께 배워 보기	○○초등학교 음악교사와 합주반 어린이
텃밭 활동	연 1회	지역 내 노인정	• 농사를 지어 본 할아버지(할머니)와 함께 계절에 따라 심고 가꾸고 거둬들이기	자원봉사 신청자
사진 찍기	연 2회	지역주민	• 사진찍기 취미를 갖고 있는 지역주민 • 행사 또는 활동 사진 찍어 주기	자원봉사 신청자

초등학교 형들의 심포니 감상하기

그림 13-10 ◆ 초등학교 학생들이 기관을 방문하여 연주하는 모습

또한, 텃밭 가꾸기를 할 때 지역에서 농사를 짓거나 농사를 지어 본 적이 있는 어른(부모, 할아버지, 할머니)을 자원봉사자로 활용할 수 있고, 지역에서 전해 오는 이야기나 민요와 관련된 활동을 할 때 이에 대한 정보를 알고 있는 지역사회 어른을 자원봉사자로 참여시켜 활동할 수도 있다.

가까운 노인정이나 주민회의 시 원장이 방문하여 행사의 취지를 알리고 신청을 받되, 일정 기간 동안 봉사자로서 교육에 참여하는 모든 사람은 건강진단 결과서를 제출하고 봉사자 교육을 받은 후 위촉장 수여식을 하는 등 공식적인 절차를 밟는다.

먼저 식사를 끝낸 영아에게 책을 읽어 주는 할머니의 모습

퇴직 후 전문성을 살려 사진 찍기 봉사를 하는 할아버지의 모습

그림 13-11 ◆ 지역 자원봉사자의 봉사하는 모습

출처: 왕곡어린이집 자원봉사 자료(2016).

참고문헌

강정원(2005). 2세 영아와 교사의 효율적 상호작용. 2005년도 한국영유아교원교육학회 연차 학술대회 자료집. 서울: 한국영유아교원교육학회.

고경화, 권경숙, 손순복, 이경애, 조미영, 조연경, 황인애(2014). 보육학 개론. 서울: 동문사.

교육과학기술부, 보건복지부(2013a). 3~5세 연령별 누리과정 교사용 지침서.

교육과학기술부, 보건복지부(2013b). 3~5세 연령별 누리과정.

교육부(1995). 유치원 교육과정에 기초한 유아관찰 척도.

김경배, 김재건, 이홍숙(2001). 교과교육론. 서울: 학지사.

김경혜, 김진숙, 박진옥, 윤은영, 이유미(2007). 아동발달. 서울: 동문사.

김광웅, 김숙경(2012). 유아교육심리학. 서울: 창지사.

김명순(2005). 표준보육과정 연구. 서울: 여성가족부.

김성균(1997). 듣기를 통한 유아교육. 서울: 김성균유아음악교육연구소.

김영옥(2007). 부모교육. 경기: 공동체.

김유림(2008). 이야기 나누기와 조형에서의 연령별 교수학습 방법. 대한어린이교육학회 2008년도 하계교사연수.

김정연(2008). 동화, 동극에서의 연령별 교수학습 방법. 대한어린이교육학회 2008년도 하계 교사연수.

김진영, 백혜리, 최윤정(2010). 유아를 위한 교수학습 방법론. 경기: 양서원.

김혜경, 김홍은, 문혁준, 박은혜, 유애열, 임혜영, 장영희, 조혜진(2002). 효과적인 영아보육을 위한 지침서. 서울: 다음세대.

김희진(2008). 연령별 교수를 위한 교사의 준비. 대한어린이교육학회 2008년도 하계교사연수.

김희진, 박은혜, 이지현(2011). 영유아교육기관에서의 관찰. 서울: 창지사.

노영희(1989). 유치원 교사의 교수 전략에 따른 유아의 대인문제해결능력의 비교. 중앙대학교 대학원 박사학위논문.
류진희(2000). 유아교사를 위한 교육실습과 교육활동. 서울: 양서원.
박은혜(2003). 유아교사론. 서울: 창지사.
박은혜, 곽아정, 김난실, 김현주, 김희진, 유청옥, 이혜경(2014). 유치원 교사를 위한 교직실무. 서울: 창지사.
박찬옥, 구수연, 이옥임(2010). 영아교사 상호작용의 이론과 실제. 경기: 정민사.
박초아, 손순복, 유복림, 이남정(2012). 공공형 어린이집 운영가이드북. 보건복지부, 한국보육진흥원, 71-72.
방인옥(1992). John Dewey의 교육철학이 한국유치원 교육과정에 미친 영향. 중앙대학교 대학원 박사학위논문.
백중열(2013). 교사를 위한 유아미술교육의 이론과 실제. 경기: 공동체.
변영계(2005). 교수학습 이론의 이해. 서울: 학지사.
보건복지부(2011). 표준보육과정에 기초한 보육계획 수립 워크북.
보건복지부(2012). 5세 누리과정에 기초한 어린이집 프로그램.
보건복지부(2013a). 3~5세 누리과정에 기초한 만 4세 프로그램.
보건복지부(2013b). 어린이집 표준보육과정 및 0~2세 영아보육프로그램의 이해.
보건복지부(2013c). 제3차 어린이집 표준보육과정 고시.
보건복지부, 중앙보육정보센터(2013). 제3차 어린이집 표준보육과정에 기초한 연령별 보육프로그램.
보건복지부, 한국보육진흥원(2018). 제3차 어린이집 평가인증안내(통합지료). 서울: 한국보육진흥원.
삼성복지재단(2003a). 삼성어린이집유아프로그램 3세. 서울: 다음세대.
삼성복지재단(2003b). 삼성어린이집유아프로그램 총론. 서울: 다음세대.
서영숙, 안지혜, 양영아, 남미선, 김홍은(2012). 프로젝트 접근법으로 운영하는 누리과정. 경기: 양서원.
서울대학교 교육연구소(1995). 교육학 용어 사전. 서울: 하우동설.
서혜정, 한애희(2006). 신임교사로서의 첫 출발. 서울: 파란마음.
손복영(2011). 자기주도 학습 방법에 의한 사회교육 프로그램이 유아의 자기조절 능력에 미치는 효과. 덕성여자대학교 대학원 박사학위논문.
손순복(2007). 어린이집 영유아행동관찰 기록 및 평가 교사교육 자료. 서울: 쌍문삼성어린이집.
심성경, 백영애, 이희자, 이영희, 변길희, 김은아, 박유미, 박주희, 최대훈, 박경신(2009). 보육학개론. 경기: 공동체.
쌍문삼성어린이집 지역사회 행사 자료(2014).
안영진(2006). 21C 교사양성을 위한 아동발달. 경기: 공동체.
양옥승(2008). 이론적 탐구분야로서의 유아교육과정 이해(II): 1928~1969년 미국교육과정 이론을 중심으로. 열린유아교육연구, 13(1), 425-440.

양옥승, 조유나, 나은숙, 김호인, 손복영(2011). 영아의 발달과 보육. 서울: 신정.
오종숙(2010). 어린이로부터 출발하는 미술교육. 경기: 양서원.
왕곡어린이집 자원봉사 자료(2016).
위영희, 문혁준, 이희정, 한성희, 박정원(2013). 개정 영유아교수법. 서울: 창지사.
유민임(2007). 유아교과교육론. 서울: 학지사.
유희정, 김은영, 최혜선(2007). 표준보육과정에 기초한 보육프로그램 총론. 서울: 육아정책개발센터.
윤희경, 임미애, 김애옥, 이분려, 장미아, 고영희(2003). 현장중심 유아교수학습 방법. 서울: 창지사.
이기숙, 김정원, 이현숙, 전선옥(2008). 영유아교육과정. 경기: 공동체.
이기숙, 장영희, 이윤경, 정미라, 심성경, 손순복, 김영아(2017). 영유아발달. 경기: 양서원.
이대균, 김주영, 임자영, 박지선(2010). 교직실무. 경기: 양서원.
이성호(1999). 교수학습 방법론. 서울: 양서원.
이순형, 이영미, 한유진, 권기남, 김지현, 성미영, 정윤주, 황혜신, 이혜승, 이성옥(2007). 영유아 교수방법. 서울: 학지사.
이영석(2001). 유아교육론. 서울: 형설출판사.
이영자, 이기숙, 이정욱(2009). 유아교수학습 방법. 서울: 창지사.
이영자, 이종숙, 신은수, 곽향림, 이정욱(2002). 교사용 1, 2세 영아발달평가도구. 서울: 다음세대.
이완정(2005). 소규모 보육시설의 연령혼합보육 실태조사 및 지원방안 연구. 서울: 삼성아동교육문화센터.
이원영, 김정미(2011). 대학생을 위한 예비부모교육. 서울: 학지사.
이원영, 이태영, 강정원(2008). 유아교사를 위한 부모교육. 서울: 학지사.
이은해, 박진재, 송영주, 송혜린, 신혜영, 정선진, 최혜영(2009). 유아 교수방법. 경기: 양서원.
이재연(1996). 아동발달. 경기: 문음사.
이정욱, 임수진(2003). 탐색 · 표현 · 감상 통합적 유아미술교육. 경기: 정민사.
이정환(1999). 유아교육 교수학습 방법. 경기: 교문사.
이한영(2005). 0~1세 영아와 교사의 상호작용. 2005년도 한국영유아교원교육학회 연차 학술대회 자료집.
임부연, 최남정, 양혜련(2010). 유아교과교육론. 경기: 공동체.
장명림(2013). 유보통합모형 탐색과 통합추진 현황. 한국유아교육학회 추계정기학술대회.
장휘숙(2013). 전 생애 발달심리학. 서울: 박영사.
전남련, 권경미, 김덕일, 이미순(2005). 유아교육 현장 적용을 위한 유아관찰평가의 이론과 실제. 경기: 양서원.
조경자, 이현숙(2010). 유아건강교육. 서울: 학지사.
조형숙, 김선월, 김지혜, 김민정, 김남연(2010). 유아과학교육. 서울: 학지사.
조형숙, 홍은주, 김민정, 백소영(2008). 평생수학, 유아기에 결정된다. 서울: 학지사.

중앙보육정보센터(2011). 어린이집 운영 서식 및 문서자료집.

지옥정(2017). 유아교육현장에서의 프로젝트접근법(4판). 서울: 창지사.

초등교육연구(1997). 21세기 교육대학교 교육과정 개발에 있어서의 기본방향 모색: 구성주의에 기초하여. 초등교육연구, 11, 27-49.

최지영(2011). 아동건강교육. 서울: 동문사.

한국교육심리학회(2000). 교육심리학용어사전. 서울: 학지사.

한국유아교육학회 편(1997). 유아교육사전. 서울: 한국사전연구사.

한국유아교육학회 편(1999). 유아교육사전-용어편. 서울: 한국사전연구사.

한은숙(2003). 영유아발달과 교육. 경기: 정민사.

함혜정(2008). 음률과 게임에서의 연령별 교수학습 방법. 대한어린이교육학회 2008년도 하계교사연수.

허숙(2000). 학교교육과 교육평가의 논리. 서울: 교육과학사.

허혜경, 김성희(2006). 영·유아 건강교육. 서울: 창지사.

홍수현(2014). 3, 4, 5세 누리과정 지도교사를 위한 유아미술교육 창작활동. 서울: 학지사.

홍순정(1996). 유아사회지도. 경기: 정민사.

황윤환(2003). 교수-학습의 패러다임적 전환. 서울: 교육과학사.

황정규(2000). 한국 교육평가의 쟁점과 대안. 서울: 교육과학사.

황해익, 송연숙, 정혜영(2008). 유아행동관찰법. 서울: 창지사.

황해익, 송연숙, 정혜영, 유수경(2013). 영유아행동관찰법. 서울: 창지사.

황해익, 송연숙, 최혜진, 정혜영, 이경철, 민순영, 박순호, 손원경(2001). 유아교육기관에서의 포트폴리오 평가. 서울: 창지사.

Berger, E. H. (2004). ***Parents as partners in education: Families and schools working together***. Upper Saddie River, NJ: Pearson Prentice Hall.

Bodrova, E., & Leong, D. J. (1999). ***Tools of the mind: The Vygotskian approach to early childhood education***. (김억환 역). 정신의 도구: 비고츠키 유아교육. 서울: 이화여자대학교 출판부. (원전은 1996년에 출판).

Branscombe, N. A., Castle, K., Dorsey, A., Surbeck, E., & Taylor, J. B. (2005). ***Early childhood curriculum: A constructivist perspective***. (강현석, 임재택, 이민정, 유경숙, 장영숙, 정정희, 황윤세, 이자현, 도선미 공역). 구성주의 유아교육과정. 서울: 시그마프레스. (원전은 2003년에 출판).

Bredekamp, S., & Rosegrant, T. (1995). Reaching Potentials through transforming curriculum and assessment, and teaching. In S. Bredekamp, & T. Rosegrant (Eds.), ***Reaching Potentials: Transforming early childhood curriculum and ssessment*** (vol. 2). Washington, DC: NAEYC.

Cohen, D. H., Stern, V., & Balaban, N. (1997). ***Observing and recording the behavior of*** *young children*. (박경자 역). 유아행동관찰. 서울: 학지사. (원전은 1983년에 출판).

Decker, C. A., & Decker, J. R. (1976). ***Planning and Administering Early Childhood Education***. Columbus, OH: Charles E. Merrill Publishing Company.

Dinkmeyer, D., & McKay, G. D. (1992). ***Systematic Training for Effective Parenting*** (STEP). (이경우 역). 당신도 유능한 부모가 될 수 있다. 서울: 창지사. (원전은 1982년에 출판).

Fields, M. V., & Fields, D. (2006). ***Constructive Guidance and Discipline*** (4th ed.). (이희영, 허승희 공역). 아동 생활지도(구성주의 접근). 경기: 21세기사. (원전은 2005년에 출판).

Gardner, H. (1997). ***Multiple Intelligences***. (김명희, 이경희 공역). 다중지능의 이론과 실제. 서울: 양서원.

Gartrell, D. (2003). ***A guidance approach for the encouraging classroom***. Thomson: Delmar Learning.

Gitlin-Weiner, K., Sandrund, A., & Schaefer, C. E. (2000). ***Play diagnosis and assessment*** (pp. 15-57). New York: John Wiley & Sons.

Gowen, J. W. (1995). The early development of symbolic play. ***Young Children***, ***50***, 75-81.

Gronlund, G. (1998). Portfolios as an assessment tool: Is collection of work enough? ***Young Children***, ***53***(3), 4-10.

Katz, L. (1995). Talks with teachers of young children: A collection. Norwood, NJ: Ablex.

Katz, L. G., & Chard, S. C. (1989). ***Engaging children minds; The project approach***. Norwood, NJ: Ablex.

Katz, L. G., & Chard, S. C. (2005). The project approach: An overview. In J. L. Roopnarine & J. E. Johnson (eds.), ***Approaches to early childhood education*** (4th ed.). NJ: Pearson.

Kostelnik, M., Soderman, A., & Whiren, A. (1993). ***Developmentally appropriate programs in early childhood education***. New York: Macmillan.

Lee, V. E., & Corninger, R. G. (1996). ***Social capital and children's development: The case of education***. ED 412 629.

MacDonald, S. (1997). ***Portfolio and its use: A road map for assessment***. Lewisville, NC: Gryphon House.

Martin, J. R. (1994). ***Challenging the educational landscape***. London: Routledge.

Mercer, J. (2006). ***Understanding attachment***. Westport, CT: Praeger.

Moore, B., & Bernard, D. (1990). ***Psychoanalytic terms & concepts***. New York: The American Psychoanalytic Association.

Morrison, G. S. (2004). ***Early childhood education today*** (9th ed.). Upper saddle River,

NJ: Merrill/Prentice Hall.

Nodings, N. (1992). ***The challenge to care in schools: An alternative approach to education***. New York: Teachers College Press.

Piaget, J. (1952). T***he origins of intelligence in children***. New York: International University Press.

Piaget, J., & Inhelder, B. (1963). The child's conception of space. London: Rootledge & Keganpaul.

Rosenshine, B., & Meister, C. (1992). The use of scaffolds for teaching high cognitive strategies. ***Educational Leadership***, ***49***(7), 26-33.

Rowe, D. J., Early, B., & Loubier, D. (1999). ***New perspectives in early childhood teacher education***. (조부경, 이정미 공역). 영아와 걸음마기 유아교사의 역할: 유아교사 교육의 새로운 접근. 서울: 양서원. (원전은 1994년에 출판).

Smith, J. T. (2007). ***Interactions in the Classroom***. (송혜린, 신혜영, 신혜원 공역). 놀이지도: 아이들을 사로잡는 상호작용(수정 번역판). 서울: 다음세대. (원전은 1994년에 출판).

Spodek, B. (1985). Reflection in Early Childhood Education. ***Journal of Curriculum Theorizing***, ***6***(3), 54-64.

Tyler, R. W. (1949). ***Basic principles of curriculum and Instruction***. Chicago: University of Chicago Press.

Walberg, H. J., & Heartel, G. D. (Eds.). (1990). ***The international encyclopedia of educational evaluation***. New York: Pergamon Press.

Westby, C. (2000). A scale for assessing development of children's play. In K. Gitlin-Weiner, A. Sangrund, & C. Schaefer (Eds.), ***Play diagnosis and assessment*** (pp. 15-57). New York: John Wiley & Sons.

Wilson, L. C. (1990). ***Infants and toddlers: Curriculum and teaching***. Albany, NY: Delmar Publisher.

e-보수교육캠퍼스 삼성아동교육문화센터. http://child.samsungfoundation.org에서 2013. 10.20. 검색

김희진(2009). 영아행동관찰과 평가. http://child.samsungfoundation.org에서 2012. 11. 30. 검색

법제처(2013). http://www.moleg.go.kr에서 2013.07.01. 검색

찾아보기

저자 소개

손순복(Son Soon-Bok)
원광보건대학교 유아교육과 졸업
원광대학교 교육대학원 유아교육 전공(교육학 석사)
성신여자대학교 대학원 유아교육 전공(교육학 박사)
전 원광유치원 교사
미아샛별어린이집 교사
쌍문삼성 어린이집 원장
계명문화대학교 영유아특수보육과 교수
현 동서울대학교 아동보육과 교수

정진화(Jung Jin-Hwa)
이화여자대학교 사범대학 유아교육과 졸업
이화여자대학교 교육대학원 유아교육 전공(교육학 석사)
경남대학교 대학원 유아교육 전공(박사과정 수료)
전 소심유치원 교사
구로삼성어린이집 원장
현 구립 버들어린이집 원장

박진옥(Park Jin-Ock)
이화여자대학교 사범대학 유아교육과 졸업
이화여자대학교 교육대학원 유아교육 전공(교육학 석사)
숙명여자대학교 대학원 아동복지학 전공(문학 박사)
전 소심유치원 교사
합실어린이집 원장
현 동원대학교 아동보육복지 전공 교수

영유아 교수학습 방법(2판)
Teaching-Learning Method for Young Children

2015년 3월 10일 1판 1쇄 발행
2018년 3월 15일 1판 5쇄 발행
2018년 8월 25일 2판 1쇄 발행
2020년 9월 10일 2판 3쇄 발행

지은이 • 손순복 · 정진화 · 박진옥
펴낸이 • 김 진 환
펴낸곳 • (주) 학지사
04031 서울특별시 마포구 양화로 15길 20 마인드월드빌딩 5층
대표전화 • 02) 330-5114 팩스 • 02) 324-2345
등록번호 • 제313-2006-000265호
홈페이지 • http://www.hakjisa.co.kr
페이스북 • https://www.facebook.com/hakjisabook

ISBN 978-89-997-1607-2 93370

정가 20,000원

저자와의 협약으로 인지는 생략합니다.
파본은 구입처에서 교환하여 드립니다.

이 책을 무단으로 전재하거나 복제할 경우 저작권법에 따라 처벌을 받게 됩니다.

이 도서의 국립중앙도서관 출판시도서목록(CIP)은 서지정보유통지원시스템 홈페이지(http://seoji.nl.go.kr)와 국가자료공동목록시스템(http://www.nl.go.kr/kolisnet)에서 이용하실 수 있습니다.
(CIP제어번호: CIP2018024814)

출판 · 교육 · 미디어기업 **학지사**

간호보건의학출판 **학지사메디컬** www.hakjisamd.co.kr
심리검사연구소 **인싸이트** www.inpsyt.co.kr
학술논문서비스 **뉴논문** www.newnonmun.com
원격교육연수원 **카운피아** www.counpia.com